한국민담의 심층분석

-분석심리학적 접근-

이부영 저

집문당

한국민담의 심층분석

한국민담의 심층분석 -분석심리학적 접근-

1판 1쇄 1995년 11월 1일
2판 1쇄 2011년 1월 10일
3판 1쇄 2017년 3월 15일
3판 3쇄 2022년 8월 15일

지은이 | 이부영
발행인 | 임동규
발행처 | **(주)집문당**
등록 | 1971. 3. 23. 제2012-000069호
주소 | 03134 서울시 종로구 돈화문로 82, 5층
전화 | +82-1811-7567
이메일 | sale@jipmoon.com
홈페이지 | www.jipmoon.com

ISBN 978-89-303-0309-5 93180

가격 25,000원

(주)집문당 이순신돋움체B (저작권자 아산시, 무료글꼴)

머리말

옛날 이야기는 어느 일정한 작자가 있는 것이 아니라 여러 사람들의 입에서 입으로 전해 내려오는 것이다. 최초에 누군가가 어두운 밤 강가에서, 혹은 숲 속에서, 혹은 바다와 사막에서 겪었던 무서운 일, 신비스러운 일들이 이야기로 전해 내려오면서 때로는 개인적인 취향에 따라, 때로는 그 시대 사람들의 구미에 맞게 꾸미고 깎고 보태면서 이야기들은 변하고 사라지고 다시 생기곤 하면서 오늘에 이르고 있다.

어둡고 음침하고 위험한 밤이 가고 태양이 동녘에서 떠오를 때 사람들은 하나의 신화를 만들어 냈다. 영웅신이 바다에서 탄생하며 수레를 타고 하늘로 달려가 마침내 서쪽 하늘에 이르면 커다란 구렁이(또는 용)가 그를 삼켜 버리고 영웅은 아침이 오기까지 그 차고 어둡고 음침한 구렁이 배 속을 헤맨다는 이야기를.—이것은 자연현상에 대한 인간의 단순한 상상이나 지적인 비유에 불과한 것이 아니다. 과학이 발달되기 전 인간들의 소박한 상상이었으므로 그런 이야기들, 신화니 민담이니 하는 것이 무슨 큰 뜻이 있는 것이 아니라고 생각하는 현대인도 적지 않다.

그러나 분석심리학의 창시자인 스위스의 정신의학자, 체·게·융(C. G. Jung)은 일찍이 이렇게 말하였다. "인간은 물리적인 자연현상보다도 그들의 마음에 더욱 와닿는 것 즉, 그가 그때(가령 해가 뜨는 순간) 느낀 정감, 그의 정동적 환상을 기록하는 것이다." 폭풍이나 천둥과 번개, 비와 구름이 상으로 마음속에 머물러 있게 되는 것이 아니라 정감에 의하여 생긴 환상이 상으로 머물러 있게 된다고 하는 것이다. 태초로부터 인류가 겪고 지나온 모든 체험은 수없이 반복되면서 우리의 마음속에 깊이 인각되고 하나의 원초적 행동조건으로 침전된다. 그것은 정신생활의 원천으로서 언제나 우리에게 인간적 체험을 할 수 있도록 하는 조건을 준비하고 있다. 신화나 민담은 바로 인간 무의식의 기층인 집단적 무의식의 내용을 반영하고 있고 그것은 인간적인 삶의 샘이다.

체·게·융의 이와 같은 원형(Archetypus)설에 대해서는 많은 지지와 또한 비판이 있다. 그러나 어느 경우나 원형의 정동적 체험의 중요성이 간과되는 경향이 있다. 옛날 이야기를 분석심리학의 입장에서 해석할 때 무엇보다도 먼저 그 이야기가 해석자에게 주는 감동을 음미할 필요가 있음을 융의 수제자이자 민담학의 권위자인 마리 루이제 폰 프란츠(Marie-Louise von Franz)가 되풀이하여 강조한 것도 이 때문이다.

이제 여기에 1965년 이래 발표한 우리나라 민담의 분석심리학적 연구 논문을 모아 출간하려고 보니 그 내용이나 분석의 심도에 아직도 미흡한 점이 많음을 새삼스럽게 발견하게 된다. 이 책은 두 종류의 논문들로 구성되어 있다. 하나는 개별적인 민담에 관한 정통적인 분석심리학적 해석을 시도한 것들, 예컨대 "네가 누구냐", "지네장터", "호랑이와 세 아이", "선녀와 나무꾼", "천연두 신의 무가"의 해석이고 다른 유형은 주제별로, 즉 〈원령〉, 〈악〉, 〈여성상〉, 〈질병과 치유〉의 문제를 놓고 우리나라 이야기들을 두루 살펴본 연구논문들이다. 후자는 개관의 성격을 띠고 있어 하나하나의 상의 확충을 위해 외국의 유화를 일일이 제시하는 일은 하지 않았다. 그것은 하나의 스케치(소묘)와 같은 것인데 그 나름의 가치가 있다고 보아 다소 불만인 채로 포함시켰다. 주제의 성질상 인용한 민담이나 해석

내용의 중복이 있는 것은 불가피한 일이었다.

이 책이 한국민담 전체의 심층분석이 아님은 말할 것도 없고 단지 그 몇 가지 측면을 조명했을 뿐이다. 논문 중 일부는 1972년 「문학사상」에 당시 주간이던 이어령 교수의 권고로 민담해석을 연재할 때 쓴 글인데 정치적으로 〈악〉이 실제로 횡행하던 어려운 시대에 열정을 다해 〈악〉에 관한 글을 쓰던 추억이 새삼스럽다. 그런 기회를 준 이어령 교수의 직관적 고려에 이 자리를 빌려 감사의 뜻을 표하고 싶다.

본서에서 나는 옛날 이야기에 나타난 한국인 심성의 특성을 넘어서 존재하는 인간의 보편적·원초적 심성의 상징을 분석심리학적 입장에서 이해하고 이를 제시하고자 하였다.

각 논문의 본래의 형태를 손상시키지 않은 채 전체적으로 통일을 이루도록 재편집하고 새로 주석을 달거나 보완하고자 하였다. 그러나 근년 민담과 상징에 관한 많은 좋은 문헌이 국내외에서 출간되었는데도 그것을 남김없이 인용할 수는 없었다. 다만 독자들이 여기서 민담의 분석심리학적 해석의 기본 정신과 그 본보기를 발견할 수 있다면 다행이라고 생각한다.

무더운 여름 내내 미로같이 얽힌 원고를 용케 가려내고 이 책이 세상에 나오기까지 귀한 땀을 흘린 집문당 편집부 여러분들께 감사드린다.

1995년 9월

李 符 永

목 차

Ⅱ. 한국민담 속의 갈등과 그 해결

Ⅲ. 한국민담에 나타난 한과 여성상

Ⅳ. 한국민담에 나타난 질병과 치료의 상징

Ⅰ. 분석심리학과 민담해석

1. 분석심리학이란 무엇인가

2. 민담과 무의식

3. 민담의 심리학적 해석

4. 맺는 말

1. 분석심리학이란 무엇인가

1) 심층심리학의 두 조류

분석심리학(Analytische Psychologie, Analytical Psychology)이란 스위스의 정신의학자 '칼 구스타프 융'(Carl Gustav Jung, 1875~1961)의 심리학적 가설(假說)을 말한다. 융은 '프로이트'의 애제자이자 동료였으나 프로이트의 인간심성에 관한 성욕 중심의 생물학적 환원론과 인과적 해석태도가 인간심리를 이해하는 데 불충분하다고 하여 그를 떠나 새로운 학설을 내세웠는데, 이것을 처음에는 콤플렉스 심리학이라고 했다가 뒤에 분석심리학이라 해서 프로이트의 정신분석(Psychoanalyse)과 구별하였다. 프로이트는 융이 떠난 뒤에 스스로 자기 학설을 고쳤고 그의 많은 제자 가운데서도 그의 학설을 수정하는 사람들이 있어, 이른바 신프로이트학파에 이르면 같은 말로 정신분석이라고 해도 그 내용이 프로이트 초기 학설과는 많이 다르다. 그러니까 「정신분석」을 말할 경우에는 어디에 그 논거를 두는가를 밝히지 않으면 안 된다.

분석심리학은 융이 작고한 지 근 50여 년, 융의 기본적인 가설에 입각해 그 가설의 입증 내지는 확장이라는 방향에서 비교적 단일한 방향으로 발전해 가고 있으나 개인적인 차이가 없는 것은 아니다. 그러나 프로이트와 융의 정통학설의 비교는 분석심리학의 기본 가설을 이해하는 데 도움이 된다.

우선 두 학파의 비슷한 점을 든다면 이 두 학파는 사람의 마음에는 이미 알려진 것 말고도 아직 알려지지 않은 부분, 즉 무의식이 있다는 데 대한 자각이고 이 알려지지 않은 부분을 알아야겠다는 요청을 가지고 있다는 점이다.

또한 이와 같은 미지의 정신적 영역이 존재하고 그 내용과 의미를 이해하는 데는 필수적으로 그 연구자 자신의 '체험'을 필요로 한다는 점이 여러 실험심리학적 방법과 다른 이 양자 공통의 기본적인 태도이다. 따라서 무의식에 해당되는—그것을 무엇이라 부르든—정신영역이 존재하고 그것이 어떤 의미를 가지고 있다는 사실을 스스로의 체험을 통해 이해하려고 하지 않는 사람들은 진정한 의미의 정통적 융학파도 프로이트학파도 아니다.

융학파와 프로이트학파의 차이점을 그 방법론의 역사적인 전통을 중심으로 말한다면 상술한 '알려지지 않은 정신의 영역'이 과연 어떤 내용을 가지고 있느냐 하는 데 대한 견해 차이라 할 것이다. 분석자 개인의 성격에 따라 그 강조하는 점이 다르기는 하지만 적어도 이론적인 차원에서는 융학파가 사람이 이 세상에 태어나면서부터 본래 지니고 있는 잠재적인 창조적 능력을 강조하는 데 비해서, 프로이트학파는 태어난 뒤의 인간관계를 통하여 변화되고 개조되는 심리적 기능을 더욱 강조한다. 따라서 전자가 시간과 공간과 인종, 문화의 차이를 막론하고 인간이면 누구나 다 가지고 있는 인류공동의 원초적인 무의식의 층, 이른바 집단적 무의식의 존재를 주장하고 개인의 성장사와 그를 에워싼 사회의 영향력 밑에서 특수하게 채색된 무의식의 층인 개인적 무의식과 구별하는 데 비해서, 후자는 주로 무의식을 개인에 대한 사회 문화적 영향의 소산이라는 방향에 주의를 기울인다. 전자가 무의식의 지향성과 목적 의미를 강조한다면 후자는 그 현실과의 인과론적 관계를 강조하고 무의식으로부터의 '위협'에 대한 방어 기전을 생각한다. 오늘날 프로이트학파 가운데에도 융의 소설(所

說)에 상당히 접근하고 있는 사람도 있어서 이러한 차이를 절대시하기는 어렵지만 역시 그 주류를 이루고 있는 기본적인 태도를 비교한다면 이렇게 이야기할 수 있을 것이다.

2) 분석심리학의 인간심성론

'무의식'이란 무엇인가? 융의 분석심리학적 입장에서 본다면 우리가 가지고 있으면서 우리가 아직 모르고 있는 우리 마음의 심층은 모두 '무의식'이다. 우리는 구태여 이런 생소한 말을 쓰지 않아도 될 것이다. 그러나 더 적당한 말이 없으므로 이 용어를 빌려 쓸 뿐이다.

우리 마음의 이와 같은 미지의 심층은 모두 다 남김없이 이해될 수 있는 것인가? 경험에 의해서 우리는 그 내용을 어느 정도까지 이해할 수 있다고 생각한다. 그러나 설령 우리가 그 마음을 어느 정도 이해할 수 있다고 하더라도 이것을 남김없이 설명할 수도 없고, 또 무의식의 밑바닥까지 전부 이해할 수도 없다.

그러나 융(Jung)은 프로이트(Freud)가 개척한 무의식(das Unbewußte)의 탐구를 거듭하는 가운데 인간이 의식하지 못하고 있는 마음의 영역, 즉 무의식에는 개인의 생활체험에서 우러나왔고 그 개인의 독특한 인생과 결부되어 있는 개인적 무의식(das persönliche Unbewußte)이 있는 동시에 좀더 깊은 층에는 문화·인종·시대의식·지리적 조건의 차이에도 불구하고 인간이면 누구에게나 존재하는 근원적이고 보편적인 요소가 있다고 하여, 그러한 요소로 이루어져 있는 무의식의 층을 집단적 무의식(das kollektive Unbewußte)이라 불렀다. 인간의 정신을 도식화하는 것은 불가능하지만 설명의 편의상 융 심리학에 있어서의 인간정신의 구조를 하나의 구(球)라고 가정하고 그 단면을 도시하면 다음과 같다(그림 1).

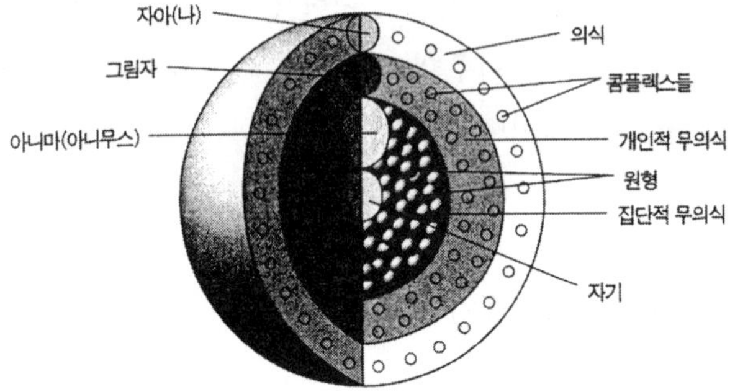

그림 1. 마음의 구조(1)

여기서 집단적 의식이라 함은 그 집단 특유의 전통, 인습적 관념 혹은 행위를 통틀어 말하며 문화론자들의 문화의 개념은 대부분의 경우 여기에 해당된다. 그러나 경우에 따라서는 우리의 문화적 전통이라고 하는 것도 집단적 무의식의 영향을 받아 변모하므로 어느 것이 의식적으로(인위적으로) 강조된 그 집단 특유의 내용이며 어느 것이 인간의 원초적인 희구의 표현인가를 분간하기 어려운 경우도 있다.

개인적 무의식은 그 사람이 태어난 이후에 겪은 생활체험의 내용 가운데 단순히 잊힌 것, 또는 현실에 맞지 않아 억압된 것들이 모여서 이루어지며, 집단적 무의식은 이미 태어날 때부터 갖추어져 있는 인류 공통의 잠재적 능력으로서 선험적으로 정해진 조건이라 할 수 있는 것들이다. 개인적 무의식이 개인의 생활사와 관계되는 것이라면, 집단적 무의식은 인류가 지구상에 생긴 뒤 지금까지 되풀이해서 경험해 온 것들의 총화이며 그런 체험이 침전된 것이다. 그러므로 그것은 개인의 생활을 훨씬 선행하는 어떤 잠재력인데, 인간은 이런 층을 태어날 때부터 가지고 나온다고 본 것이다. 집단적 무의식은 의식의 뿌리이며 모든 창조와 파괴의 가능성을 잉태하는 씨앗과 같은 것인데, 집단적 무의식을 구성하는 이러한 가능성을 지니고 있는 여러 선험적 조건들을 융은 원형(archetype)이라 불렀던

것이다.[1)]

융은 이와 같은 가설을 반드시 1차적으로 신화나 민담연구에서 얻은 것은 아니다. 그는 무엇보다도 사람들의 꿈과 환상 내용을 깊이 관찰하였고, 여러 인종과 여러 종류의 문화적·종교적 배경을 지닌 사람들의 꿈이나 환상 속에서 똑같이 반복되는 신화적 요소를 발견하였다. 그리고 그는 이러한 요소가 병든 사람의 이른바 병적인 체험 내용, 이를테면 환각이나 망상 또는 이상행동 속에서도 발견되고, 건강인의 경우도 꿈속에 나타나며, 원시인이나 소아의 사고 내용에도 나타날 뿐 아니라, 고등종교의 도그마나 종교의식에서, 또한 시인·예술가의 작품, 민속, 민간신앙 속에도 그것이 나타난다는 사실을 발견하게 된 것이다.[2)] 고대의 인간이나 현대인이나 서양인이나 동양인이나 아프리카인이나 한결같이 가지고 있는 행동유형의 선결 조건들이 우리가 인지할 수 있는 상을 지니며 나타나게 될 때 우리는 그것을 원형상(archetypal image)이라고 하는데, 꿈·민담·신화·종교현상 이른바 정신병리현상 등에서 우리가 보는 것이 바로 원형상들이고, 이 원형상들의 의미를 살펴 나가는 가운데 그 뒤에 숨은 인간행동의 근원적 조건이 무엇인가를 추정할 수 있게 된다.

무의식이란 단순히 심리학적 개념이나 용어에 그치는 것이 아니다. 그것은 하나의 인식이다. 인간정신 속에 미지의 어떤 것이 있다는 생각은 사실 혁명적인 인식이다. 그러므로 프로이트가 이런 사실을 제창했을 때 많은 사람들이 혐오와 조소로 이를 반대하였고, 이와 같은 반감은 현재까지 꾸준히 계속되어 프로이트의 정신분석학파 안에서조차 무의식의 존재나 그 영향을 축소시키고 그 내용을 자아기능 속에 흡수시키려는 사람들이 있다. 심리학에는 무의식의 존재를 부인하는 학설도 많다. 그러므로 무

1) 이부영, 「분석심리학－C. G. Jung의 인간심성론」(서울, 일조각, 1978/1995), 제3장 '마음의 구조와 기능', pp. 41-112 참조. 이후 「분석심리학」은 개정증보판(서울, 일조각, 1998)을 함께 참고할 것.

2) 앞의 책, 원형론, pp. 83-97 참조.

의식이라는 말을 쓰려면 우선 의식되지 못한 부분이 과연 나의 마음속에 존재하는가에 대한 반성과 관조의 과정을 거치지 않으면 안 된다. 이러한 반성의 과정을 거치지 않고 심층심리학설을 그대로 민담해석에 기계적으로 적용시키는 태도는 옳지 않다. 민담의 심리학적 해석은 그것이 바로 '나'와 '우리'의 심리와 연관되는 것이어야 하기 때문이다.

(1) 마음의 구조와 기능

이제 분석심리학에서 본 마음의 구조와 기능을 간단히 살펴보기로 하자(그림 2).[3] 자아(Ich, Ego)는 의식의 중심으로 외부세계와 정신의 내면세계와 관계를 맺는다. 인간은 자아의 외계와의 적응과정에서 그 사회나 시대에 적합한 특수한 적응방식을 갖추게 된다. 그것은 집단적인 가치규범을 토대로 한 행동 양식으로 외적 인격, 또는 페르조나(Persona)라 부른다.

그런데 정신의 내면세계, 즉 무의식에는 외적 인격에 대응하는 내적 인격이 있다. 이것은 남성과 여성에서 각기 다른 특징을 보이므로 아니마(Anima, Seele), 아니무스(Animus, Geist)라는 말로 대변되며 자아로 하여금 무의식의 깊은 원초적 의미로 인도하는 매개체 역할을 한다. 내적 인격은 보편적이고 원초적인 조건이며 특이한 원형이다. 민담이나 신화의 선녀와 여신은 아니마상으로, 영웅과 현자는 아니무스상으로 곧잘 우리의 꿈에 나타난다.

---

3) 이부영, 앞의 책, 또한 융(이부영 외 역), 「인간과 무의식의 상징」, 집문당, 1983, '융과 폰 프란츠의 논문' 그리고 다음 저서 참조.
C. G. Jung, *Two Essays of Analytical Psychology*, C. W. 7, Routledge & Kegan, Paul, London, 1977.
C. G. Jung, *Analytical Psychology, its Theory and Practice*, Vintage Books, New York, 1968.
C. G. Jung, *Psychological Type*, C. W. Vol. 6, 1971, London, Definition.
이부영의 분석심리학의 탐구 3부작(한길사). ① 그림자, ② 아니마와 아니무스, ③ 자기와 자기실현 참조.

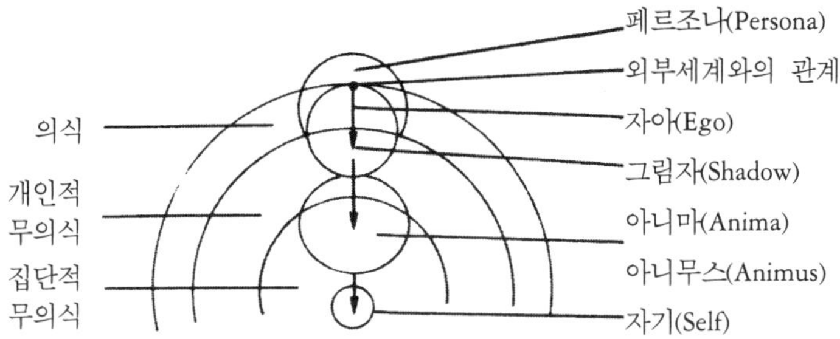

그림 2. 마음의 구조(2) - 자기실현의 과정(1)

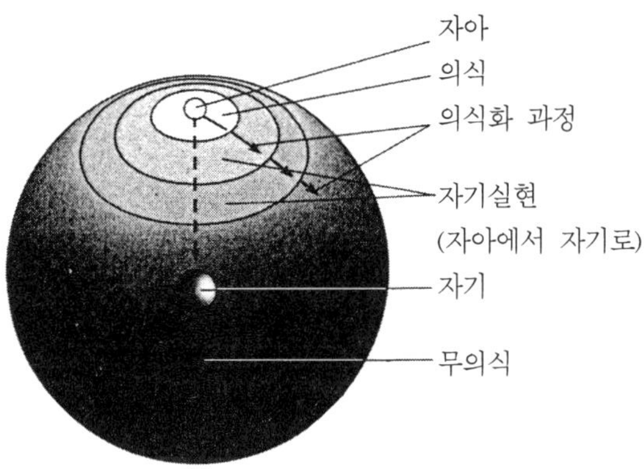

그림 3. 자기실현의 과정(2)

무의식의 분석과정에서 흔히 처음 부딪치는 무의식의 내용에 분석심리학에서 '그림자'라 부르는 요소가 있다. 그것은 자아콤플렉스의 무의식 면으로 무의식에 억압된 열등한 또 하나의 인격이다. 대개 도덕적으로 좋지 않다고 여기는 심리적 경향이나 특성을 나타낸다. '그림자'라는 말은 넓게 사용되기도 한다. 보통 개인적 무의식의 내용을 뜻하지만 모든 원형상이 지닌 어두운 면을 지칭하기도 하며, 원형적 그림자상도 발견된다. 원형 가운데서 핵심적인 원형인 자기원형(Archetypus des Selbst)은 의식과 무의식을 통일하여 하나의 전체를 이루게 하는 무의식의 원초적 조건으로서 전일의 상징, 대극합일의 상징으로 표현된다. 이것 또한 밝은 측면과 그림자의 측면을 포괄하고 있다. 인간의 무의식에는 사람으로 하여금 자기의 무의식을 깨우치고 그것을 의식으로 화하게 함으로써 자신에게 잠재된 것들을 모두 발휘하여 궁극적으로 의식된 전일의 존재가 되게끔 하는 원동력이 숨어 있다. 그것이 자기원형의 작용이다. 그것은 온갖 정신적 갈등과 정신적 해리, 의식과 무의식 사이의 단절을 해소하고 치유하는 능력이다. 그러나 이러한 능력은 자아가 적극적으로 무의식을 의식화(깨달음)할 때 더욱 촉진된다.

자아(Ego)가 무의식을 의식화하여 전체정신('자기', Selbst)에 도달하고 이를 실현하는 과정을 자기실현(Selbstverwirklichung)의 과정이라 한다(그림 2, 3). 혹은 그 사람 자신이 된다는 뜻에서 개성화(Individuation)라고도 한다. 이는 무의식에 대한 융의 가설에서 가장 특징적이고 중요한 부분이다.

무의식과 의식의 관계는 상호보완적이다. 무의식은 창조적 기능을 가지고 있고 그것은 의식의 편중을 보상하는 작용을 한다. 궁극적으로 그것은 의식과 무의식이 하나로 통합되도록 하는 데 그 목적이 있다. 의식의 지나친 일방성 때문에 이러한 무의식의 보상작용이 과도하게 일어나면 그것은 의식을 교란하여 정신적인 혼란을 일으킬 수 있다. 그러나 그런 혼란 뒤에는 자기원형의 전일에의 지향성과 목적이 숨어 있다.

다음 여러 장에서 거듭 제시될 것이지만 분석심리학의 인간심성관은 전체를 포괄하는 관점을 견지하고 있다. 정신현상의 인과적 관련과 목적성의 통합, 합리적인 것과 비합리적인 것, 남성성과 여성성이 하나로 포괄되는 전체정신을 포괄적으로 파악하고자 하는 곳에 이 심리학설의 특성이 있다.

그리고 민담은 신화나 그 밖의 원시적 심성의 표현과 함께 인간 무의식 심층의 여러 심적 과정을 상징적으로 표현하고 있다.

2. 민담과 무의식

융(Jung)의 분석심리학파에서 민담연구의 권위인 폰 프란츠(M.-L. von Franz)는 그의 민담해석에 관한 강의[1]의 서두에 민담이 얼마나 오랜 역사를 지니고 있으며 그 핵심이 되는 주제가 그 오랜 시간 속에서도 변함없이 전해 내려오고 있는가 하는 사실을 지적하였다. 세계 각처에서 전해 내려오는 옛날 이야기들을 비교해 보면 실로 수많은 다양성 속에서도 언제나 되풀이되는 주제를 발견할 수 있다. 동물의 도움으로 악(惡)을 물리친다든지 선녀와의 결혼과 이별 등에 관한 이야기라든지 동물과의 사랑 등 비록 줄거리나 등장인물, 배경은 나라마다 다르지만 모두 같은 주제의 핵을 중심으로 이야기가 전개된다.

융이 신화나 민담(Märchen)에서 인간 무의식의 보편적・원초적 조건이 발견된다고 말한 것은 이 때문이며 오늘날 분석심리학을 배우는 사람들은 이러한 보편적인 인간심성을 더욱 확실히 증명하기 위하여 반드시 민담해석을 하도록 되어 있다.

꿈에서 우리가 친구를 만나 이야기하거나 아는 사람과 저녁을 먹거나 할 때, 어떤 경우에는 현실에서 일어난 것과 비슷한 사건들이 있어 꿈을 꾼 사람의 설명을 듣지 않고는 그것이 무슨 뜻인지 모를 것들이 많다. 이

1) M.-L. von Franz, *Interpretation of Fairytales,* Spring Publication, New York, 1970.

것은 대개 개인적 무의식의 표현이지만 때로 우리는 전혀 상상하지 못한, 있을 수 없는 초인적인 행위나 이상한 현상을 꿈에서 목격하거나 행동하는 수가 있다. 하늘을 훨훨 날아다닌다든지 인면수신의 괴물을 퇴치한다든지 사람이 동물이나 목석으로, 동물이 사람으로 변한다든지, 거인이 묶여 있는 것을 본다든지, 백년 묵은 사자·용이 하늘을 나는 것을 본다. 이 경우 우리는 크게 충격을 받고 깨어나지만 이것이 현실과 무슨 관련이 있는지 전혀 상상을 못한다. 이것은 바로 집단적 무의식의 원형상들로서 여기서 우리는 개인의 생활사를 넘어선 인류의 오랜 체험세계를 만나게 되는 것이며, 이런 꿈에서 우리는 바로 민담의 세계에 내포되어 있는 것과 같은 신화적 요소를 보게 되는 것이다. 이러한 꿈은 꿈을 꾼 개인의 설명이나 의견만으로는 그 뜻을 알 수 없고, 신화나 민담, 그 밖의 원형상이 나타나는 다른 현상들과 비교해 봄으로써 비로소 그 의미를 이해할 수 있다. 분석심리학에서 민담해석을 하는 것은 1차적으로 이러한 '큰 꿈'을 좀더 충실히 이해하려는 실제적인 목적을 지닌 작업이다. 이러한 꿈을 개인의 현실생활과 관련지어 해석하면 그 꿈이 지닌 보편성과 근원성을 못보고 그 본래의 의미를 왜곡하게 된다.[2)]

그러므로 분석심리학적 입장에서 민담을 해석하려면 우선 우리의 마음속에 무의식이라는 영역이 있다는 데 대한 자각과 그 무의식 속에 최소한 개인적인 특성을 넘어선 보편적인 심성이 존재하며, 그것이 미증유의 힘을 지니고 우리의 의식에 충격을 주는 것이라는 점을 알아야 한다. 이것은 어디까지나 경험을 통해서 얻을 수 있는 것이며 책이나 글을 읽는 것만으로는 부족하다.

모든 꿈이 원형적인 꿈이 아닌 것처럼 모든 신화, 모든 민담이 바로 원형상을 표현하고 있는 것이라고 단언할 수는 없다. 신화(Mythen)는 흔히

---

2) 이부영, 분석심리학(1998), 제5장 '꿈의 해석', pp. 176-196 및 분석심리학의 탐구 ①, ②, ③권(한길사) 피분석자 꿈을 제시한 부분 참조.

그것을 공유하고 있는 국가나 민족의 의지에 의해서 많은 변화를 겪는다. 전설(Saga, Legend) 역시 그 시대의 특수한 상황·사조·가치관 그리고 등장인물 또는 사물의 특수성에 따라 영향을 받는다. 그러한 가운데 민담(Märchen)만은 비교적 이와 같은 시대의식의 영향을 덜 받고 있고, 따라서 순수한 원형상을 보존하고 있다고 간주된다. 분석심리학에서 특히 민담해석(Märchen Deutung)을 중요시하고 있는 것은 이 때문이다.[3)]

민담은 어디서, 누가 처음 이야기한 것일까. 아무도 알 길이 없다. 그것은 인류 공동의 작품이다. 극적인 효과를 노린다든지 좀더 아름답게 수식하려고 한다든지 하는 이야기꾼들의 의식적인 노력이 민담의 표현에 영향을 주었을 것은 짐작할 만하다. 그러나 그것은 어느 특별한 작가나 시인의 작품도 아니고 어느 국가의 통치자의 정치적 도구도 아니다. 몇 세대를 두고 입에서 입으로 '저절로' 전해 내려온 옛이야기이면서 인위적인—의식적인—작용을 덜 입은 것이라는 점에서 인간의 무의식적인 정신적 소산을 많이 표현하고 있다고 할 것이다.

폰 프란츠는 민담은 인간의 여러 가지 이상체험(parapsychological experiences)을 계기로 생겨났을 것이라는 말을 하고 있다. 다시 말해서 민담의 원초적인 형태는 어느 지역에 실제로 일어난 일에 관한 이야기(local sagas)일 것이라고 한다. 그것은 대개 환각을 본다든지 기적이 일어났다든지 하는 것을 실제로 체험한 사람이 그 이야기를 하면 그것이 시대를 거듭하면서 그 이야기에 대한 무의식적인 투사의 결과 많은 것이 보충되어 이야기

---

3) von Franz, ibid, Chapter I, p. 11. Chapter II, p. 2. "Dr. Jung은 언젠가 정신의 비교해부를 공부하는 데 가장 좋은 자료는 민담 fairy tales이라고 말한 적이 있다. 신화와 전설, 또는 그 밖의 잘 다져진 신화적인 자료들에서는 인간정신의 기본유형을 수많은 문화적 자료의 여과를 통하여 비로소 얻을 수 있으나, 민담에는 그런 특수한 문화적·의식적 자료가 훨씬 적기 때문에 기본적·정신적 유형을 더욱 뚜렷하게 반영한다."
물론 민담조차 수집자의 가치관에 따라 취사선택되는 경우가 있다. Grimm 형제의 민담에는 반기독교적인 내용이 삭제된 것들이 있는 것으로 알려져 있다. von Franz, ibid., p. 4.

가 풍부해진다는 것이다. 그러니까 민담의 시초는 사람들의 환상체험이라는 것이다.[4] 꿈이나 환각이나 그 밖의 이상체험을 통해서 원형적인 체험을 한 사람은 거기서 받은 충격적인 인상을 남에게 이야기하지 않고는 배길 수 없는 충동을 느끼게 되는 법이다. 마치 원시인들이 큰 꿈을 꾸었을 때 부족 사람들을 모아 놓고 그 내용을 알려 모든 사람의 것으로 나누어 갖는 것과 같다. 그리고 이 이야기는 또한 듣는 사람의 무의식 속의 원형층을 자극하므로 여기에 새로운 이야기가 추가되고 그 내용이 분화되는 것이다.

원형이란 궁극적으로 설명할 수 없는 것이다. 오직 체험을 통하여 그 윤곽을 짐작할 뿐이다. 무의식이라는 것도 결국은 잘 모르는 것이다. 우리가 그것을 남김없이 설명할 수 있는 것은 아니다. 우리는 다만 알 수 있는 것을 살펴보는 것에 불과하다. 분석심리학의 이런 관점은 정신분석학파의 비교적 명료한 무의식관과 다른 관점이다. 따라서 민담을 분석심리학적으로 이해하고자 할 때는 미지의 의미를 내포하고 있는 것을 대하는 겸허한 자세가 필요하다. 인간정신이란 '이것 아니면 저것'(Entweder oder)이라는 식으로 파악되는 성질의 것이 아니라 '이것이기도 하고 저것이기도 한 것'(Sowohl A als auch B)이다. 민담은 바로 인간의식 너머에 존재하는 무의식의 비합리적인 정신세계를 나타내고 있다. 이것을 합리적으로 설명한다고 해서 그 의미가 남김없이 밝혀지는 것이 아니다. 그것은 오히려 프로이트나 랑크(O. Rank)의 환원적·생물학적 해석처럼 민담이 지닌 무궁한 의미를 단순한 근친상간에의 성 충동이나 출산외상으로 환원시키는 결과를 빚게 된다. 비합리적인 것은 비합리적인 것으로써 파악되어야 한다. 다시 말해서 그것이 지닌 의미의 다양성을 하나에 귀일시키는 것이 아니라 다양한 것을 다양성 속에서 파악해야 한다. 그러므로 우리는 하나

---

4) ibid., p. 14.

의 상을 여러 각도에서 조명해 볼 필요가 있고, 여기에 분석심리학의 상징적 해석의 특징이 있다.

융의 집단적 무의식은 또한 강한 에너지를 저장하고 있는 층이다. 다시 말해서 강력한 정동(emotion)을 일으키는 곳이다. 원형상들이 나타나는 곳에서 인간들은 결코 무관심할 수 없다. 강한 혐오 · 분노 · 공포 아니면 강한 매혹 · 도취 · 스릴 · 희열과 황홀감을 일으킨다. 거꾸로 이러한 감정이 어떤 대상에 일어날 때 거기에는 언제나 집단적 무의식의 작용이 개입되어 있다고도 할 수 있다. 민담은 바로 그러한 정동체험을 바탕으로 생성된 것이다. 그러므로 민담의 이해는 자연히 감정반응을 수반하지 않을 수 없는 것이다. 어떤 민담에 대한 끝없는 공감, 때로는 어린이와 같은 순진한 호기심이 민담 속에 있는 진정한 뜻을 우리에게 전해 주는 가능성을 열어 주는 것이다. 민담의 내용을 지적으로 이해하려는 것으로는 그 참다운 의미를 이해하기 어렵다.

3. 민담의 심리학적 해석

1) 해석이란 무엇인가

민담의 심리학적 해석이란 하나의 체험이다. 민담해석은 꿈의 해석과 마찬가지로 그 자체가 하나의 심리적 체험이라는 것이다. 체험이라는 말에는 언제나 감정과 본능적 충동이 참여한다. 그러므로 민담해석은 무슨 화학 분석같이 지적인 그리고 객관적이고 냉철한 분석이 아니라 주관적이고 감정적인 파악이기도 하다. 민담이해에서 감정적인 측면을 도외시하는 것은 바람직하지도 않고 그럴 수도 없는 것이다. 왜냐하면 민담에 내포되어 있는 원형상이 우리의 감정과 무관할 수 없는 것이기 때문이다.

바스티안(Adolf Bastian)은 신화적 모티프를 인류의 기본사고들(elementary thoughts)이라고 하였으며, 그의 생각은 융의 원형론에 상당히 접근하고 있다. 그러나 분석심리학에서는 원형(archetype)이란 '기본사고'일 뿐 아니라 기본적인 시적 이미지·환상 그리고 심지어 어떤 전형적인 행동을 일으키는 기본충동이기도 하다고 폰 프란츠는 지적하고 있다.[1)]

"원형상은 사고유형(thought-pattern)이 아니다. 그것은 감정체험— 한 개

1) Von Franz, *Interpretation of Fairytales*, I, p. 1.

> 체의 감정체험이다. 오직 그것이 그 개인에게 감정적인 가치를 지닐 때라야 만 원형은 살아 있는 의미를 갖게 된다."[2)]

과학(*science*)이란 본래 감정을 배제한 냉철한 지적인 사고와 판단을 바탕으로 한다고 생각되기 때문에 융의 분석심리학에서 감정을 중요시한다고 할 때 그런 접근 방법을 비과학적이라고 위험시하는 경향도 없지 않다. 그러나 전체 인간을 대상으로 하는 심리학에서는 합리적인 것뿐 아니라 비합리적인 것을, 지적인 사고뿐 아니라 감정을 함께 파악하지 않으면 안 된다. 독수리나 천사나 까마귀나 모두 '저승의 사자'임에는 틀림없고, 이것을 저승의 사자라 해석하는 것은 틀린 말이 아니다. 그러나 지적인 견지에서는 모두가 똑같은 저승의 사자이지만 이 상들이 지닌 감정적인 의미는 제각기 다르다고 함으로써, 폰 프란츠는 엘리아드(Eliade), 후드(Huth), 프롬(Fromm)의 방법론을 비판하고 있다.

> "이런(지적인) 관점의 대변자들은 융 심리학의 모든 성과들을 낡은 학문적 사고의 틀 속에 접어 넣어 버림으로써 융이 신화학에 도입한 가장 중요한 요소를 도외시하고 있다. 그것은 그러한 모티프(motif)들이 자라나온 인간적 토대이다. 그런데 우리는 식물을 그것이 자라는 흙을 빼놓고 연구할 수 없다.—좋은 정원사가 되려면 식물의 성질뿐 아니라 흙에 관한 지식을 가지고 있어야 한다. 그리고 신화에서는 우리가, 우리 개인개인의 인간존재가 그 상징적 모티프들의 토양인 것이다."[3)]

융 연구소 민담해석의 세미나에서 폰 프란츠는 민담을 무엇보다도 먼저 어린이가 옛이야기를 듣는 마음으로 대하라는 말을 강조한 일이 있다.

---

2) ibid., I, p. 7.
3) ibid., I, p. 9.

어린이들이 느끼는 순수한 호기심과 감동을 자신의 마음속에 불러일으킴으로써 민담의 심리학적 해석의 첫 조건이 충족된다는 것이다. 해석의 대상이 되는 민담의 선택도 개인의 심금을 울리는 이야기로 정하도록 권하는 까닭이 여기에 있다. 민담해석은 다른 여러 가지 원형상을 표현하는 자료를 해석하는 경우와 마찬가지로 해석자의 무의식에 이에 비길 만한 원형의 배열(*constellation*)과 그 활성화를 촉진한다. 해석자는 민담을 해석하면서 동시에 자신의 무의식을 들여다보게 된다. 또한 무의식의 원형상의 배열을 통하여 민담의 새로운 의미가 체득되기도 한다.

> "해석이란 하나의 예술, 하나의 수예라고 할 수 있다. 이것은 궁극적으로 당신의 손에 달려 있다. 누구나 같은 민담을 두고 해석할 때 나타나는 해석의 종류는 거의 고백인 동시에 로르샤하(Rorschach) 심리검사와 같은 성격을 띤다. 이것은 피할 수 없는 것이다. 그리고 그렇게 하는 것은 옳은 것이다. 왜냐하면 당신은 당신의 전 존재를 거기 투입해야 하기 때문이다."[4)]

2) 상징과 그 의미의 파악

민담의 해석은 꿈의 해석과 근본적으로 다를 바 없다. 다만 민담해석에서는 꿈처럼 꿈을 꾼 사람의 꿈의 내용에 관한 연상이나 논평을 이용할 수 없다는 특징이 있다. 그런 뜻에서 민담은 개인적인 생활체험과는 전혀 관계없는 이른바 엉뚱한 꿈, 신화적인 꿈을 해석하는 것처럼 해석될 수밖에 없다. 그러므로 앞에서도 말했듯이 민담에 나오는 상들이 어떤 심적인 내용을 상징적으로 표현하고 있는가를 살펴보아야 하는데, 이때 우리가 이용하는 방법은 그 상에 대한 인류의 오랜 연상을 수집하고 서로 비교하

4) ibid., I, p. 11.

여 공통의 뜻을 발견해 내는 확충(amplification)의 방법이다.[5)]

가령 한국민담 〈선녀와 나무꾼〉에서 선녀의 상(像)이 무엇의 상징적인 뜻을 표현하는가를 살펴보기 위하여, 우리는 선녀가 나오는 가능한 한 많은 문헌을 찾아서 서로 비교해 보지 않으면 안 된다. 우선 우리나라 이야기에 나오는 선녀의 특성을 살펴본다. 한결같이 천상적인 속성을 지니고 있는 것으로 묘사됨을 알 수 있다.

일본의 민담을 보아도 이런 속성이 엿보인다. 선녀는 아일랜드－켈트계의 민화, 민간신앙에 나타나는 Fee, Fairy와 비길 수 있는 존재다. 요정적인 측면이 강조되어 있기는 하나 그 영원한 젊음과 아름다움, 초자연적인 능력으로 사람의 호기심의 대상이 되어 왔고, 바다 저편, 깊은 숲 속, 샘물가 Fairy의 나라에 대한 환상이 또한 한국 민담 〈선녀와 나무꾼〉의 선녀의 특징과 비슷하다. 〈선녀와 나무꾼〉의 주제는 널리 아시아 지역, 유럽, 심지어 아메리카 인디언 사이에도 전승되어 내려오는 〈백조의 처녀〉 이야기와 통한다. 사람의 눈에 띄지 않는 연못에 깃옷을 걸치고 살짝 내려왔다가 또한 황망히 날아가는 선녀의 특징은 잡힐 듯하며 잡히지 않는 것임으로 해서 더욱 유혹적이다. 선녀의 '선(仙)'은 불로불사의 초속세계를 꿈꾸던 중국 도교사상의 일면과도 통한다.[6)]

이와 같이 확충의 방법은 해석대상이 되는 민담 속의 어떤 상 또는 행위—가령 '선녀와 나무꾼의 결혼', '동물의 힘을 빌린 괴물의 제치' 같은—를 중심으로 이와 비교할 수 있는 자료를 우리나라나 다른 나라의 모든

5) 이부영, 「분석심리학」, '꿈의 해석', pp. 176-196 참조. 프로이트의 정신분석에서는 자유연상법을 쓴다. 자유연상은 하나의 상에 대한 연상을 하고 연상된 상에서 다시 다른 연상을 시키는 방법인데, 이렇게 해서는 무의식의 콤플렉스는 도달할지 모르나 처음 연상을 시작한 상 자체가 가지고 있는 뜻을 파악하기 어렵다고 하여 제창한 것이 융의 확충(amplification)의 방법이다.

6) 이부영, '한국전래동화 「선녀와 나무꾼」의 심리학적 제문제', 〈명주완 박사 환력기념논문집〉 제1집(1965), pp. 23-24. 비교자료로 제시된 문헌들은 같은 논문의 주(註)를 참조하기 바란다. 또한 이 책의 해당되는 장(III-2) 참조.

민담 · 전설 · 신화 · 민간신앙 · 속담 · 민간의학, 때로는 고등종교의 의식과 도그마, 심지어 철학 및 종교사상 · 문예 작품 속에서 찾게 된다. 얼른 보면 이런 것들은 서로 연관성이 없는 듯이 보이지만, 인간의 무의식적 심성이 반영되고 있는 것들이라는 점에서 공통점을 지니고 있다. 이렇게 하면 그 비교 과정에서 하나의 공통된 의미가 우러나온다(그림 4).

그림 4. 확충(amplification)

그러나 그 의미는 결코 지적인 개념적 의미가 아니라 정적인 분위기 · 느낌일 수도 있다. 가령 '선녀'는 단순히 '천상적인 것', '신의 사자' 즉 '영혼의 인도자'일 뿐 아니라 하나의 형용할 수 없는 황홀감의 실체, 지적으로 설명 · 파악할 수도 없는 신비감이다.

우리 마음의 심층에서 우러나오는 이러한 깊고 야릇한 감흥이 바로 '선녀'의 심리적 의미이다. 그러한 감흥을 일으키는 내적인 조건이 이런 선녀상을 통해 체험되는 것이다. 그것이 이른바 아니마 원형[7]의 특징이며 이 원형의 존재를 암시하는 상이다. 이러한 원형이 없었던들 인간의 문화사에 그 숱한 위대한 사랑의 시와 실연의 노래가 나올 수 없었을 것이다. 인간으로 하여금 의식의 판단을 흐리게 하며 현실을 보는 눈을 완전히 멀게 할 만한 강력한 내적인 정동, 엑스터시(ecstasy)의 감흥을 일으키게 하는 것, 바로 그것의 형상화가 '선녀'라고 할 수 있다.

밤이 가고 아침이 오는 수없는 순환 속에서, 어째서 원시인들은 이 시간의 순환을 영웅이 이끄는 해의 수레가 서쪽 바다로 가라앉을 때 큰 구렁이에 의하여 삼켜지고 구렁이는 아침에 다시 동쪽으로 그것을 내뿜는다

7) 이부영, 「분석심리학」, pp. 71-83, 이부영(2001), 「아니마와 아니무스」, 한길사, 참조.

고 설명하게 되었는가. 밤은 원시인에게 음산한 위협에 찬 시간이다. 그것은 마치 차고 음산한 위험을 지닌 구렁이와 같다. 그러기에 아침 해가 동쪽 바다 위로 솟아오르는 순간, 그들이 느끼는 커다란 감격과 해방감은 그런 구렁이의 배속에서 영웅이 이끈 태양의 수레가 해방되는 순간과 같이 거룩한 것이며 강렬한 느낌이다. 이것은 원형상이 일으키는 감정반응을 가리켜 한 말이다.[8] 큰 구렁이와 작은 뱀이 민담의 비교자료에서 조금씩 다른 특성을 지니고 있는 것으로 묘사되는 것도 인간들의 이 대상에 대한 느낌의 차이와 관련된다.

상징을 이해할 목적으로 실시하는 확충은 얼마나 많이 해야 할 것인가. 꿈의 해석의 경우, 융은 '필요한 만큼' 하라고 한다. 확충을 덮어놓고 끝없이 많이 한다고 그 상의 의미가 꿈의 분석을 받는 사람에게 잘 전달되는 것은 아니기 때문이다. 민담의 해석이나 어떤 개별적인 원형상의 상징적 해석에서도 해석하는 사람의 목적에 따라서 달라질 수 있다. 민담에 나타난 개성화과정(individuation process)을 살피는 것을 목적으로 한다면 개개의 등장인물이나 동물 또는 신화적 상에 대한 아주 상세한 확충보다는 그 상과 상 사이의 관계나 행위나 사건의 진전에 대한 고찰이 더욱 중요시될 것이다. 만일에 '호랑이'나 '구렁이', '두꺼비', '쥐' 같은 원형상의 의미를 개별적, 집중적으로 추구하고자 한다면 각각 두꺼운 책 한 권이 될 정도의 상세한 확충을 요할 것이다.[9] 여기에는 그 동물의 생물학적·

8) C. G. Jung, *Die Struktur der Seele*, (in) Gesammelte Werke, Bd., 8, p. 197.

9) 스위스의 C. G. Jung 연구소의 Diplom 논문(졸업논문) 가운데는 하나의 상의 의미를 집중적으로 확충을 통하여 고찰한 것들이 있다. 예를 들면 S. Sas, *Der Hinkende als Symbol*, Studien aus dem C. G. Jung Institut Zürich. Jung의 저서 가운데서 그 예를 보면 C. G. Jung, *Gesammelte Werke*, Bd., 9(1976), *Zur Psychologie des Kindarchetypus*(pp. 163-195), *Zum psychologischen Aspekt der Korefigur*(pp. 197-220) (이 두 논저는 본래 K. Kérenyi와 공저로 낸 「신화학입문」에 수록된 것이다). *Zur Phänomenologie des Geistes im Märchen*(pp. 122-269), *Zur Psychologie der Trickster Figur*(pp. 273-290).
C. G. Jung, *Der philosophische Baum, in Von den Wurzeln des Bewußtseins*, Rascher, 1954, pp. 353-496.

생태학적 특징과 이 동물에 관한 인간의 온갖 상상의 소산, 온갖 경험의 총화가 확충의 수단으로 적용될 것이다.

인간 무의식의 소산인 꿈의 내용 역시 앞의 각 동물상의 상징적 의미를 이해하는 확충의 수단이 된다.

한 민담을 전체적으로 해석할 때는 거기 나오는 상들을 이 정도로 상세히 확충하지 않고, 할 수도 있겠으나 최소한 이와 같은 개별적인 면밀한 비교 연구결과를 토대로 삼는다. 이렇게 자세히 확충을 하면 '뱀'이나 '호랑이'가 남성상징이니 여성상징이니 하는 단순한 단언을 못하게 된다. 왜냐하면 이 상은 어떤 때는 남성으로, 어떤 때는 여성으로 나타나기 때문이다. 대부분의 경우 동물들은 남성적 측면과 여성적 측면을 한결같이 지닌, 말하자면 양성적인 특징을 나타내는 것이 보통이다. 다만 해석 대상이 된 민담에서 그 동물의 어떤 측면이 특히 두드러지게 나와 있느냐 하는 데 차이점이 있을 뿐이다.

상징(symbol)이란 기호(sign)와 다른 것이다. 기호는 학교의 배지같이 이미 알고 있는 것을 다른 모양으로 비유한 것이다. 그러나 상징은 언어로 남김없이 해석할 수 없는 어떤 미지의 것에 대한 최선의 표현이다. 상징은 의미를 잉태하고 있다고 융은 주장한다.[10] 우리가 말로 설명하고 또 설명해도 남는 것이 있는 그러한 의미다. 우리는 그러한 미지의 뜻을 최상의 방법을 다하여 표현해 볼 뿐이다. 상징이 남김없이 설명될 때 그 생명은 죽는다. 우리가 민담의 상징적 의미를 파악한다고 할 때 이와 같은 언어에 의한 설명 불가능한 미지의 뜻을 염두에 두지 않고 '모든 것은 지극히 명백하며' '이 상은 모성상징'이고 '저 상은 남성상징'이고 '이 동물은 융의 태모상징'이라는 식으로 설명하면 우리는 그러는 동안에 심리적 상징의 살아 있는 의미를 죽이고 있는 것이다. 언어에 의한 표현은 상징

10) C. G. Jung, *Beiträge zur Symbolik des Selbst*, in Aion(1951), pp. 15-384.
C. G. Jung, *Psychologische Typen*, G. W. Bd., 6, Definitionen, pp. 515-523.

의 최선의 묘사일 뿐이며 그 전부는 아니다.

또한 심리학적으로 남성상징이니 여성상징이니 하는 것은 결코 우리가 현재 알고 있고 사회적으로 규정짓고 있는 남성이나 여성의 특징만을 말하는 것이 아니다. 이 점이 분석심리학과 다른 심층심리학파 사이의 상징론의 차이점이라 할 수 있다. '남성적인 것'이란 시대와 문화에 따라 다른 법이다. 그러나 분석심리학에서의 남성상징은 이 차이점을 넘어선 오랜 역사 속을 어느 민족에서나 변함없이 생각해 온 남성적 특징의 총화이다. 여성의 경우도 마찬가지이다. 남성과 여성에 대하여 '인류가 경험한 것'의 전부다. 어느 시대, 어느 사회의 남성관·여성관에 국한되지 않는다. 모성상징이라 할 때도 구체적인 모성을 두고 하는 말이 아니라 인류가 어머니에게 느끼고 경험한 모든 것이다. 이러한 경험이 심리적인 상으로서 인각되고 같은 감정체험을 되풀이하게 한다. 가꾸고, 포용하고, 생명을 잉태하며, 참고 기다리고 순종하며, 영양을 나누어 주며, 감싸며, 그러나 때로는 지나치게 아이를 끼고돌아 질식케 하며, 생명 있는 것을 산출하기도 하나 또한 죽음을 말없이 받아들이기도 하며 경우에 따라서는 황량한 파괴력을 지닌 것이 모성적인 것의 특징이다. 대지와 바다, 물, 골짜기와 곰, 구렁이 등이 이런 모성적 속성의 여러 가지 다른 측면들을 각각 나타내고 있다. 그 긍정적인 측면과 부정적인 측면이 또한 각기 그 상마다 다르다.

확충의 방법을 통한 상징적 의미의 파악이란 귀납적으로 하나의 결론을 유도하는 방법이 아니다. "이러고 이러고 이러니까 이 '새'는 영혼의 인도자이며 정신(Geist)의 상징이다"—물론 이런 설명을 할 수 있다. 그러나 상징적 의미란 이때에 '이것은 무슨 상징이다'라는 말 속에 있는 것이 아니라 확충의 과정을 통틀어 우리의 마음속에 새겨지는 영상, 또는 어떤 성질에 대한 인식 속에 있다. 이것은 한마디로 표현될 수 없는 것이다. 그 상의 확충의 전체 속에 상징적 의미가 포함되어 있다. 이것은 꿈을 해석할 때와 같다. 꿈의 의미는 하나가 아니라 여럿이며, 이 여러 의미 속에 또한 일관되는 뜻이 있다. 그러니까 꿈의 해석은 이런 여러 측면의 의미를 설명하는 것의 전체이다. 처음부터 끝까지 말한 것 모두가 꿈의 뜻이며 그 해석이라고 할 수 있다. 분석심리학에서의 민담해석도 이와 같은 특징을 지니고 있다. 그것은 마치 예술가가 그의 영감을 형상화해 나가면서 되풀이해서 지우고 보태고 깎고 덧붙여 가는 과정에 비길 수 있다. 너무 성급하게 명료한 해답을 구하려는 나머지 민담 속의 심리학적 의미를 단순한 기호로서 해석해 놓고 이것을 상징적 의미라고 주장하는 우를 범해서는 안 된다는 것을 강조하고 싶다.[11)]

3) 신화소(Mythologem)와 상(Image)의 문화연계성

설화분석에 관한 손진태 씨의 귀중한 업적은 한국에서의 이 분야의 개척적인 연구라는 점에서 높이 평가할 만한 것이다. 그러나 분석심리학의 입장에서는 동일한 주제가 다른 지역에 산견된다고 해서 곧 이것이 전파의 증거라고 보지는 않는다. 또한 두 지역 혹은 여러 지역의 이야기가 서로 다르다고 해서 전혀 별개의 것이라고 단정 짓지도 않는다. 인간의 마음속에서는 본질적으로 동일한 유형을 산출할 수 있는 조건이 있다고 보기 때문이다. 그리고 이러한 원초적인 인간적 조건이 바로 융의 이른바 원형(Archetypus)이며, 이러한 유형이 하나의 상으로 표현된 것이 원형상(das archetypische Bild, Archetypal Image)이다. 도깨비, 귀신, 산신령, 선녀, 괴물, 신동 등이나 파란 구슬, 커다란 나무, 용, 연꽃, 호랑이, 사자, 사슴 등 수없는 원형상이 무의식의 심연 속에서 자기를 현시하는 것이다.

그런데 같은 원형의 현시도 다른 형상을 통해 나타나는 경우가 있다.

---

11) 상징의 의미와 확충의 방법에 대해서는 이부영, 「분석심리학」(pp. 186-196), 「꿈의 해석」(pp. 267-277), '분석의 실제와 심리학적 문제'의 장 참조.

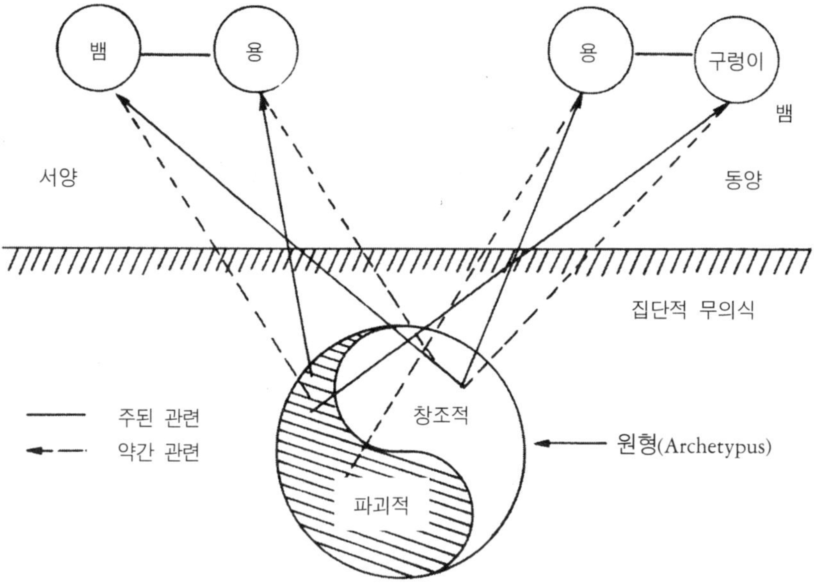

그림 5. 원형과 그 투사상

가령 '용'이라는 상의 경우 서양설화에서는 그 파괴적인 면이 강조되고 있지만 동양설화에서는 흔히 창조적인 면이 강조되어 나타나는데 이 경우 그 형상이나 이름은 비슷하지만 같은 심상의 반영이라고 보기는 어렵고 어느 한 면만이 표현된 경우라 할 수 있다. 그러면 그 나머지는 어디 다른 상을 통해서 표현되었을 가능성이 있다. 가설적인 이야기이지만 동양인에게 있어서 용의 파괴력은 구렁이, 지네 등 다른 동물 속에 표현되고, 서양의 용 관념에서 희박한 창조적 속성은 오히려 그리스신화에서 흔히 생명과 치유의 상징인 '뱀'이라는 상 속에서 발견된다고 할 수 있다(그림 5). 물론 이 문제는 좀더 면밀한 검토를 요한다.

만일에 우리가 설화의 인간 무의식의 심층과의 관련성을 무시한다면 어떤 이야기를 쉽사리 어디서 어디로 건너간 이야기라든가 하는 평면적인 인과론적 설명을 감행하거나 그 이야기의 현실적 사건과의 관계를 추구할 것이다. 그러나 그 많은 이야기들이 인간공유의 무의식층에서 나왔다고 가정할 때 그 설화를 보는 눈은 달라진다.

융은 원형이란 신화소(Mythologem)와 같은 것이라 하였다. 나라마다 신화의 내용은 다를 수 있다. 그 등장인물의 수, 모습, 문제해결의 방법, 명칭 등 똑같은 신화란 없을 것이다. 그러나 공통되는 것은 그 근간이며 핵이다. 가령 한국 설화 〈선녀와 나무꾼〉의 경우 어떻게 나무꾼이 하늘에 올라가며 어떻게 선녀와 만나며 흥정하여 어떻게 문제를 해결하는가 하는 점은 나라마다 다르다. 그러나 '선녀와의 결혼이 어렵다'는 점만은 모두 똑같이 시사되고 있다. 성인과정을 그린 설화에서도 악귀를 물리치는 과정과 수단, 악귀의 형상 등은 모두 다르다. 그러나 주인공이 고통과 죽음과 부활의 과정을 거쳐 새사람이 된다는 이야기의 핵심은 변함이 없다. 원초적인 모성상의 이름이나 모습이나 그 나타나는 상황은 설화마다 다를 수 있으나 그 생성과 죽음의 양면성은 공통된다.

신화소는 신화의 줄거리를 발전시켜 나갈 수 있는 가장 근원적인 각 설화의 공통분모이다. 그것은 설화의 싹을 트게 하는 씨와 같은 것이다. 그리고 이 씨는 다름 아닌 사람의 마음속에 이미 존재해 왔고 존재해 오고 있는 것이다.

4) 유화의 비교

앞에서 상징이란 다른 학파에서 이야기되듯 분명히 알고 있는 것의 다른 형태의 표현이거나 기호가 아니고 미지의 뜻을 내포한 것이라는 점을 지적한 바 있다. 이 미지의 것은 열쇠로 문을 열 듯하면 그 정체가 드러나는 것이 아니라[12] 많은 언어표현으로도 다 표현될 수 없는 뜻을 지닌 것이라는 점, 확충의 방법은 바로 이러한 의미를 전달하기 위한 방편이라는 점, 따라서 상징이란 논리적 추리의 결과 얻어지는 해답이거나 인과적으로 추리되는 것이 아니고 확충의 과정에서 '우러나오는' 비합리적인 직관적·감정적인 파악의 전부라고 할 수 있다는 점이 강조된 셈이다.

그런데 실제로 어떤 민담을 심리학적으로 해석한다고 할 때 몇 가지 구체적으로 언급되어야 할 방법이 있다. 그것은 민담에 내포된 원형상을 보다 확실히 이해하는 방법이며, 원형상을 다른 의식적·무의식적인 내용들과 구별하며 집단적 무의식을 집단의식이나 개인적 무의식과 구별하는 작업이다. 민담의 심리학적인 해석은 앞에서 말한 바와 같이 주관성을 배제할 수 없는 것이지만, 또한 가능한 한 객관적인 비교 고찰을 통한 객관성의 신뢰도를 확보해야 한다. 그러기 위해서는 객관적·과학적 검토방법을 응용하지 않으면 안 된다.

먼저 우리는 모든 민담이 순수한 원형상 그 자체를 드러내고 있는 것은 아니라는 것에 유의해야 한다. 여기에도 의식적인 수식이 상당히 가미되어 있고 그 시대나 문화권의 집단적 가치관, 사고방식이 끼어들어 있을 가능성이 아주 없지 않다. 그러니까 민담은 귀중한 성분을 갖추고 있는 원료이며 그 성분 자체는 아니다.

가령 〈지네장터〉 민담에는 전설의 성격을 띤 다음의 이야기가 있다.

> "충북 청주 지네장터에는 그 옛날 지네를 위한 당집이 있었다. 옛날 이 지네장터에서 몇 십리 밖 어느 마을에 장님 아버지를 모시고 사는 순이라는 효녀가 있었다."

---

12) 예컨대 프로이트의 꿈의 분석에서는 꿈의 잠재적인 내용이 있고 현재 기억하고 있는 꿈은 여러 가지 기전으로 왜곡되고 의장된 것이므로 그 기전을 알아서 분석하면 숨겨진 욕구가 발견된다고 본다. 분석심리학에서는 "꿈은 감추는 것이 아니라 우리에게 무엇을 가리키는 것이다"라는 관점에서 이러한 기전설을 비판한다.

이런 이야기에서는 우선 이 이야기가 실제로 민간 신앙과 어떤 관계가 있지 않을까 한번은 생각해 보아야 한다. 그래서 그러한 당집의 현존성 여부를 살펴볼 필요가 있다. 이렇게 보면 이 외에도 사람들이 지네를 귀신으로 모셔왔으리라는 사실이 막연하게나마 드러난다.13) 인신공의의 문제도 민담의 내용에 그치는 것이 아니라 역사적인 사실로써 볼 필요가 있다. 현대인에게 무의식이 되어 버린 원형상이 고대인이나 원시사회에서는 현실로서 체험되던 것임을 생각해 볼 필요가 있다. 즉 의식과 무의식이 구분되지 않은 레비브룰(Lévy-Bruhl)의 이른바 신비적 융합(participation mystique)의 상태를 상기해야 하는 것이다. 또한 이 민담에는 '효녀'라는 말이 나오고 동양의 전통적인 효의 관념이 내포되어 있다. 다시 말해서 동양사회 특유의 집단의식이 끼어들어 있다.14) 물론 이 민담에서 효의 사상은 그리 큰 역할을 하고 있지 않다.

〈지네장터〉류 민담의 유화 가운데는 괴물을 제치했다는 점에서 세계 각처에 널리 퍼져 있는 페르제우스(Perseus)형 영웅신화에 포함시킬 수 있다. 그 밖에는 유화라고 하지만 전형적인 유화를 외국에서 찾기는 어렵다. 부분에 따라 줄거리가 전혀 다른 부분도 있다. 그래서 전체보다 이야기의 부분에 따라 다른 이야기와 비교해 볼 필요가 있다.

또한 우리나라의 동화 〈해와 달〉의 경우를 보자. 이것은 호랑이가 어머니를 잡아먹고 어머니로 가장하여 돌아와서 아이를 잡아먹으려다가 결

---

13) 이 민담의 심리학적 해석은 이미 다른 곳에서 발표하였다. 이부영, '한국 민담속의 영웅원형-〈지네장터〉 설화를 중심으로', 「한국의 민속문화」(국제문화재단 (편), 서울, 1974), pp. 183-202(이 책의 Ⅱ-2) 참조.

14) 집단의식은 삼강오륜, 충효, 남녀칠세부동석과 같은 사회도덕규범을 의식적으로 강조하여 이를 교육을 통하여 전달할 때 형성되는 의식의 부분을 말한다. 인습적 관념, 예의규범 같은 것은 시대적인 특수성, 지역에 따라 사회집단, 또는 문화권에 따라 다르기 때문에 이와 같은 내용은 집단적 무의식과는 달리 집단적 의식(collective consciousness)이라 부른다. 그러나 전통사상이나 관습이 반드시 모두 집단의식은 아니다. '효'의 경우만 보더라도 표면상 이것은 집단의식의 내용처럼 보이지만 그 깊은 곳에는 인류보편의 종교적 신성성(Numinosum)이 내재하고 있다.

국 아이들이 하느님의 도움으로 하늘에 올라가 해와 달이 되고 호랑이는 죽는다는 잘 알려진 민담이다.

이 민담의 심리적 상징을 살펴 가기 위해서는 우선 이와 비슷한 주제의 이야기들을 모아 서로 비교하여 무엇이 보편적인 내용이며 무엇이 특수한가를 살펴보아야 한다. 특수한 것, 즉 서로 차이가 나는 부분은 대개 그 민담을 소유하고 있는 집단의 성격 특징을 나타내고 있다. 다시 말해 집단의식적인 측면을 표현하고 있다고 할 수 있다. 한 집단 안에도 같은 이야기가 조금씩 다르게 이야기되는 것은 의미가 있다. 그 집단의 사고방식이 아직 통일되어 있지 않다는 뜻이다.

그러므로 우리는 민담해석에서 먼저 해석대상으로 삼은 민담의 유화(Variante)를 가능한 한 많이 수집하여 비교하는 작업을 시작해야 한다.

〈해와 달〉은 우리나라에 유화가 많고 그 내용이 지방마다 조금씩 다른 것으로 알려져 있다.

〈해와 달〉의 외국의 유화는 몽고의 민담, 중국, 일본 그리고 독일의 그림(Grimm) 동화에서 발견된다. 물론 좀더 찾아보면 더 많은 유화가 나올 것이다.[15] 실제로 에버하르트(W. Eberhard)는 대만에서 〈호고파(虎姑婆)〉(호랑이 할망)의 유화 241편을 대상으로 조사하였다.[16]

이렇게 유화를 찾아 비교해 보면 이 민담의 유화를 일관하는 공통점은 이 민담들이 한결같이 '어머니와 아이'를 위협하는 악한 것을 중심으로 이야기를 전개시키고 있다는 것이다.

어머니와 아이가 동물로 표현되는 경우도 있고 그 악한 것이 표범이기도 하고 호랑이 아니면 산귀신 또는 늑대로 나오기도 하는 등 서로 다르다. 또한 '악한 것'을 제치하는 방법도 서로 반드시 일치하지 않지만 어머

15) B. Y. Rhi, "Psychological Interpretation of a Korean Fairy Tale: Sister Sun and Brother Moon", *Korea Journal*, 1973, pp. 4-11, 또한 이 책의 해당부분 참조.

16) W. Eberhard, *Studies in Taiwanese Folktales*, The Orient Cultural Service, Taipei, Taiwan, China, 1971, Part 1 참조.

니와 아이가 '악'에 의하여 위협받는 문제가 이야기되고 있는 점이 한결 같고, 이 문제를 어떻게 해결할 것인가를 말해 주는 점에서 공통된다.

그러면 '어머니와 아이'의 이야기란 심리학적으로 무슨 뜻을 가진 것인가 생각해 보지 않을 수 없다. 모자관계의 측면을 다루고 있다고 할 수 있다. '어머니가 호랑이로 변하고 아이를 잡아먹는'—지배욕과 탐욕에 찬 모성본능의 부정적 측면과 이를 지양하려는 신생권능(아이들)에 관한 이야기라 할 수 있고, 여기에 하늘로부터의 구원이라는 종교적 본능의 역할이 제시된 이야기이다.

〈해와 달〉류의 우리나라 민담에서는 어느 외딴 곳에 어머니가 아이 둘(또는 셋)을 데리고 살고 있는데, 가난해서 어머니가 이웃 마을에 가서 품을 팔아야 하는 것으로 나오는 경우가 대부분이다.

우리나라 옛날 이야기에는 '가난하다'는 상황이 제법 많이 강조된다. 〈해와 달〉에서도 그렇고 〈지네장터〉류 민담에서도 그렇다. 이것이 이 민담이 제시하는 상황을 더욱 돋보이게 하고 이야기를 듣는 사람에게 어떤 애절한 느낌을 북돋워 준다.

대체로 '가난한' 상황이란 '돈이 없는' 상황, 결핍된 상황을 말한다. 심리학적인 표현으로는 '힘의 결핍', '에너지의 결여'라고 할 수 있다. '힘'이니 '에너지'니 하는 것은 무엇보다 감정적 가치(emotional value)로 평가될 수 있는 것이다. 내가 무엇에 대하여 강력한 흥미를 느끼고 무엇을 해보고자 하는 의욕이 생길 때, 그 '흥미'라든지 '의욕'은 바로 심리적인 용어로는 '리비도' 즉 '정신적 에너지'로 표현된다. 어떤 대상에 에너지가 많이 흘러간다면 거기에 대한 관심도나 흥미가 높다는 말이 된다. 민담 속의 '가난'이란 그런 관심도나 흥미의 부족 또는 의지의 부족이나 결핍을 뜻하는 경우가 많다. '돈'이라든지 '재물'은 단순히 물질적인 가치의 척도일 뿐 아니라 감정적인 가치의 척도를 나타내는 경우가 많다. 정신치료 도중에 환자가 "돈이 없어서 못 오겠다" 또는 "치료비가 비싸다"는 말을 꺼내는 수가 있고 환자의 꿈에서도 '돈이 없다'는 내용이 나타난다. 이때 실제로 돈이 없는 경우도 있고 치료비가 부담이 되는 경우도 있지만 대부분 '치료에 돈을 쓰는 것이 아깝다'고 느껴진 경우이다. 왜냐하면 이 사람들이 정신치료를 안 하고 그럴싸한 이름의 환약이라든지 한약을 먹는 데는 그보다 몇 배의 돈을 아낌없이 쓰기 때문이다. 구체적인 물질로서의 '돈'이 문제가 아니라 치료에 임하는 '마음'과 치료에 대한 '필요성'(need), '관심도'가 '돈'의 이름으로 표현되는 것이다.

그런데 우리 민담에서 자주 제시되는 가난의 조건이 이런 '리비도의 결핍' 상황을 표현하는 것이라고 말할 수 있는지는 각기 그 민담의 특성에 따라 결정된다.

그림 민담 〈황금의 산의 왕〉17)은 "두 아이를 거느린 상인이 하루아침에 가난뱅이가 되어 남은 것이라곤 작은 농토밖에 없게 되었다. 상인은 자기의 근심을 잠시나마 잊으려고 집을 나와 이 작은 농토가 있는 곳으로 나왔다"는 말로 시작된다. 그리하여 그는 여기서 까만 난쟁이를 만나고 난쟁이가 도와주는 대가로 자기도 모르게 자기 아들을 난쟁이에게 약속한다.

이 경우에는 '가난'이 사건 전개의 중요한 동기가 되어 있다. 즉 주인공에게 '리비도의 결핍'이 생기고 그것을 대상하게 될 다른 요소의 출현을 촉구한다. 우리나라의 〈지네장터〉 민담이나 〈심청전〉에서도 가난하기 때문에 아버지의 병을 고치기 위하여 딸이 자기의 몸을 제물로 바친다는 행위가 생긴다. 그런 만큼 '가난'이란 이런 민담에서 중요한 의미를 지닌다. 다시 말해, 여기서는 '아버지' 즉 심리학적 의미로 전통적 · 남성적 의식 또는 행태에 에너지가 결핍되어 있는 상황을 말해 준다.

〈해와 달〉류의 민담에서도 '가난하다'는 민담의 조건이 '어머니'로 하

17) Grimm, *Kinder-und Hausmärchen*, II, Bd., Manesse, pp. 23-32, Nr. 92: Der König vom goldenen Berg.

여금 출타하게 하여 변을 당하게 한다는 점에서 행위의 계기가 되기도 하지만, 민담의 역점은 가난보다도 호랑이의 어머니 겁탈, 호랑이와 어린이와의 대결과 해결에 있다. 그러므로 앞서도 말한 것처럼 이 경우에는 가난하다는 것은 심리학적 의미보다도 이야기에 애절함을 강조하려는 표면상의 효과를 노리는 기술에 속한다.

5) 극의 구성과 심리적 의미

꿈은 상당히 논리에 맞지 않고 이것저것이 뒤죽박죽으로 섞여 있는 것 같아도 자세히 보면 어떤 일정한 구조를 가지고 있음을 알 수 있다. 그것은 극(drama)의 진행과정과 비슷하다. 민담에서의 이야기 전개도 이와 같은 극의 구성을 통해서 이루어지는 것을 볼 수 있다. 기다란 알 수 없이 뒤얽힌 꿈의 뜻을 풀어 나갈 때, 꿈의 내용을 이런 극의 구성에 맞추어 생각해 보면 한결 뜻을 이해하기가 쉽다. 민담의 심리학적 해석도 이와 같은 관점에서 진행시켜 보는 것이 도움이 된다.

극의 구조란 ① 제시부(exposition), ② 전개부(peripeteia), ③ 절정(climax, culmination), ④ 해소부(lysis)를 말한다.[18)]

제시부란 극의 상황을 제시하는 부분으로, 여기서는 등장인물 · 장소 · 시간이 명시된다. 민담에서는 시간이 뚜렷하게 밝혀져 있지 않은 것이 보통이다. '옛날 옛적에'(in illo tempore)라는 말뿐이다. 민담은 구체적 시간성을 초극한 곳에서 진행되는 이야기라고 할 수 있다. 그러나 등장인물 또는 동물과 장소가 제시되어 있다. 제시부는 그 민담이 가지고 있는 심리학적 문제성을 제시해 주는 곳이다.

---

18) 이부영, 「분석심리학」, p. 185 참조.

가령 〈지네장터〉류 민담에서 보면, 제시부의 등장인물은 장님 아버지와 그의 딸 순이이며 장소는 지네장터에서 몇십 리 밖 어느 마을이다. 그리고 이들은 가난했다. 이것이 이 민담의 제시부이다.

한국의 유화 6개 중에서 하나만 제외하면 제시부의 등장인물 중 두꺼비·지네를 빼면 모두가 부녀 아니면 모녀이다.[19] 민담 〈지네장터〉와 같은 등장인물—눈먼 아버지와 그의 딸은 심리학적으로 무슨 뜻이 있는가. 무엇보다도 여기에는 어머니의 존재가 결여되어 있다. 그리고 실제로 이 민담에서 어머니는 순이가 어릴 때 죽었다고 명시되어 있다.

"왕이 늙고 병들었으며 오래전에 왕비가 죽어 왕은 혼자서 외롭게 나라를 통치하였다." 이런 비슷한 제시부를 우리는 그림 민담 같은 데서 발견한다. 왕은 혼자 있고 게다가 병들어 있다는 사실의 심리적 의미를 생각해 보아야 한다. 등장인물의 수와 성 그리고 부부·부모가 갖추어진 상태인가 한쪽이 결여된 상태인가, 결여되었으면 어느 쪽이 결여되어 있는가를 살펴보아야 하는 것이다,

'아버지'란 상징적으로 전통적인 의식의 대변자이며 계승자이다. '어머니'란 이런 의식적인 면보다는 옛날부터 내려오는 관습을 보호하고 키우는 역할을 한다. 따라서 아버지가 사상과 이념, 법도와 도리, 대사회적 관계, 대인관계와 같은 시대적 가치관을 관장하며 지도하는 존재라면, 어머니는 이보다 오랜 민간전승, 정적이며 비합리적이며 무의식적이며, 현세적인 관계보다는 저승의 조령들과의 관계를 키우는 역할을 담당한다. 아버지는 자식을 외부 세계로부터의 위협에서 방어하며 어머니는 자식을 내부 세계로부터의 위협에서 지켜준다고 융은 말한 일이 있다.[20] '부모' 중에서 모의 결여라는 민담의 상황은 전통적·남성적 의식을 보충하고 지탱하는

---

19) 이부영, '한국 민화 속의 영웅원형'(앞의 책) 참조.

20) C. G. Jung, *die Beziehungen zwischen dem Ich und dem Unbewußten*, Rascher, Zürich, 1963, p. 91.

무의식적 측면의 부족을 의미하며, 전통적·남성적 행태에 활력을 넣을 수 있는 감정과 본능의 기반이 없어졌음을 가리킨다. 게다가 아버지가 장님이라는 사실은 이러한 부권적·전통적 생활 행태가 상당히 경색되어 객관적인 판단 능력을 잃고 있는 상태임을 암시한다. 그러므로 이것을 보상해야 할 신생기능이 필요한 상태이고 그만큼 '딸'이 중요한 역할을 하지 않을 수 없는 상황이다. '딸'은 피폐되고 경색된 전통적·남성적 행태를 보상하고 여기에 힘을 줄 수 있는 신생기능이며 새로운 감정기능이다. 그것은 모성적인 본능뿐 아니라 보다 영원성을 지향하는 감정적 가치를 대변하며, 흔히 초속적이거나 신성성을 내포한다.[21]

〈지네장터〉류 민담의 제시부를 다른 나라의 유화와 비교하면 외국의 유화에서는 등장인물이 반드시 부녀나 모녀의 일방성을 나타내지 않음을 알 수 있고 가난의 조건도 없으며 부녀가 등장하더라도 부가 병들었다든지 장님인 상황은 아니다. 중국의 〈수신기(搜神記)〉에서는 등장인물이 '부모와 무남 6녀'로서 부모가 갖추어져 있고 딸이 여섯이나 있어 퍽 여유가 있어 보인다. 제시부에 나타난 민담의 심리학적 문제 제기에 상당한 차이를 보인다. 물론 제시부의 서술방법이 그 민담이 나온 지역이나 나라 사람들의 기호에 맞도록 의식적으로 효과를 노린 서술방법이라고 생각할 수 있음은 앞에서 말한 대로이다. 그러나 사람들이 그런 각박한 상황에 유달리 흥미를 느낀다면 그것은 바로 그 사람들의 내적인 심리적 경향과 일치되는 까닭이라고 볼 수도 있을 것이다.

어쨌든 이와 같이 등장인물을 자세히 살펴보면, 〈지네장터〉 민담에서는 전개부와 절정에서 각각 '두꺼비'와 '지네'가 나타나고 해소부에서 지네와 두꺼비가 사라지고 부녀가 남게 된다.

---

21) 신성한 아이(das göttliche Kind), 신성한 소녀(das gättliche Mädchen)에 비길 수 있는 소녀가 민담에 등장한다. 심청전의 경우가 특히 두드러진다. 원형으로서의 소년·소녀에 대하여는 K. Kerényi와 Jung의 공저인 *Einführung in das Wesen der Mythologie. Das göttliche Kind/Das göttliche Mädchen,* Rhein-Verlag, Zürich, 1951 참조.

즉, 전개부에서 홀연히 수챗구멍으로 두꺼비가 들어오며, 순이가 그것을 기르고 어느 날 지네에게 몸을 팔아 제물로 바치리라 결심하고 당에 묶인 채 두꺼비와 지네의 싸움을 목격하다 기절하는 절정부를 거쳐, 지네와 두꺼비가 같이 죽고 무사히 집으로 되돌아와 아버지와 살았고 그 뒤부터 지네의 폐해가 없어졌다는 해소부에 이른다.

여기서 두꺼비는 어떤 상징적 의미를 지닌 것인가, 우리나라나 다른 나라의 민담과 민속에 나타나는 두꺼비상을 비교하여 살펴볼 필요가 있고 두꺼비를 기른다는 것은 무슨 뜻인가, 수챗구멍이나 부엌은 어떤 뜻이 있는가, 그리고 지네의 상징은 어떤 것이며 지네와 두꺼비의 싸움이 어떤 유화에서 발견되는가, 그것은 무슨 심리학적 의미를 지닌 것인가, 그리고 해소부는 결국 이 민담의 심리학적 해석이 어떻게 되었음을 보여 주는 것인가 하는 여러 가지를 살펴보며 생각해 보아야 할 것이다. 각 단계마다 우리나라나 다른 나라의 유화나 비교자료를 동원하여 고찰해야 할 것이다.

이에 대한 상세한 기술은 이 책의 해당 부분에 발표되어 있으므로 여기서 재언하지 않거니와, 전체적으로 등장인물(또는 동물)의 관계를 도시하면 다음과 같다.

① 제시부	② 전개부	③ 절 정	④ 해소부
아버지	딸	지네	아버지
↑	↓	↙ ↖	↕
딸	두꺼비	딸—두꺼비	딸

두꺼비는 여러 가지 의미에서 죽은 어머니의 넋에 비유될 수 있다. 지네가 개인적인 존재가 아니라 마을 전체의 운명에 직결되는 집단적 그림자이며 파괴적인 악의 원리라 본다면, 이는 부모의 세계와도 연관되는 존재이다. 그럴 때 우리는 이 민담의 등장요소가 하나의 사위(Quaternität, 四

位)의 특성을 이룬다는 점을 알 수 있다(그림 6). 사위는 정신의 전체성의 상징으로서 분석심리학에서 매우 중요한 상징으로 간주되고 있다.

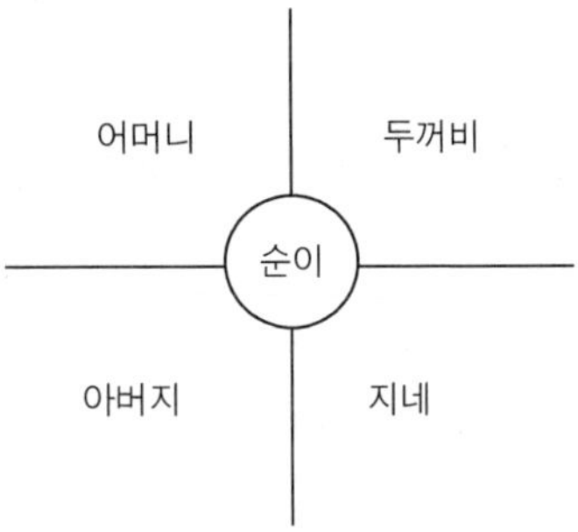

그림 6. <지네장터>의 원형적 구성(1)

그리하여 순이는 이 단위의 중심을 차지하게 된다. 지네를 융의 전일의 상징, 자기원형(archetype of self)의 파괴적 측면, 즉 자기원형의 그림자라고 본다면 그림 7과 같은 구성도 가능하다.

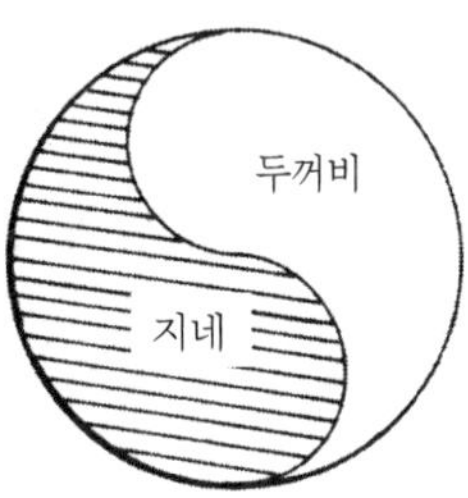

그림 7. <지네장터>의 원형적 구성(2)

어쨌든 이러한 도시나 구성은 모두 인위적인 것이며 민담의 뜻을 이해하기 위해서 시도해 보는 방편에 지나지 않는다.

〈지네장터〉 민담의 해소부에 결국 지네가 죽고 부녀가 남는다. 얼른 보아서 제시부의 상황으로 환원된 듯한 느낌을 준다. 분석심리학적으로는 이것은 상당히 문제성을 내포한 해소부라고 본다. 주인공이 아버지와의 결속에서 벗어나지 못한 상태에 있기 때문이다. 어떻게 보면 이 민담의 구성은 '효'라는 집단적 가치관의 틀에 제약을 받은 흔적이 짙다.

대개 괴물제치설화에서 기대되는 결과는 괴물을 제치한 영웅이 괴물의 제물이나 희생으로 바쳐졌던 여자를 구출하여 그녀와 결혼하는 것이다. 분석심리학적으로 결혼은 '대극의 융합'(coniunctio oppositorum)으로서 전일성(totality, Ganzheit)의 상징이라 보기 때문에 결혼으로 끝나는 이야기에서는 인격성숙의 목표가 달성되는 것으로 보고 '안심'하게 되나, 제시부의 상황이 그대로 존속하는 것을 보면 약간의 '불만'을 느끼게 된다. 이것이 반드시 서양식의 합리주의 정신에 입각한 강박성과 완전무결주의 때문이라고만은 할 수 없을 것이다. 왜냐하면 동양의 도가에서도 음양합도를 높이 내세운 터이고 그런 뜻에서 결혼의 의의는 현실적으로 크게 강조되어 왔으며 민간에서도 미혼녀나 총각의 사령은 가장 무서운 원귀로 간주되는 것으로 보아, "시집(장가)가고 아들 낳고 딸 낳고 오래오래 살았다"는 귀결이 아마 민담의 바람직한 귀결로서 기대되었을 법하다.

실제로 〈지하국대적제치설화〉에서는 그러한 결혼이 해소부에서 실현되고 있다.

손진태 씨의 예[22]를 보면, 어느 한량이 대적에게 빼앗긴 부자의 딸을 구하러 나서는데, 도중에 세 사람의 초립동과 만나 결의형제를 하고 까치를 도와 주고 그 보상으로 지하국의 길을 찾아, 끝내는 대적에게 빼앗긴 여자를 만나고 그녀의 도움으로 도둑을 죽이고 금은보화와 세 사람의 예쁜 여자들을 데리고 지상에 올라와, 결국 네 사람의 한량과 네 사람의 여자가 결혼하고 보상을 받는 것으로 끝난다. 〈아귀귀신〉[23] 이야기에서는 등장인물이 무신과 종자, 세 공주, 아귀귀신인데, 그 결과는 간자(奸者)의 목을 베고 막내 공주를 무사와 결혼시킨다. 그러나 지하국으로 약탈된 어떤 젊은이의 여자가 이미 도둑에게 몸을 허락하여 제 남편을 오히려 가두어 결국은 도둑과 함께 남편의 손에 죽게 되고 그 젊은이는 그를 도와준 여종과 결혼을 한다는 경우도 있다.[24]

민담의 구성에서 해소부가 아예 뚝 끊어진 이야기가 있다. 꿈에서도 해소부가 없어지는 경우가 있다. 가령 악한에게 쫓기다가 막다른 골목에 들어간 순간 잠에서 깨어 버린다. 이런 것을 보통 악몽이라 한다. 그런데

---

22) 손진태, 「한국민족설화의 연구」, 을유문화사, 1954, pp. 106-110.
23) 앞의 책, pp. 111-116.
24) 임석재, '도둑 나라를 친 새 신랑', 「옛날이야기선집」 2, 교학사, 1972, pp. 228-253.

악몽과 같은 민담이 있다. 폰 프란츠는 민담에서의 악의 문제를 다루는 가운데, 유태 기독교 문화권의 민담은 흔히 대결을 통한 사건의 해결을 특징으로 하지만 동방의 민담은 그저 센세이션에 그치는 사건 표현을 하는 경우가 많다는 말을 한 일이 있다.[25] 즉 악은 하나의 가꾸어지지 않은 자연현상이라는 것이다. 악은 개인적으로 해결해야 할 사건이라기보다 그저 자연 속 거기에 존재하는 것으로 간주되며 경악과 전율을 일으키는 실체로 묘사될 뿐이다. 〈지네장터〉 민담은 이런 종류의 민담은 아니지만 상당히 소박한 내용을 가진 민담이라 할 것이다.

6) 꿈의 해석과 민담해석

민담이 원시인들이 말하는 충격적이며 뜻하지 않은 '큰 꿈'과 같은 것이라는 점은 이미 앞에서 설명하였다. 사람들이 겪은 이상한 체험, 신비로운 환상체험이 민담을 낳는 원천이 되었으리라는 것도 전술한 대로이다.

꿈의 내용이 우리 마음의 어떤 것을 상징적으로 나타내는가를 알아 나가는 것과 같은 방법으로 민담을 살펴볼 필요가 있다는 것도 이미 강조되었다.

꿈이 무의식의 내용과 경향을 살펴볼 수 있는 자료이듯 민담도 인간 무의식의 아주 깊은 층의 여러 경향을 살펴보는 특수한 자료임은 말할 것도 없다. 그런데 꿈이란 궁극적으로 '모르는 것'이다. '무의식'이 궁극적으로 미지의 것임과 같이 민담 또한 궁극적으로는 그 뜻을 알 수 없는 것이다. 알 수 없고 모르는 인간정신의 심층을 우리는 가능한 한 알 수 있도록 여러 가지 방법을 통하여 탐구할 뿐이다. 그러므로 꿈의 해석이나 민

---

25) M. L. von Franz, *Das Problem des Bösen in Märchen*, (in) Das Böse, Studies aus dem C. G. Jung Institut Zürich, Rascher, Zürich, 1961, pp. 105-106.

담의 심리적 해석이란 '마치(als ob, as if) 그것이 이렇게 보인다'는 뜻이지 '이것이다' 하고 단정 짓는 것은 아니다.

우리의 설명 방법이나 언어가 부족하여 이러한 '유보'를 '단정'이라 오해받기 때문에, 여기에 민담이나 그 밖의 민속자료에 관한 심리학적 해석에 대한 반발이 생기고, 심리학자들은 신화나 민담이나 인간의 체험을 심리주의화(psychologisieren)해 버리고 그 내용을 '무의식에 갖다 붙이며', '원형에 갖다 붙여서' 그것을 '무의식에 불과한 것'으로 단정 짓는다는 비난을 받게 된다.

그러나 민담의 문학적 해석과 심리학적 해석은 그 사용하는 언어와 개념은 다르다 하더라도 상당한 공통점을 내포하고 있으며 인간심리의 끝없는 깊이를 생각할 때 민담이나 신화의 자료를 '심리화'할 수도 없고 해서도 안 될 것이다. 심리학자는 단지 이러한 인간정신의 귀중한 소산이 인간심리와 '어떻게 관계되는가'를 살펴보고 그것을 제시할 뿐이다. 이것으로 '비밀'이 모두 해명된 것은 아니다.

그러나 인간심리란 실로 다양하며 이것을 관찰하는 '사람' 또한 다양한 관점을 지닌 존재이기 때문에 꿈의 해석이나 민담의 해석 역시 해석자에 따라 다양하며 그 다양한 것이 모두 다소간의 타당성을 갖추게 된다. 다만 우리가 하나의 관점에 치우치지 않고 될 수 있는 대로 인간정신의 다양성을 다방면으로 파악하려면, 무엇보다도 해석자의 편견과 선입관념을 배제하고 이상에서 말한 여러 가지 방법으로 될 수 있는 대로 과학적으로 접근해 나갈 필요가 있다.

꿈을 해석할 때 분석심리학에서 무엇보다 강조하는 태도가 선입관념을 가지지 말라는 것이거니와, 그 이유가 여기에 있다. 융 자신도 자신이 그렇게 많이 꿈을 해석해 왔지만 새 꿈이 나올 때마다 "나는 이 꿈에 관해서 아무것도 모른다"는 태도로 꿈의 해석에 임한다고 하였다. 꿈을 읽고 번개 같은 직관으로 "아, 이런 뜻이구나!" 하고 회심의 미소를 띠는 순간 그는 민담 속의 장님 주인공처럼 순간적으로 그 자신의 콤플렉스에 사로잡힌 것이며 그것에 의해서 의식의 판단이 흐려지게 된다. 이와 같은 잘못된 선입견은 언제나 진정한 영감과 혼동되기 쉬우며 분석자가 빠지기 쉬운 '함정'이다.

꿈의 해석상의 이와 같은 잘못을 저지르지 않기 위해서는 첫째, 꿈을 꾼 사람의 연상[26]을 물어서 꿈에 나오는 내용이 그 사람에게 개인적으로 어떤 의미를 지닌 것인가를 알아보아야겠고, 둘째, 앞에서 여러 번 거론된 '인류의 연상'을 찾아보아야 한다. 꿈은 인위적으로 만들어 낸 것이 아니다. 그리고 꿈을 꾼 사람 속에서 생산된 심리적 내용이므로 그의 일회적인 생의 산물이며 진정한 의미의 '그의 것'이다. 동시에 꿈은 모든 사람의 마음과 통하는 공통된 문제성을 제시한다. 꿈은 한편으로는 그의 과거의 사건과 연관되지만 다른 한편으로는 미래로 향한 방향성을 지닌 것이다.

꿈은 무의식적인 어떤 계획(plan)에 의하여 움직이는 현상으로서 항상 의식의 일방성을 지양하며, 의식과 더불어 그 사람의 정신의 전체를 실현하고자 하는 경향을 지니고 있다. 이것을 꿈의 대상기능이라 하기도 한다. 꿈은 위험한 충동이 난무하는 '추잡한' 것에 불과한 것이 아니다. 파괴적이고 추잡하고 비인간적이며 비도덕적인 듯이 보이는 것 속에 어떤 내적인 질서가 개재하고 있다. 이러한 내적인 계획, 내적인 질서, 지향성은 이따금 우리의 민담 속에 나타나는 산신령, 늙은 할머니, 하느님, 때로는 스스로의 죽음을 통하여 새로운 질서의 전환을 이루는 괴물에서 표현되는 수가 있다. 아니면 주인공의 기다란 고행의 역정에서 발견된다.

민담 또한 꿈과 마찬가지로 고루한 시대의식, 경화되고 편협한 부권사회의 남존여비 경향을 대상하는 민족의 무의식을 대변하는 내용을 표현하기도 한다.

---

26) 자유연상이 아니고 확충으로서의 연상이다.

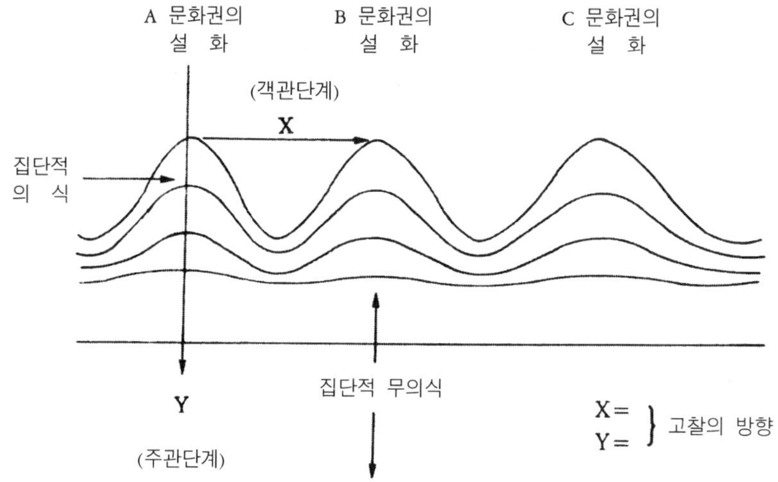

그림 8. 해석의 양 단계

무조전설로 알려진 〈바리데기〉설화는 그 한 표본이다. 이 이야기는 가부장적 사회의 일방성을 지양하며 생과 사를 초극하는 경지에까지 다다른 한 영웅의 개성화과정(또는 자기실현의 과정)[27]을 그린 위대한 민족의 서사시이다. 〈바리데기〉는 가히 민족의 '얼'이라 부를 만하다.

우리나라 민담에 숱하게 나오는 '바보'에 관한 이야기에서 '바보'가 한결같이 '남자'이며 '여성'이 한결같이 현명하게 나오는 것도 이런 남성지배의 시대의식에 대한 대상이라는 관점에서 볼 수 있고, 전설에 나오는 호랑이와 민담에 나오는 호랑이의 성격상의 차이점도 이와 같은 대상적 관계에서 파악될 수 있는 현상이다. 꿈이 개인의 의식과 때로는 집단의식을 지양하는 기능을 발휘한다면, 민담도 흔히 전통이라 불리는 집단의식을 지양하면서 인간정신의 통합과 전일성을 지향하는 집단적 무의식의 의도를 표출시킨다.

---

27) 이부영, 「분석심리학」, pp. 103-112 참조. 〈바리데기〉의 분석심리학적 해석은 〈심청전〉과 함께 이부영(2002), 「자기와 자기실현」(한길사), 258-266쪽 참조.

분석심리학에서 꿈의 해석은 꿈을 객관적 현실과의 관련성 속에서 해석하는 객관단계의 해석과, 꿈의 내용을 꿈을 꾼 사람의 마음속에 일어나는 모든 것의 상징적 표현으로 보는 주관단계에서의 해석이 있다.[28] 민담해석에서도 이 양측면에서의 해석이 가능하다. 하나는 객관적 현실과 민담이 얼마나 관련되어 있으며 그것이 얼마만큼 객관적 현실을 대상하고 있는지를 보는 작업이며 다른 하나는 민담의 내용이 인류의 심성의 무엇을 표현하고 있는가를 그 자체의 상징적 의미를 통하여 파악하는 일이다. 궁극적으로 객관단계의 해석보다는 주관단계의 해석이 중요하고, 객관단계를 거쳐 결국 주관단계의 해석에 도달하는 것이 꿈이나 민담해석의 마지막 목표가 된다(그림 8).

그러므로 민담의 심리학적 해석에서는 적어도 분석심리학의 입장에서는 민담의 해석자가 자신의 꿈에 대한 분석을 통하여 꿈의 의미를 충분히 체득하지 않으면 안 된다. 자신의 꿈을 다른 분석가의 도움 없이 자기 자신이 본다는 것은 우리가 모두 자신의 콤플렉스에 사로잡혀 꿈에 자신의 문제를 투사하기 쉽기 때문에 객관성을 유지하는 해석을 하기가 어렵다. 그러므로 반드시 분석심리학파의 교육분석가에 의해서 교육분석[29]을 받으면서 자신의 꿈을 상당 기간 관찰하고 그 뜻을 이해하는 수업을 받아야 한다. 분석심리학적 견지에서 민담을 해석하려면 반드시 분석심리학의 분석가에 의한 교육분석을 받으면서 이 작업을 실시해야 한다. 그렇지 못할 때는 이것을 분석심리학적 해석이라 할 수 없다. 이런 원칙은 반드시 분석심리학에만 국한되는 것이 아니라 정신분석학파·실존분석학파에 있어서도 마찬가지이다.

지금까지 한국에는 이런 분석수련 없이 민담의 해석을 분석심리학설을 응용하여 실시한 경우가 많이 있지만, 그 논문들은 필자의 견지에서 볼

---

28) 앞의 책, 제5장 〈꿈의 해석〉 참조.
29) 앞의 책, 제7장 2. 〈분석가의 수련〉 참조.

때 많은 문제점을 보여 주고 있다. 분석심리학에 관한 이론을 상당히—비록 지적인 이해라 하더라도—이해한 듯하면서도 중요한 부분에 가서 완전히 프로이트의 정신분석의 입장과 혼동한다거나 개념상의 혼란을 빚어 낸 경우가 많은 것은, 이들 해석자가 체험을 통하여 분석심리학의 기본자세를 익히지 못했고 심리학적 용어의 본래의 뜻을 이해하지 못한 때문이라 할 수 있다. 또한 인간심성에 대한 실제적인 이해가 부족하기 때문에 민담의 심리적 의미를 추상적이고 개념적으로서 기술하는 데서 그치는 경우도 있다.

원형이란 누구의 마음에도 있는 것이고 어느 특수한 사람의 전유물이 아님은 물론이다. 그리고 때로는 학자보다도 시인이나 예술가가 그리고 작가가 누구보다도 예리하게 원형의 뜻을 감지할 수 있는 것이 사실이다. 그러므로 누구나 다 그러한 원형상이 깃든 민담을 해석할 동기를 가지고 있다. 그러나 그 순수한 동기를 꽃피우기 위해서는 자신의 마음을 들여다보며 민담의 세계와 연결시킬 수 있어야 하고, 그럴 때라야만 그는 '심리학적으로' 책임질 수 있는 해석을 했다고 말할 수 있는 것이다. 이렇게 인간심성의 연구를 목적으로 한 교육분석은 반드시 정식으로 분석가가 되기 위한 수련과는 별도로 실시될 수 있다. 세계 각지의 융연구소에서는 자기 분야의 연구목적으로 신학자나 종교학자·문학자들이 일정 기간 분석수련을 받고 가는 사람이 많고, 우리나라에서도 그런 전제로 분석수련을 받는 사람들이 있다.

4. 맺는 말: 새로운 신화의 창조

지금까지 필자는 민담의 분석심리학적 해석에 따르는 몇 가지 전제조건과 해석상의 방법과 문제점을 간단히 기술하였다. 요컨대 아무나 융의 학설을 민담이라는 귀한 싹을 이해하는 데 신무기처럼 휘두르지 말라는 충고를 한 셈이다. 그것은 이 학설과 분석심리학적 입장을 아끼는 마음에서 우러나온 필자의 노파심 탓이라고도 할 수 있다. 그러나 그런 노파심은 분석심리학이론을 정확하게 이해하고 그 개념을 제대로 활용하는 경우에 쉽게 사라질 수 있는 것이다. 필자의 의도는 어디까지나 분석심리학을 제대로 알고 그 이론을 응용하라는 데 있고, 그러려면 아무래도 그 방면의 수업을 쌓아야 한다는 것을 강조하지 않을 수 없는 것이다.

폰 프란츠의 해석태도는 더욱 엄정하다. 그녀는 해석이란 확충된 이야기를 심리학적 언어로 번역하는 것이라고 주장한다. 가령 "무서운 어머니는 주인공에 의하여 극복된다"는 식으로 반쯤 여운을 남기는 신비로운 표현을 하는 것은 위험한 일이라고 지적한다. 엄격하게 심리학적인 언어를 구사하여 "무의식적인 타성은 의식의 보다 높은 단계로 지향하는 충동에 의하여 극복된다"고 말해야 해석이 된다는 것이다.[1)]

그러면 하나의 신화를 다른 신화 즉 융의 신화로 대치하는 것이 아니

1) von Franz, *Interpretation of Fairytales*, Ⅲ, pp. 6-7.

냐는 반론이 제기될 수 있다. 자기는 그럴 때 이렇게 대답하겠노라고 폰 프란츠는 말한다.

> "물론 우리는 그렇게 하고 있다. 그러나 의식적으로 그렇게 한다. 우리는 우리가 그렇게 하고 있다는 것을 알고 있다. 그리고 2000년대에 누군가가 우리의 해석을 읽고 "그것 참 우습다. 민담을 융심리학으로 번역해 놓고 그게 맞는다고 생각했으니"라고 말할 수 있으리라는 것도 알고 있다. 그리하여 그들은 새로운 해석을 내리고, 우리의 것은 그저 낡은 해석방법으로서 지나간 시대에 있었던 해석이라고 소개되는 데 머무를 것이다. 우리는 이 가능성을 충분히 인식하고, 그런 만큼 우리의 해석이 상대적이라는 것을 알고 있다."

그러나 우리는 민담이나 신화가 입에서 입으로 전해 내려오게 되는 그 똑같은 이유에서 민담을 해석한다고 그녀는 말한다. 왜냐하면 민담이 이야기될 때 언제나 그러한 것처럼, 그러한 해석 작업이 우리의 기분을 새롭게 하고, 우리에게 충족감을 주며 인간의 무의식적인 본능의 층과 더불어 화합하도록 하기 때문이다.

> "심리학적 해석은 우리 식으로 하는 이야기이다. 우리 역시 옛날 이야기를 하는 사람과 같은 욕구를 지니며, 원형상을 이해하는 데서 생기는 새로운 감동을 희구한다. 우리는 그것이 바로 우리의 신화라는 것을 잘 알고 있다. 우리는 X를 Y로서 설명한다. 왜냐하면 Y가 현재로서는 우리에게 알맞는 것처럼 보이기 때문이다. 어느 날 이것이 그렇지 않게 보이는 때가 올 것이다. 그래서 해석상 Z가 필요할 때가 있을지 모른다.—우리는 신화가 무엇을 대변하는 **것처럼 보이는**가를 심리학적 언어로 말할 뿐이며, 그리하여 그 신화를 심리학적인 형태로 현대화시킨다. 기준이 있다면 그것은 그런 해석이 만족할 만한 것인가, 그것이 나나 다른 사람에게 맞는가 하는 것이며,

나의 꿈이 그 해석에 동의하는가 하는 것이다."

만일에 우리의 꿈이 우리의 해석에 동의한다면 그 해석은 우리가 할 수 있는 최상의 것이라고 믿을 수 있다. 우리의 꿈이 아무 말도 하지 않는다 해도 별 도리가 없다. 그러나 이 경우에 우리는 무의식으로부터 아무런 논평도 받지 못하고 있음에 유의해야 한다. 우리가 이미 우리 자신의 한계에 부딪혀 더 이상 해석을 진행할 수가 없게 된 것이 아닌가 생각해 볼 필요가 있다.

민담의 심리학적 해석이 결코 지적으로나 기계적으로 수행할 수 없는 것임이 명백해졌으리라 믿는다.

Ⅱ. 한국민담 속의 갈등과 그 해결

1. 진짜와 가짜의 문제
2. 〈지네장터〉설화
3. 호랑이와 세 아이
4. 한국민담에 나타난 악의 상과 대처양식

1. 진짜와 가짜의 문제: 민담 〈네가 누구냐〉와 '그림자'의 문제

'그림자'란 자아의식의 무의식적 측면의 내용이나 경향으로서 자아의 특징에 가장 가까우면서도 이와 대조되는 아직 의식되지 못한 부분을 말하며 대개 개인적 무의식의 내용이지만 집단적 무의식의 근원적 행동유형과도 결부되는 것으로 이를 그림자원형(Schatten Archetypus)이라 부르기도 한다.[1] 폰 프란츠(M.-L. von Franz)[2]는 민담에서의 악과 그림자의 문제를 다루면서 '그림자'의 개념을 사람들이 너무 기계적이고 구체적으로 정의하려는 것을 융이 좋아하지 않았다고 지적하였거니와 여기에 소개하는 진가설화(眞假說話) 하나에 대한 고찰만으로 '그림자'의 현상을 남김없이 살펴볼 수 없는 것은 말할 것도 없다.

모든 민담은 그 자체의 독자적인 의미를 내포하고 있으며 어느 하나의 개념을 설명하기 위한 도구에 불과한 것이라고 볼 수는 없다. 진가설화가 어떤 의미의 '그림자'현상을 나타내는 설화라고 보이기는 하나 그것의 심리학적 의미는 이 설화에 대한 전체적인 고찰을 통해서 비로소 밝혀질 성질의 것임을 미리 밝혀 두는 바이다.

---

1) 이부영, 「분석심리학」, 일조각, 서울, 1978/1998, 이부영(1999), 「그림자」, 한길사, 서울, 참조

2) M.-L. von Franz, *Shadow and Evil in Fairytales*, Spring Publications, Zürich, 1974.

1) 대상설화

고찰의 대상이 되는 민담은 한상수 편 「한국민담선」의 〈네가 누구냐〉(pp. 229-232)[3]이다. 채록일자, 제보인의 성명 등을 기록한 것으로 보아 줄거리의 수정은 없는 것으로 믿으나 문장은 좀 다듬은 듯하다. 다음에 이를 소개한다.

억쇠는 공부를 그만두고 그 절간을 나서면서 가슴이 울컥해졌다.

그것은 삼 년 동안이나 정든 곳을 떠난다는 아쉬움과 이제 얼마 안 있으면 그리운 아버지와 어머니를 만난다는 기쁨 때문이었다.

억쇠는 두루마기 자락을 바람에 날리면서 그리운 옛집으로 정말 바람처럼 달려왔다.

"어머니가 나를 보면 깜짝 놀라겠지. 흐응, 정말 내가 이렇게 큰 줄은 모를거야." 억쇠는 생각만 해도 가슴이 뻐개지는 듯했다. 그러나 대문을 밀치고 들어선 억쇠는 그만 돈 사람처럼 우두커니 서지 않을 수 없었다.

어떻게 된 일인지 억쇠네 집에는 억쇠와 똑같이 생긴 억쇠가 또하나 살고 있지 않은가. 그것도 아주 의젓하게 대청에서 책을 읽고 있는 것이다.

억쇠는 기가 막혔다. 거기다가 집안식구들까지 모두 자기를 가짜로 보는 데는 견딜 수가 없었다.

"아니 이게 어떻게 된 일예유? 저는 오늘 절에서 돌아오는 길인데유, 아마 저놈은 여우나 곰이 둔갑을 한 게 아닐까유."

억쇠가 이렇게 말하자 책을 읽고 있던 가짜 억쇠도 가만히 있지 않았다.

"뭐라고? 넌 도대체 어디서 굴러먹던 놈인데 남의 집에 와서 떠드는 거냐? 아버지, 저놈이야말로 귀신이나 도깨비가 둔갑해서 돌아왔는지 몰라유. 빨리 내쫓아유" 그는 조금도 지지 않고 이렇게 달려들었다.

그런데 얼굴은 물론 몸짓까지도 어쩌면 그렇게 닮았는지 그의 아버지와

3) 한상수(편), 「한국민담선」, 정음사, 서울, 1974.

어머니는 도저히 가려낼 수가 없었다. 거기다가 어렸을 때 있었던 일이라든가 생일까지도 똑같이 알아맞히는 데는 어쩔 도리가 없었다. 그의 아버지는 한참 동안이나 생각하다가 집에 있는 세간살이를 말해 보라고 했다. 가짜 억쇠는 하나도 빼놓지 않고 척척 맞히었다. 그러나 삼 년 동안이나 집을 떠나 있던 억쇠는 모든 것이 아물아물하고 생각이 나지 않았다. 이것을 본 그의 아버지는 더 생각할 것도 없이 억쇠를 내쫓고 말았다. 억쇠는 기가 막혔다. 그러나 어쩔 수가 없었다. 억쇠는 하는 수 없이 정처 없는 나그네가 되었다. 어떤 때는 숲에서 자고 어떤 때는 바위 밑에서 자기도 하며 정처 없이 걸었다. 내를 따라서 길을 걷기도 하였다. 그런 어느 날이었다. 그 날도 억쇠는 산길을 터덜터덜 혼자 걷고 있는데 길가에서 늙은 중을 만났다. 늙은 중은 억쇠를 한참 동안이나 물끄러미 바라보더니 딱하다는 듯이 혀를 차며 "아니 총각! 총각은 자기 혼을 도적 맞았다는 것을 모르오? 아마 어딘가에 총각과 똑같은 사람이 있을 거요." 하고 말했다. 억쇠는 이 말을 듣자 옳거니 나를 구해 줄 사람은 이 스님이구나, 이렇게 생각하고 얼른 집에서 있었던 이야기를 모두 했다. 그러자 늙은 중은 고개를 끄덕이며 "총각은 절에서 공부할 때 손톱이나 발톱을 깎아서 아무렇게나 버린 일이 없소?" 하고 물었다. "네 있어유. 바로 절간 앞에는 시냇물이 흐르고 있었는데 아침이면 그 곳에서 세수하고 옆에 있는 바위에 아무렇게나 걸터앉아서 손톱도 깎고 발톱도 깎은 일이 있어유.", "그랬을 것이오. 그렇다면 당신은 곧 고양이를 한 마리 사서 두루마기 속에 감추어 가지고 집으로 가서 그 가짜 총각 앞에 놓아 보시오." 억쇠는 늙은 중에게 고맙다는 인사를 하고 고양이를 한 마리 구하여 집으로 돌아왔다.

그러자 가짜 억쇠는 얼른 진짜 억쇠 앞으로 쫓아 나오면서 왜 왔느냐고 으박질러 댔다. 억쇠는 이 때다 생각하고 얼른 고양이를 내놓았다. 그랬더니 가짜 억쇠는 그만 얼굴색이 새파랗게 질려 가지고 어쩔 줄 몰랐다. 그러는 것을 고양이는 얼른 달려가서 가짜 억쇠의 목덜미를 물고 늘어지는 게 아닌가, 그러자 그는 피를 철철 흘리며 쓰러졌다. 쓰러진 것은 사람이 아니라 커다란 들쥐였다. 들쥐는 산 속에서 총각이 버린 손톱이나 발톱을 먹고 그 정기를 받아 억쇠와 똑같은 모양으로 변해 버린 것이다. 억쇠는 어머니 품안에 안기면서 제일 먼저 하늘을 보았다. 하늘이 몹시도 파랬다. 억쇠는 어머니 품안에서 몇 번이나 중얼거리고 있었다. "하마터면 나를 잃어버릴 뻔했어, 하마터면 나를 잃어버릴 뻔했어……" ① (황신수, 58세, 1969. 1. 20, 경북 대구시 남구 남산동 735)

유화

민간에는 이 설화의 유화가 많이 있는 것으로 알려져 있으나 기록되어 출간된 민담집에는 그다지 많이 눈에 띄지 않는다. 다음에 비교자료로 삼은 유화를 열거한다.

① 〈오동월하부자 통곡〉(최래옥, p. 122)[4)]
② 〈쥐가 사람이 되다〉(성기설, pp. 199-201)[5)]
③ 〈괴서〉(4132.1)(한국민속종합조사－전북편－설화, p. 627)[6)]
④ 〈괴서〉(4132.2)(앞의 책, pp. 627-628)
⑤ 〈쥐의 둔갑〉(임동권, pp. 25-27)
⑥ 〈천 년된 쥐와 삼 년된 수탉〉(주성기, pp. 203-205)[7)]
⑦ 〈쥐설화〉(장덕순, 1970, pp. 201-202)[8)]

최래옥은 옹고집전과 설화와의 관계를 말하는 가운데 쥐둔갑형 설화 7개와 초인형 진가설화 5개의 모티프 화소별 분석을 하였으나 그 내용의 자세한 것은 상술한 설화 ① 이외에는 소개하지 않았다.

---

4) 최래옥, '설화와 그 소설화과정에 대한 구조적분석－특히 장자못전설과 옹고집전의 경우'－(석사논문), 서울, 1968.
5) 성기설, 「한국구비전승의 연구」, 일조각, 서울, 1976.
6) 문화공보부, 「한국민속종합조사보고서－전북편」, 서울, 1971.
7) 주성기, 「남국의 전설」, 제주민속문화연구소, 제주, 1967.
8) 장덕순, 「한국설화문학연구」, 서울대출판부, 서울, 1970.

쥐둔갑형 진가쟁주(爭主)설화는 흔히 옹고집전의 근원설화와 관련되어 여러 사람들이 언급하고 있고 쥐가 아닌 짚이나 그 밖의 사물이 도술에 의하여 똑같은 사람이 되어 주인임을 서로 다툰다는 그 밖의 진가쟁주설화의 유화로 부묵자(副墨子)의 「파수록(破睡錄)」(대동문화, p. 15),[9] 김경, 쟁주설화(장, 1970, p. 201), 「유연전」(김, 1976, pp. 382-383), 〈유씨〉설화(김, 1976, p. 384), 「태평광기」의 〈관사법〉설화(김, 1976, p. 385) 그리고 명대공안소설, 「포공안(包公案)」(김, 1976, p. 385)과 인도의 둔갑설화 〈구두쇠 이리이샤〉(장, 1970, pp. 205-206) 등을 들고 있다. 김동욱[10]은 「한국가요의 연구」에서 옹고집타령에 언급하여 "무생물의 인도환생설화는 불교의 동물의 인도환생설화에서 전변한 듯하다"고 하였고 "동물의 인도환생설화는 불경이나 중국의 설화에서나 삼국유사, 야담, 일본의 고금저문집(古今著聞集), 宇治拾遺物語, 今昔物語集 등에 산견됨으로 해서 불교문화가 가진 진폭 속에서 많은 설화군을 내고 있다"고 하였다.

베히톨트-슈토이블리(Bächtold-Stäubli)의 독일미신사전(Bd., Ⅱ, pp. 346-348)[11]에 의하면 고대 라틴 희극 시인 플라우투스(Plautus)의 암피 트루오(Amphitruo)에서 신 메르쿠리스(Mercuris)는 노예인 소시아스(Sosias)의 모습을 띠고 진짜 소시아스를 놀라게 하고 그를 속인다 하였고, 인도설화에는 귀령(Geist)이 부재중인 남편의 모습으로 나타나 남편의 권리를 주장하는 이중인(Doppelgänger)의 이야기들이 많다고 하였다. 그러나 우리가 여기서 논의의 대상으로 삼는 쥐둔갑형 진가쟁주설화가 세계적으로 분포되어 있는 보편적 주제인지는 확실치 않다. 톰슨(Stith Thompson),[12] 아르네(Attis Aarne)[13]

9) 김동욱, '판소리근원설화 첨보', 〈대동문화연구〉 제3집, 성균관대학교, 대동문화연구원, 서울, 1976, pp. 97-117.

10) 김동욱, 「한국가요의 연구」, 을유문화사, 서울, 1961. p. 406.

11) H. Bächtold-Stäubli(hrg.), *Handwörterbuch des deutschen Aberglaubens*, Bd., Ⅱ, Walter de Gruyter & Co., Berlin, 1929/1930.

12) Stith Thompson, *Motif Index of Folk-Literature*, Vol. 1, Indiana Univ. Press, Bloomington, 1955.

13) Stith Thompson(trsl.), *The Types of the Folktale, A Classification and Bilbiography, Attis*

의 민담분류를 보거나 그 밖의 신화사전들[14),15),16)]을 보아도 쥐의 마력에 대한 것은 있으나 이중인과의 연관을 찾기 힘들다. 원시적인 영혼관에 입각한 복수인 관념과 동물의 마성, 영혼으로서의 동물관을 바탕으로 화자의 의식이 여러 갈래로 작용하는 가운데 때로는 도덕교육의 목적성이 강한 이야기로, 때로는 그냥 재밋거리로 이야기의 유형이 형성되어 간 것인지도 모른다.

여기서 다루는 〈네가 누구냐〉라는 설화는 원시귀령관을 바탕으로 한 것으로 표면상 도덕교육의 목적의식을 비교적 풍기지 않는 설화라고 볼 수 있고 그런 면에서는 문화, 즉 융의 이른바 집단적 의식의 영향을 덜 받은 것이라 생각된다. 그렇다고 이 설화가 시간적으로 다른 유화나 옹고집전의 근원설화로 지적되는 상술한 여러 이야기보다 먼저 생긴 것이라고 말할 만한 근거는 없다. 화자도 이미 문헌에 있던 이야기 중에서 다른 것은 잊어버렸거나 생략하고 이 줄거리만을 따서 이야기하는 경우도 있을 것이기 때문이다. 심리학적인 입장에서 설화의 고태성은 그 내용을 통해 규정되며 이를 곧장 구체적인 시간성에 결부시켜 어떤 것이 먼저고 어떤 것이 무엇의 근원설화고 어떤 것이 나중 것이냐를 설명할 수 없고 또한 그런 작업은 별로 의미가 없다. 단지 이상일[17)]도 제시한 것처럼 그림민담에는 한국민담에서처럼 동물이 오래 묵어 사람으로 변신한다는 예가 극히 적고 사람이 동물로 변하는 예가 많다는 점에서 유의할 사실로서 이는 같

Aarne's Verzeichnis der Märchentypen(FF Comm, No. 3) Second Revision, FF Communicans Vol. LXXV, No. 184, Helsinki, 1961.

14) M. Leach(ed.), Funk & Wagnalls, *Standard Dictionary of Folklore, Mythology, and Legends*, New English Library, London, 1972.

15) G. Jobes, *Dictionary of Mythology, Folklore and Symbols*, The Scarecrow Press, New York, 1961.

16) C. J. A. MacCulloch(ed.), *The Mythology of all Races*, Vol. LV, Archeological Institute of America, Boston, 1927.

17) 이상일, '변신설화의 유형분석과 원초사유', 〈대동문화연구〉 8집, 성균관대 대동문화연구원, 서울, 1971, pp. 103-128.

은 심리학적 사실을 두고 그 표현양식이 문화에 따라 다를 수 있음을 시사하는 것이다.

2) 대상설화와 유화와의 관계

대상설화는 ① 억쇠가 절간공부 3년 뒤에 집에 돌아오니 ② 자기와 똑같은 아이가 이미 와 있어서 진짜와 가짜 시비가 벌어지는데 ③ 집안사람도 알아볼 수 없어 집의 세간살이를 물은 결과 진짜는 이를 맞히지 못해 ④ 쫓겨나 방황하던 중 산길에서 노승을 만나고 ⑤ 노승은 그것이 손톱과 발톱을 함부로 버린 탓이라고 말하고 고양이를 가지고 집에 갈 것을 권유 ⑥ 그렇게 하여 고양이가 가짜를 무니 가짜는 커다란 쥐가 되어 쓰러졌고 ⑦ 소년은 어머니 품에 안기고 하마터면 나를 잃을 뻔했다고 중얼거리는 것을 골자로 하는 이야기이다.

이 이야기와 가장 가까운 유화는 〈오동월하부자통곡〉과 〈쥐가 사람이 되다〉(성)이다. 단지 이 두 설화에는 노승이 아니라 선녀들이 주인공을 도와 가짜를 물리치고 아들까지 낳아 주었으나 사건이 처리된 뒤 결국 선녀는 하늘에 올라가고 아들만 남았다는 대목이 첨가되고 있다. 〈오동월하부자통곡〉에는 쥐가 손톱을 먹고 둔갑했다는 말이 없고 두 유화에서 모두 주인공은 10년간 절에서 공부한 것으로 되어 있다.

「한국민속종합조사보고서」의 〈설화 4132.1〉과 〈4132.2〉의 〈괴서〉는 주인공이 '한 부자', '한 영감'이고 절에서의 수도는 없이, 잘 입은 옷 벗고 '칙간에 간 사이' 또는 손톱 발톱을 아무 데나 버린 여러 해 뒤에 칙간에 간 사이 쥐가 둔갑하여 가짜가 된 것으로 되어 있고, 전자에서는 도사 중이 함께 집으로 가서 문제를 해결하고 후자에서는 딸이 삼족구를 가지고 집으로 가서 문제를 종결짓는다. 주인공이 며느리로 되어 있는

〈쥐의 둔갑〉, 〈쥐설화〉는 밥찌꺼기(또는 숫밥)를 쥐에게 주어 온 결과 전자에서는 똑같은 며느리가 나와 진짜가 쫓겨났다가 대사님의 도움으로 가짜 며느리를 처치하며 후자에서는 가짜 시아버지가 하나 생겨서 진짜를 내쫓은 것을 쫓긴 시아버지가 산마루에서 예쁜 여인을 만나 그녀가 준 고양이로 가짜를 처치하고 고양이는 다시 예쁜 여자가 되어 하늘에 올라갔는데, 전자에서는 가족들이 며느리에게 사과하는 것으로, 후자에서는 못된 며느리라고 쫓겨나는 것으로서 쥐를 불쌍히 여겨 밥을 주는 동기는 같으나 결과는 모두 다르다.

〈천 년된 쥐와 삼 년된 수탉〉은 이들 유화와는 달리 부자의 아들이 장가가는 날 가짜가 나타나 결국 진짜가 쫓겨나 바다를 표류하여 과부나라에서 지내다가 다시 복수하러 오면서 절에서 묵을 때 스님의 가르침과 도움으로 만 년된 고양이를 가지고 집에 돌아와 가짜를 처치하고 부인의 배에서 쥐를 빼내고는 부인과 함께 다시 예나라로 가서 자식 거느리고 잘 살았다는 이야기로 〈오동월하부자통곡〉이나 〈쥐가 사람이 되다〉의 후미와 비슷한 결구를 보이면서 앞의 유화들과는 그 특징이 많이 다르다.

이상의 우리나라 민담은 옹고집전의 '근원설화'의 하나로 간주되는 명대공안소설 「포공안」[18]의 내용과 견주어 볼 수 있다. 이것은 산속에 사는 다섯 마리의 쥐가 조화를 부리다 각각 부거사, 왕승상, 포공, 국모, 인종(仁宗)으로 변하여 국내를 혼란시켰는데 진포공(眞包公)이 상제에 주하여 서천세존(西天世尊)에게서 옥면묘를 얻어다가 죽였다는 내용의 이야기라고 하였다.

옹고집전[19]을 위시해서 그 근원설화로 지적되는 진가설화는 대개가 인색함과 학승(虐僧)을 벌주기 위한 수단(옹고집전, 「관사법」, 유연전, 금경쟁주, 파수록)으로서 권선징악과 권불(勸佛)의 목적의식을 보여 주는 설화거나 개

18) 김현용, 「한국소설설화비교연구」, 일지사, 서울, 1976, p. 385.
19) 「배비장전, 옹고집전(정병욱 교주)」, 신구문화사, 서울, 1974.

인적인 원한으로 남을 욕보이기 위한 일종의 흑색주술(Black magic)(전우치전)로 같은 사람을 만들어 혼내주는 것인데, 〈유씨〉설화만은 그런 도덕적 색채를 내세움이 없이 대숙왕씨(大叔王氏)가 밖에 있는 사이 위왕씨(僞王氏)가 나타나 후처 유씨와 겸상하였는데 달려온 진왕씨(眞王氏)와 위왕씨(僞王氏)가 서로 싸우다 위왕씨를 때려 주니 황구(黃狗)로 변하여 달아났고 유씨 부인은 크게 부끄러워하여 발병하여 죽었다는 줄거리로 후미가 비극적이고 진짜가 직접 가짜를 때려눕히는 등 소박한 결구의 이야기이다. 이들 설화는 모두 쥐의 둔갑이 아니라도 도술에 의한 직접 둔갑(전우치전, 파수록)이거나 생추(生蒭) 또는 짚단을 이용한 불승의 도술, 또는 노용부의 주술의 결과이다.

3) 대상설화의 심리학적 분석

이 설화에서 생각해 보고자 하는 것은 ① 어떻게 해서 '가짜'가 생기느냐 하는 것과 ② '진짜'의 정체는 무엇이며 진짜는 왜 쫓겨나게 되느냐 하는 것 그리고 ③ 어떻게 하면 가짜를 물리칠 수 있느냐 하는 점이다. 진짜가 왜 쫓겨나게 되느냐 하는 것은 또한 가짜의 특징, 진위판별의 과정에 관련하여 논급되어야 할 것이다.

이러한 물음에 대하여 이 설화가 제시하는 해답은 간단하다. 첫째, 주인공은 너무 오래 집을 떠나 있었고 손톱과 발톱을 아무 데나 버렸다. 둘째, 가짜는 세간살이를 진짜보다 자세히 알고 있어 아버지의 진위판별을 위한 시험에 합격할 수 있었다. 셋째, 가짜의 정체를 밝히고 이를 물리치려면 고양이를 가지고 가야 한다는 것이다. 그러면 이상의 해답은 심리학적으로 무엇을 말하는가.

(1) '가짜' 형성의 동기

옹고집전의 이른바 근원설화들과는 달리 우리가 대상설화의 유화로 든 몇 편의 이야기에서 쥐가 주인공의 모습으로 둔갑된 동기의 첫째는 전술한 것처럼 절간에서 오래 공부하거나 잘 입은 옷을 벗어 놓고 잠깐 '칙간'에 가는 데 있고 아니면 어느 날 갑자기 가짜가 출현하는 것으로 되어 있다. 이를 정리하면 다음 표와 같다.

〈설 화〉	〈동 기〉
① 〈오동월하부자통곡〉	주인공이 10년 공부하고 돌아옴(쥐가 손톱 발톱을 먹음)
② 〈쥐가 사람이 되다〉	10년 절간 공부(쥐가 손톱을 먹음)
③ 〈괴서〉(4132.1)	잘 입은 옷 벗어 놓고 칙간 갔다 옴
④ 〈괴서〉(4132.2)	의관 벗어 놓고 칙간 갔다 옴(아무 데나 버린 손톱, 발톱을 쥐가 여러 해 먹음)
⑤ 〈쥐의 둔갑〉	어느 날 부엌에 가짜가 나타남(쥐에게 밥찌꺼기 먹임)
⑥ 〈천년된 쥐와 삼년된 수탉〉	결혼식에 가짜가 먼저 나타남(이미 천년된 쥐가 있었음)
⑦ 〈쥐설화〉	(쥐에 밥먹인 1년 후)

앞의 네 가지 민담은 오랫동안 출타하여 수도를 하였거나 잠깐 옷을 벗고 칙간에 갔다 오자 쥐가 둔갑하여 주인공 행세를 한다. 그중 둘은 절간에서의 오랜 수도고 나머지 두 민담에서는 '잠깐 칙간을 다녀오는 것'으로 되어 있어 이 두 가지 행위는 표면상 전혀 다른 행위이지만 그 의미상으로는 유사점이 없지 않다. 칙간, 즉 변소란 그 개인의 가장 개인적이

고 내적인 생리적 욕구를 처리하는 장소이다. 인간은 여기서 '의관', '부자의 좋은 옷'으로 대변되는 모든 사회적 지위에 관계되는 칭호나 역할 체면—즉, 융의 이른바 페르조나(Persona)를 벗어 버린 알몸뚱이의 생물학적 존재로 환원된다. 인간이 가장 겸손해지며 가장 인공적인 것을 버리고 자연으로 되돌아간 순간이다. 그러나 이런 순간에 가짜는 주인공이 벗어 놓은 의관과 옷을 입고 진짜 행세를 한다. 이러한 개인적인 시간은 가장 자연에 가까운 시간이기는 하지만 그것은 동시에 대사회적 관계, 외적 적응 기능으로부터의 관계 상실, 나가서 인격해리의 위험성을 안고 있다는 것을 이 두 설화는 지적하고 있는 셈이고 따라서 옷과 의관을 아무 데나 벗어 두면 안 된다는 교훈 비슷한 것이 이 설화에 풍기고 있다.

절간에서의 수도도 극단의 내향(Introversion)이며 자기성찰과정이라는 점에서 '칙간에 가는 것'과 유사한 면을 가지고 있다. 단지 후자가 내향의 생물학적 측면—즉 신체에의 내향이라면 전자는 정신적인 존재로서의 자신의 반성이라는 뜻에서 내향의 정신적 측면이라는 데 그 특징이 있다.

그런데 절간에서의 이와 같은 정신적 내향에도 문제가 있다. 그것은 손톱과 발톱을 아무 데나 버리는 것이다. 다시 말해서 정신적인 내향에서는 신체의 부분을 하찮은 것으로 여겨 아무 데나 버리게 된다. 즉 신체적인 것을 소홀히 한다. 이것 또한 정신적 해리의 계기가 된다. 대상설화 〈네가 누구냐〉는 바로 이런 정신적 수양의 맹점을 시사하고 있고 이것이 이 설화가 내포하는 심리학적 의미의 일부이다. 다시 말해서 이 설화는 한 소년의 고상한 정신주의가 부딪쳐야 하는 문제점을 제시하고 있고 그가 직면해야 했던 것은 바로 정신주의의 그림자, 즉 손톱, 발톱을 먹고 비대해진 쥐의 상에서 볼 수 있는 그의 무의식의 동물적 충동이다.

손톱, 발톱은 신체의 일부일 뿐 아니라 인간에 있어서의 수성(獸性), 즉 동물적 공격성의 잔재이기도 하다. 손톱, 발톱을 깎는다는 것은 이런 동물적 공격성을 가다듬고 '문화적'인 자세를 갖는다는 것을 말한다. 그러므로 문화적인 입장에서 손톱과 발톱을 '깎아 버리는 것'이며 이런 수성적인 것을 없애는 것은 또한 경우에 따라서 사원수도의 한 원칙일 수도 있는 것이다. 이렇게 없애야 할, 이미 죽어 버린 인간 속에 남아 있는 동물적 속성의 찌꺼기, 문화의 입장에서 극히 하찮은 것으로 여겨지는 손톱, 발톱에 대하여 원시 신앙이나 속신과 같이 문명의 그늘 아래에 살아 있는 민간에서 무척이나 중요시하여 여기에 상당히 마술적인 속성을 부여한 것은 결코 우연한 일이 아닐 듯하다. 민간신앙은 이른바 문명의 그늘진 곳에 자리하며 문명이 경시하고 소홀히 하는 바로 그 면을 보존하고 문명의 일방성을 대상하는 문명의 '그림자' 역할을 하기 때문이다.

〈네가 누구냐〉의 설화를 인간의 마음속에서 일어나고 있는 심리적 사건이라고 본다면, 다시 말해서 이 설화를 융의 이른바 주관단계에서 해석한다면 주인공은 정신주의적 이성본위의 금욕적인 자아의 태도라고 볼 수 있고 자기도 모르는 새 생겨난 가짜는 무의식에 형성된 '그림자' 또는 페르조나에 대응하는 내적인격이라고 할 수 있다. 오랫동안 의식으로부터 억압되고 의식에서 소홀히 다루어진 인격의 측면이 무의식의 내용을 활성화하여 거기에 의식의 인격에 비길 수 있는 또 하나의 자율적인 콤플렉스(Autonomous Complex)를 형성하여 이것이 거의 하나의 인격체처럼 작용하게 되었고 '나'와 나의 마음—무의식 속에 또 하나의 '나'와의 갈등과 알력을 일으키기에 이른 것이다.

그런데 유화 중에서 특히 며느리가 쥐에게 밥을 나누어 주는 두 개의 설화, ⑤ 〈쥐의 둔갑〉과 ⑦ 〈쥐설화〉는 이 논고의 주된 대상설화인 〈네가 누구냐〉에서와는 다른 심리적 측면을 보여 주고 있다. 〈쥐의 둔갑〉에서 며느리는 밥찌꺼기를, 〈쥐설화〉에서는 숫밥을 쥐에게 주거니와 두 경우에다 며느리의 동물에 대한 동정심과 선한 마음이 '쥐 양육'의 동기가 되고 있다. 그러나 그 결과는 모두 좋지 않으며 가짜의 출현과 그로 말미암은 며느리의 곤혹이라는 방향으로 사건이 악화된다. 여기서 생각나는 것은 우리나라의 〈지네장터〉설화나 그림의 〈두꺼비에 관한 이야기〉(Mä rchen von der Unke)처럼 동물을 불쌍히 여겨서 사육하는 것이 결과적으로 보화를 얻거나 그 밖의 도움을 얻는다는 사실이다. 폰 프란츠[20]도 악을 물리치는 데 있어 민담은 실로 무수히 많은 방법을 제시하고 있지만 꼭 한 가지 어느 나라의 민담에서나 공통된 원칙은 동물을 돕는 일이라고 말함으로써 본능의 보호가 얼마나 중요시되고 있는가를 지적한 일이 있다. 일본의 〈서정토(鼠淨土)〉(네즈미 죠도)설화에 속하는 몇 가지 이야기들[21),22),23),24)]에서도 주인공이 떨어뜨린 떡이 쥐구멍에 떨어지거나 배고픈 쥐에게 떡을 나누어 줌으로써 뒤에 큰 보상을 받는 것으로 되어 있다. 여기서는 물론 순수한 희생정신과 동정심의 중요성을 특히 주인공과 주인공을 흉내낸 욕심 많은 이웃집 영감의 봉변을 대비하여 부각시키고 있다. 좀더 자료가 발굴되는 것을 기다려 보아야 하겠으나 우리나라 민담에서는 일본의 〈서정토〉에 해당되는 설화가 발견되지 않고 동물보은이야기는 많이 있지만 현재까지는 '쥐'의 은혜갚음에 대한 이야기가 별로 보이지 않는다. 이것은 쥐의 상징에 관한 고찰에서 재론하겠거니와 혹시 이것이 '쥐'에 대한 한국인의 인습적인 관념이 다른 나라의 경우와 다른 때문이든가, 즉 문화적 특수성의 결과이거나 아니면 쥐가 둔갑하여 사람이 된다는 원시적인 공포감이나 일반적인 통념이 너무나 강해서 순수한 무의식의 지혜가 그대로 표현되지 못하고 다소 인공적인 간섭이 이야기를 만들어 가는 가운데 작용한 때문이 아닌가 생각된다.

며느리에 관련된 두 개의 설화는 상당히 집단의식, 즉 집단의 도덕의식의

---

20) M.-L. von Franz, *Das Problem des Bösen im Märchen, (in) das Böse, Studien aus dem C. G. Jung Institut Zürich, Rascher, Zürich*, 1961, pp. 9-24.
21) 柳田國男, 「日本の昔話」, 角川書店, 東京, 1963, pp. 126-128.
22) 關敬吾(編), 「日本の昔話(Ⅰ)」, 岩波書店, 東京, 1961, pp. 83-89 〈地藏淨土〉.
23) 關敬吾(編), 「日本の昔話(Ⅰ)」, 岩波書店, 東京, 1957, pp. 72-74.
24) 朝倉治彦 等, 「神話傳說辭典」, 東京堂出版, 東京, 1967, p. 358.

영향을 받은 이야기로서 집단적 무의식의 순수한 표현은 아니라고 짐작된다. 특히 쥐의 양육으로 시아버지를 둘로 만든 이야기는 시대적인 며느리와 시아버지와의 관계를 풍자한 이야기다. 장덕순은 며느리가 집안 어른에게 숫밥을 드려야 할 텐데 쥐에게 먼저 1년이나 퍼 주었기 때문에 늙은 쥐는 자기가 집안 어른이 되고 싶었고 '우직하기만 한 며느리는 악의 없이 쥐에게 선심을 베풀었으나 그것이 결국 불효부가 되고 말았다는 소박스러운 결말'[25]이라고 말하고 있다. 이렇게 보면 〈쥐의 둔갑〉에서 쥐가 시아버지가 아닌 며느리로 둔갑한 것은 '숫밥'이 아닌 '밥찌꺼기'를 쥐에게 준 탓이라고 할 법도 하다. 그러나 이런 것은 중요하지 않다. 이 두 설화는 어느 쪽이든 며느리가 쥐에게 먹이를 주는 행동,—심리학적 용어를 빌려 설명한다면 스스로의 무의식적 본능을 사사롭게 키워 나가는 작업, 즉 일종의 자기중심적인 환상에 몰입하는 것은 인습적인 가족관계를 심히 위태롭게 한다는 점을 경고하고 있고 그런 의미에서 특히 〈쥐설화〉는 여성의 자율성을 부당한 것으로 간주하는 부권사회의 도덕규범을 강하게 풍기는 이야기이며 또한 그 문제점도 암시하고 있는 설화이다. 가짜 시아버지는 며느리의 마음속에서 움튼 지배욕, 권력욕의 화신이라고 할 수 있고 현실적인 시아버지에 대한 며느리의 숨은 증오감이라고도 할 법하다.

(2) 쥐의 상징과 그 인간화의 과정

한국민담에서 쥐둔갑설화 이외에 쥐가 나오는 이야기를 보면 우선 '작은 것'이라는 특성이 두드러지게 강조되고 있다. 작고 보잘것없고 꾀죄죄하면서도 간사하고 재주 부리고 제법 먹을 것을 갖추고 있는 존재로 묘사된다. 〈꿩과 토끼와 쥐〉[26]에는 '상놈이기는 하지만 볏섬이나 지니고 잘

---

25) 장덕순, 「한국설화문학연구」, p. 204.
26) 임석재(엮음), 「옛날이야기 선집－우리나라편」, 권 2, 교학사, 서울, 1972, pp. 83-91.

지내는 놈'이라 했고 〈마음씨 고운 게와 간사한 쥐〉[27]에서 거짓말로 꾀를 부려 게를 속여 잘 얻어먹는 쥐로 등장하고 〈쥐의 사윗감〉[28]에서는 제일 잘나고 힘세고 훌륭한 사윗감을 고르려다가 결국 쥐사위를 고르도록 낙착되는 이야기가 있다. 다시 말해서 쥐는 지극히 미천한 존재이나 무시할 수 없는 꾀를 가지고 있다. 또 부지런하여 양곡의 저장도 해 두고 있는 실력자이다.

작고 하잘것없다는 쥐에 관한 관념은 특히 우리나라의 쥐에 관련된 속담에 풍부하게 나타난다. "쥐꼬리만 하다", "쥐뿔도 모른다", "쥐 밑살 같다", "쥐똥 같다", "쥐불알 같다", "쥐좆 같다", "쥐구멍으로 소 몰려 한다", "쥐구멍을 찾는다", "쥐를 때리려 해도 접시가 아깝다", "쥐구멍에도 볕들 날이 있다"[29]—이 모든 것이 '작은 것', '하잘것없는 것', '미천한 것'이라는 뜻을 가지고 있다. 개·고양이의 보주탈환설화(寶珠奪還說話)[30]에서도 쥐는 벽장 속에 감추어 둔 구슬을 훔쳐 내는 역할을 한다. 작기 때문에 오히려 크고 힘센 동물이 못하는 것을 할 수 있고 특히 어둠에 숨어서 그 안에 있는 물건을 잘 분간할 수 있는 능력을 갖추고 있다. 작고 '야행성'이며 잠복성이므로 어둠 세계의 내용에 익숙하다. 여기 쥐의 무의식과의 연관성을 찾을 수 있고 작은 쥐구멍으로 들어가니 뜻밖에도 거기 넓은 쥐나라의 영토가 나오고 많은 곡식과 재화가 있다는 일본민담의 서정토이야기들, 즉, 〈鼠の浄土〉,[31] 〈地藏淨土〉[32], 〈鼠の浄土〉[33]의 유래가 있는 듯한데 전술한 것처럼 우리나라의 지하국설화는 쥐에 관련되는 것 같지 않다.

27) 앞의 책 1권, pp. 41-49.
28) 앞의 책 3권, pp. 80-83.
29) 이기문, 「속담사전」, 민중서관, 서울, 1962, pp. 461-463.
30) 손진태, 「조선민족설화의 연구」, 을유문화사, 서울, 1947, pp. 92-97.
31) 柳田國雄, 「日本の昔話」, pp. 126-127.
32) 關敬吾, 「日本の昔話」(Ⅰ), pp. 83-89.
33) 앞의 책(Ⅱ), pp. 72-74.

우리나라 속신에서 보면 쥐는 상당히 부정적인 전조를 나타낸다. "쥐가 옷을 썰면 그 사람에게 재화가 생긴다"(충북, 충남), "쥐가 나돌면 홍수가 난다"[34]든가 또 "집 안에 쥐가 많으면 우환이 생긴다", "사람을 물면 크게 나쁘다"(충북, 충남, 경북, 경남), "쥐가 이불을 갉으면 상제된다"(충북, 충남, 전북)고 하는 것들[35]이 그것이다. 그러나 동물의 전조란 기묘하게도 양면성을 지닌 것으로 "쥐띠인 사람이 재산을 많이 모은다"(충북, 충남), "쥐가 방 안에서 쏘다니면 귀한 손님이 온다"(경기, 서울), "꿈에 쥐가 사람 옷을 썰면 구하는 바를 얻는다"(전국)는 등 긍정적인 전조도 보이고 "진통을 앓을 때 쥐구멍 막으면 해롭다", "게가 쥐구멍으로 들어가면 뱀이 나온다", "게가 쥐구멍으로 들어가면 집안이 망한다"는 등 '쥐구멍'의 마력적 속성을 은연중에 시사하고 있는 말도 있다.[36] 또한 "쥐가 집에서 없어지면 집불이 난다"(경기, 충청), "뱃간에서 쥐가 하강하면 패가한다"(경기), "쥐가 떨어진 자리에 짚신짝을 매달면 재앙이 없어진다"(충청, 경기) 등은 확실히 쥐가 평범한 미물이 아니라 마력을 지닌 존재로 간주됨을 가리키고 있다.

그런데 정다산 유저로 알려져 있는 「조선박물지」[37]를 보면 많지 않은 예들이 모두 긍정적인 징조로 적혀 있다. 즉 〈점가징(占家徵)〉에 '서랑鼠狼이 내굴(來窟)하면 기가(其家)가 필장길(必長吉)이니 서대면공립(鼠對面拱立)이어든 인이향지왈이역지태래지하야(因而向之曰爾亦知泰來之賀耶)하야 기서(其鼠)가 복여즙양이거(復如揖樣而去)하면 주유경(主有慶)이니 차(此)를 명왈랑공(名曰狼恭)이니라 서홍지(鼠洪之)하면 주인(主人)은 대유길경(大有吉慶)하니라'[38] 또는 '서래(鼠來)하여 인지복두모자삼령(人之幞頭帽子衫領)을 교(咬)

34) 유창순, '진민족의 동물관', 「용제 백낙준박사 환갑기념 국학논총」, 사상계사, 서울, 1955, pp. 281-282.

35) 김성배(편), 「한국의 금기어, 길조어」, 정음사, 서울, 1975, pp. 127, 72.

36) 앞의 책, pp. 142, 161, 210, 89, 78.

37) 정다산, 「조선박물지」, 조선연구회, 서울, 1918. pp. 280, 322, 325, 359.

하면 주인은 득재(得財)하고 희사(喜事)가 백일내(百日內)에 내도(來到)하나니라'[39] 하였다. 또한 제물이 육을 자刺할 시의 처방에서 '철자(鐵刺), 죽목자(竹木刺)가 육(肉)에 입(入)하여 불출(不出)함은 서뇌(鼠腦)를 후도(厚塗)한즉 즉출(卽出)하고-'[40]라 말하고 있다. 일(釼)을 마(磨)하는 법에서는 '연서피(鼴鼠皮)로써 빈번히 철물(鐵物)을 식(拭)하야도 호(好)함'[41]이라 하였다.

쥐에 대한 한국인의 관념도 여러 갈래이고 여기에는 시대나 교육배경의 차이도 어떤 영향을 주고 있는 것인지 모르겠다. 우리나라 삼국시대의 문헌에서는 쥐의 사자(使者), 또는 인도자(psychopompos)로서의 속성이 나타나 있다. 삼국유사에 임금님이 옥천정에 이를 때 까마귀와 쥐가 나와 울었는데 쥐가 사람의 말을 하면서 까마귀가 가는 곳을 찾으라 하였다는 말은 주지하는 바이다(事1, 사금갑(射琴匣)).[42] 쥐는 여기서 의식이 미처 모르고 있는 사실을 알려 주는 무의식의 직관기능에 비유된다.

곽 속에 넣은 것을 알아맞히는 데 쥐가 그 수단이 되는 수가 있어 추남(楸南)이 쥐의 배 속에 있는 일곱 마리의 새끼 쥐까지 알아맞히었다는 말이 있는데,[43] 이와 비슷한 이야기가 일본민담[44]에도 있다. "낮말은 새가 듣고 밤말은 쥐가 듣는다"[45]는 말이 있거니와 이런 말이 생기게 된 것이 그만큼 쥐가 밤의 동물이며 사람의 말을 할 수도 있고 들을 수도 있는 영물과 같은 존재로 생각한 까닭이 아닌가 생각된다. 이렇게 보면 새의 비상성과 쥐의 잠복원리를 대비시켜 영혼관의 양측면을 지적한 김열규의 소설[46]이 새삼 그럴 듯하다. 그런데 씨가 소개한 도둑남편의 코로 드나드

38) 앞의 책, p. 280.
39) 앞의 책, p. 324.
40) 앞의 책, p. 350.
41) 앞의 책, p. 350.
42) 일연, 「삼국유사」(이병도 역), 대양서적, 서울, 1972, 권 1, 113-114 〈사금갑〉 참조.
43) 「삼국유사」 권 1, 〈김유신〉 참조.
44) 關敬吾, 「日本の昔語」, p. 45, 〈狐女房〉.
45) 이기문, 「속담사전」 p. 103.
46) 김열규, 「한국의 신화」, 일조각, 서울, 1976, p. 107.

는 흰쥐 세 마리에 관한 이야기에서는 영혼으로서의 쥐가 정상보다 너무 많으면 도둑질을 하게 된다는 뜻이 시사되고 있다. 여기서 쥐는 영혼이며 동시에 힘, 즉 정신적 에너지의 표상이다. 부인이 쥐를 쳐서 세 마리 중 한 마리를 맞혀 죽이니 다음부터 도둑질을 하지 않았다는 것이 이를 반증한다. 비슷한 이야기로 아내가 남편 콧구멍으로 조그만 생쥐 한 마리가 튀어나왔다가 우여곡절 끝에 다시 들어가는 것을 목격했는데 쥐의 행각은 바로 남편의 꿈과 일치한다는 이야기가 있다.—"남편의 콧구멍으로 출입한 생쥐야말로 사람의 영혼이라는 걸 알았다. 그래서 꿈꾸는 것은 사람의 영혼이 몸 밖으로 나와 겪는 일이라고들 말하고 있다."[47]

쥐는 또한 고양이와는 달리 십이간지의 하나로서 세시풍속으로 정월상자일에는 횃불을 내저으면서 여러 사람들이 '쥐를 불살라라', '쥐 주둥이 지진다' 하는 주문을 되풀이하여 외면서 다녔고 현재도 이런 풍습이 남아 있는데 옛날 궁중에서는 곡식의 씨를 태워 주머니에 넣어 신하들에게 나누어 주었는데 쥐주머니(子囊)는 길쭉하게 만들었다고 한다.[48] 쥐는 축출해야 할 액물이기도 했지만 또한 자연의 산출성과도 관계되어 있었던 것이다. 그러나 십이간지에 따르면 쥐는 밤 11시에서 새벽 1시 사이의 시간의 동물이며 북방의 동물이기도 하다. 흥미로운 것은 풍수지리에 얽힌 전설 가운데 늙은 쥐가 횡포를 부리는 절의 중들과 동일시되어 있어 금고양이를 쥐가 다니는 길목에 묻음으로써 절의 재앙을 물리쳤다는 이야기이다.[49]

쥐가 마귀의 부인이며 지하국 주인의 마누라라는 외국의 예와 견주어 볼 때 쥐와 종교적 누멘(Numen)의 상관성을 생각하지 않을 수 없다. 그러나 이 경우 쥐는 밝은 면이 아니라 그 어두운 면을 표시하고 있다.

---

47) 성기설, 「한국구비전승」, 앞의 책, p. 253.
48) 이석호 역, 「동국세시기 · 외」, 대양서적, 서울, 1972, pp. 51-52, p. 178, 〈한국민속종합조사〉(전북) p. 474, p. 474, p. 493.
49) 임석재, 「옛날이야기선집」, 4권, pp. 162-163, '금고양이를 묻은 괴무덤'.

톰슨(Stith Thompson)이 번역했고 그 내용을 확장한 아르네(Attis Aarne)의 민담 분류에는 에스토니아 민담에 마귀의 아내로 나오는 쥐(mouse)가 있음을 명기하고 있다.[50] 그러나 쥐가 귀여운 소녀로 바뀌어 젊은이의 아내로 여러 가지를 돕는 설화도 있다. 다만 들쥐(rat)가 나오는 설화의 경우는 거의 찾아보기 힘들다. 들쥐(rat)는 서부 아프리카와 신세계의 흑인의 민담에서 작은 어떤 역할을 하기는 하나 거미나 토끼에 비하면 별로 특별히 의미있는 역할을 못한다고 한다.[51] 또한 독일에서 쥐는 마녀가 마귀의 이름으로 주문을 외어 만들어 낸 동물로 알려져 있으며,[52] 톰슨(Stith Thompson)[53]에도 귀신이나 마녀로 쥐가 나오는 이야기가 있다. 쥐와 소녀, 쥐신부, 쥐며느리, 마녀와의 관계 등은 쥐의 여성성을 시사하지만 또한 쥐가 마귀 그 자체로 나타나는 경우도 있고 남성적 의미(phallic implication)가 부가되어 있어 쥐의 성적 속성은 단일하지 않다.[54]

우리나라의 속신과 똑같이 흉조와 쥐와의 관련이 서양의 경우에도 발견되는데 예를 들면 "자는 사람의 옷을 쏠면 죽음을 의미한다"[55], "쥐가 집을 떠나면 나쁘다"[56] 등이 있고 그리스에서는 옷을 쥐가 쏠거나 벽에 구멍을 내면 굶주림과 죽음의 전조이며 프랑스와 독일에서는 많은 쥐는 전쟁을 의미한다. 고대 그리스에서는 쥐의 모양을 새긴 주화를 흑색주술을 막는 도구로 사용하였다고 한다.[57] "배에 있던 쥐가 배가 떠나기 바로 전 갑자기 땅으로 내리면 배가 가라 앉을 징조"라는 속신은 우리나라에도

50) Attis Aarne, 앞의 책, p. 372.
51) Funk & Wagnalls, *Standard Dictionary of Folklore, Mythology, and Legend*, p. 925.
52) 앞의 책, pp. 757-758.
53) Stith Thompson, 앞의 책, p. 629.
54) J. E. Cirlot, J. Sage, *A Dictionary of Symbols*, Routledge & Kegan Paul, London, 1961, p. 259.
55) Funk & Wagnalls, 앞의 책, p. 758.
56) E & M. A Radford, *Encyclopedia of Superstitions*(ed. Christina Hole), Hutchinson, London, 1961, p. 280.
57) Funk & Wagnalls, 앞의 책, p. 758.

있지만 어느 나라의 선원들도 보편적으로 믿고 있는 말이라고 한다.[58] 이렇게 보면 속신에서의 쥐의 부정적 관념은 반드시 우리나라에 특유한 것은 아닌 듯하고 들쥐(rat)가 이집트와 중국에서 흑사병의 악신으로 간주된다든지[59] 기독교에서의 악의 상징[60]이라 하는 것은 쥐의 실제적인 폐해와 관련이 될 것 같기도 하다.

그러나 반면에 쥐의 마력과 신성성은 신의 동물, 또는 신 자체에까지 고양됨을 볼 수 있다. 즉 쥐는 아폴로(Apollo)의 신수로서 이를 아폴로 스민테우스(Apollo Smintheus)(쥐라는 뜻)의 칭호로 불렀고 인도에서 쥐는 가네사(Ganesa)신을 나르는 동물로 신성하므로 흑사병 예방이 어려웠다는 이야기도 있으며 이집트의 신 호루스(Horus), 이시스(Isis)도 셀(Set)으로부터 도망칠 때 쥐의 모습을 하였다고 한다.[61]

독일미신사전[62]에 보아도 쥐(Ratten 또는 Mäuse)는 도처에서 혐오감을 일으키는 것으로 간주된다 하였다. 쥐는 병귀[63](Krankheitsdämon)로서 뇌에 자리하여 사고기능을 장애한다고 믿었다. 술주정을 하는 사람에게 "그는 쥐를 가지고 있다"(Er hat die Ratten)고 말한다. 이는 아마 알코올중독자가 쥐의 환상을 보기 때문이 아닌가 생각된다고 한다.[64] 포르투갈의 한 전설에는 성 페드로 드 라테스(Pedro de Rates)에 관한 것이 있는데 죽은 뒤 머리 속에 쥐의 소굴이 있었다고 전한다.[65] 쥐는 그 밖에도 여러 질병—복통, 피부암을 일으키는 것으로 믿어지고 있는데 이는 쥐의 급속한 움직임, 그 모양과 관계되는 듯하다.

---

58) *Encyclopedia of Superstiton*, 앞의 책, p. 280.
59) J. E. Cirlot, *Dictionary of Symbols*, p. 259.
60) G. Jobes, *Dictionary of Mythology*, Folklore and Symbols, part 2, p. 1323.
61) 앞의 책, part 2, pp. 1131, 1323.
62) H. Bächtold-Stäubli(hrg.), *Handwörterbuch des deutschen Aberglaubens*, Bd., Ⅶ, Walter de Gruyter, Berlin u. Leipzig, 1936/1936, p. 514.
63) 앞의 책, p. 515.
64) 앞의 책, p. 516.
65) 앞의 책, p. 517.

저주의 수단으로서 쥐는 중요한 역할을 하고 이를 물리치는 방법에 대해서도 여러 가지가 전해 내려오고 있다. 쥐의 꿈은 배고픔이나 죽음을 의미한다. 쥐의 치료제로서의 활용도 쥐의 마력에 비추어 생각될 만한 것이다. 기원 초 수세기에는 쥐가루를 암에 사용했고 러시아-폴란드의 유태인들은 쥐의 재를 술과 물에 타서 간질약으로 썼다. 프랑스에서는 쥐를 오줌싸개의 치료에 쓰기도 했다.[66] 영국에서도 쥐 지짐과 쥐 파이를 오줌싸개의 치료로 썼고 이집트의 선사시대의 유물에서 위 속에 쥐가 들어 있는 어린이가 발굴된 일도 있다고 한다.[67]

독일미신사전에는 또한 애니미즘(Animism)과 관련된 쥐의 마성이 지적된다.[68] 생쥐보다는 적지만 들쥐는 영혼의 현시로서 간주되었다. 또한 지하계의 주민, 난쟁이나 요귀(Kobold)는 쥐의 모습을 하거나 같은 살림집을 쓰는 이웃이다. 쥐가 마귀(Hexe)의 동물로서 그 마차를 끌며 죄인은 죽은 뒤에 쥐가 된다고도 한다. 또한 복수하는 쥐의 관념도 있어 여기서도 쥐의 어두운 위험한 측면이 두드러지게 나타난다.

그런데 우리나라에서 볼 수 있는 영혼으로서의 쥐의 관념은 다른 민속 사이에도 널리 퍼져 있는 관념인 듯하다.[69] 피노-우그리아 어족 민간신앙에는 죽은 뒤 영혼이 쥐의 모습을 한다고 한다.[70] 시리아의 관습에도 쥐가 영혼으로 간주된다.[71] 생쥐나 들쥐나 고대에는 사람의 영혼으로 간주되었음을 말한다.[72] 사람의 영혼이 그 사람이 쉴 때 쥐가 되어 입으로 나와 나돌아다닌다는 노르웨이의 이야기도 있다.[73]

---

66) Bächtold-Stäubli, 앞의 책, Bd., Ⅶ. p. 520.
67) Funk & Wagnalls, 앞의 책, p. 758.
68) Bächtold-Stäubli, 앞의 책, pp. 515-516.
69) Funk & Wagnalls, 앞의 책, p. 753.
70) G. Jobes, 앞의 책, p. 1131.
C. J. A. MacCulloch(ed.), *The Mythology of all Races*, Vol. IV, *Acheological Institute of America*, Boston, 1927, p. 7.
71) 앞의 책, p. 1131.
72) Christina Hole(ed.), 앞의 책, p. 280.

이상의 예에서 볼 때 쥐는 '작은 것', '미천한 것', '그러나 꾀를 가졌으며 사람보다 앞으로 일어날 일을 잘 알고 있으며 사람을 도와주기도 하나 해를 끼칠 수 있는 것'으로 밤과 어둠의 동물이며 죽음과 재앙의 동물인가 하면 마귀, 귀신의 마력을 갖춘 존재이며 또한 잠잘 때 들락거리는 영혼이기도 하다. 그는 이승과 저승을 이어 주는 사자의 역할을 하며 때로는 저승의 위험하고 파괴적인 힘과 동일하고 때로는 저승의 많은 보배를 현실에 전달하기도 한다. 그런 의미에서 쥐의 상은 무의식의 의식을 능가하는 초월적 기능과 직관적 파악능력과 같은 특징을 보여 준다. 알려지지 않은 어둠 세계의 주민으로서 무의식 속에 살아 움직이는 고태적 콤플렉스를 의미하기도 하며 그것이 지닌 미증유의 파괴력과 또한 창조력의 상징일 수도 있다. 그러나 쥐의 상은 대개 창조의 환희보다는 음험한 파괴력, 또는 위협적인 무의식의 힘을 표현하며 현실과 의식을 능가하는 초인적인 힘을 지닌 자기원형의 그림자(Schatten Selbst)라 할 수 있고 쥐가 신의 사자, 아내 혹은 악신 그 자체라는 관념이 이와 부합된다. 쥐가 소년이 깎아 버린 손톱과 발톱을 먹고 점차 커져서 사람이 되었다는 것은 바로 무의식에 있는 본능적 힘, 고태적 그림자가 인식 가능한 것으로 바뀌어 가는 과정을 말한다. 손톱과 발톱은 자아에 속하는 신체의 일부로서 자아의식에 포함되는 에너지(Energy, Libido)라고 할 수 있다. 의식의 에너지가 조금씩 무의식으로 흘러가서 무의식적인 콤플렉스의 기능을 활발하게 하고 이것이 의식의 자아에 맞먹는 또 하나의 자아로서 의식표면에 떠오르게 되는 것이 쥐의 인격화 과정의 심리학적 측면이다.

여기서 손톱을 '에너지'라고 본 것은 원시사회나 민간신앙에서의 이에 대한 관념에 의거한 것이다.

프레이저(Frazer)[74]에 의하면 손톱은 많은 민족에서 머리칼과 함께 유감

---

73) R. Th. Christiansen(*ed.*), *Folktales of Norway*, Routledge & Kegan Paul, London, 1964, p. 47.

주술(sympathetic magic)의 수단이다. 머리칼은 많은 지역(Tyrol, Thlinkeet Indians, Highlands of Scotland)에서 비와 폭풍과 번개를 일으키는 주물이지만 손톱도 로마나 서아프리카에서 비가 오게 하는 주술적 수단으로 이용된다. 많은 민족에서 손톱과 머리카락은 그것을 소유한 사람이 나쁜 목적으로 이용하지 않도록 하기 위하여 비밀장소에 묻어 두거나 태워 없애거나 하였으며 부활된 몸이 자기의 부분인 손톱, 머리카락을 찾아 헤매지 않기 위해서도 잘 간수해 두어야 한다고 믿었다. 우리나라 속신에도 "밤에 손톱을 깎아서 변소에 넣으면 죽는다"를 위시하여 "밤에 손톱을 깎는 것이 좋지 않다"는 여러 가지 믿음이 있고[75] "손톱이나 발톱을 주워 먹는 닭을 잡아 먹으면 그 사람이 죽는다"[76]는 속신도 있다. 또한 "손톱 발톱을 깎아서 한데 섞으면 저승에 가서 골라 놓으라 한다"[77]고 하는 등 손톱의 보살핌이 여간 소중히 여겨진 것이 아니다.

(3) '진짜'와 '가짜'의 판별

진가쟁주설화에서는 대개 먼저 가짜가 진짜로 판단되어 진짜는 쫓겨나는 것이 보통이다. 그런데 그 진가 판별의 기준이 흥미롭다. 오늘날 얼마나 많은 가짜가 진짜처럼 취급되고 있는가를 생각할 때, 또한 이른바 '창조적 정신병질자' 또는 사회에서 능력 있다고 인정되는 그 밖의 정신병질자가 대체로 도덕적 결함과 정서의 미숙에 비해서 정상 이상의 지능을 소지하고 있다는 임상정신의학적 사실에 비추어 볼 때 가짜의 득세와 진짜의 추방이라는 이 설화의 명제는 한번 생각해 볼 만한 일이다.

---

74) J. G. Frazer, *The Golden Bough*, (Abridged ed.), McMillan, London, 1967, pp. 308-312.
75) 김성배(편), 앞의 책, pp. 19, 106, 137.
76) 앞의 책, p. 25.
77) 앞의 책, p. 25.

대상설화에서 진짜가 가짜로 몰려 쫓겨나게 된 것은 집의 세간을 제대로 못 맞추었기 때문이다. 이와 비슷한 가족의 시험은 다른 유화에서도 볼 수 있으며 가령 〈괴서〉(4132.2)에서도 세간살이를 묻고 〈쥐의 둔갑〉에서는 며느리들에게 찬장의 숟갈 수 등을 묻다가 접시의 수를 물었는데 진짜가 이를 못 맞추어 쫓겨났고 〈천년된 쥐와 삼년된 수탉〉에서도 살림기구를 물어 가짜가 이긴다. 〈괴서〉(4132.1)에서는 주인공이 벗어 놓은 옷을 입은 가짜가 진짜보다 옷을 잘 입었다고 하여 진짜로 취급되고 〈쥐설화〉에서는 힘센 가짜 며느리가 진짜를 몰아낸 것으로 되어 있다.

폰 프란츠에 의하면 괴물은 극히 꼼꼼한 성격의 소유자로서 모든 세부적인 것에 집착하므로 가끔 괴물을 물리치기 위하여 낟알을 뿌리는 이유가 여기에 있다고 한다. 괴물은 그것을 하나도 빠짐없이 세려 하고 그러는 가운데 주인공은 도망칠 수 있다. 이런 불모의 강박성은 사물의 전체적 관련을 보지 못하는 만큼 조금도 창조적인 기능을 발휘하지 못하지만 세부적인 것에 있어서는 비상한 정확성으로 기억하기 때문에 통속적인 눈으로는 그것이 진짜 머리가 좋은 것으로 오인되기 쉽다. 이들 설화의 진가 판별의 시험은 이런 통속적인 판단 기준을 토대로 실시되고 있다. 시험관이 어리석으면 우수한 수험생은 오히려 손해를 보고 맹목적으로 암기하는 사람이 우수한 사람으로 간주되기 쉽다. 이들 설화의 주인공들이 그와 같은 기계적인 암기시험이라는 조건에서 낙제하여 쫓겨난 것은 당연한 귀결이다.

또한 세간살이를 헤아리고 정확하게 그 수를 파악한다는 것은 가족기구의 현실을 정확하게 파악한다는 뜻이기도 하다. 주인공은 오랫동안 집을 떠나 있었으므로 이런 현실파악이 부족한 것은 사실이다. 주인공의 아버지는 이 설화에서 현실파악기능을 대변한다고 할 수 있다. 산속 절간에서의 오랜 수도는 구체적인 현실을 떠난 것이기 때문에 주인공의 '현실'을 묻는 아버지의 물음에 답해야 한다. 고도의 정신성은 구체적인 현실주의와 부딪히며 그 시련을 거치지 않으면 안 된다는 의미가 여기에 있다. 이 시험에 떨어지고 주인공이 쫓겨나는 것은 그의 수도가 아직 모자라기 때문이라고 할 수 있다. 그것은 수도의 성과에 대한 시험이며 다시 새롭게 재현해야 할 성숙과정을 위한 시련이다.

시험에 합격한 '가짜'는 전술한 것처럼 민담에 나오는 괴물의 사고 특징을 가지고 있거니와 이는 심리학적으로 열등한 사고기능의 과대상결과(過代償結果)라고도 할 수 있다. 사고기능이 선천적으로나 후천적으로 미분화되어 있을 때, 즉 본래부터 머리가 나쁘거나 학교 공부를 할 기회가 없어서 독학을 했거나 전혀 공부를 할 수 없었던 경우 흔히 우리는 열등한 사고를 대상하기 위하여 다른 사람보다 더 많이 알고 더 유식해지려는 경향을 볼 수 있다. 과보상된 사고는 따라서 '박식'의 특징을 가지며 '넓게 많이, 그리고 자세히 아는 것'인데 이는 외향적 사고가 지나치게 일방적으로 강조된 경우와 비슷하다. 이런 사고에는 전체적인 이해, 통합, 추상 그리고 사물을 깊이 통찰하는 측면이 부족하고 피상적인 사물의 외부적 관련, 그 사실성에의 집착이라는 특징을 나타내서 융의 이른바 구체적 사고(concrete thinking)의 모습을 보이고 열등기능의 보상과정에서 볼 수 있는 사고에 대한 부자유스러운 강박적 집착을 나타낸다. 괴물이나 인격화한 동물의 사고에서 우리는 이와 같은 원시적 사고의 특징을 볼 수 있다. 그러나 다른 한편 쥐의 야행성, 밤눈이 밝은 쥐 그리고 다른 유화에서 나왔듯이 "쥐는 평소에 찬장을 들락거리며 이 집의 세간살이를 잘 알고 있었다"는 점과 관련시켜 보면 이 설화에 나오는 쥐가 정확하게 세간을 맞힐 수 있었다 하는 사실은 꼭 괴물의 구체적 사고뿐 아니라 무엇이나 다 알고 있는, 의식보다도 우월한 무의식의 인지능력을 암시하고 있다고도 보아야 할 것이다.

(4) 진가쟁주와 이중인(Doppelgänger, Double)

주인공과 똑같은 사람이 나타나서 서로 진짜임을 주장한다는 것은 인격의 해리이며 이중인격의 출현, 또는 무의식에 있는 그림자가 의식표현에 나타나 의식적 갈등의 계기가 됨을 의미한다는 것은 이미 지적된 바이다. 그런데 이런 현상은 흔하지는 않지만 실제로 정상인에게서나 환자에게서 일어나고 있는 것이다. 물론 이런 체험을 하게 되는 이유가 어디에 있느냐 하는 것을 명확하게 단언할 수는 없지만 자신의 내부에 오랫동안 내버려 두었던 또 하나의 '나'가 의식의 부분으로 동화되려 할 때 나타난다고 이해할 만한 경우도 있다.

내가 또 하나의 내 모습을 보는 현상은 정신병리현상의 하나로 간주되는 특수한 환상으로서 이를 자체시(autoscopy, 自體視) 또는 거울상(Mirror-Image)이라고 부르기도 한다. 야스퍼스(Jaspers)는 괴테(Goethe)의 예를 다음과 같이 들고 있다. "괴테가 핍박과 오뇌" 가운데 후리데리케와 이별을 고하고 그녀를 떠나 두루젠하임으로 향하였을 때 다음과 같은 일이 일어났다. "나는 육체의 눈으로가 아니라 정신의 눈으로써 나 자신이 같은 길을 말을 타고 이쪽을 향해 오는 것을 보았다. 그 나는 내가 아직 입은 일 없는 옷을 입고 있었다. 그것은 금이 섞인 푸르스름한 회색이었다. 이 꿈에서 자신을 흔들어 깨우자마자 그 모습은 없어졌다." "이 이상한 환상으로 이별의 저 순간에 약간의 마음의 안정이 주어졌다."[78]—그는 또한 벌거벗은 자기의 뒷모습을 보고 한기를 느낀 한 분열증환자의 예와 자기와 똑같은 복장을 한 세 사람의 자기를 뜰에서 보고 그들이 자기와 똑같은 동작을 하는 것을 본 다른 분열증환자의 환상체험 등을 소개하고 있다. 야스퍼스는 이것들이 표면상 비슷하지만 실제로는 본질을 달리하는 현상으로 기질적 뇌손상, 섬망, 분열증, 몽환상태에 나타나는 경우가 있고 최소한 가벼운 의식변화

78) K. Jaspers, *Allgemeine Psychopathologie*, p. 140.

가 있어 각성몽, 중독몽, 수면몽, 섬망 등이라고 말하고 있지만[79] 기질적 장애유무를 막론하고 자아상의 분열이라는 데 공통점이 있다.

피슈(Fish)는 이런 체험을 반드시 병적인 상태가 아니더라도 정상적인 사람에게서 우울하거나 심히 감정적으로 충격을 입었거나 아주 피곤하고 지쳤을 때 나타날 수 있고 이런 경우 다소의 의식상태 변화가 있다고 하였다. 때로는 히스테리성 증후에서도 나타나고 드물게 분열증에서도 나타나지만 흔히 볼 수 있는 것은 급성, 아급성 섬망상태이고 기질적 상태에서 자체시와 관련되는 것은 간질이나 뇌의 두정(頭頂)－후두부(parietooccipital) 국소병변이 있는 환자나 뇌기저부에 심한 변화가 있는 독성감염상태라고 그는 말하고 있다. 자체시가 뇌혈관장애나 심한 감염병으로 두정엽(parietal lobe)의 장애가 있는 것과 관련된다는 사실은 독일 민속에서 자기 모습을 보는 것은 죽음을 의미한다는 믿음을 설명해 준다고 그는 말한다. 저자는 70여 세의 노인성 정신병을 앓는 여자 환자가 어느 날 계단에서 발을 헛디뎌 쓰러졌을 때 몇 발자국 아래에 그렇게 쓰러져 있는 자신의 모습을 보았다고 말한 것을 들은 일이 있으나 그녀의 신체적 건강은 양호한 편이었고 생명의 위험을 느낄 상태는 전혀 아니었으며 그 뒤에 별 탈 없이 병실생활을 하였다. 30세의 한 남자 분열증환자는 자신의 몸이 빠져나가서 다른 사람에게 옮겨지는 것 같다고 말하였다. 그는 가끔 '내가 나인가?' 하고 반문할 만큼 자신의 전체가 나가 버린 것같이 느꼈다. 때로는 반쪽 몸이 나가서 빈 것처럼 느끼기도 하였다. 그리고 어떤 때는 남의 몸이 자신 속에 들어온 것처럼 느꼈다. 이 예는 야스퍼스가 이중인(Doppelgänger)의 하나로 예시한 베르츠(Berz)의 반신마비환자[80]와 유사하고 엄밀한 의미의 이중인은 아니지만 최소한 이중인 환상 형성의 한 과정을 말해 주고 있다고 할 수 있을 것이다.

---

79) 앞의 책, pp. 140-141.
80) ibid., p. 141.

베넷(E. A. Bennet)[81]은 이학적 검사와 신경학적 검사상 전혀 이상이 발견되지 않는 분열증상을 보인 19세의 여자 환자의 자체시 체험과 그 치유 과정을 보고하고 있다. 이 환자의 자체시 환상은 이른바 거울상(Mirror-Image)과 똑같은 모습은 아니었으나 환자는 자신이 자신의 모습을 보고 대화를 나누면서 상당히 공포에 질리고 혼란에 빠져 있었다. 베넷은 그녀에게 그림을 그리게 함으로써 무의식과 끊어졌던 의식 사이를 연결시키고자 하여 결국 4개월 만에 퇴원시킬 수 있었다. 그녀의 생활사를 분석하면서 베넷은 그녀의 짝은 그녀가 오랫동안 그녀의 밖에 내보인 자아의 모습, 페르조나(Persona) 밑에 감추어 두었던 또 하나의 인격이었으며 그녀가 그녀의 분열된 자아상을 결합할 수 있었을 때, 즉 자기 자신을 찾았을 때 그 짝은 없어졌음을 시사하고 있다. 우리의 대상설화에서의 짝의 출현도 이와 같은 뜻을 포함하고 있다고 생각된다.[82]

독일미신사전에 의하면 이중인(Doppelgänger)은 영혼관과 직접 관련된다.[83] 모든 인간은 자기의 모상을 가지고 있다는 믿음이 그것이다. Doppelgänger는 강렬한 감정이 구체적으로 형상화된 것이거나 경고하는 전조이다. 어떤 여자가 밖에 나가 있는 아버지를 깊이 생각하면 그 상이 나타난다(346).[84] 경고의 전조로서는 1750년 브레슬라우(Breslau)의 한의사와 그의 조카가 자기집 문턱을 들어설 때 그들의 모상(模像)을 보고 깜짝 놀라서 물러섰는데 이로써 방의 천장이 밤중에 무너져 죽을 뻔한 것을 피할 수 있었다(347). 그러나 독일 속신에서는 대부분의 경우 이중인의 출현은 죽음을 암시한다. 자기 모상이 교회로 향해 가면 그 해에 죽고 교회에서 돌아오면 아주 늙어 버린다는 속신도 있다. 전 게르만 지역에 퍼져 있

81) E. A. Bennet, *The Double*, (in) Studien zur analytischen Psychologie C. G. Jung, Rascher Verlag, I. Band, Zürich, 1955, pp. 384-396.

82) K. Jaspers, *Allgemeine Psychopathologie*(內村等 역), 상권, 岩波書店, 동경, 1959.

83) F. Fish, *Clinical Psychopathology*, John Wright & Sons, Bristol, 1967.

84) *Handwörterbuch der deutschen Aberglaubens*, 앞의 책, Bd., pp. 346-347.

는 이중인의 관념은 신체를 떠날 수 있는 영혼의 특수한 존재를 믿는 데서 기인하며 이는 또한 다수의 영혼(Seele)관에 결부된다. 그림자, 꿈의 상, 거울의 상에서 영혼은 신체의 대치물을 발견한다. 그림자나 꿈의 상은 영혼과 동일시되었다. 속신이 어떻게 이중인의 신앙을 만들어 내게 되었는가 하는 것보다도 그런 이중인의 출현이 민간에서 여러 가지 의미에서 중요시되어 왔고 이것이 민속신앙의 관념뿐 아니라 현실 사람들의 살아 있는 체험에서 발견된다는 것이 중요하다. 민속 신앙에서 영혼이라고 하는 것은 분석심리학에서는 무의식에 있는 자율적 콤플렉스(autonome Komplexe)라고 부르는 것에 해당된다.[85] 영혼이 밖에 나가서 자기의 분신처럼 행동한다는 속신은 바꾸어 말해서 이러한 콤플렉스가 외계로 투사되어 경험된다는 것을 말한다. 설화에 나타난 자기 모상의 출현을 이렇게 생각해 볼 수 있다. 그러나 쥐의 둔갑이라는 동기가 부여되고 승려의 도술로 모상을 만들어 낸 여러 다른 이야기들은 이와 같은 원시적 이중인(Doppelgänger) 관념을 한층 뛰어넘은 의식적인 작업이 많이 가해진 이야기로서 주인공에게 적극적인 자심반조(自心反照)의 기회가, 자연적인 사건의 발전 형식이 아니고 승려의 의도적인 주도에 의하여 주어지는 것이 다르다. 그러나 '자기 자신을 보는 것', '이와 대결하는 것'의 중요성을 강조했고 '쫓겨남'으로써 자신의 인격의 변화를 기대하는 점에서 비슷한 의미를 가지고 있다.

이렇게 보면 신화에 나오는 신의 쌍(göttliche Syzygie)이나 꿈에 나오는 쌍의 모상이 바로 무의식의 내용의 분화와 의식화의 시작을 의미하는 상징이라 보는 분석심리학적 견해는 이 설화의 쌍의 출현이 가지고 있는 의미와도 통한다.

그러나 '내가 나를 본다는 것'은 실제로 얼마나 어려운 것인가. 우리는 투사의 세계에 살므로 대개 내가 '남'을 보고 있는 것이며 거울에 비친

---

85) C. G. Jung, *Die psychologischen Grundlagen des Geisterglaubens, in Über psychische Energetik und das Wesen der Träume,* Zürich, 1948, pp. 279-311.

자신의 마음을 적나라하게 보기를 꺼려 한다. 그만큼 이 대면은 괴로운 것이며 제대로 나를 보는 것이 어려운 것이다.

〈네가 누구냐〉 하는 대상설화의 제목이 표시하는 것처럼 주인공은 〈네가 누구냐〉고 묻고 부모로부터 내가 진짜 아들이라는 것을 인정받으려고 안간힘을 쓰지만 그 행위는 마치 나의 진가를 사회가 알아주지 않는다고 서운해 하고 나의 순수성을 내세우는 사람처럼 아직 덜 성숙된 소년같은 측면이라 할 것이다. 왜냐하면 그는 자신의 마음을 믿지 않고 남의 평가에 의지하고자 하기 때문이다. 그러므로 주인공은 '내가 누구인가'를 알기 위하여 집에서 쫓겨나지 않으면 안 된다. 여기에 비로소 그가 그 자신을 돌이켜볼 수 있는 창조적 기회가 주어진다.

(5) 추방, 방황과 해결

지적인 판단 기준의 조건을 충족시키지 못한 주인공은 가짜로 판결되어 억울하게 쫓겨 정처 없이 길을 간다. 모든 유화가 쫓겨난 진짜의 억울함과 절망의 한을 그리고 있다. 그들은 무작정 어디론가 간다. 산으로 가거나 때로는 제주도설화처럼 나무토막에 의지하여 망망한 바다를 건너 다른 나라로 간다. 혹은 대동강에 이르러 혼자 한을 푼다. 강과 바다와 산길이 모두 현세를 떠난 저승에의 길이다. 그것은 고통과 죽음의 길이기도 하다.

'버림받는 것', '방황하는 것'은 성인과정의 필수적인 조건이다. 성인과정을 상징적으로 표현하는 신화에서 장차의 영웅은 어릴 때부터 혹은 태어날 때부터 버림받고 있다.[86] 그들의 탄생은 비합리적인 특징을 가지고 있으며 그것은 합리적인 세계에서 그 진가를 인정받지 못할 뿐 아니라

---

86) C. G. Jung und K. Kerényi, *Einführung in das Wesen der Mythologie*, Rhein-Verlag, Zürich, 1951. pp. 129-132.
이부영(2002), 자기와 자기실현, 앞의 책, pp. 103-114.

배척의 대상이 된다. '버림받음'은 세속으로부터의 '버림'이며 집단적·인습적·시대적 가치규범으로부터의 '버림받음'이다. 주인공은 홀로 내던져진다. 그 고통은 미화하기에는 너무나 엄청난 고통이다. 어떤 사람은 그런 고통에서 영영 일어서지 못한다. 세속으로부터 받아들여지기 위해 더욱 불필요한 신경증적인 책략을 씀으로써 자기소외를 심화시킨다. 어떤 사람은 반세속적인 투쟁으로 일관하여 자신의 그림자의 투사를 더욱 강화시켜 '이것 아니면 저것'(Entweder Oder)의 해결될 수 없는 논리에 입각하여 반항의 화신이 됨으로써 자신에의 반성을 외면한다. 그것은 대자(對者)에 대한 '나'의 주장이며 자신의 반쪽을 상대방으로 전가시키는 것이 되기 쉬우므로 때로는 반쪽의 자신의 주장이며 전체인격의 반응일 수가 없다. 오직 소수의 인간들이 '버림받음'의 의미를 받아들이고 그것을 자기실현의 기회로 삼았으며 자기실현이라는 보다 큰 목표를 위하여 '버림받음'뿐 아니라, 적극적으로 세속을 버리는 용기를 가질 수 있었다. 불타에서의 출가, 예수의 희생이 그것이며 원시사회에서의 샤먼의 고행이 그것이다. 그리고 현대의 정신치료는 이 '버림받음'의 의미를 어느 만큼 각 개인에 맞게 깨우쳐 주느냐에 그 열쇠가 있다. 치료자는 마치 이 설화들에 나오는 노승, 선녀들 같이 '내가 누구인가', '내가 어디서 잘못을(도덕적이기보다 심리학적인 의미의) 하였는가'를 깨닫게 하는 역할을 한다. 그것은 외부세계에의 적응에서 물러나 마음의 내부세계를 관조하고 스스로를 알아 나가는 통찰요법(Insight Therapy)의 근간을 이룬다.

그러나 주의할 것은 분석가는 이 설화에 나오는 구원자들처럼 현상을 꿰뚫어 실상을 즉시 파악하는 신성력(Numinosum)을 지닌 도사, 노승, 선녀 그 자체는 아직 아니라는 점이다. 이것은 오히려 인간의 무의식 속에 내재하는 치료기능, 치료자원형, 즉 분석심리학에서 말하는 자기원형(Archetypus des Selbst) 혹은 영혼의 인도자(psychopompos)의 성격을 띤 아니마(Anima) 아니무스(Animus)원형이다. 이것은 분석가나 피분석자의 마음속에 똑같이 존재하는 것이다. 분석가는 다만 피분석자와 함께 피분석자의 무의식에 있는 그러한 측면을 발견하고 그의 인도를 따르는 것이다. 분석가가 자기원형과 동일시하면 그는 자아팽창(Inflation)에 빠져 자신이 무엇인지를 분간 못하는 장님이 된다.

설화 〈네가 누구냐〉는 그림자와의 대결 과정에서 첫째로 이 갈등의 원인이 '손톱을 소홀히 다룬 것'임을 밝히고 그 해결책으로 고양이를 가지고 갈 것을 권한다. 보기에 따라서는 쥐가 둔갑을 했으니 고양이를 가지고 가는 것은 극히 당연한 귀결이다. 그러나 손톱을 소홀히 하였으니 손톱 발톱이 날카로운 고양이를 가지고 간다고 생각할 때 이 설화가 제시하는 해결책은 심리학적으로 흥미 있는 방안이 아닐 수 없다. 그런 점에서 도술에 의한 가짜의 출현과 승려의 막대기로 가짜를 내려침으로써 가짜가 한낱 짚단으로 변했다는 다른 이야기들의 지적인 해결방법에서는 볼 수 없는 묘미를 지니고 있다.

(6) 고양이의 상징

쥐가 둔갑하는 것처럼 고양이도 민속신앙에서는 오래 묵으면 사람의 말을 하고 이를 알아듣고 노래도 부르고 하게 된다. 이는 쥐나 고양이뿐만 아니라 개나 닭 같은 가축도 그런 것처럼 믿어지고 있다. 단지 고양이는 "특히 복수심이 강하여 고양이의 말을 듣지 않으면 목을 물어 죽인다"는 이야기가 있어 그 야생성이 두드러지게 강조되고 있고 민담에는 사람잡아먹는 괴물이 오래 묵은 고양이라는 이야기도 있다.[87] 유창순은 「진민족의 동물관」에서 상대의 동물관을 말하는 가운데 고문헌에 고양이가 보이지 않는 것이 이상하다고 지적하고 있다. 그러나 그는 "묘(猫)는 인물고(人物考)에 중종시인(中宗詩人) 장순손조(張順孫條)에 '견묘월로즉필중과(見猫

87) 朝倉治彦, 「神話傳說辭典」, 東京堂出版, pp. 356-357.

越路則必中科)'라 하여 영물시하였고 또한 고수(古獸)로 기록된 조항이 보인다"[88] 하였다. 우리나라의 속신에는 고양이의 요기가 강조되어 있어 이에 따라 고양이에 대한 금기도 생기고 긍정적 또는 부정적인 속성을 모두 고양이에서 발견하였다. 특히 "고양이가 관을 넘어 가면 관이 일어난다", "고양이가 송장을 뛰어 가면 송장이 일어난다", "고양이가 시체가 있는 방의 용마루를 넘으면 송장이 일어난다", "고양이가 아궁이에 들어가면 관이 일어선다"[89]와 같은 말은 고양이의 주력이 사자를 소생시킬 수 있다는 것을 암시한다. 민간에서는 이것이 괴이한 현상으로 고양이가 관에 접근하지 못하게 하는 금기로 삼게 된 듯하나 어두운 밤, 구석진 곳을 기어서 배회하는 쥐의 생태에 비추어 볼 때 같이 영물이면서 그 특징과 기능의 차이를 짐작하게 한다. 고양이의 날쌘 도약의 능력이 사자를 일어서게 하는 힘과 어떤 관련이 있지 않나 생각되며 이렇게 보면 쥐의 음성적인 속성에 비해 고양이의 양동적인 속성이 속신에도 반영되어 있는 듯하다. 일본 민속에서는 사자에 대한 고양이의 마술적 역할을 관에서 시체를 빼앗는다거나[90] 고양이의 영혼이 사자의 몸에 들어가 사자가 걸어다니게 된다고 믿어 관 옆에 낫이나 식칼을 놓아두는 풍습이 있다.[91] 혹은 고양이의 도움으로 공중에 올라간 관을 내려놓기도 하여 그 고양이를 묘약사(描藥師)로 삼아 제사지내기도 하였다.[92] 고양이의 신도 있었던 모양으로 이것은 아마 내방신(來訪神)의 신앙일 것이라 여겨지고 있다.[93] 「조선박물지」에도 고양이로 점치는 예가 몇 가지 소개되어 있는데 비를 가져오는 경우가 발견된다.

88) 유창순, 「진민족의 동물관」, p. 269.
89) 김성배(편), 앞의 책, p. 440.
90) 柳田國雄, 앞의 책, p. 133.
91) 朝倉, 앞의 책, p. 133.
92) 앞의 책, p. 290.
93) 앞의 책, p. 411.

게르만민족에서도 고양이는 마적이며 두려운 존재로 간주되어 그 행동은 미래의 일을 고하며 기후의 예보, 특히 비와 폭풍의 예고를 하며 죽음과 갈등의 전조로서 여겨진다. 나이 먹은 고양이는 귀신이며 마녀가 되므로 집에서 쫓아내야 했고 고양이를 함부로 죽여서는 안 된다는 속신과 민간의학에서 큰 몫을 차지하였다.[94)]

이집트신화에서는 고양이가 특히 중요한 역할을 한다. 고양이와 독수리, 부엉이는 전 이집트에서 신성한 동물로 숭상의 대상이었고 이를 죽인 자는 사형에 처하였다. 바스트(Bast)신은 태양의 풍부한 열을 인격화한 사자여신인데 뒤에는 그 성수인 고양이의 여신이 되어 오른손에는 방울 또는 반원형의 큰 흉대를 암사자의 두부로 장식한 방패를 갖고 왼손에는 한 개의 구덕을 든 묘두(猫頭)의 여자로 표현되었다. 여기서 고양이는 태양과 빛과 열의 양성적인 요소의 상징이었다.[95)] 고양이는 곧잘 여성적 속성처럼 여겨지고 우리의 유화에도 예쁜 여인이 고양이가 되어 주인공의 원수를 갚아 주고 다시 예쁜 여인이 되어 하늘로 날아갔다는 이야기가 있다. 우리나라의 언어관습이나 독일어권의 경우도 고양이는 여성적 관성의 대명사로 곧잘 사용된다. 깔끔하고 이기적이고 사납고 날쌔고 재주를 잘 피우고 약삭빠른 고양이의 특징은 우리나라 속담에도 잘 나타나고 있지만 대개는 좋지 않은 측면을 더 강조하고 있다.[96)] 순종과 인내를 여성의 미덕으로 강조해 온 유교문화의 전통사회에서 고양이와 같은 기질이 높이 평가되었을 리가 없다. 그러나 고양이의 속성은 전통적인 여성상—여성의

---

94) *Handwörterbuch des deutschen Aberglaubens*, Bd. Ⅳ, pp. 1107-1124.

95) J. Viau, *Mythologie Egyptienne etc.*(中山 역), オリントの神話, みすず書房, 東京, 1962, pp. 79, 189.
G. Roeder, *Ägyptische Götterwelt*, Artemis Verlag, Zürich, 1959, p. 189.
M. Lurker, *The Gods and Symbols of Ancient Egypt*, Thames & Hudson, 1974, München, p. 32. 고양이는 또한 달과도 밀접한 관계를 가지고 있다. P. Dale-Green, *The Archetypal Cat*, Spring Publication, Dallas, 1963.

96) 유창순, 앞의 책, p. 303.

페르조나(Persona)가 아니고 여성 속에 있는 남성적 속성—즉 아니무스(Animus)의 특징도 표현되고 있는 것 같다.

설화 〈네가 누구냐〉의 진가쟁주의 갈등은 고양이의 날쌘 판단력과 사나운 이빨로 해결된다. 다시 말해서 이 설화가 제시하는 그림자와의 대결은 고양이와 같은 용단과 강한 정감(Affekt)으로써만 해결될 수 있다. 객관단계에서 말한다면 누가 진짜냐 가짜냐의 논쟁은 누구 세간을 많이 아느냐 하는 지식의 경쟁과 토론으로 해결되는 것이 아니라 분노의 표현으로서 해결된다는 말이다. 글자에 매달리는 바리새적 이론의 설왕설래로는 아무런 해결책도 주지 못한다. 그 해결은 합리성을 넘어서 비합리적인 힘이 가세할 때 가능할 것이다. 바른 양심과 잘못된 양심 사이의 방황을 해결하고 이것이냐 저것이냐 사이의 종지부를 찍는 것은 오직 전체로부터의 회답일 것이다.[97] 그리고 '고양이'—태양의 신, 빛과 열의 신, 죽음을 불러일으키는 마력적 존재 — 우리는 이것을 인간정신의 전체성의 상징이라 볼 수는 없을까 생각해 본다. 주관단계에서 이 원리가 똑같이 적용될 수 있는 것은 양심에서의 대극의 해결과 관련하여 자명하다. 고양이와 쥐는 하나의 커다란 본능의 양측면이다. 하나는 밝은 면을 다른 하나는 어두운 면을 의미한다. 이 이야기의 해결은 결국 이 본능적 측면에서의 커다란 변환(Wandlung)이다. 자기원형의 어둠이 밝고 창조적인 면으로 변환되는 순간이다. 그리하여 주인공은 잃어버렸던 혼을 되찾게 된 것이다. 다시 말해서 자아의식은 현실과의 재결합을 막아 온 그림자의 문제를 해결하고 자기 자신으로 돌아올 수 있게 된다.

---

97) C. G. Jung, *Das Gewissen in psychologischer Sicht (in) Das Gewissen*, Studien aus dem C. G. Jung Institut Zürich, Rascher, Verlag Zürich, 1958. pp. 204-206.

4) 맺는 말

설화 〈네가 누구냐〉는 소년이 다시 어머니의 품에 안기는 것으로 끝난다. 심리학적인 귀결로서는 극히 단순하고 유치한 끝이다. 어린이용으로 개작된 이야기임에 틀림없다. 그러나 절간에서 공부하고 돌아온 소년이 그의 가족으로부터 오해를 받고 쫓겨나서 돌아와 가짜를 물리쳤으니 그 뒤에 뭐라고 다른 이야기 줄거리를 짜기도 어렵게 되어 있고 그것이 무엇이든 중요한 것 같지 않다. 이에 비하면 주인공이 장가를 갔거나 며느리가 이미 결혼한 지 오래된 것으로 되어 있는 설화에서는 다른 저승의 여인과의 만남이라든가 여인의 도움이라든가 사건해결 뒤의 결말이 조금 다양해진다. 〈오동월하부자통곡〉 같은 이야기에서는 선녀와 낳은 아들을 기른다는 수확이 있고 제주도의 이야기에서는 신부를 데리고 예나라로 가 거기서 과부들과 낳은 자식을 데리고 모두 잘 살았다는 행복한 귀결이다.

진가쟁주설화는 극히 소박한 이야기다. 그러나 이중인(Doppelgänger)을 만들어 서로 싸우게 하는 대목은 기발하다. 인류의 체험이 그런 착상을 낳았으리라 짐작된다. 단순하고 소박한 이야기도 자세히 살펴보면 실로 무궁한 의미가 내포되어 있음을 발견하게 된다. 민담의 이와 같은 상징적 해석이 과연 옳은 것인가, 아니면 별 의미 없는 것에 큰 의미를 부여한 데 '불과'한 것인가를 판별하는 기준은 없다. 이것 또한 합리적으로 판별될 성질의 것이 아니라 그 의미는 논리적인 설명을 넘어서는 비합리적인 파악에 의거하여 감득될 수 있는 것이다. 단순한 뜻에서 복잡한 뜻에 이르기까지 정신의 내용은 실로 다양하며, 다양한 해석 가능성을 가지고 있다.

2. 〈지네장터〉설화: 영웅원형의 한국적 전개

어느 고을에 괴물이 있어 마을 사람을 괴롭히는데 용감한 영웅이 나타나서 그 괴물을 제치했다는 이야기는 전 세계에 퍼져 있는 이야기다. 그러나 괴물이 어떤 괴물이며 영웅이 어떤 사람이며 그가 그 괴물을 어떻게 퇴치하는가에 대해서는 이야기마다 반드시 일치하지는 않는다.

나는 다음에 괴물제치설화에 나오는 여러 가지 영웅상의 한 측면을 한국설화 〈지네장터〉[1]를 중심으로 생각해 보고자 한다.

시간과 공간, 인종, 문화적 차이를 막론하고 보편적으로 인간에 내재하는 인종의 원초적 행동유형으로서의 원형은 융(Jung)이 여러 곳에서 말하고 있듯이 하나의 '조작'이고 '가능성'이다. 엄밀한 의미에서는 원형 그 자체가 무엇인지는 모른다.[2] 우리는 그것이 존재하고 있다는 사실을 다만 설화나 꿈에 나타난 상을 통해서 짐작할 수 있을 뿐이다. 따라서 여기에 영웅원형이라 하는 것도 원형상(Archetypal Image)을 통해서 암시하는 인간 심리의 심층에 있는 어떤 영웅적 가능성이며 그것을 알기 위해서 우리가 주로 여기에서 살펴보는 것은 영웅원형 그 자체가 아니라 영웅원형상이

---

1) 최상수 편, 「한국민간전설집」, 통문관, 1946, pp. 82-86, 〈지네장터〉.

2) C. G. Jung, *Theoretische Überlegungen zum Wesen des Psychischen,* Gesammelte Werke, Bd. 8, Rascher, Zürich, 1967, p. 244. 참조.

될 것이다. 또한 여기서 언급하고자 하는 영웅은 그리스신화의 헤라클레스 같은, 혹은 우리나라의 제주도설화에 나오는 '거타지' 같은 영웅이 아니라 보다 겸허한 모습의, 눈에 띄지 않은 영웅의 다른 측면이다.

1) 〈지네장터〉설화의 내용

최상수가 편한 「한국민간전설집」의 설화 〈지네장터〉를 줄거리의 변경 없이 간추리면 다음과 같다.

충북 청주 지네장터(蜈蚣市場)에는 그 옛날 지네를 위한 당집이 있었다. 옛날 이 지네장터에서 몇 십리 밖 어느 마을에 장님 아버지를 모시고 사는 순이라는 효녀가 있었다. 그의 어머니는 그녀가 어릴 때 세상을 떠났다. 아버지를 지성으로 모셨으나 남과 같이 편안하게 못해 드려 안타까워했다.

어느 날 웬 두꺼비 한 마리가 수채에서 나오므로 순이가 밥찌꺼기 등을 주었더니 아침 저녁으로 꼭 두꺼비가 나와 순이는 그와 둘도 없는 친구가 되었고 몇 해 지나자 두꺼비는 큰 강아지만큼이나 컸다.

그런데 그 무렵 장터 마을에는 큰 지네가 나타나 인명의 피해가 많았다. 마을사람들은 의논하기를 그 지네를 위하여 당집을 짓고 해마다 처녀 한 사람씩 제물로 바치기로 하고 그 방법은 마을에서 돈을 거두어 다른 마을에 가서 처녀를 사 오기로 하였다.

마침 순이가 살던 동리에도 그 소문이 돌아 순이는 며칠 동안 밥도 안 먹고 생각한 끝에 자기 몸을 팔아 불쌍한 아버지를 편안하게 해드리려고 결심한다. 처녀를 사러 온 사람을 찾아가서 자기의 뜻을 전하자 사람들이 동정하여 돈을 많이 주었다. 순이는 그 돈으로 아버지에게 맛있는 음식을 드리며 잘 봉양하다가 약속한 날 뒷일을 장자집 어른에게 부탁하고 아버지에게 몰래 유서를 써서 돈과 함께 드리고 부엌 뒤 수채 구멍에서 나와 있는 두꺼비에게 마지막 먹이를 주며 슬프게 작별을 한다.

순이는 가마에 실려 제전까지 와서 제관들에 의하여 흰 베로 손발이 묶인 채 컴컴한 당집안 마룻바닥에 놓였다. 제관들은 제를 지낸 뒤 당집의 문을 걸고 나가 버렸다.

밤이 깊어지자 무엇이 발목으로 기어오는 것이 있어 깜짝 놀라 보니 두꺼비이다. 첫닭이 울자 제전의 불이 꺼지며 찬바람이 일더니 천장 처마에서 무슨 불덩어리 같은 빛이 자기 앞으로 오기 시작하였다. 그러자 자기 발목에서 푸른 불줄기가 그리로 올라갔다.

붉은 불덩이 빛과 푸른 불줄기가 서로 맹렬히 여러 시간을 두고 싸우더니 붉은 불덩어리 빛이 쫓기어 꺼지려 하다가 처마안에서 큰소리가 나면서 천장에서 무겁고 크나큰 것이 마룻바닥 위에 떨어졌다.

날이 밝자 제관들이 관을 메고 시체를 찾으러 왔는데 죽은 줄 알았던 처녀는 살아 있고 당집마루에는 크나큰 지네가 죽어 자빠져 있고 안구석에는 두꺼비 한 마리가 입에서 푸른 독기를 뿜고 있었다.

처녀는 집으로 돌아가고 그 뒤부터 그 마을에는 지네의 피해가 없었다.

이 이야기는 서술방식은 전설(saga)의 형태를 갖추고 있다. 효의 시대의식이 강하게 풍기는 것도 특징이다. 다시 말해서 보편적인 순수한 무의식의 내용뿐 아니라 이미 의식된 것 그리고 심리현상뿐 아니라 구체적인 현실에 의해서 조금씩 오염된 설화이다. 따라서 이 속에서 인간정신의 원초적 보편성을 가려내려면 약간의 준비작업이 필요하다.

2) 역사적 현실과의 관계

충북 청주에 지네장터가 있고 지네를 위한 당집이 있었는지 없었는지를 우선 알아볼 필요가 있다. 문헌[3]에는 충북 청주군에는 부락동방 산허리에 초가 2평의 신사가 있다고 기록되어 있으나 그 제신이 무엇인지는 확실치 않다. 앞으로 민속학자의 조사연구에 기대를 걸어 보는 수밖에 없다.

전기 문헌에는 큰 지네와 구렁이에 관한 신역전설이 경북과 평북에 하나씩 산견된다. 즉 경북 칠곡군의 신목 속에 수척(數尺)가량의 큰 지네가 살고 있으며 동제(洞祭)를 하지 않으면 그 해 안에 반드시 마을에서 묘령의 처녀를 희생했다는 이야기가 있고, 평북 선천군에는 그곳 신역에 항상 신을 수호하는 큰 구렁이가 있어 신역을 경계한다는 이야기가 있다.[4] 그러므로 큰 지네, 큰 구렁이를 마을신으로 숭배하던 신앙이 사신(蛇神)당이 많은 제주도 말고도 한국 내륙지방에 있었을 가능성을 시사하고 있다. 실제로 이웃나라 일본의 사이다마현 대리군본부촌에 있는 판상신사(坂上神社)의 신사(神使)는 지네이며 지네는 죽이지 않으며 또한 지네에 회마(繪馬)를 봉납한다는 기록이 있다.[5] 그러므로 한국에도 몇 군데 큰 지네 토착신을 위한 사당이 있고 어떤 형식으로든 마을에서 제물을 바쳐 왔을 가능성을 아주 배제하기 어렵다.

인신공의도 과거에 실제로 행해 오던 것이다. 죽은 왕을 위하여 순장하는 풍습은 중국뿐 아니라 한국 고대에서도 실시되어 왔고 유럽 대륙, 콜럼버스(Columbus) 전의 미대륙의 고급문화권 속에서도 성행되었다. 아즈텍(Aztek) 종교에서는 틀라록(Tlaloc)신이나 혹은 다른 계절신, 이를테면 비의 신, 우신(雨神)에게 어린이를 제물로 삼는 풍습이 있었고, 잉카종교에서는 동족 가운데서도 제물로 바칠 어린이를 구했고 이런 어린이가 잉카제국의 수명을 연장한다고 믿었다.[6]

따라서 지네장터설화가 단순히 상상의 소산이 아니라 실제로 일어나고

---

3) 村山智順, 「部落祭, 朝鮮の鄕土神祀(第一部)」, 1937, p. 175 참조.

4) 앞의 책 pp. 216-217 참조.

5) 柳田國雄 감수, 「民俗學辭典」, 東京堂出版, 1951, p. 294 참조.

6) F. Heiler, *Die Religionen der Menschheit*, Reclam, Stuttgart, 1959, pp. 64, 91, 100, 107, 111 참조.

있는 일에서 그 소재를 얻은 이야기라고 생각할 여지는 충분히 있다.

그러나 그렇다고 하더라도 설화에서 심리학적 상징을 찾는 작업에 큰 지장을 주지는 않는다. 왜냐하면 고대의 신앙은 자연발생적인 인간심리의 산물로서 우리가 오늘날 무의식이라고 부르는 것의 내용을 크게 왜곡됨이 없이 나타내고 있기 때문이다. 더구나 이 설화의 내용의 핵심이 되는 두꺼비의 보은 등은 전혀 합리적 사실과 관계없이 동화적인 것이다.

3) 유 화

가린(Garin)의 독어본 「한국설화집」(*Die koreanischen Märchen*)[7]의 두꺼비의 은혜 갚음(Der Dank der Kröte)은 〈지네장터〉와 그 내용이 거의 같다. 손진태가 소개한 전주의 대사제치전설[8]과 마산의 대오공제치전설은 전자가 지네가 아니고 대오(큰 지네)라는 점과 도입부의 상황 그리고 그 밖에 다소 차이가 나지만 '주인공이 두꺼비의 도움으로 괴물을 제치했다'는 큰 줄거리는 같다. 임동권 편 「한국의 민담」[9]의 〈지네와 두꺼비〉도 그 유화로서 도입부 상황과 지네에게 처녀를 바치는 것이 지네와의 결혼을 뜻한다는 점이 조금 다르다.

최상수 편 「한국민담전설」에는 지네에 관한 또 하나의 전설[10]이 있는데 이것은 여기 소개한 설화보다 그 내용이 더욱 단순하다.

외국의 유화로서 이 설화의 직접적인 관계를 가지고 있는 것을 찾기는 매우 어렵다. 중국의 〈수신기〉[11]는 그 유화에 넣을 수 있다. 일본설화

---

7) *Koreanische Märchen*(gesammelt von Garin), Zürich, 1948.
8) 손진태, 「한국민속설화의 연구」, 을유문화사, 서울, 1954, pp. 188-189.
9) 임동권, 「한국의 민담」, 서문문고, 서울, 1972, pp. 120-121, 〈지네와 두꺼비〉.
10) 최상수, 앞의 책, p. 29, 〈지네산〉.
11) 손진태, 앞의 책, p. 190, 인용.

〈싯뻬이太郎〉[12]는 비교의 대상은 될 수 있지만 괴물의 성격이나 그 제치 수단이 너무나 다르다. 〈개구리의 은혜 갚음〉[13]도 그 내용에 상당한 거리가 있다.

〈지네장터〉설화에서 '괴물을 제치하는 영웅과 소녀희생'이라는 주제를 중심으로 본다면 이 이야기는 세계 각처에 분포되어 있는 페르세우스(Perseus)형 신화와 그 뿌리를 같이한다고 할 수 있다. 그렇게 보면 우리나라의 제주도 김녕사굴전설[14]이나 일본신화 〈스사노오신의 영웅담〉,[15] 더 나가서는 한국의 여러 지하대적여치설화를 모두 참고의 대상으로 삼아야 할 것이다. 그러나 〈지네장터〉 이야기의 주인공인 순이는 페르세우스(Perseus)와는 너무나 대조적인 영웅이며 괴물제치의 방법도 전혀 다르므로 비교를 한다면 그 차이점을 아는 데 오히려 도움이 될 것이다.

여기서는 그러나 페르세우스형 설화와의 비교보다는 〈지네장터〉류 설화에 부각된 괴물제치의 방법과 양태를 살펴보는 데 더 역점을 두고자 한다.

4) 〈지네장터〉설화의 심리학적 의미

(1) 도입부의 특징

〈지네장터〉 이야기의 등장인물은 장님 아버지와 그의 어른 딸이며 그들이 처해 있는 환경은 '가난'한 것이 특징이다. 〈지네장터〉에서는 특히 주인공을 효녀라 지칭하여 처음부터 그녀의 효성을 강조하고 있다. 그러나 이 효성의 문제는 설화의 이야기가 진행해 나가는 가운데 차차 사라지

12) 關敬吾, 「日本の 昔ばなし」 II, 岩波書店, 東京, 1957, pp. 163-166.
13) 앞의 책, pp. 37-39.
14) 장대근, 「한국의 신화」, 성문각, 서울, 1961, p. 175.
15) 「日本書記」 권 1, 「古事記」 上卷 3 참조.

고 이야기의 후미에 이르면 전혀 효성심에 관해서는 관심이 없는 듯 "그래서 그 뒤부터 지네의 피해가 없었다"고 황망히 끝을 맺고 만다. 여기에 비하면 가린(Garin)의 〈두꺼비의 보은〉에서는 그 이야기의 끝에 소녀는 마을 사람으로부터 영웅처럼 환영을 받고 죽은 두꺼비는 정중히 장사를 지내 줌으로써 괴물제치행위의 '보상'을 하고 있다. 그러나 대개는 이런 '합리적'인 해결 없이 적당히 끝나는 것을 보면 효의 정신이 이런 류의 설화에서 차지하는 영향력은 그다지 크지 않다는 것을 알 수 있다.

유화에 따라서 도입부의 상황을 보면 크게 두 가지가 있는 것같이 보인다.

다음 표의 유화 6의 경우를 빼놓고는 도입부의 등장인물은 부녀 아니면 모녀이다. 6의 설화는 전술한 바와 같이 사건 전개가 소박하고 두꺼비의 은혜갚음에 집약되어 있어 오히려 정형이 아닌 것처럼 보인다.

설화에서 등장인물이 부녀, 모녀에 국한된다는 것은 심리학적으로 이 이야기가 모성 혹은 부성 중 어느 하나의 결손을 바탕으로 시작하고 있음

유 화	도입부의 등장인물	그들이 처한 상황	소녀희생의 동기
① 지네장터(최)	부(맹인)녀	가난	아버지를 편안하게 하기 위하여
② 두꺼비의 보은 (Garin)	부녀	가난	아버지의 병 약값으로
③ 대오공제치(손)	모녀	가난	어머니의 병 약값으로
④ 대사제치(손)	모녀 (무남독녀)	가난	차례가 되었으므로
⑤ 지네와 두꺼비(임)	모녀	가난	차례가 되었으므로
⑥ 지네산(최)	한 여자	–	차례가 되었으므로

을 말한다.

등장인물들이 모두 가난한 상황에 있다는 것은 이와 같은 결손의 정도를 더욱 심각하게 강조하는 결과가 된다. 그나마 남은 부모의 반쪽이 병들어 눕는다고 하는 데 이르러서 이 상황의 위기의식은 절대적인 극에 도달한다. 이런 절망적인 상황이 앞으로 일어날 사건의 계기가 되는 것은 많은 설화에서 볼 수 있는 현상이긴 하지만 한국설화의 전개양식은 너무나 그 긴박성의 정도가 강하고 따라서 희생의 의미도 최대한으로 강조하고 있는 것 같다. 중국의 수신기만 보아도 등장인물은 부모와 무남독녀, 즉 선택의 여유를 남기고 있고 구태여 병이라든가 가난이라는 것을 크게 내세우지 않고 있을 뿐 아니라 여주인공의 태도도 〈페르세우스〉나 〈스사노오〉신의 영웅담에서 볼 수 있는 것처럼 적극적이고 괴물제치 후의 해결도 단순한 원상복귀가 아니다.

일본의 〈싯페이太郎〉은 중의 영웅담으로서 소녀희생은 그의 행적을 영웅답게 하기 위한 수단에 불과하다. 스사노오신이나 페르세우스 괴물제치설화처럼 '남성영웅설화'의 범주에 들어간다.

〈지네장터〉의 도입부는 「심청전」의 서두에서 보는 처절하게도 절망적인 상황을 연상케 한다. 아버지와 딸이나 모녀가 단둘이서 가난하게 살뿐 아니라 부 또는 모가 불구가 아니면 어려운 병에 걸려서 그 치료에는 죽음을 각오하지 않으면 얻을 수 없는 막대한 돈이 필요하다는 등의 구원의 여지가 전혀 없는 절박한 상황, 부녀, 모녀 간의 수직적인 연대와 양자 사이의 거의 종교적인 절대적 희생행위가 한국인의 심금을 울리지 않았던들 이런 유의 이야기가 그렇게 많이 전달되어 왔을 리가 없다. 이런 경향은 반드시 한국인의 무의식적인 특징일 뿐 아니라 의식적으로 키워진 경향일 수도 있다.

(2) 아버지와 딸

만일 우리가 이 설화에 등장하는 인물이나 동물들을 우리 마음의 표현이라고 본다면 여기 등장하는 아버지와 딸, 두꺼비와 지네 모두가 우리 마음의 무엇인가를 상징적으로 표현하고 있는 것이라 볼 수 있다.

아버지에게 반려자가 없다는 것은 무슨 말인가? 부부 사이에 있어서 부인이란 흔히 남편의 감정적 기능을 자극하는 존재며 남편은 자기의 마음속에 있는 감정적 요소를 곧잘 부인에게 투사한다.[16] 부인의 결여는 그러므로 남편을 중심으로 볼 때 그의 감정기능의 결여를 의미한다.

'아버지'란 심리적으로 어떻게 이해될 수 있는가. 보편적인 '아버지'의 의미는 전통적 남성적 행태에 해당된다. 이 설화의 상황은 이런 행태에 감정의 뒷받침이 없다는 것을 암시한다. 이 전통적 남성적 태도가 감정적인 활력을 갖지 못할 때 그것은 설득력을 발휘하지 못한다. 이 설화에서는 그러한 남성적 가부장적 태도가 지배적인 위치에 있지 아니하고 힘이 약할 뿐 아니라 심히 병들어 있음을 말해 주고 있다. 즉 아버지는 장님이다. 장님이란 인식불능의 상태를 말한다. 심리학적 용어로 설명한다면 '무의식상태'라 할 수 있다. 다시 말해 전통적 남성적 행태는 아직 무의식상태에 머물러 있어서 그 존재에 대한 자각이 뚜렷하지 못하다.

어머니의 결여가 반드시 이와 같은 아버지의 심한 무력을 야기하는 것은 아니다. 일본설화 〈개구리의 보은〉은 소녀가 구렁이를 개구리의 도움으로 제치하는 이야기인데 이 이야기는 "장자가 딸 셋을 가지고 있었다"는 것으로 시작한다. 어느 날 아버지는 논에 물이 하나도 안 들어와서 벼가 건초처럼 말라 버린 데 놀란다. 곤경에 빠진 아버지는 "이 논에 물을 주는 사람에게는 세 딸 중 하나를 시집 보내겠다고 중얼거리고 돌아왔는

16) C. G. Jung, *Die Beziehungen zwischen dem Ich und dem Unbewussten*, Rascher, Zürich, 1963, pp. 81-106.

데 이튿날 보니 논에 물이 펑펑 들어가고 논 한가운데에 한 마리의 대사(大蛇)가 천천히 기어다니고 있다. 농부는 대사에게 딸을 시집 보내야 할 것을 생각하고 기운 없이 집에 돌아와 딸들과 의논한다."

그림(Grimm)설화 〈황금의 산의 왕〉[17]에서는 두 아이—딸 하나, 아들 하나—를 거느린 한 부자 상인이 하루 아침에 가난해져 조그만 농토밖에는 가진 게 없게 된다. "상인은 자기 불행을 잠시나마 잊으려고 집을 나와 이 농토로 왔다—" 거기서 그는 까만 난쟁이를 만나고 난쟁이가 도와주는 대가로 자기도 모르게 자기 아들을 난쟁이에게 약속한다.

아버지가 자기도 모르게, 즉 무의식적으로 자식을 희생시키는 궁지에 몰아넣는다는 점에서는 「심청전」의 심봉사가 개울에 빠져 허우적거릴 때 지나가던 중이 건져 주고 그의 곤경을 해결할 수 있는 방안을 시사함으로써 뜻하지 않게 딸의 희생의 계기를 만든다는 것과 비슷하지만, 심봉사의 중과의 일방적 약속은 전자보다 훨씬 더 무의식적인 계기, 즉 맹목성을 내포하고 있다. 〈황금의 산의 왕〉과 〈개구리의 보은〉 두 설화에서의 아버지는 어쨌든 먼저 문제의 심각성을 발견하고 고민하며 잘되었든 못되었든 그것을 해결하려고 노력한다는 점에서 다소나마 능동적이다. 그리고 그 자녀들은 아버지의 능력이 완전히 그 한계에 도달할 때 비로소 활동을 개시한다.

그러나 한국 〈지네장터〉류 설화에서 '아버지'들은 처음부터 무력하고 수동적이며 사건의 유인이 될 만한 역할조차 하지 않는다. 가린(Garin) 편의 〈두꺼비의 보은〉에서도 아버지는 묵묵히 땅을 파며 그 주어진 운명에 응하는 농부의 모습으로 나타난다. 그러기에 그는 그 설화의 말미에 적혔듯이 끝까지 "모든 것이 어떻게 일어났는지를 모른다."

〈지네장터〉에는 「심청전」에서와 같이 아버지와 딸의 관계가 소상히

---

17) Grimm, *Kinder-und Hausmärchen*, Ⅱ, Bd., Manesse. pp. 23-32.

적혀 있지 않다. 여기서의 부녀관계는 단순히 딸의 아버지에 대한 일방적 귀의의 관계라는 것만이 밝혀져 있을 뿐이다. 「심청전」에서는 확실히 심청의 비상한 탄생, 미와 지를 겸비한 선녀적인 심청의 성격으로 미루어보아 케레니(Karl Kerényi)와 융(Jung)이 그리스신화에서 다룬 신성한 소녀[18]의 초속성을 갖추고 있으나 〈지네장터〉의 소녀 순이에서는 그 초속성을 강조하는 묘사가 일체 생략되어 있다. 초속성이란 바꾸어 말해서 개인적이며 일상적인 차원을 뛰어넘는 것을 의미한다. 우리는 보통 우리의 마음속에 이러한 요소가 있다는 것을 모르고 있지만 위기에 처한 인간이 평소에 상상할 수 없는 초인적인 능력을 발휘하는 예를 발견하는 것은 어려운 일이 아니다. 무의식의 영웅원형은 이런 때 의식 면으로 자기를 현시한다. 원형은 집단적인 성격을 띠기 때문에 한 인물이 이 집단의 위기를 극복하게 할 수도 있고 집단이 한 인물 속에서 그와 같은 구원자의 상을 발견할 수도 있다. 결국 이것은 각자의 영웅원형과 동일시 그리고 그 투사에서 연유되는 현상이다. 그러나 초인적인 요소는 반드시 구원으로서만 그 초인력을 발휘하는 게 아니고 파괴에서도 그 무서운 힘을 발휘한다. 우리는 이런 예를 근대정치사에서 심심치 않게 발견할 수 있다.

그러나 〈지네장터〉의 순이에게는 전혀 아무런 거창한 장래도 기약되고 있는 듯이 보이지 않는다. '순이'는 '아버지'—즉 전통적 남성적 행태, 모든 집단적·지배적인 남성적인 사고, 판단, 활동성 가운데 결핍되어 있는 감정을 보충해야 할, 그래서 지치고 유약한 집단정신에 새로운 활력소를 불러일으킬 신생기능이어야 한다. 그러나 이 기능은 낡은 질서에 감정을 즉각적으로 재생시킬 만큼 성숙해 있지는 않다. 이 기능은 아직 하나의 보이지 않는 가능성에 머물러 있을 뿐이다.

지네장터류 설화에서는 도입부의 상황이 부녀인가 모녀인가에 따라 사

---

18) C. G. Jung · K. Kerényi, *Einführung in das Wesen der Mythologie*, Rhein, Verlag, Zürich, 1951.

건전개—즉 소녀희생의 동기에서 어느 만큼 효의 정신이 강조되어 있는가 없는가가 달라질 것 같다. 아버지와 딸로 등장하는 경우에 더욱 효성이 강조되어 있고 딸의 희생정신도 더욱 적극적이다. 모녀의 경우는 타에 의해서 희생물로 선택되는 등 여주인공의 태도는 비교적 수동적인 듯한 인상을 받는다. 그러나 예외도 있고 이런 문제는 좀더 많은 유화를 두고 고찰해 보지 않고는 결론을 내리기 어려울 것 같다.

(3) 두꺼비의 양육

괴물과의 대결이 일어나기 전에 장님아버지를 모시고 사는 가난한 순이는 수챗구멍에서 우연히 나타난 두꺼비에게 밥찌꺼기를 주어 이를 기른다. 눈먼 아버지와 단둘이서 사는 외로운 순이의 부엌, 전통적인 우리나라 여인들의 가장 은밀한 장소—부엌에는 남자가 들어가서는 안 된다—가난한 수채에서 우연처럼 두꺼비가 나타난다는 것은 그냥 흘려버릴 이야기가 아니다. 부엌은 밥을 짓는 장소, 간단히 말해서 양식을 만들어 내는 극히 모성적인 기능을 가진 곳이다. 수채는 대지와 연결되며 찌꺼기를 버리는 곳이다. 부엌은 마치 인체의 신진대사처럼 산출과 배설을 거듭하는 기관이요 그런 의미에서 무의식의 자율적인 본능적 기능과 흡사하다. 이러한 장소에 두꺼비가 나타났다는 것은 마치 무의식의 어둠 깊은 곳에 홀연히 나타난 어떤 심상에 비길 수 있다.

그것은 마치 소녀의 가슴속에 무엇인가가 움트고 있는 것과도 같다. 그것은 소망일 수도 있고 환상일 수도 있다. 소녀는 아버지의 봉양이라는 인습적인 생활의무 이외에, 바꾸어 말하면 일상적으로 '먹다 남은 찌꺼기'로 느닷없이 나타난 자기의 환상을 아무도 모르게 키우기 시작하는 것이다.

부엌에서 동물을 키운다는 이야기는 우리나라의 다른 설화[19]에서도

---

19) 장덕순, 「한국설화문학연구」, 서울대출판부, pp. 210-202 참조.

볼 수 있다. 어느 며느리가 우연히 부엌에 들어온 쥐에게 밥을 주어 기르는 이야기가 있다.

어느 날 그 집에 난리가 났다. 갑자기 쥐가 시아버지로 둔갑하여 진짜 시아버지를 몰아내려고 했기 때문이다. 며느리가 쥐를 양육한다는 것은 며느리가 그녀의 무의식에서 떠오른 환상을 키워 나간다는 뜻이다. 그 환상은 시아버지를 몰아내려고 할 만큼 커졌던 것이며 이야기는 심리학적으로 이해할 수 있는 흥미 있는 의미를 제시해 주고 있다.

수동적으로 느닷없이 일어나는 공상이 아무 '쓸데없는 생각'이 아니라 사실은 큰 일을 저지를 만큼 힘을 가진 존재인 동시에 그것은 항상 그런 생각을 가진 사람에게 무의식이 무엇인가를 알려 주려고 할 때 나타나는 것임을 우리는 실제로 민담을 분석하는 과정에서 경험하거니와 수채에서 나온 두꺼비는 우연한 현상이기보다 목적성을 지닌 사건이라고 보아야 할 것이다.

두꺼비는 못생긴 동물이다. 어린이의 마음은 그러나 순수하게 두꺼비를 받아들인다. 어린이의 순진한 호기심, 혹은 공감이나 동정심 같은 것이 이 설화에서 특히 강조되고 있고, 사람이 그러한 심정을 바탕으로 살 때 장차의 위기를 모면할 수 있게 됨을 암시해 주고 있다.

데일(Patricia Dale)[20]이 소개한 바에 의하면 두꺼비는 양서류 가운데서도 제일 머리가 좋은 동물이고 쉽게 훈육할 수 있다고 한다.

그림의 민담 〈두꺼비에 관한 이야기〉[21]에서도 어린애가 두꺼비를 우유로 기르고 있다. 두꺼비는 여러 가지 값진 물건들을 감사의 뜻으로 어린애에게 갖다 준다. 아이의 어머니가 이것을 알고는 두꺼비를 죽여 버리자 어린애도 점차 힘을 잃고 결국 죽어 버렸다. 두꺼비는 어린애의 친구

---

20) P. Dale-Green, *The Symbolism of the Toad*, Guild Lecture 100, the Guild of Pastoral Psychology, 1960, p. 8.

21) Grimm, ibid., pp. 102-104; "Märchen von der Unke".

일 뿐 아니라 어린애의 힘의 원천이기도 하다. 어린이는 본능에 가까운 존재인 만큼 본능의 상징이라 볼 수 있는 두꺼비를 아무 저항 없이 받아들이지만 이 민담에 나오는 어른은 본능을 위험시하는 나머지 그것을 무자비하게 억압하여 결국은 귀중한 창조적 가능성을 죽여 버리는 결과가 되고 있다.

어린이의 마음을 재현하는 일은 사실상 모든 종교에서 완성된 인격의 상태를 설명하는 데 곧잘 비유되고 있다. 어린이에게는 꾸밈이 없다. 있는 그대로의 자연이다. 그러면서도 모든 가능성을 내포하고 있는 존재이다. 그러기에 융(Jung)은 케레니(Kerényi)와 함께 신화에 나오는 어린이의 상징을 논하면서 그것을 인간의 마음속에 내재하는 '본연의 자기'[22]에 비겨 설명하고 있다.

동물에게 좋은 일을 하면 그 도움을 받는다는 우리나라 보은형 설화에는 강한 불교적 색채가 가미되어 있지만 이런 주제가 서양 설화에도 수없이 많은 것을 보면 이것은 보편적인 어떤 진리를 상징적으로 표현한 것이라 보아야 한다. 폰 프란츠(M.-L. von Franz)[23]는 민담에 나오는 주인공의 악과의 대결을 논하는 자리에서 악을 이겨내는 방법은 수없이 많고 그 형식이 일정하지 않지만 단 한 가지 모든 설화에 공통된 점이 있다면 동물을 도와줄 때 그 도움을 받게 된다는 사실이라고 하여 얼마나 인간의 본능적인 측면을 보살피는 것이 그의 정신적 위기를 지양하는 데 도움이 되는가를 시사하고 있다. 여기서 말하는 본능이 성적 본능에 국한하는 것이 아님은 말할 것도 없다. 본능에는 여러 가지 측면이 있다고 할 수 있다.[24]

---

22) C. G. Jung, *Aion*, Rascher, Zürich, p. 380. 이부영(2002), 자기와 자기실현, 앞의 책, 참조.

23) von Franz, *Das Problem des Bösen im Märchen*, Studien aus dem C. G. Jung Institut Zürich Das Böse, Rascher, Zürich, 1961, p. 108.

24) C. G. Jung, *Instinkt und Unbewusstes, in Über psychische Energetik und das Wesen der Trä ume*, Zürich, 1948, pp. 261-276.

설화에 나오는 동물이 인간의 무의식의 어떠한 것을 상징적으로 의미하는가 하는 것은 어디까지나 그 동물이 가지고 있는 여러 가지 속성을 생각해 보는 과정에서 이해될 수 있다.

(4) 두꺼비의 상징

한국설화에 두꺼비가 나오는 경우는 그리 흔하지 않다. 지네장터류 설화처럼 두꺼비가 지네와 싸워 그것을 죽임으로써 주인공을 구출하는 경우를 제외하고 좀 많이 퍼져 있는 듯 보이는 이야기로는 두꺼비가 동물 중에서 제일 나이가 먹었다든가 그 지혜가 다른 동물보다 훨씬 좋다는 이야기인데 이것은 비단 한국설화에 국한된 이야기는 아니다. 통도사의 전설[25]에는 왕궁에서 온 사자가 사리탑을 열어 보니 커다란 두꺼비가 앉아 있는데 뚜껑에는 아무개 성을 가진 사람이 이것을 열 것이라 적혀 있었는데 그가 바로 그 성을 가진 사람이었다고 함으로써 두꺼비가 신성한 것, 영혼적인 것과 관계 있음을 시사하고 있다. 예부터 두꺼비는 다른 동물과 함께 우리나라에서 약용으로 쓰여 왔다.[26]

중국에서는 옛날부터 두꺼비를 '달'의 정령으로 토끼와 함께 달에 사는 동물로 믿어 왔다. 이런 신앙은 일찍부터 우리나라에 있었던 모양으로 강서고분 천정의 일월화(日月畫)의 달 속에는 두꺼비가 그려져 있다. 달이 영생불사의 저승이라면 두꺼비는 그 나라의 주민이며 중국신화에는 요임금의 명으로 태양을 쏜 영웅 예의 아내의 혼이라는 설도 있다.[27] 심리학적 용어로 표현할 때 두꺼비는 저승, 즉 의식 너머의 무의식계에 있는 고태적 요소(archaic element)이다. 만주 송화강 하류 퉁구스(Tungus)계 고르기

25) 최상수, 앞의 책, pp. 193-194 참조.

26) 허준, 「동의보감」 2권. 와액편.
김두종, 「한국의학사」, 심구당, 서울, 1966, pp. 140, 209 참조.

27) 森三樹三郎, 「中國古代神話」, 大安, 東京, 1969, p. 189.
袁珂(保藤案譯), 「中國古代神話」, 東京, 1960, pp. 49-50 참조.

(Gorgi)족은 뱀과 거북과 함께 두꺼비를 제신으로 삼고 있다.[28]

중국뿐 아니라 게르만신화 그리고 그 밖의 설화 가운데는 두꺼비가 인간의 영혼의 모습으로 곧잘 이야기되고 있다.[29]

이렇게 볼 때 소녀의 부엌에 나타난 두꺼비는 어쩐지 죽은 순이의 어머니의 혼과 관련지을 수 있을 것 같다. 그러나 두꺼비는 순이의 개인적인 어머니의 영혼의 대신이기보다는 순이의 모성적 본능 그 자체를 상징적으로 표현한다고 하는 것이 좋을 것 같다.

모성이 지닌 산출성과 파괴력은 두꺼비가 물의 정령으로 유달리 많은 민족들의 신앙 속에 존중을 받아 온 사실과 일치된다.[30] 무의식은 깊이를 모르는 물이며 어머니라고 융(Jung)은 말하고 있다. 다시 말해서 두꺼비는 정신의 에너지를 보존하며 조절하는 무의식의 한 기능이다.[31]

자기의 본능적인 기능을 키우는 작업, 다시 말해서 무의식의 심연에서 오는 정동을 받아들이고 키우는 일은 남에게 크게 광고할 성질의 것이 아니다. 전술한 그림민담에서도 볼 수 있는 것처럼 이런 작업은 어린이의 비밀에 속하는 일이기 때문이다.

(5) 희생의 성격

어린이의 희생은 성인, 그중에서도 왕, 귀족 등의 인신공의가 그들의 아이로 대치하면서 생긴 풍습이라고도 하거니와 게르만신화의 주신 오딘

---

28) 秋葉隆, 「朝鮮巫俗の現地硏究」, 養德社, 奈良, 1950, p. 109 참조.

29) S. Thompson, *Motif-Index of Folk Literature*, Indiana Univ. Press, 1956, Vol. Ⅱ, E. 736.2, 15.5.1.
Bächtold-Stäubli, *Handwörterbuch des deutschen Aberglaubens*, Bd., V., Walter de Gruyter, Berlin, 1932/1933, pp. 612-628.
남독, 스위스에서는 두꺼비는 집의 신(Hausgeist)이어서 지하실에 들어 매일 은숟갈로 몇 방울의 우유와 우유거품을 준다.

30) Radford, *Encyclopedia of Superstitions*, Rascher, Zürich, 1952, p. 368.

31) C. G. Jung, *Symbole der Wandlung*, Rascher, Zürich, 1952, p. 368.

(Odin)에게 스웨덴 사람들은 그들의 왕 올라프(Olaf)를 바쳤으며 고대 그리스에서는 테쌀리 지방에 기근이 나자 아타마스(Athamas)왕이 델포이의 거짓 신탁에 속아서 그의 두 아이를 희생시키려 했으며 트로이전에 참가하려고 배를 타고 쳐들어가던 아가멤논(Agamemnon)왕은 여신 아르테미스(Artemis)의 노여움을 사서 배가 움직이지 않자 그의 딸 이피게니(Iphigenie)를 희생시켜야 했고 헤라클레스(Herakles)나 페르세우스(Perseus)와 같은 영웅신화에서는 악룡에게 바친 왕의 딸들을 이 영웅이 구출한다는 이야기가 있고 토지를 황폐하게 하는 괴물에게 왕의 딸을 바치는 이야기가 많다. 알자스 지방전설에는 지상의 곤궁을 어린애를 바다에 던짐으로써 겨우 모면할 수 있었다는 이야기가 있다.[32)]

괴물제치설화에서는 흔히 소녀희생이 선행한다. 소녀란 심리학적으로 무엇인가. 채 성숙하지 않았으나 성숙해 가는 과정에 있다는 점에서 그것은 완성이라기보다 완성을 향한 지향성을 뜻한다. 소년이 장래의 남성이 되려는 지향성이라면 소녀는 여인에의 지향성이라는 점에서 능동적, 지적 속성이기보다는 수용적이며 때로는 감정적인 희생을 가지고 있는 지향성이다. 동시에 소녀는 남성의 마음에 숨어 있는 감정적 순수성 혹은 소녀 같이 어린 감정을 상징한다. 물론 소녀의 감정은 아직 미숙한 면도 가지고 있으나 유한한 지상의 것이 아닌 무한한 영원성에 시선을 보내고 이상에의 동경과 추구를 일삼으므로 인간정신의 초인적·신적인 측면도 내포하고 있다. 희랍 고대신전에 무수히 조각된 쿠로이(Kouroi, 소년)나 코레(Kore, 소녀)나 신화에 있어서의 처녀신의 신성성이 이를 나타내며, 도교적인 명칭으로 많이 수식된 청의동자, 도영, 혹은 민속의식이나 그 밖의 설화에 나오는 동자, 동녀의 현상학을 통해서 이런 관계를 살펴보는 것은

---

32) Bächtold-Stäubli, *Handwörterbuch* Bd., Ⅵ, pp. 155-174., Bd., Ⅳ, pp. 1362-1363.
Stith Thompson, *Index*, Vol. B11.10.
E. Peterich, *Götter und Helden der Griechen* pp. 80, 81, 97, 115.

어려운 일이 아니다. 심리학적 성숙이란 그러나 '영원한 젊음'을 구가하는 상태는 아니다. 따라서 이것은 일단 지양되어야 한다. 전쟁에 나가는 아가멤논은 이피게니의 희생이 필요해진다. 삼국통일을 할 장수 신라의 김유신이 애첩의 집에 자기를 이끌어 준 말의 목을 베는 것과 같이.[33)]

전술한 바와 같이 지네장터류 설화에서는 소녀의 희생동기에 적극적인 경우와 수동적인 경우가 있다. 그러나 소녀의 태도가 수동적인 듯 보이는 경우에도 여주인공은 결코 매년 상습적으로 괴물에 팔려 가는 여자들처럼 수동적이지는 않다. 그들은 첫째, 아버지를 위하여 애쓰며, 둘째, 남모르게 두꺼비를 기르고 있기 때문이다.

괴물 앞에 제물로 내던져진 소녀라는 상황이 세속의 번뇌의 수렁으로 꼼짝없이 빠져들어가 뭇사람의 조소의 대상이 된 이상주의자 혹은 순결주의자의 입장과 같거니와 이 수치스러운 그리고 괴로운 상황에서 갈등을 일으키고 용감하게 자기를 사로잡고 있는 파괴적 본능의 권력과 대결하여 이를 이겨 나가려는 '투지'는 바로 그런 설화에 나타나는 소녀를 구출하는 영웅상에서 찾아볼 수 있다. 지네장터에서는 그러한 투지보다는 인종의 미덕을 무기로 한 대결이라는 점에 지하대적제치설화나 이와 유를 같이하는 페르세우스신화와 다른 점이 있다.

(6) 괴물의 실체

괴물, 악룡, 대사, 마귀, 요정, 거인과 같은 소녀희생의 대상들은 모두 비인간적인 존재이며 표면상 인간에 관하여 적대적인 관계를 나타내는 동시에 지상의 생활, 기후, 농작, 인축의 번성을 마음대로 막을 수 있는 포악한 힘을 가지고 있다는 점에서 공통된다.

---

33) 최상수, 앞의 책, p. 214, 〈천관사전설〉.

이것들은 인간의 마음속에 도사리고 있는 비인간적 요소들을 상징하며 본능의 파괴적 측면을 의미한다. 파괴적인 본능은 그러나 반드시 늘 절대적인 파괴력을 발휘하는 것은 아니고 전환 가능한 긍정적 요소를 내포하고 있다. 그러기에 설화에서는 흔히 괴물이 제치된 곳에 금은보화가 나온다. 파괴적 본능은 극복되기만 한다면 언제나 유용한 에너지로 바뀔 수 있는 성질의 것이다. 경우에 따라서 이와 같은 악귀들은 늘 자기를 정복하여 죽여줄 영웅을 기다리고나 있는 것같이 자기의 약점을 약간씩 암시하는 경우조차 있다.

지네에게 바치는 처녀희생의 연례행사, 이것은 노이로제 환자가 증세에 집착하여 증세만 없애려는 나머지 병의 근원을 인식하는 작업을 연기해 나가는 것과도 같다. 이것은 근본적인 원인치료가 아니라 증후치료이다. 따라서 고통은 되풀이해서 생기며 그것을 막으려는 노력도 반복되게 마련이다.

그런데 괴물이 소녀를 강탈해 가거나 소녀를 바치도록 강요하거나 한다는 것은 그 괴물도 자기 속에 결핍된 창조적 생명을 무척이나 보충하려고 애쓰고 있다는 이야기도 된다. 또한 이것이 괴물의 제치를 유도하는 결정적인 계기가 되기도 한다. 무의식의 파괴적 요소가 의식화, 즉 자각되기 위해서는 '융' 심리학에서 말하는 아니마(Anima)가 매개체의 역할을 하게 되는 수가 있다. 그러나 괴물은 그가 그리워하는 것을 자기의 것으로 충분히 소화시킬 수가 없으므로 처녀희생은 계속되지 않을 수 없고 오직 과감한 제치로써만 극복이 될 일이다.

지네의 상징은 무엇인가? 어느 동물이나 대개 밝은 면과 어두운 면이 있게 마련이지만 지네의 경우 우리나라의 설화에는 흔히 그 해로운 면이 두드러지게 나타나 있다. 땅속에 살며 중을 잡아먹는 커다란 지네에 관한 전설[34]은 지네의 반정신적 · 반종교적 측면을 반영하며 어떤 설화[35]에서는

34) 최상수, 앞의 책, pp. 60-61, 〈굴바위의 지네〉.

지네가 병의 근원으로서 나타난다. 중세 한국의학과 그 밖의 문헌에는 지네의 의료효과와 다른 동물과의 관계가 소개되어 있다.[36] 지네는 또한 운무, 풍우 등 기후의 조화를 부린다고도 한다. 일본설화에는 대오공군제치에 관한 설화[37]가 상당히 널리 분포되어 있는 듯하며 중국에서는 지네가 오독(五毒)의 하나로 두꺼비와 같이 포함되어 있다고 하며, 자바, 말레이시아, 타히티에서 지네는 숭상의 대상이 되어 있다고 한다.

지네장터설화의 '지네'는 이에 비하면 상당히 위험한 존재처럼 이야기되고 있다. 그러나 인도[38]에서 지네란 신에 의하여 지상에 죽음을 초래하기 위하여 보내진 것이라든지, 타히티에서 그것은 의사의 그림자로 보는 점이라든지 지네의 속성은 역시 어둠이나 그림자, 죽음과 같은 특징을 가지고 있다. 심리학적 용어로 이는 원형의 파괴적인 면, '자기'의 그림자(Schatten des Selbst)라 할 것이다.

이 신의 그림자를 지양하는 데 있어서 지네장터설화는 직접적인 의식적 대결보다도 간접적인 무의식적 작업을 권하고 있는 것이다.

5) 맺는 말

두꺼비는 지네를 죽이고 자기도 죽는다. 처녀는 살아남으며 집으로 돌아오고 그 뒤부터는 그런 해악이 사라졌다. 그 엄청난 지네를 죽이기 위하여 두꺼비는 목숨을 걸고 싸웠다. 두꺼비는 그러나 페르세우스류 신화

---

35) 임동권, 앞의 책, pp. 179-181, 〈삼형제의 유물〉.
진성기, 「남국의 전설」, 제주, 1959, pp. 107-108 참조.

36) 허준, 「동의보감」 권2, 제6장, 오공 및 「조선박물지」 권15(조선연구회), 서울, 1918, p. 368.

37) 朝倉治彦, 「神話傳說辭典」, 東京, 1967, pp. 299, 219 참조.

38) Stith Thompson, *Index*, Vol. I, A1335.13 참조.

의 영웅들처럼 승자가 아니다. 두꺼비와 지네는 서로 비긴 것이다. 그리고 이야기의 끝은 영광스러운 영웅과 희생으로 바쳐졌던 소녀와의 결혼으로 장식되는 게 아니라 단조로운 부녀, 또는 모녀의 관계로 환원된다. 그러나 그로써 지네의 해악은 사라졌다.

두꺼비가 미남자로 바뀌어 순이와 결혼해도 될 법한 이야기인데 두꺼비는 끝내 동물의 한계에서 과히 탈선하지 않는다. 어쩐지 이 설화에서는 소녀의 효도와 두꺼비의 의리라는 윤리성에 속박되어 자유로운 상상력이 제대로 표현될 수 없었던 것 같은 느낌을 준다.

다른 한편 지네의 세력이 그만큼 강하여 도저히 이렇게 큰 희생을 치르지 않고는 제치될 수 없는 것이 아닌가 하는 생각도 든다. 계림사전설에서도 지네를 막기 위해서 기른 절간의 흰 닭들이 지네와 싸웠으나 지네를 쪼아 죽인 닭도 지네의 독기로 죽어야 했다. 큰 구렁이제치의 설화에서도 이런 특징이 발견된다. 금녕사굴전설에서 서인은 큰 구렁이를 죽이는 데 성공하고 처녀를 구출한다. 그는 페르세우스형 신화의 영웅처럼 이 처녀와 결혼하지는 않는다. 서인이 집에 도달하였을 때 그의 등 뒤 멀리서 불그레한 기운이 뻗쳐 오르더니 그는 졸도하여 죽어 버린다. 큰 구렁이의 한에 찬 기운이 그에게 복수한 것이다.

한국인에게 보편적으로 발견되는 악에 대한 지나치게 조심스러운 태도, 대결해야 하는 사람만 손해라는 태도의 이면에는 악의 권력에 대한 두려움과 공포가 잠재하고 있다. 그것은 권력에 대한 의존심이며 그것을 극복하려는 용감한 대결정신이 결여된 증거라고 해석할 수도 있지만 다른 한편 악의 진실로 악한 면이 어떤 것인가를 자각하고 있기 때문이라고도 할 수 있어, 그런 의미에서 개혁으로 무엇이든지 할 수 있다고 믿는 근대 서양인보다 훨씬 성숙한 태도를 가졌다고도 할 수 있는 것이다.

〈지네장터〉설화의 순이는 오랜 고질을 종식시키지만 그녀는 처음부터 지네를 퇴치하려고 마음먹었던 것도 아니고, 그렇게 할 수 있는 능력이 자기에게 있다고 생각하지도 않았다. 그녀는 죽을 각오를 했을 뿐 죽일 결심을 하지는 않았다. 그녀는 전혀 영웅이라고 불릴 수도 없는 존재 같다. 그녀는 적어도 잔다르크 같은 영웅은 아니다. 그녀는 창도 칼도 쓰지 않았으며 다만 못생긴 한 마리의 두꺼비를 길렀을 뿐이다. 그것도 전혀 괴물제치를 의식하고 한 행위는 아니다.

그러면 어쩌면 이런 극히 사사로운 눈에 띄지 않는 행위가 진정한 영웅의 일면이 아닐까도 생각해 본다.[39)]

물론 필자는 '칼을 가는 것'이 아니라 '두꺼비를 기르는' 경건한 태도가 전적으로 한국인의 심성을 대변한다고 말하고자 하지 않는다. 한국의 설화에는 지하국대적제치설화와 같은 페르세우스유형의 설화가 많이 있기 때문이다. 단지 전자의 태도는 중세 이후에 좀더 보편화되고 의식적으로도 강조되어 온 태도가 아니었을까 생각할 따름이다.

---

39) 이 글을 1974년 발표하고 나서, 나는 분석심리학에 약간 회의를 느끼고 있는 서양의 한 여성 독자로부터 상당히 강한 비판의 편지를 받았다. 가부장적 문화에서 겪는 한국 여성의 희생을 미화했다고 오해한 것이다.
국내의 한 민속학자로부터도 왜 하필이면 지네장터가 영웅원형의 본보기로 선택되었는가 하는 질문을 받았다.
서론과 결론에서 언급하였듯이 이것은 흔히 생각하는 전형적인 영웅원형의 본보기는 아니다. 괴물제치 뒤에 결혼으로 끝나는 합리적인 귀결도 없다. 그러나 이 설화에는 바로 그런 까닭에 한국적 체취가 문화의 질곡과 함께 풍기고 있다. 스위스 융 연구소에서 1960년 중반 폰 프란츠가 주재하는 민담세미나에 발표할 때 이 이야기를 선택한 것도 그것이 서양의 외향적 합리주의에 식상했던 나의 심성에 감동을 주었기 때문이다.
이 이야기를 사회문화적·정치적 권력관계에서 보기보다 한국인의 심성과의 관련에서 보는 것이 더욱 이로울 것이다. 괴물도 소녀도 우리 마음속에 있는 것이다. 영웅이란 우리의 의식을 개혁하는 창조적 심성일진대 우리는 그 외향적 측면에 가려 보이지 않는 은밀한 내면세계에도 관심을 가지고 그 뜻을 곰곰이 생각해 볼 필요가 있다.

3. 호랑이와 세 아이: 악에의 대결과 우주적 해결

1) 민담과 유화

옛날 어느 어머니가 등너머 어떤 장자 집에 방아품을 팔러 갔다가 묵을 얻어 가지고 밤에 집으로 돌아왔다. 도중에 산모퉁이에서 범을 만났다. "묵 좀 주면 안 잡아먹지" 하기에 한 개를 주었다. 조금 있다가 또 나와서 같은 요구를 하였다. 이것이 자꾸 거듭되다 보니 가졌던 묵이 다 없어졌다. 호랑이는 이번에는 "옷을 벗어 주면 안 잡아먹지" 하므로 치마를 주었다. 이어서 저고리, 바지, 속적삼, 속옷까지 다 주고 벌거숭이가 되었으므로 가랑잎사귀를 따서 음부를 가리고 갔다. 호랑이는 계속하여 나왔다. 팔과 다리를 요구하고 마지막에는 몸뚱이까지 요구하였으므로 어머니는 필경 호랑이에게 먹히고 말았다. 호랑이는 어머니의 옷을 입고 그 어머니의 집으로 갔다. 집에는 세 아이가 굶주린 배를 쥐고 어머니가 오기를 기다리고 있었다. "왔다. 문 좀 열어라" 하므로 아이들이 문을 열고자 하였으나 말소리가 다르므로 손을 보자고 하였다. 문틈으로 내민 손을 만져보고 아이들은 "어머니 손이 왜 이리 터실터실하오" 하니 범은 "흙일을 하였으니 그렇다" 하였다. 아이들은 그래서 문을 열어 주었다.

"묵을 데워 가지고 올게 조금만 있거라" 하고 호랑이는 젖먹이를 데리고 부엌으로 나갔다. 부엌에서 뽀드득뽀드득 하는 음식 깨무는 소리가 나므로 무엇을 먹느냐고 물었다. 호랑이는 콩을 먹는다고 하였다. 문틈으로 내다보니 호랑이는 아기를 먹고 마지막으로 그 손가락을 먹는 중이었다. 방에 있던 두 아이는 크게 놀라서 뒷문으로 달아나 뜰 앞에 있는 늙은 나무 위에 올라갔다. 호랑이는 아이를 찾다 늙은 나무 아래에 있는 우물 속을 내려다보았다. 물속에 있는 아이들의 그림자를 보고 그것이 정말 아이들인가 하여 "요놈들을 낚시로 낚아 낼까 조리로 건져 낼까" 하므로 나무 위에 있던 둘째 아이(계집애)가 하하 웃었다. 호랑이는 아이들을 쳐다보고 "너희들은 어떻게 올라갔니" 물었다. "뒷집에 가서 참기름을 얻어다 바르고 올라왔지" 하였다. 참기름을 얻어다 발랐으나 미끄러워서 호랑이는 오르지 못하였다. 또 어떻게 올라갔느냐고 묻기에 뒷집에 가서 들기름을 얻어다 바르고 올라왔다고 하였다. 호랑이는 그래도 오르지 못하였다. 세 번째 호랑이가 물었을 때 계집아이가 "도끼로 찍고 올라왔지 왜" 하였다. 호랑이는 도끼로 나무를 찍어 발붙임을 만들면서 올라왔다. 아이들은 급해서 "하느님 하느님 우리를 살리시려거든 새 동아줄을 내려 보내고 죽이시려거든 썩은 줄을 내려 주십시오" 하였다. 새 줄이 내려왔다. 오누이는 그것을 타고 하늘로 올라갔다. 호랑이는 자기가 악한 줄 알고 하느님을 속이고자 "하느님 저를 살리려거든 썩은 줄을 내려 주시고 죽이려거든 새 동아줄을 내려 주십시오" 하였다. 호랑이의 소원대로 썩은 줄이 내려왔다. 호랑이는 그것을 붙들고 올라가다가 줄이 끊어져 떨어지면서 수숫대에 항문이 찔려 죽었다. 그 피가 수숫대에 뿌려져 물들었으므로 지금도 수숫대에는 붉은 점들이 보인다.

하느님은 이들 오누이를 불러다 놓고 "여기는 놀고 먹지는 못하는 곳이다. 오빠는 해가 되고 누이는 달이 되거라" 명령하였다. 며칠 동안 일하다가 누이는 오빠에게 말하였다. "밤에 혼자 다니려니 무서워서 안 되겠습니다. 나하고 바꿉시다" 오빠는 이것을 승낙하였다. 그러나 누이는 낮에

다니려 하니 여러 사람들이 쳐다보아 부끄러우므로 강렬한 빛을 내어 보는 사람의 눈을 부시게 하였다. 그러므로 우리는 지금도 태양을 바로 쳐다볼 수 없다고 한다.[1)]

2) 심리학적 의미

이 이야기는 우리나라에 널리 퍼져 있는 이야기로서 손진태 씨가 직접 모은 것을 그 자신이 종합해서 내놓은 것이다. 사실은 말로 이야기된 것을 그대로 적어서 이야기하는 사람의 감정도 직접 전달되도록 해야 하겠으나 현재 발표된 이야기 가운데서는 이 이야기가 그나마 본래의 줄거리를 보존하고 있는 것 같고 감정의 표현도 그런대로 나타나 있으므로 이것을 택하였다.

손씨는 이 이야기가 지방에 따라 더러 차이가 있다 하였고 함경도에서는 끝의 아이가 별이 되었다 하여, 세 아이의 이름을 '해순이', '달순이', '별순이'라 부른다고도 했으며 일본과 몽고의 유형도 소개하였다. 내용을 비교적 크게 바꾸지 않은 것으로 실제 수집한 이런 종류의 우리나라 설화로는 임석재 엮음의 「옛날이야기 선집」의 〈해와 달이 된 오누이〉[2)]와 임동권 편 「한국의 민담」 가운데 〈햇님 달님〉이 있는데, 그 내용이 모두 조금씩은 다르다. 이 밖에도 여러 개의 유형이 있을 것은 물론이다.

손씨는 일본의 유형 하나, 몽고의 유형 둘을 소개하고 이 설화는 본래 한국에 있었던 것이 일본, 몽고 등지로 전해진 것이 아닌가 시사하고 있는데 가능성을 전적으로 무시할 수는 없다 하더라도 이와 비슷한 이야기가 독일의 「그림민담」, 〈늑대와 일곱마리 새끼염소〉[3)]에도 있고 중국설화

---

1) 손진태, 「한국민속설화의 연구」, pp. 155-157.
2) 임석재, 「옛날이야기 선집」, 1972, 1권, pp. 218-232.

〈표범〉에도 보이고, 「그림민담」처럼 '동물인격'을 띠고 나오는 이야기가 몽고설화 〈산양이 겪은 이야기〉에 있고 해서 전파 여부를 따지는 것은 별로 의미가 없을 것 같고 또 여기서 논할 바도 아니다. 다만 같은 주제를 가진 비슷한 설화들이 지역에 따라 그 내용이 조금씩 다르게 나타나는 데는 역시 그 지역의 문화적 특징의 영향도 있으리라 짐작되고 어떤 심리적 문제를 해결하는 여러 가지 유형을 볼 수 있으므로 한번은 생각하고 지나갈 만한 일이다.

(1) 도입부 상황의 비교

다른 나라 설화에도 많은 유형이 있겠지만 우선 한국의 세 가지 설화, 일본의 두 가지, 몽고의 세 가지, 중국 및 독일 설화에서 각각 한 가지씩, 총 열 개의 도입부를 비교하면 다음 네 가지 유형으로 볼 수 있다.[4]

---

3) Grimm, 앞의 책, Bd., I. 〈Wolf und Sieben Geißlein〉.

4) 이것은 다음 각 설화를 분류한 것이다.

① 손진태, 〈조선의 일월전설〉, 「한국민속설화의 연구」, 을유문화사, 1954, pp. 155-157.
② 임동권, 〈햇님 달님〉, 「한국의 민담」 41장, pp. 89-92, 서문당, 1972.
③ 임석재, 「옛날이야기 선집」 1권, 교학사.
④ 손진태, 전게서, pp. 157-158, 高木敏雄, 「日本傳說集」, pp. 267-8 인용.
⑤ 關敬吾, 「日本の昔ばなし」 Ⅲ, 岩波書店, pp. 113-115, 「金鎖」.
⑥ 손진태, 앞의 책, pp. 133-134.
⑦ 앞의 책, pp. 134-135.
⑧ *Mongolische Märchen*(übersetzt von W. Heissing), Diederichs, Düsseldorf-Köln, 간 1963년, pp. 42-46 〈Die Geschichte deer Bergziege〉.
⑨ *Chinesische Märchen*(übersetzt von W. Heissing), Diederichs, Düsseldorf-Köln, 간 1961년. pp. 20-23 〈Der Panther〉.
⑩ Grimms *Märchen*(übersetzt von W. Heissing), I. Bd., Manesse Verlag Zürich. 간 pp. 63-68, 〈Der Wof und die sieben jungen Geisslein〉.

편의상 본문에서는 이 설화를 다음과 같이 불렀다.
제1의 설화 → 한국 설화 A. 제2 → 한국 설화 B. 제3 → 한국 설화 C. 제6 → 몽고 설화 A. 제7 → 몽고 설화 B. 제8 → 몽고 설화 C. 혹은 「디데릿히스」刊, 몽고 설화. 제9 「디데릿히스」刊, 중국 설화.

① 어머니와 세 아이가 살다.
한국 A(손), 한국 C(임), 일본 A(손), 중국(어머니와 두 딸과 사내아이)

② 부모와 세 아이
한국 B(임, 아들, 딸, 어린애), 일본 B(關)(부모와 세 아이→부 사망)

③ 어머니와 네 딸
몽고 A, B(손)

④ 동물 어미와 새끼
몽고 C(두 마리 새끼), 독일(일곱 마리)

이렇게 보면 한국의 B설화를 제외하면 사실상 모든 설화가 '어머니와 여러 아이'의 등장을 명시하고 있다. 일본 B설화 〈하느님의 금쇄〉에서는 아버지가 바로 죽으므로 아버지가 별로 큰 구실을 하지 않기 때문이다. 한국의 B설화(임동권 민담, 〈햇님 달님〉)에서도 아이들이 호랑이에게 아버지의 핑계를 대어 도망가는 구실을 찾기는 하지만 아버지가 전혀 그 존재를 드러내는 일이 없을 만큼 미약하다. 그러므로 이런 종류의 설화는 본래 '모자'를 중심으로 전개되는 것인데 뒤에 합리적인 머리를 가진 화자가 '아버지'를 끼워 넣어서 거기에 따라 이야기 줄거리가 조금 바뀌었던 것 같다. 어린애의 수도 우연한 것이라고만은 볼 수 없는데 등장하는 것이 사람인 경우에는 아이의 숫자가 3 아니면 4이고 2 이하는 없으나 동물인 경우에는 2와 7이다.

수를 상징적인 입장에서 해석할 필요도 있으나 상술하는 것은 피하고 사람이 주인공으로 나오는 여덟 가지 경우에 한 경우(몽고 B)를 빼고는 모두 아이들 중 하나씩 희생을 당하게 마련이고 나중에 해, 달, 별 등의 자리를 맡게 되므로 넉넉히 잡아 셋 이상으로 했을지도 모른다고 추측해 볼 수도 있다. 그러나 일률적으로 이렇게 설명하는 것은 위험한 일이겠고 설화 하나하나의 상황에 따라 생각해 보아야 할 것 같다. 어쨌든 이 설화들은 '어머니와 단 하나의 아들'이라든가 오직 하나의 딸이라든가 하는 식의 모자간의 압축된 관계를 이야기하고 있는 게 아니고 '여러 아이를 거느리고 그들을 양육하는 어머니'를 주제로 삼은 것이라 보아야 한다.

동물의 경우에도 이 관계는 마찬가지라고 보지만 여기서는 어미가 잡아먹히지 않고 나중에 돌아와 늑대의 배를 갈라 아이들을 도로 살려 내는 것이 다르다. 이런 점에서는 다른 설화와 그 이야기의 전개나 해결이 많이 달라서 같은 종류라고 하기 어려울 정도이지만 '어머니'의 출타 중에 나쁜 짐승의 해를 입은 새끼 짐승들의 이야기라는 점이 공통되므로 함께 생각해 보겠다.

(2) 사건의 전개양상

어느 유형에서나 사건의 전개는 어머니가 아이들을 두고 밖에 나감으로써 시작된다. 어머니는 아이들에게 "집을 잘 보고 있어라. 무서운 호랑이나 늑대를 조심하라"는 등의 경고를 하는 것이 보통이고 어떻게 그 '악'을 식별할 수 있느냐 하는 것까지 가르쳐 주고 아이들은 염려 말라고 다짐하지만 어떤 것은 그런 이야기 없이 출타 목적만 밝혀져 있는 수가 있다. 그 어머니가 출타하는 목적은 흥미 있게도 나라마다 조금씩 차이가 있어서 중국, 몽고의 세 이야기에서는 모두 어머니가 친가, 친정, 혹은 모친을 찾아간다고 되어 있는 반면 일본에서는 아이들의 부친, 즉 남편의 묘소를 찾아가거나 절을 찾아간다고 되어 있고 한국의 경우는 세 가지 설화가 다 남의 집의 품팔이를 하러 나가는 것으로 그 상황이 더욱 애절하다. 나머지 몽고와 독일의 동물설화는 어미가 먹이를 찾으러 나가는 것으로 되어 모성의 가장 원초적인 본능의 일단을 표현하고 있다.

각 설화의 이와 같은 어머니의 출타의 목적들이 설화에서 그 뒤에 전개되는 사건이나 귀로에 특별한 영향을 주고 있지는 않은 것으로 보아 이와 같은 목적상의 차이는 그 이야기에 속하는 필요 불가결의 요소이거나 무의식적인 것의 표현이기보다는 그 지역의 가족 관계, 생활 상태 등 문화적인 사실 등을 반영한 것 같다.

본래는 동물설화에 나오는 것처럼 먹이를 찾아 집을 비우고 나간다고 하는 것이 합당할 듯한데 이 목적이 흐려져서 다른 것으로 바뀐 듯하고 그렇게 보면 한국의 설화는 그중에서 제일 본래 형태에 가까우면서도 세 아이를 거느리고 혼자 사는 어머니의 가난을 좀 의식적으로 강조함으로써 모자 간의 애틋한 정과 이들이 처한 가엾은 상황을 처음부터 두드러지게 나타내고 있다. 한국의 민중들이 오죽 가난했으면 이렇게 한결같이 가난한 상황이 설화에 나타나는가 하고 생각해 볼 수도 있다. 그러나 다른 한편 그것은 가난한 상황에 대하여 동정을 하게 함으로써 뒤에 일어나는 사건을 더욱 돋보이게 하고 감동의 정도를 높이려는 경향이 이 세 개의 한국설화에서 엿보이고, 이야기하는 사람이나 듣는 사람이나 무척 감정에 호소하려는 경향과 극적인 흥분을 체험하려는 경향이 큰 탓이 아닌가 하고도 생각된다. 동시에 이 세 설화에서는 사건 전개에 따르는 긴장과 공포와 안도라는 전기한 다른 나라 유형과도 공통된 감정 과정을 가지면서 그 기조에 무시할 수 없는 '연민'과 '슬픔'이 지배하고 있는 것도 그 특색이다. 호랑이가 어머니를 잡아먹는 과정 같은 것에서도 이런 특색이 보인다.

동물이 중심이 되는 「그림민담」이나 「디데릿히스」간(刊)의 「몽고의 설화」를 제외한 다른 여덟 개의 유형 중에서 한국의 세 설화만큼 박진력 있게 호랑이의 겁탈을 묘사하는 것이 없다. 호랑이는 단계적으로 그리고 계획적으로 혹은 지능적으로 어머니를 정복해 나간다. 이 잔인한 겁탈 과정을 한국의 세 설화에서는 동일한 행위의 반복이라는 서술 형식을 통해 표현해 가고 있다. 이런 표현수법을 안 쓰고 비교적 호랑이의 엉큼한 성격을 그리고 있는 건 몽고의 B설화와 중국의 설화이다.

> 도중에 그녀는 한 표범을 만났다. 표범은 그녀에게 "어디로 가느냐?"고 물었다. 그녀는 대답하기를 "아이를 데리고 어머니한테 간다."고 했다. "조금 쉬어가지 않을래?" 표범이 물었다. "아니다" 그녀가 말했다. "길은 멀고 너무 늦었다" 그러자 표범은 그치지 않고 그녀를 설득해서 결국 그녀도 말을 듣고 길가에 앉았다. "머리를 좀 빗어 주지" 표범이 말하였다. 그래서 표범은 그 부인의 머리를 빗겼다. 그러나 표범이 발톱으로 머리를 빗길 때 표범은 살을 좀 떼서 먹었다. "잠깐!" 부인이 소리쳤다. "그렇게 빗으면 아파!" 표범은 그러나 더 큰 살점을 찢어 냈다. 부인은 그제사 사람 살려라 외치려 했다. 이 때 표범이 그녀를 덮쳐 잡아먹었다. 그리고는 그녀의 아이에게 달려들어 물어 죽였다.[5]

몽고의 경우는 한국설화의 표현과 중국의 경우가 합쳐져 있는 형태를 나타낸다.

> 어떤 설(정초)에 떡을 해 가지고 어머니가 친가로 가는 길에 나무 그늘에서 쉬고 있으니 마침 어떤 노파가 와서 "떡 한 개 주소" 하므로 한 개를 주니 그것을 다 먹은 뒤에는 또 한 개 달라고 하였다. 그렇게 하여 떡을 다 먹은 뒤에 "당신 머리에 벌레가 붙어 있다" 하고 노파는 어머니 곁으로 와서 벌레를 잡는 척하면서 목을 깨물어 생피를 빨아먹었으므로 어머니는 죽어버렸다.[6]

그러나 이것은 간추린 변역이므로 표현상의 비교 자료로 삼기에는 부족하다고 보겠다. 어머니가 호랑이나 괴물(노파) 혹은 표범에게 잡아먹히는 과정의 이 같은 묘사가 단순히 표현상의 문제인가, 아니면 질적으로 설화의 내용을 좌우하는 것인가를 따지는 일은 매우 어렵다. 이 문제는 표현

---

5) *Chinesische Märchen*, Diederichs, 앞의 책, 〈주〉 139 참조.
6) 손진태, 앞의 책, 〈주〉 139 참조.

과 내용이 분리될 수 있느냐는 문제와도 관련된다. 이 문제는 또한 설화의 서술양식에 대한 현상학적인 연구의 입장에서 따로 검토되어야 할 것이고 필자의 전문 밖의 일이므로 여기서 거론하지 않겠다.

심리학의 입장에서 중요한 것은 호랑이나 그 밖의 괴물의 성격을 묘사를 통해서 파악하는 일인데 호랑이와 같은 것들이 어머니를 잡아먹는 과정이 설화마다 조금씩 다른 것은 그러한 심리학적 과정에 여러 가지 양식이 있다는 사실을 말해 주는 것인 동시에 얼마간은 문화적인(집단 의식적인) 차이에도 기인한다고 할 수 있다. 호랑이 겁탈의 심리학적 상징은 다시 논의하겠다.

關敬吾 편의 일본설화 〈하느님의 금쇄〉와 손진태 씨 소개의 몽고설화 A에는 호랑이나 '산노'(山姥, 산할미)가 어머니 출타 중에 아이들만 남아 있는 집에 나타나지만 어머니의 운명에 관해서는 끝내 아무 이야기도 없다. 이 두 설화에서도 그 뒤에 전개되는 이야기들이 '어머니의 부재'와 아무 관계가 없는 것을 보면 어떤 이유로 화자가 호랑이나 '산노'가 어머니를 잡아먹는 과정을 탈락시킨 것임에 틀림없다. 그래서 사건의 '클라이맥스'나 귀결에만 중점을 두었는데 關의 일본설화는 한국설화와 같은 계통이고 몽고의 설화 A는 「디데릿히스」간(刊)의 중국설화 〈표범〉의 경우와 그 경향이 비슷하면서 다만 어머니가 잡아먹히는 과정이 없다는 것이 특징이다.

(3) '악'에 대한 아이들의 태도 비교

열 개의 설화에서 두드러지게 차이가 나는 것은 사건의 후미, '클라이맥스'와 해결의 양상이다.

호랑이와 같은 것들이 변장을 하고 아이들이 있는 집으로 가서 문을 열라고 할 때 손진태 씨가 보고한 몽고설화 A와 「디데릿히스」간(刊) 몽고

설화를 빼놓고는 모든 경우에 아이들은 문을 열라고 하는 것이 진짜 어머니가 아님을 의심하고 일단 저항한다. 대개는 호랑이와의 문답을 통한 일종의 심사가 거쳐지고 문이 열리지만 미구에 그 정체가 드러나 아이들은 도망을 가게 된다.

우리나라의 세 설화와 일본의 두 설화에서는 여러 가지 곡절이 있지만 아이들은 끝까지 도망을 간다. 아이들과 호랑이의 힘의 대결은 볼 수 없고 지략이 한계에 이르자 하느님의 도움을 청하고 하늘에 올라간다.

여기에 비하면 몽고와 중국의 설화에는 아이들의 태도가 비교적 적극적이다. 가령 중국설화에서는 아이들이 나무 위로 도망을 가 놓고도 어머니로 변한 표범을 부른다.

> '나오라! 옆집 아들이 장가가는 걸 구경하자.' 그러나 그것은 한밤중이었다. 어머니가 나와서 아이들이 나무 위에 앉아 있는 것을 보자 짜증난 목소리로 소리쳤다. '저걸 어떻게 올라갈 수 있어야지!'
>
> 아이들이 말했다. '구럭 속에 들어가 밧줄을 던져요. 우리가 올려줄게' 어머니는 말대로 했다. 그러자 아이들이 구럭을 반쯤 올려 놓고는 그것을 나무에 대고 이리저리 쳤다. 그러니까 가짜 어머니는 하는 수없이 떨어지지 않으려고 표범으로 변해서 구럭을 뛰쳐나와 달아났다.

그 뒤에 아이들이 집 문 앞에 나와 우니까 지나가던 바늘장수, 전갈장수, 계란장수, 거북이장수, 곤봉장수가 도와서 결국 표범을 제치하였다.

손진태 씨의 몽고설화 B에서는 아이들은 아예 문을 열어 주지 않는다. 귀파는 '내일 또 올 테니 그리 알아라.' 하고 돌아갔다. 아이들은 밤새도록 잠도 못 자고 아침에 일어나서 화롯불에 떡을 구우면서 복수할 계획을 하는데 계란 한 개, 맷돌, 가위, 바늘, 돼지머리 등이 굴러와서 이야기를 듣고 도와주어서 결국 귀파를 죽인다.[7)]

동씨가 소개한 또 하나의 몽고설화에서는 아이들이 순전히 자기네 힘만으로 귀파에게 복수를 한다.

> 아이들은 가만히 달아났다. '너희들도 잡아먹겠다'하고 뒤를 따르므로 아이들은 급해서 뜰에 섰는 대목으로 올라갔다. 식인귀는 나무아래서 '무엇을 하러 올라갔느냐?'고 하므로 아이들은 '구경이 있으므로 보러 왔다'고 하니 마파는 올라가지는 못하고 '어떻게 해서 올라갔느냐?'고 물었다. 세 아이는 말을 맞추어 두었다가 가죽 줄을 윤형으로 하여 내려 주면서 '이 줄에 목을 걸면 당겨 올려 주겠노라'고 하였다. 아이들은 마파의 목에 건 줄을 올렸다 내렸다 하여 마파를 죽여 버렸다.[8)]

이 설화에 나타난 아이들의 적극성이나 소극성을 그대로 민족성과 결부시켜, 몽고·중국인이 현실적, 적극성의 표현이라고 보고, 한국·일본인은 악에 대해 소극적 대결 태도라고 운위한다면 이것은 좀 지나친 비약일 것이다.

우리는 이런 주제의 설화 유형이 한국뿐 아니라 다른 나라에도 수없이 많으리라는 것을 생각해야 하고 악에의 대결에도 또한 수없이 많은 유형이 있는 만큼 이것 하나만으로 그 집단 전체의 경향을 속단하는 우를 범하지 말아야 할 것이다.[9)] 그러나 적어도 호랑이류의 악이 어머니를 잡아

7) 손진태, 앞의 책, pp. 134-135.
8) 앞의 책, pp. 133-134.
9) 이 글이 Korea Journal(1973.5)에 실렸을 때 Wolfram Eberhard가 친절하게도 그가 대만에서 실시한 같은 주제의 민담에 관한 연구논문을 가르쳐 주었다. 그것은 현재 이야기되고 있는 「호고파」의 유화 241편을 대상으로 한 것이다. 말미만 빼면 놀랍게도 한국의 이야기와 똑같은 이야기가 있는가 하면 도입부에 아버지가 등장하는 등 내부에 몇 가지 차이점이 발견되는 것도 있으나 그 근간은 다르지 않다는 것을 재확인할 수 있었다. 다만 이야기 끝머리에서 아이들이 하늘에 오른다는 것과 해와 달이 된다는 귀결은 한국과 일본에만 있을 뿐 중국설화에서는 찾아볼 수 없다는 것을 Eberhard도 지적하고 있다.
W. Eberhard, 'Studies in Taiwanese Folktales.' The Orient Cultural Service, Taipei,

먹고 그 아이들을 위협하는 주제를 가진 설화에서는 한국과 일본이 공유하는 하나의 특수한 유형이 있고 몽고, 중국에서 발견되는 유형과 그 대결 방법이 다르다는 것에 우선 주목해 둘 필요가 있을 것이다. 이 각 유형 사이의 차이가 심리학적으로 어떤 의미가 있는가는 다음에 다시 논의하게 될 것이다.

지금까지 필자는 한국설화 〈호랑이와 3자매〉와 외국의 유형을 우선 그 이야기 내용을 중심으로 해서 횡적 비교를 통해 차이점을 개괄적으로 살펴보았다.

이러한 비교는 어디까지나 이들 설화가 가진 심리학적 의미가 얼마만큼 '융'학파의 이른바 집단의식의 영향을 입은 것인가, 이를테면 문화적인 배경을 반영하고 있는가를 다소나마 찾아보기 위한 것이며, 설화구조 비교 자체를 목적으로 하여 실시한 것이 아닌 만큼 세부적인 분석보다는 몇 가지 중요한 것만 골라 그 차이점을 지적하는 데 그쳤다.

또한 이 고찰은 어디까지나 다음에 우리나라 설화의 '상징세계'를 본격적으로 구명해 들어가는 준비작업에 지나지 않는 것이다.

이상에서 보는 것과 같이 유화의 횡적인 비교는 그 문화적 특질의 차이를 보는 데 더러 도움이 되는 점도 없지 않지만 그 차이점을 너무 절대시하다 보면 개개의 설화 속을 꿰뚫어보려는 본래의 의도를 저버리게 되고, 이야기의 각 과정의 횡적 비교에만 치중하면 하나의 이야기의 전체적인 통일성과 그 생명력을 이해하지 못하게 되는 경우가 있음을 유의할 필요가 있다.

어떠한 설화도 똑같은 설화란 있을 수 없다. 인간이 모두 일회적인 존재인 것처럼 설화도 일회적이다. 그리고 오직 이 일회성을 통하여서만 우리는 그곳을 흐르는 보편성의 대하(大河)에 다다를 수 있는 것이다.

1971, pp. 14-17, p. 92 참조.

(4) 어머니의 죽음과 호랑이의 변장

가난한 어머니가 아이들을 두고 품팔이를 갔다가 떡을 얻어 가지고 돌아오는 길에 산고개에서 호랑이를 만나 떡도 무엇도 다 빼앗기고 무참하게 죽는다. 어머니가 호랑이에게 먹히는 과정이 한국설화에서처럼 박진성을 가지고 표현된 것이 없다는 것은 앞에서 지적되었다. 한국설화에는 그러나 어디에도 어머니가 '죽었다'고 되어 있지는 않고 호랑이에게 '잡아먹혔다'는 사실이 더 강조되고 있다. 죽음의 고통은 표현되어 있지 않고, 가령 어머니는 피 한 방울 흘리지 않고 조금도 아프다는 말 없이 한 팔을 떼어 호랑이에게 준다. 이러한 표현수법은 사실 설화의 특징이기도 하다.

설화 속에서의 '죽음'이란 마치 원시인들이 '죽음'에 관해서 가지고 있는 관념처럼 퍽 가변적이며 유동적인 상태를 의미한다. 인간의 '꿈' 속에서 사람들이 몇 번씩 살았다 죽었다 할 수 있듯이 설화 속의 '죽음'도 합리적으로 머리가 굳어진 현대의 무신론자들이 생각하듯 절대적인 인생의 종말은 아니다. 이 설화에 나오는 어머니의 죽음 혹은 겁탈도 이런 차원에서 이해해야 한다. 그것은 마치 우리의 꿈에 나오는 죽음의 현상이 구체적인 사건을 예시하기보다 대부분 자기 자신의 마음속의 어떤 것을 상징하고 있는 것과 같다.

어머니가 호랑이에게 잡아먹히고 호랑이가 어머니의 모습으로 변장하여 아이들의 집으로 간다는 이 설화의 과정은 상징적으로 보면 어머니의 구체적인 '죽음'이라기보다는 어머니가 호랑이로 변신한 것이라 볼 수 있다. '잡아먹는다'는 것은 보통 동화(同化)를 전제로 하기 때문이다.

'호랑이 같은 어머니'라는 말이 있다. 호랑이 같은 어머니가 자식들을 하나 둘 자기의 탐욕의 희생으로 처리해 버리는 경우이다. 어머니 자신이야 전혀 자기가 그러한 짐승과 같은 횡포를 부린다고 생각하지 않는다. 그러나 어머니의 자식에 대한 지나친 보호 본능은 때때로 아마어마한 아욕의 변장일 경우가 있다.

어머니는 그러나 모든 것이 자식을 위한 사랑에서 우러나온 것이라 믿기 때문에 지나친 사랑 뒤에 아이들의 성장을 가로막을 뿐 아니라 그들을 질식케 하는 지배욕이 있음을 모른다.

이 설화에 나오는 '어머니'가 모성적 보호 본능의 상징적 표현이라면 '호랑이'는 그 무의식적 측면에 도사리고 있는 파괴적 경향이라 볼 수 있다. '호랑이'가 '어머니'를 잡아먹었다 함은 무의식의 파괴적 요소가 의식의 자아를 완전히 지배하였다는 뜻이기도 하며, '호랑이'가 '어머니'처럼 의장하는 현상 가운데 무의식의 다른 '나'가 의식의 '나'로 '탈바꿈'하는 심리적 과정이 반영되고 있다고 할 것이다.

'분석심리학'에서는 객관세계에 제시되어 자타가 공인하는 이른바 의식된 자아와 보통 무의식에 숨어 있는 내적 인격을 구별한다. 이러한 관계가 남녀의 성적 차이를 통해서 나타날 때는 남성의 무의식 속에는 여성적인 경향이, 여성의 무의식 속에는 남성적 요소가 발견된다.[10] 이와 같은 내적 인격은 결국은 의식의 인격으로 통합되어야 하지만 그렇게 안 되고 오래도록 무의식에 남아 있으면 더욱 신화적이고 원시적인 성격을 띠게 된다. '호랑이'는 이 설화에서는 이러한 아직 원시적이고 미분화된 상태에 있는, 다시 말하면 여성의 마음속에 있는 남성적 본능과도 비길 수 있으며 자아가 외적 인격과 동일시하는 정도가 심하면 심할수록 내적 인격에 의한 자아의 변화는 더욱 급격하게 그리고 극적으로 이루어지는 것이다. 우리나라 '무속사회'에서나 원시인들은 이런 현상을 귀신에 씌었다든가 귀신이 붙었다든가 하는 말로 설명한다. 양이 별안간 이리가 되는 경우는 일상생활에서도 우리 주변에서 드물지 않게 경험할 수 있는 일이다.

물론 우리는 '호랑이'에 의한 '어머니'의 겁탈을 얼마든지 현실적인 사

---

10) C. G. Jung, *Die Beziehungen zwischen dem Ich und dem Unbewussten*, Ⅱ Anima und Animus, Rascher, Zürich, 1963. pp. 81-106 참조.

회적·정치적 상황에 번역하여 설명할 수 있다.

가령 "떡 하나 주면 안 잡아먹지." 하면서 하나씩 둘씩 가진 것을 다 빼앗고는 마지막에 가서는 다 주어서 팔다리도 없는 어머니를 아무 소리 없이 잡아먹는 과정은 흡사 일제가 수교와 원조의 미명 아래 하나씩 둘씩 한민족의 주권을 박탈하고 결국은 합방해 버렸던 1900년대의 교활한 수법과 비슷하다. 권력을 남용하는 역대 왕조의 탐관오리가 민중을 괴롭히던 수법이 '호랑이'의 그것과 비슷했을 법하다. 또한 권력의 엉큼한 속셈이야 아는지 모르는지 당장 화를 면하기 위해서 뇌물처럼 떡 한 개 주고 마지막에 항거할 팔뚝마저 떼어 주는 '어머니'의 행위 속에 권력에 대한 민중의 무력한 도피 경향을 볼 수 있다고 주장한다면 그것도 일리 있는 설이다. 다른 한편 이 설화는 '이 세상에는 미봉책을 써도 끝까지 악의 의지를 버리지 않는, 개선의 여지가 없는 악이 존재한다'는 것을 듣는 사람들에게 가르쳐 주려는 것인지 모른다.

이 모든 생각은 앞서 말한 이 설화에 반영된 개인의 심리적 과정과 조금도 모순되는 것이 아니다. 왜냐하면 사회적인 현상은 바로 개인의 심리의 집약이기 때문이다. 다만 이 설화의 의미를 어느 하나의 특수한 사건과 관련지어서 '그러니까 이 설화가 나왔다'는 식의 논법을 쓴다면 그것은 합당치 않다. 이 설화에는 인간의 보편적인 권력욕, 탐욕의 생리가 상징적으로 표현되어 있고 이 설화는 무엇보다도 '모자'관계에서의 탐욕의 여러 측면이, 특히 그 중심이 되고 있다는 데 특징이 있다고 하면 될 것이다.

이러한 문제들이 현실적으로 개인적 심리현상, 혹은 사회적 현상 속에 여러 가지 특수한 형태로 나타나는 것은 두말할 것도 없다.

(5) 호랑이의 의미

호랑이는 한국사람과 불가분의 관계를 가지고 있는 동물이다. 호랑이는 사람을 잡아먹는 짐승이다. 필자가 어릴 때만 해도 무서운 호랑이에 대한 이야기가 숱하게 나돌았다. 밤중에 고갯길을 넘어가는 사람이 호랑이가 자꾸 앞을 가로막으므로 성냥불을 켜면 호랑이가 달아났다가 다시 오곤 하여 밤새도록 성냥 한 갑을 다 태우고 나니 날이 훤히 밝아 오더라는 이야기나 황소가 마을에 내려온 호랑이와 싸워 그를 뿔로 받아넘겨 물리쳤다는 이야기 같은 것을 제법 가슴 졸이며 들었던 기억이 난다. 속담에도 있는 것과 같이 호랑이의 말을 하면 호랑이가 오기 때문에 무서운 존재에 관해서 이야기할 때는 사람들은 목소리를 죽이고 말하며 그 대신 눈은 이상하게 빛나는 것이다. 그리고는 공포에 떨리는 가슴속에서 남모르게 매혹적인 희열에 잠기는 것이다. 그것은 '터부'(금기)를 깨뜨리는 전율, 아니면 희열이다. 호랑이는 그러한 존재였다. 지금 같으면 한국인의 호랑이에게 향했던 뿌리 깊은 공포감은 아마 어디 다른 곳으로 옮겨졌을 것이다. 그러나 그 공포감의 원천은 우리 마음속에 있다. 밖에 있는 호랑이는 사라져도 우리 마음속에 있는 호랑이는 좀처럼 사라지지 않는다. 그리고 그것은 늘 투사할 만한 공포 혹은 외포의 대상을 밖에서 찾는다.

젊은 날에 설악산에 혼자 찾아간 적이 있다. 벌써 30여 년 전 이야기다. 그 근처 산에서 오랫동안 사냥을 했다는 중년 사나이가 길 안내를 했다. 높은 봉우리에 서서 잠시 골짜기를 내려다보고 있는데 그는 "산신령님이 우리를 보호해 주시니 잘될 겁니다." 한다. 무심히 흘려 들었는데 하산한 뒤에 그가 말하기를 아까 그 산등성이에 섰을 때 호랑이 똥내가 물씬 풍겨 오기에 얼른 '산신령님' 이야기를 했노라는 것이다. 그리고 그는 그런 때 '호랑이'가 저기 있다 하면 십중팔구 사고를 일으킨다고 덧붙여 설명하는 것이었다. 인간의 마음의 밑바닥을 뒤흔드는 무엇이 없을진댄 산에의 외경도 기대하기 어렵다. 집단적 무의식이란 이런 마음의 밑바닥이며 거기에는 깊은 외포로부터 신성감을 느끼게 하는 동력이 흐르고 있다.

우리나라 민간에서 오래 전부터 제사를 지내 온 산신령은 그 원시적

형상이 호랑이였을 것이라는 의견이 있다.11) 우리나라에서 호랑이를 신으로 제사 지내기는 퍽 오래된 일이다. 산놀이에 사자놀음과 호랑이춤이 있었다 하고 사자춤은 불교와 더불어 서역으로부터 와서 본래 있던 호랑이춤을 대치하거나 이와 혼동되기도 하였다고 한다.12) 춤추는 무당호랑이에 관한 이야기13)가 있거니와 이것과 산신으로서의 호랑이나 민속극으로서의 호랑이와 무슨 관계를 가지고 있는지는 알 수 없으나 「용재총화」(권6) 같은 데 "궁중 내정에서 열리는 절회에, 광대가 호랑이 가죽을 뒤집어쓰고 앞을 달리면 활 잘 쏘는 사람이 쑥대 화살로 호랑이를 쏘는" 장면이 나오는 것을 보면 위험하고 악한 호랑이를 내쫓는 주술적인 기능도 상당히 중요했던 것 같고, 현재 보고되고 있는 '구포 호랑이굿'도 사람을 잡아먹는 호랑이에게 복수함으로써 죽은 넋을 위로하는 연극적 행위를 그 내용으로 하고 있다.14)

그러나 호랑이를 신비롭게 생각하는 경향은 우리나라 전설에서 많이 볼 수 있는 경향이다. 효성이 지극한 효자를 도와 그의 성묘길을 인도한다든가 부모의 무덤가에서 막을 치고 살면서 봉양을 하는 효자를 지켜 주는 등 효도를 장려하는 듯한 이야기 가운데서 '호랑이'의 저승과의 관계를 엿볼 수 있으며 살아 있는 자를 죽은 자의 세계로 인도하는 '영혼의 인도자'(psychopompos)거나 저승의 영역을 보호하는 신의 사자, 혹은 사계의 문지기의 역할을 하고 있다. 호랑이에 의해서 선택된 위대한 사람에 관한 이야기가 우리나라에도 있는데 가령 이성계가 어려서 아이들과 함께 호랑이 굴속에서 비를 피했는데 밖에서 호랑이가 으르렁거리므로 소년들이 제각기 옷을 던져 호랑이가 집는 옷의 임자가 뛰어나가 호랑이의 밥이 되자고 의논하여 옷을 던지니, 호랑이가 한 소년의 옷을 발로 짚으므로

11) 장주근, 한국의 신당형태고, 〈민족문화연구 제1호〉, pp. 201-202.
12) 「삼국지」 〈위서 동이전〉 세조(歲條).
13) 이두현, 「한국가면극」, p. 23 참조.
14) 「무형문화재조사보고 제92호」(문화재관리국) 참조.

그 소년이 용감하게 굴을 뛰쳐나가는 순간 굴이 무너져 다른 아이들은 죽고 호랑이는 온데간데없이 사라졌는데 그 아이가 이성계라는 이야기가 그 한 예이다.[15)]

옛날에 우리나라에서는 궁중에 호랑이가 나타나면 나라에 큰 이변이 생기는 징조로 보았다. 이런 이야기는 주로 「삼국유사」, 「삼국사기」에서 흔히 볼 수 있다.

호랑이의 마력은 그 둔갑 능력에서 뚜렷하게 증명된다. 호랑이는 흔히 중으로 둔갑한다. 유명한 호원사 전설처럼 예쁜 여자로 바뀐 호랑이가 불교신앙에 깊이 몸을 바친다는 이야기나 도승으로 바뀐다는 이야기나 모두 호랑이가 어떤 「누미노즘」(Numinosum · 신성력)을 가지고 있음을 말해주고 있는 것 같다. 다시 말해서 인간들은 호랑이라는 맹수에 인간 자신의 마음속에 있는 '종교적 본능'을 투영해 온 것이다.

전설이나 동화 속에서 호랑이는 물론 모든 종류의 사람으로 둔갑할 수 있는 것처럼 생각되고 있다. 그러므로 호랑이가 여성적 속성을 가지고 있는가 남성적 상징인가를 호랑이의 변신을 통해서 말하기는 어렵다. 이런 문제는 호랑이의 전체적인 성격을 통해서 알아보아야 하는데 그러기에는 아직 나와 있는 자료가 부족하다.

다만 인상적인 판단을 한다면 호랑이가 중으로 바뀌는 것이 중이 본래 남녀의 세속적인 구분을 넘어서는 것인 만큼 다른 차원에서 보아야만 한다면 호랑이는 대개는 할머니, 어머니, 예쁜 여자 등으로 바뀌거나 그들과 어떤 의미로든 관계가 깊은 것 같고 호랑이가 장차 훌륭한 사람이 될 아이에게 젖을 먹인다든가 하는 이야기도 있어(「삼국유사」 2, 견훤) 그 모성적인 성격이 비교적 강하게 나타나 있는 듯하다. 그러나 어느 모로 보나 모

15) 임석재, 「옛날이야기선집」, pp. 197-198 참조. 또한 한국민속종합보고서(전북편) 설화 1282번.
중국에도 이런 류의 이야기가 있다. R. Wilhelm, *Chinesische Märchen*, Diederichs, pp. 11-12. 〈Wer ist der Sünder?〉(누가 죄인이냐).

성 본능의 상징으로 보이는 곰에 비해서 호랑이는 그만한 참을성이 없는 동물처럼 묘사되고 있는 것은 비단 〈단군신화〉에 한하지 않고 그 동물 자신의 생물학적 특징과도 부합되는 것이 아닌가 생각된다. 다른 한편 호랑이를 용맹한 것의 상징으로 현재까지도 지명, 인명, 상호, 때로는 사단칭호로 애용되는 것이라든가 호랑이의 눈썹, 호육이 이야기 속에서나 민간의료에서 병마 위협의 주물로 쓰였다든가 5월 단오에 쑥으로 만든 호랑이를 문에 다는 풍습이라든가, 모두 호랑이의 위력을 십분 강조하는 생각으로서 그 힘의 방향이 모성의 참을성 있는 기다림에 쓰이지 않고 밖으로 향하고 있는 점에서 남성적인 경향을 보여 주고 있다.

그러므로 호랑이는 그 성격상 상당히 불안정한 짐승으로 표현되는데 어떤 때는 그 어느 한 면이 두드러지게 사람들의 생각 속에 반영되고 어떤 때는 다른 면이 강조되곤 하였던 것이다.

호랑이에 대한 이야기를 이 좁은 지면에 다 할 수는 없으므로 자세한 이야기는 따로 해야 할 것 같고 여기서는 몇 가지 특징만을 들어 대강 설명하는 데 그쳐야겠다.

우리나라 사람들의 역사적인 동물관 가운데 호랑이는 옛날부터 지금까지 흉물로만 여겨져 왔다는 의견은 주목을 끈다(유창순, 「진민족의 동물관」). 그러나 길흉에 대한 저자의 구분 방법도 문제려니와 자료도 충분치 않으니 이 설을 전적으로 받아들이기는 어렵고 오히려 호랑이에 대한 우리나라 사람의 '이중감정' 즉 '양가성'(Ambivalence)이 흉악시하는 경향보다 더 특징적인 반응이 아니었을까 생각된다. 좋으면서 싫고 무서우면서 우러러보는 따위의 두 가지 다른 감정이 동시에 한 대상에 향할 때 우리는 이를 '양가감정'이라 하거니와 호랑이는 수많은 대상 가운데 우리 마음에 이와 같은 감정을 불러일으키는 대상이 되는 짐승이었으며, 우리의 마음속에는 실상 호랑이가 아니더라도 어떤 대상에나 이런 감정을 일으키게 하는 원천이 있고 이것은 '융'의 이른바 '원형상'의 특징이기도하고 이를 '원초적 양가성'(Urambivalenz)이라 부르기도 하였다.

전설이나 신화에서 은혜를 갚는 호랑이, 효자를 돕는 호랑이, 예언적인 능력이나 곧잘 둔갑하는 호랑이가 민담에서는 어리석은 호랑이, 도무지 위엄이 없고 겁 많은 짐승으로 표현되고 있음은 이미 지적된 바이다.[16]

민담을 'Märchen'이라 규정짓는다면 현재 발표되고 있는 자료로 볼 때 이 설은 그럴듯한 것이라고 생각된다. 물론 한국설화의 분류가 아직 충분히 되어 있지 않고 분류방법에도 논란의 여지가 많을 것이므로 그 방면의 엄밀한 검토가 나오는 것을 기다려야 하겠지만 심리학적 입장에서 생각한다면 설화를 시대의식이나 전통적 관념의 강한 영향을 받은 것과 받지 않은 것으로 나눌 수 있고 전설이나 신화가 전자에 속한다면 '메르헨'은 후자로 볼 수 있는데 호랑이에 관한 이야기도 이에 따라 두 가지로 나눌 수 있을 법하다. 하나는 호랑이와 관련된 산신제의 전통과 도교, 불교와 습합된 민속신앙의 호랑이관이 비교적 단일한 영향을 준 유형과 이 모든 집단적 관념과 실제적 호랑이에 대한 비교적 순수한 무의식의 반응으로서의 이야기들이 있을 법하다. 그러므로 후자에 속하는 '메르헨'의 이야기들은 전설이나 신화보다 훨씬 더 복잡하고 비합리적인 것처럼 보이게 마련이다.

체·게·융은 꿈의 중요한 특징의 하나는 의식의 경향을 대상하는 데 있다고 했다. 이런 생각의 아주 소박한 형태를 고대 그리스의 '히포크라테스'에서도 볼 수 있는데 그는 가령 환자가 꿈에서 어떤 음식을 열심히 먹으면 평소에 그것이 결핍된 것으로 보고 현실에서 그 음식을 먹임으로써 치료하고자 했다. 심리적인 보상이란 물론 이보다 훨씬 복잡하지만 민담 속에 나오는 어리석고 우둔한 호랑이는 사실 호랑이에 대한 일반적으로

---

16) 장덕순, 「한국설화문학연구」, pp. 93-106.

공인되고 있는 신성성, 마력을 대상하는 무의식의 표현이라 볼 수 있을 것이다. 왜냐하면 무의식이란 의식에 없는 것을 보충함으로써 항상 의식의 일방성을 지양하려는 경향을 가지고 있기 때문이다.

그런데 민담의 호랑이가 다 어리석게만 나오는 것은 아니다. 우리가 지금 보아 가고 있는 설화에서 마찬가지로 호랑이는 무서운 존재임에는 틀림없는 것이다. 다만 무서운 면뿐 아니라 그 약점도 묘사함으로써 성격의 일방성을 대상하고 그것을 어떻게 다스릴 것인가를 궁리해 가는 과정에 실상 산신도, 호랑이라는 동물도 아닌 마음속의 어떤 문제의 성격과 처리과정을 엮어 가고 있는 것이다.

호랑이는 동북아시아에서부터 말레이시아, 수마트라, 벵골 지역 등 동남아시아에 이르는 지역의 설화나 신앙세계 속에 보편적으로 이야기나 신앙의 대상이 되고 있다. 특히 남중국과 전술한 그 이남 지역에는 호랑이를 좀처럼 죽이지 않으며 영혼이 사후에 호랑이의 몸속에 들어간다고 생각했다고 한다.[17] 톰슨(Stith Thompson)의 모티프 색인에는 주로 중국설화에서의 호랑이의 화인(化人) 모티프가 기록되어 있을 뿐 별다른 자료가 없고 독일미신사전에도 호랑이에 대한 사항이 따로 없다. 그러니 호랑이에 해당되는 것이 서구의 일부 이야기에서는 '늑대'로 대치되고 있다는 설은 옳은 것 같다.[18] 그러므로 호랑이라는 상은 지역적인 특수성을 지니고 있는 상이지만 거기에 투영된 무의식의 원초적 경향은 서구 설화의 '늑대'에 투영된 것과 비슷한 보편적인 경향일 것이라 생각된다.

17) Funk & Wagnalls, *The Standard Dictionary of Folklore, Mythology and Legend*, Vol. 2, p. 1113.
18) 앞의 책, p. 1113.

(6) 대결과 구원의 양상

어린이의 본능은 누가 가르쳐 주지 않아도 무엇이 옳고 무엇이 그르며 무엇이 진짜이고 무엇이 가짜인지를 판별하는 능력을 가지고 있다.

우리 설화에 나오는 어린이들도 어머니를 가장하고 문을 두드리는 존재가 뭔가 진짜 어머니와는 다르다는 것을 인식한다. 이리하여 여기 미지의 존재와 어린이와의 '문답'이 실시되는 것이다.

문답의 대상은 주로 감각에 속하는 것들이다. 아이들은 '엄마 목소리'가 아니라고 하고 '손'이 엄마 손과 다르다고 한다. 우리가 비교 대상으로 삼은 한·중·일·몽고의 설화와 독일 그림민담에서도 아이들은 호랑이의 '손'이 엄마와 다르다는 말을 대개 어디서나 하고 있다. 중국 설화 〈표범〉에서는 "눈이 왜 그렇게 크냐"고 한다. 그리고 "얼굴의 얼룩무늬와 발이 크다"는 것이 논란의 대상이 된다.

그림민담 〈늑대와 일곱 마리의 산양〉에서는 엄마를 가장한 늑대에게 새끼 산양들은 "목소리가 다르고 발이 다르다"고 한다.

감각적 의식은 인간의 인식 가운데 아주 원시적인 인식방법의 하나로 알려져 있다. 논리적인 사고 판단이 발달되기 전의 어린아이들은 주로 형상이나 색채, 촉감과 같은 감각적인 자극을 통해서 사물을 분별한다. '체·게·융'은 원시인들에게는 감각이 바로 사고라는 말을 하고 있다. 감각 속에 생각이 용해되어 그것이 따로 분화되지 않고 있는 것이다. 지능이 부족한 사람들이 곧잘 남의 얼굴의 이상한 특징을 발견하는 것도 이와 같은 입장에서 이해할 수 있다.

감각적 분별능력이란 그러나 사물의 외관을 구별하는 데 그치고 그 속을 꿰뚫어 진위를 알아 내는 데는 적합하지 않다. 설화에서는 어린아이의 직관이 무언가 이상하다는 의혹을 일으키기는 했으나 감각을 통한 식별과정은 오히려 그 의혹의 본질을 파악하지 못하고 호랑이의 거짓말에 쉽사리 압도당하고 만다. '거짓말'이란 하나의 지적 부산물이며 사고기능에 속한다. 호랑이의 지능은 이 경우에 아이들의 그것을 능가하므로 호랑이는 쉽사리 아이들의 구두시험에 통과한다.

그러나 아이들은 집요하게 호랑이의 실체를 추구한다. 지금 먹고 있는 것이 무엇이냐고 묻는다. 호랑이는 한번 속였다가 결국 먹던 것을 내줌으로써 자기의 실체를 노출하고 만다. 악의 실체를 확인하기 위해서 한 아이가 호랑이에게 잡아먹히고 만다. 아기의 손가락 한 개가 최후의 증언처럼 남은 아이들의 각성을 촉구한 것이다.

흥미 있는 것은 때때로 설화에 나오는 악한 괴물들은 자기의 비밀을 우연한 동작, 우연한 언동 등으로 누설한다는 점이다. 그렇게 함으로써 그 비밀을 알아차린 사람들로 하여금 싸우거나 도망가거나 하는 결정적인 행동을 시킨다. 마치 어떻게 해서든지 자기를 남에게 알리고자 하는 충동을 누를 수 없는 것처럼—그것은 무의식의 내용이 의식면에 떠오르는 것이 의식화되고자 하는 무의식의 자율적인 합목적적 기능의 결과인 것과 같다.

호랑이가 틀림이 없다는 것이 확인되자 아이들은 그때부터 꾀를 쓰기 시작한다. 사고기능이 원시적인 감각기능이 다한 곳에서 움직이기 시작하는 것이다. 그리하여 이제부터 아이들과 호랑이 사이의 '신경전', 일종의 지적인 경쟁이 벌어지기 시작한다.

호랑이는 끝까지 어머니로서의 '체면'을 지키고자 하고 아이를 잡아먹으려는 음흉한 속셈을 숨기며 아이들도 겉으로는 호랑이를 어머니같이 대하면서 끝까지 그 흉계에 넘어가지 않으려고 안간힘을 쓴다.

강대국과 약소국 간의 관계가 이런 것이 아닌가 싶고 강한 자와 약한 자와의 관계가 그러한 특징을 지닌 것일 법하다.

공포를 매개로 한 대인관계는 필연적으로 가면[19](페르조나 · Persona)을

19) 융은 '페르조나'라는 말을 집단 정신의 한 단면이라고 보았다. 사회의 기대에 그대로 부응하는 태도는 '페르조나'의 태도이며, 진정한 자기 자신의 사명과 반드시 일치하지

필요로 하게 마련이다. 손진태 씨가 제시한 몽고의 설화에는 비교적 아이들의 태도도 뚜렷하고 적극적이며 호랑이도 그의 복수심을 분명히 표현하고 있지만 그 밖의 설화들은 거의 다 한국설화에 나오는 아이들처럼 도피적이며 이중적인 태도를 특징으로 하고 있다.

아이들은 나무 위로 피신한다. 구원의 장소로서 나무는 흔히 설화 속에 등장하는 것 중 하나이다. 이 밖에도 호랑이를 피해 나무 위에 오른다는 이야기가 있고 홍수 때 사람들을 구해 준 은행나무에 관한 전설이 있다. 지상에 위기가 닥쳤을 때 나무 위로 올라간다는 것은 나무의 두드러지게 모성적인 특징에 비추어 어머니에의 의지라 생각해도 될 것이다. 그러나 이 경우의 모성적이라는 말은 통념적인 어머니만을 가리키는 말이 아니고 초인적, 혹은 비인간적인 성격을 모두 포함한 신화적인 모성적 경향을 말한다.

이렇게 볼 때 모성상징으로서의 나무란 모든 죽음과 삶의 기능, 즉 생명의 나무, 죽음과 부활의 십자가로서의 나무의 상을 포함한다. 그리고 모성상징으로서의 나무의 여러 속성들은 우리나라의 경우에도 거의 똑같이 발견된다.

체·게·융은 「전환의 상징」(Symbole der Wandlung)이라는 저서에서 여러 가지 신화나 종교적 제의를 상세히 검토함으로써 나무의 상징을 설명하였고 서양 연금술사의 문헌을 통한 나무의 상징에 관한 그의 논문[20]도 설화에 나오는 나무의 의미를 이해하는 데 많은 참고가 된다.

그러나 나무는 남성적 속성도 갖추고 있다. 그러니 위기에 처한 아이가 나무에 의지하는 것을 반드시 어머니에의 의존이라 하지 않아도 될 것이다. 융 또한 나무의 남성적 속성을 간과하고 있는 것은 아니며 그것도 모성애의 동경의 의지로 봄으로써 나무의 일차적인 모성애를 강조하고 있

않는다.

20) C. G. Jung, *Symbole der Wandlung*, p. 730.

고 이와 같은 의미상의 교차와 혼란을 극복하기 위해 하나의 공분모 '리비도'(정신 에너지)라는 표상 속에 표현하였음을 말해 두고 싶다.

나무는 또한 엘리아데(M. Eliade)의 샤머니즘 연구에 허다하게 소개되는 세계의 축(axis mundi)으로서의 이미지를 가지고 있다. 특히 시베리아와 중앙아시아의 유목 민족들 가운데서 샤먼의 후보자는 샤먼이 되는 제의 때 특별히 골라서 세운 나무를 올라간다. 그것은 바로 천상의 세계에 오르는 과정으로 생각되고 이승과 저승 사이의 커다란 간격이 극복됨을 의미하며 이 순간 샤먼 후보자는 다른 사람과 함께 대환희의 상태에 있다.

나무는 천상에 이르는 길, 이승과 저승을 잇는 매개자, 그것이 곧 전체인 자기에 이르는 과정, 즉 자기실현의 과정(Individuation Process)을 상징한다.[21] 우리 설화의 어린이는 물론 능동적으로 하늘에 올라간 것이 아니라 쫓기다 보니 나무에 올라간다. 여기서 여러 위기를 경험해야 한다. 무의식적인, 즉 충동적인 도피만으로 위기는 극복되지 않는다.

나무 위의 아이들은 일단 난을 피하지만 밀고자와 같은 우물이 있어 그들은 호랑이에게 들키고 만다.

여기서부터 호랑이의 어리석고 융통성 없는 인식능력이 점차 뚜렷하게 드러난다. 우물에 비친 아이들을 보고 바로 뛰어들어 가려고 할 만큼 비추어진 그림자를 그대로 믿어 버리는 호랑이의 순진성은 아이들의 판단능력보다 훨씬 유치하다. 호랑이의 의식의 시야는 좁아져 있고 외계에서 들어오는 감각적 자극의 영상에 집착하는 나머지 그 영상과 그 영상의 실체와의 관련성을 생각할 겨를이 없을 만큼 사고 과정은 탄력성을 잃고 경직되어 있다.

이런 종류의 미숙한 사고를 '하나밖에 모르는 고집불통'의 사람들에게서 볼 수 있다. '미숙한 로고스'(Negative Animus)가 여인의 무의식에 있다

---

21) C. G. Jung, *Der philosophische Baum, Von den Wurzeln des Bewusstseins*, Rascher, Zürich, 1964, pp. 351-484 참조.

가 자아가 거기에 사로잡히고 말면 그 사람의 생각의 폭도 앞뒤를 가릴 수 없을 만큼 좁아지는 것이 사실이다. 호랑이는 그러한 극복되어야 할 미숙한 지적 콤플렉스이다. 그러기에 호랑이는 끝까지 아이들의 말을 액면 그대로 이해하여 급기야는 나무에 오르기 시작하며 아이들은 또 그 어린 마음 때문에 호랑이의 접근을 허용하고 만다. 진실을 말한다는 것은 때에 따라서는 반드시 성숙한 태도가 아님을 이 설화는 이야기해 주고 있다. 이렇게 보면 손진태 씨가 소개한 〈몽고의 설화〉에서는 나무 위로 도망간 아이들의 식인귀에 대한 태도는 처음부터 끝까지 계략적이다. 그리고 아이들은 스스로의 힘으로 식인귀의 목을 가죽줄에 걸어 올렸다 내렸다 함으로써 그를 죽여 버린다.

비교 대상으로 삼은 중국설화와 몽고설화(손, pp. 134-135)에서는 절망에 잠긴 아이들을 돕는 것은 바늘장수, 전갈장수, 달걀장수, 거북장수, 절구공이장수들이거나 계란, 맷돌, 가위, 바늘, 돼지머리 같은 것들이다. 이것은 물론 무의식의 여러 심상군의 상징적 표현이라 볼 수 있으나 어느 것도 우리 설화와 가까운 유형에서 볼 수 있는 구원자로서의 '하느님'과 비교될 만한 것이 없다.

「그림민담」과 디데리히판 「몽고민담」에서 구원자는 어미 양이다. 어미 양은 늑대가 삼켜 버린 새끼 양을 늑대가 잠자는 틈에, 혹은 늑대와 싸운 끝에 그 배를 갈라 새끼들을 살려 낸다.

거대한 짐승의 배 속에 삼켜졌다가 그 배를 갈라 다시 살아나는 주제는 우리나라에도 있고 다른 나라에도 널리 퍼져 있는 것으로 죽음과 부활을 특징으로 하는 성인과정(Initiation)의 상징이다. '엘리아데'는 이를 농경민족에 특유한 것으로 보고자 하였다.[22)]

그러나 어쨌든 이 과정은 땅 위에서 이루어지며 악한 늑대를 죽이는

---

22) M. Eliade, *Das Mysterium der Wiedergeburt*, Rascher Verlag, Zürich, 1961, p. 162 참조.

데 아무런 큰 희생을 겪지 않는다.

그런데 한국에서 일본으로 건너갔다고 보는 일본의 설화에서 구원을 하늘에 기대하고 구원이 하늘에서 오는 것은 무슨 까닭인가.

자기의 힘으로 어려움을 극복하지 않고 하늘에 빌기만 하려는 의존심의 소치인가, 대결과 쟁취가 아니라 회피와 은둔의 심리적 경향을 표시하는 것인가. 외국에 있을 때 나는 이와 비슷한 생각을 피력한 에세이를 읽고 공감한 적이 있는데 지금도 동감이다. '어떻게 되겠지', '설마' 하는 한국인의 마음속에 뿌리 깊이 박힌 '우연에의 신앙'은 실로 무궁한 무의식—미지에의 기대와 의존심이다.

우리는 '설마가 사람 죽이는' 사실을 수없이 되풀이 경험하면서도 항상 '설마'하는 마음을 버리지 못한다. 생의 주체는 '나'이며 책임의 주체도 '나'라는 자각이 안 되어 있기 때문이다.

그러나 나는 이것이 전적으로 한국인의 돌이킬 수 없는 성격적 결함이라고 이야기하지는 않겠다. 한국의 설화 속에도 악과의 싸움에서 용감한 대결의 주제가 나오기 때문이며 외국의 설화에 의존심리가 표현되어 있는 것이 없지 않기 때문이다.

다른 한편 우리 설화의 '하늘의 구원'의 의미는 여러 가지 다른 측면도 가지고 있다.

무시무시한 악이 입을 벌리고 다가올 때 아이들은 어디다가 빌 것인가, 악이 개선의 여지가 없는 악일 때 회피도 하나의 사는 방편이다. 싸워 죽는 것만이 성숙한 태도가 아니다. 정당한 하느님이 있을진대 하늘에 빌어볼 만한 일이다. 무궁무진한 우연에의 기대에도 좋은 면은 있다.

한국인에게 그나마의, '설마' 하는 희망이 없었던들 어떻게 그 많은 역사적인 수난 속에서 지금까지 생존해 왔을 것인가. 그렇지 않았던들 모두 자살이 아니면 타살을 당했을 것이다. 그러나 여기에는 요행심리를 넘어 종교적 자각이라는 보다 큰 의미가 있다.[23)]

우연에의 기대가 방향을 가질 때, 다시 말해서 원초적인 양심이라는—여기서는 하느님으로 불리는—대상을 가질 때 그것은 구원의 행위가 된다. 아이들—아직 채 완성되지 못한 어린 상태의 의식—은 그러한 종교적 행위를 통하여 온 누리를 비치는 '해'와 '달'이 된다. '빛'은 무의식 상태를 지양하며 진실을 깨닫게 하는 자각의 원천이다.

그것은 우리 마음속에 불타고 있는 양심의 등불과도 같은 것이다.

---

23) Eberhard는 호랑이가 죽은 뒤 그 무덤 위에 캐비지가 자라났으며 거기서 일곱 여자아이가 탄생하였다는 중국 이야기가 있다고 하였다. 그는 한국의 〈해와 달〉 이야기의 말미의 사건을 죽음과 재생의 의미가 내포된 것으로 보고자 하였다. 그것을 '달'의 소멸과 재생에 비유하였고 호랑이가 땅에 떨어져 피를 흘리고 그것이 산출성(수수)과 관계한다는 데 주의를 환기하였다. 그의 논거는 단순하나 그 생각에는 공감이 간다. Eberhard, 앞의 책. p. 93.
빛이 하늘에 빛나기 위하여 호랑이의 횡포가 있고 호랑이의 죽음은 또한 대지에도 변화를 일으킨다.

4. 한국민담에 나타난 악의 상과 대처양식

우리나라 민담에 나타난 '악'(惡)(das Böse, the evil)의 문제와 그 처리에 관해서는 이미 앞에서 단편적으로 언급한 바 있다. 여기서는 우리나라 민담에서의 '악'의 현상을 다음과 같은 물음을 가지고 전체적으로 개관하고자 한다.

1) 한국민담에서 묘사하는 '악'의 성질은 무엇인가?
2) 한국민담에서 '악'을 처리하는 데 제시된 방법은 무엇인가?

이 목적을 융(Jung)학파의 민담 해석방법을 통해서 성취하려면 세계 다른 나라의 민담에 나타난 '악'의 현상을 한국의 것과 비교해야 할 것이다. 다행히도 융의 충실한 제자이자 민담해석의 대가인 마리 루이제 폰 프란츠가 민담에서의 '악'의 현상과 그 처리에 관한 믿을 만한 저서와 논문[1]을 내놓았기에 모든 우리나라 민담의 외국 유화와의 비교를 일일이 하는 수고를 덜어도 될 듯하다.

---

1) M. L. von Franz, *Das Problem des Bösen im Märchen, Das Böse, Studien aus dem C. G. Jung Institut Zürich*, Rascher, Zürich, 1961, pp. 91-126.
______, *Shadow and Evil in Fairytales*, Spring Publication, Zürich, 1974.

'악'이란 그런데 무엇인가? 여기서는 넓은 의미로 '나쁜 것'이라는 뜻으로 해석하고자 한다. 민담의 주인공을 위협하는 모든 인격적·비인격적 상, 악마·마귀·마녀·악신·유령·귀신·사나운 짐승·거인·도둑·계모·나쁜 형제·나쁜 이웃 그리고 보이지 않는 파괴적 세력을 모두 '악'이라 통칭할 것이다.

폰 프란츠(M.-L. von Franz)는 「민담 속의 악의 문제」(das Problem des Bösen in Märchen)에서 민담은 '악'을 물리치는 데 한 가지 유형의 방법만을 제시하고 있지 않음을 지적하였다. 그것은 때로는 주인공의 순종을, 때로는 적절한 전략적 대응을, 어떤 때는 용기를, 어떤 때는 도피를, 때로는 선량함과 때로는 강경함을, 때로는 심각함을, 때로는 경솔할 것을 악과의 대응에서 권장한다.[2] 폰 프란츠(von Franz)는 말한다.

> "— 이상의 예들에서 보건대 민담의 윤리성(Ethos)에 관한 물음은—최소한 우리가 민담에서 일반적인 법칙을 끄집어 내려 한다면—우리를 언제나 미묘한 모순에 부딪치게 만든다. 모든 것이 마치 하나하나의 개별적인 관련에 따라 다른 것 같다. 혹은, 모든 민담은 도덕적으로 바로 그런 이야기(just so story)인 것 같다. 즉, 우리가 오직 그것을 전체 "존재"로서 보고 이해해야만 할 이야기인 듯하다. '악'을 다루는 행태의 어떤 체계나 법칙은 절대적인 모순이라고 설명할 수 있다."[3]

폰 프란츠의 스위스 융 연구소의 강의의 하나였던 〈민담에서의 악의 처리〉에서 그녀는 민담 속의 악의 문제가 갖는 이와 같은 모순을 다시금 강조하고 있다. 그러나 이에 관련된 법칙에 대한 한 가지 예외를 다음과 같이 제시하고 있다.

---

2) M. L. von Franz, 앞의 책, 1961, p. 98.
3) 앞의 책, p. 102.

"그러나 모순의 법칙에서 유일한 예외로 보이는 것은 민담에서 도움을 주는 동물을 해쳐서는 안 된다는 것이다. 나는 주인공이 동물에 순종하지 않아 말썽이 일어나지만 긴 경과 뒤에는 재앙을 불러일으키지 않는 경우를 간혹 발견했다. 그러니까 도움을 주는 여우나 늑대나 고양이의 충고를 일시적으로 듣지 않을 수 있다. 그러나 만약 이 동물의 충고를 근본적으로 어길 때, 도움을 주는 동물이나 새의 말을 듣지 않거나 그것이 무엇이든 한 동물이 충고를 주는데 그것을 따르지 않는다면 그는 끝장이다.

수백의 이야기 가운데서 이 한 가지 법칙만은 예외가 없는 것 같다."[4]

폰 프란츠는 또한 중국의 옛이야기 '마산귀(馬山鬼)'(Rossberggeist)를 제시하면서 유대-기독교 문화의 이야기들이 악을 다루는 방식과 중국의 경우가 다르다는 사실을 지적했다.[5]

"그 중국의 이야기란 한 농부가 늦게 시장에서 말을 타고 집으로 돌아가다가 길에서 겪은 사건이다. 그는 그 산모퉁이의 개울가에서 무시무시한 괴물을 보았다. 농부는 눈치채지 않게 길을 돌아서 오고 있는데 등 뒤에서 부르는 소리가 난다. 그것이 이웃집 사람의 아들 같아서 멈추어 섰다. 그가 왜 길을 돌아서 가느냐 해서 농부가 자기가 본 귀신이야기를 하니 그는 무섭다고 등 뒤에 태워 달라고 한다. 그가 그 괴물이 어떻게 생겼더냐고 묻지만 농부는 무서워서 말을 못 한다. 그러나 그가 한번 뒤를 돌아보겠느냐 해서 돌아다보니 그것은 이웃집 아들이 아니라 바로 그 무시무시한 괴물이었다. 농부는 실신하여 땅에 쓰러졌고 말이 홀로 마을로 돌아와 동네 사람이 놀라서 수소문 끝에 산 밑 바위 아래서 쓰러진 농부를 찾아 집으로 데려왔다. 한밤중에 정신이 돌아온 농부가 이 이야기를 들려 주었다."

---

4) M. L. von Franz, 앞의 책, 1961, pp. 119-120.
5) M. L. von Franz, 앞의 책, 1961, pp. 104-106.

이 이야기에는 주인공과 '악' 사이의 적극적인 대결이 없다. 폰 프란츠는 말한다.

"'악'은 여기서 아직은 어떤 감흥과 같은 것이다. 무서운 전율을 남기는 어떤 흥분된 참여의 대상이고 개인적으로 개체에 관계된 대상이 아니다. 동방에서나 원시인 사이에서도 악과의 대결과 싸움을 묘사한 이야기가 있으나 이런 유형의 이야기는 내가 보기로는 지중해, 유럽과 앵글로-색슨 문화나 유대-기독교, 이슬람의 유일신교가 지배하는 지역에 더 흔한 것 같다. 마치 이들 문화권 가운데서는 악에 대항하는 싸움이라는 뜻의 윤리적 문제의 개인적인 첨예화가 더 많이 일어나고 있는 것 같다."[6)]

이것은 흥미 있는 의견이고 주목할 만한 사실이다.

폰 프란츠의 이 말을 염두에 두고 우리는 이제 우리의 주제를 생각해 나가기로 하겠다.

1) 악의 성질

한국민담에서도 악을 다루는 방식에서 폰 프란츠가 지적한 것과 같은 모순을 발견하고 그녀가 말한 것과 같은 악의 특징을 볼 수 있다.

우리나라 민담에서 가장 보급되어 있고 애용된 '악'의 이야기는 호랑이와 도깨비에 관한 이야기이다. 구렁이와 여우도 악한 동물로 간주된다. 이들은 흔히 아름다운 여인으로 나타나 젊은 선비를 유혹해서 이들을 죽이려고 한다. 구렁이는 그러나 양가적 존재이다. 왜냐하면 그것은 마을의 당신으로 숭배의 대상이기도 하기 때문이다. 구렁이 대신에 지네가 마을

6) 앞의 책, pp. 106-106.

신으로 숭배의 대상이 되는 때도 있다.

불운하게 죽은 자의 넋은 우리나라 민담에서 매우 중요한 '악'의 역할을 한다. 이런 종류의 민담에 큰 관심을 가지고 있는 것이 한국무속이다.

한국민담에서도 그리스신화의 페르세우스(Perseus)형 영웅이 발견된다. 굴속이나 지하국에 있는 괴물이나 귀신이 아름다운 여인이나 원님의 딸을 훔쳐 가고 이런 사건은 영웅이 나타나서 악의 정체를 밝히고 그를 제치하는 계기를 마련한다.

(1) 절대악(das absolute Böse)

거의 모든 '악'이 제치되거나 내쫓긴다.

그러나 드물게 악에 대해 대항할 수도 그것을 피할 수도 없는 경우가 있다. 이를테면 하나의 절대악(das absolute Böse)이라고 할 만한 것이다. 우리는 먼저 이와 같은 드문 이야기부터 시작하기로 한다.

【천년 묵은 여우】

옛날에 어머니와 아들이 살았다. 아들은 나무를 하러 매일 산으로 갔는데, 그의 어머니는 밥은 많이 싸고 고추장은 조금씩만 싸 줬다. 그래서 다음부터는 고추장을 좀더 많이 싸 달라고 하니 정말로 고추장을 많이 싸 주었다. 점심때가 되어 밥을 다 먹고 보니 고추장이 많이 남아 있었다.

남은 고추장을 무엇에 쓰나 하고 사방을 두리번거리고 있는데 마침 옆에 해골이 하나 있었다.

남은 고추장을 해골에다 빨갛게 칠하고서 가려는데 갑자기 해골이 "이리 오너라"했다. 하도 이상해 그 뒤를 따라갔더니 해골은 간 곳이 없고 큰 기와집이 한 채 있었다.

그 때 별안간 비가 와 나무꾼은 할 수 없이 그 기와집 속으로 들어갔다. 그랬더니 그 속에서 백발이 성성한 노파가 나와 하는 말이 "아, 지금 오나?

오래 기다렸네. 자네가 꼭 올 줄 알았네" 했다. 그리고 부엌에 가더니 밥과 고추장을 갔다 주며 먹으라고 했다. 밥을 고추장에 비벼 먹었다.

그랬더니 노인이 옛날 얘기를 해 달라고 졸라서 처음에는 없다고 하다가 오늘 당한 이야기를 해 주었다.

그러니까 노파는 "응, 그래?" 하고는 별안간 재주를 세 번 넘더니 여우로 변해 나무꾼을 잡아먹었다.[7)]

이 민담의 뜻을 생각하기 전에 또 하나의 민담을 소개하겠다.

【청도깨비】

옛날 아주 깊은 산골에 노파가 혼자 살고 있었다.

그런데 여기서 마을로 나가려면 백리 길을 걸어가야 했다. 노파는 볼일이 있어 마을에 나가게 되었다. 한참을 가니까 배도 고프고, 목이 말라 물을 먹고 싶은데 날이 저물었다. 어디만큼 가니 멀리서 불이 깜박깜박 비치는 것이었다.

그 집을 찾아갔더니 조그만 장난감 같은 사람이 있기에 물 좀 달라고 하니 장난감 같은 사람은, "건방지게 나와 같은 선비 양반에게 말을 걸다니, 썩 물러가라"고 호령을 했다.

할 수 없이 쫓겨나 한참 가니 집이 나타났는데 불빛이 비치기만 할뿐 아주 고요해서 집안을 휘 둘러보았다. 그러니까 어디선가 찬바람이 휘 불어오더니 하얀 노파가 나타나, "어떤 늙은이가 남의 집을 함부로 들어오느냐? 빨리 안 나가면 내 아들 청도깨비에게 잡아먹히게 할 테다."

그래서 노파는 또 쫓겨나 정처없이 걸어갔다. 어디선가 쿵하는 소리가 나더니 청도깨비가 나타났다. 청도깨비가 입을 딱 벌리자 노파는 까무러쳤다. 청도깨비는 노파를 아주 맛나게 먹었더란다.[8)]

7) 임동권, 「한국의 민담」, 서문문고, 1974, 서울, pp. 110-111.
8) 앞의 책, pp. 161-162.

첫 번째 이야기에서 '악'은 마치 오랫동안 사람을 잡아먹기 위해서 기다려왔던 것 같다. 노파는 남자를 잡아먹었고 이야기는 그것으로 끝난다. 그 젊은이가 왜 노파에게 먹혀야 하는지 아무런 이유도 없다. 우리는 다만 이 세상에 저항할 수 없는 냉혈의 야만적인 귀신이 존재한다는 것을 상상할 뿐이다.

두 번째 이야기도 도깨비가 노파를 먹는 것으로 끝난다. 두 이야기 모두 악과의 싸움이 없다. 희생자는 무력하며 악에 대하여 수동적인 태도를 취한다.

첫 번째 이야기를 자세히 조사하면 한국 사람이 즐겨 먹는 고추장이 중요한 역할을 한다는 사실을 알게 된다. 고추장은 이 이야기에서 마치 죽은 것을 활성화하는 주술적 힘을 가지고 있는 듯하고 주인공의 어머니는 이미 이 사실을 알고 있었던 것 같다. 그리하여 고추장을 해골에 바름으로써 사자가 회생한 것이다. 고추장의 주 구성분은 콩, 빨간 고추와 마늘인데 이것은 모두 우리나라나 동아시아 민속에서 귀신을 물리치는 주력을 가진 것으로 간주되고 있다. 일본에는 콩을 던져 귀신을 쫓는 풍습이 있고 우리나라에서 마늘은 단군신화에서부터 주력을 가진 것으로 묘사되고 있다.[9] 적색(赤色)은 원시종족이나 고대인으로부터 불, 피, 태양으로 비유되어 왔고 활기를 불러일으키는 색, 능동적 남성원리, 창조적 활동성, 악귀를 물리치는 힘으로 간주되었다. 물론 모든 색이 그러하듯 양면성을 가지고 있어 질병이나 마귀 그 자체의 색으로도 간주되는데 민족이나 문화권마다 그 색에 대한 선호도가 조금씩 다르지만 중국이나 우리나라에서도 적색에 대하여 상당히 긍정적인 의미가 강조되고 있는 것 같다.[10] 중

9) 柳田國男, 「民俗學辭典」, 1967, p. 341.

10) Cooper, J. C, *An Illustrated Encyclopaedia of Traditional Symbols*, Thames and Hudson, London, 1978, pp. 40-41.
Zahan, O, *White, Red and Black, Color Symbolism in Black Africa, (in) Color Symbolism*, Spring Publication, Zürich, 1977, pp. 55-80.

국에서 적색은 고대부터 재생의 색이고 남방, 불, 주작에 대응하는 색이며 우리나라에서도 주로 벽사의 색으로 중요시되고 있다.[11)]

심리학적으로 적색은 강력한 정감(affect), 열정으로 우리를 따뜻하게도 뜨겁게도 만드는 어떤 심적 내용이며 사물을 활성화(animate)하는 심적 에너지다. 이렇게 볼 때 이 이야기의 주인공은 너무 많은 활력과 정감을 어머니로부터 요구하고 있다. 그는 그가 어머니로부터 받은 정감을 경솔하게 해골에 바르고 마침내 비극적인 재앙을 부른다.

일본에는 발이 아픈 것이 나으면 지장보살의 석상에 그 아팠던 부분에 된장을 발라 주는 풍습이 있었다 한다.[12)]

그것은 치유의 신비에 대한 보답의 행위였다. 그러나 우리의 민담에서는 고추장을 바르는 행위가 아무런 뜻없이 무성의하게, 경솔하게 이루어지고 결국 재앙을 불러일으키고 있다.

이제 노파로 둔갑한 여우노파를 살펴보기로 한다. 그녀는 처음에 마치 그 청년의 친어머니가 하듯 밥과 고추장을 제공한다.

청년의 어머니와 숲 속의 어머니와는 어떤 연계가 있는 듯이 보인다.

한국민담에서 숲 속의 마귀는 보통 그가 잡아먹고자 하는 방문객에게 풍성한 식사를 대접한다.

그리고 이런 귀신들은 주인공을 어둠 속의 빛과 고래등 같은 기와집으로 유인한다. 풍성한 음식, 어둠 속의 빛, 그리고 큰 대궐 같은 기와집으로 귀신들은 그의 본래의 수성(獸性)을 은폐하고 주인공은 곧 이 현란한 혹은 따뜻한 함정에 빠진다. 마치 이와 같은 한국민담이 다음과 같이 경고하고 있는 것처럼.—"물질적인 부와 경박한 미에 눈멀지 마라. 어둠 속의 빛에 오도되지 마라. 절망의 시대에 나타난 구원자—그것은 환상이요

Hans Bächtold — Stäbli, *Handwörterbuch des deutschen Aberglaubens* Bd., Ⅶ, Berlin, Walter de Gruyter & Co., 1935/1936, pp. 791-834.

11) 한국문화상징사전 편찬위원회, 「한국문화상징사전」, 동아출판사, 1992, pp. 385-388.

12) 朝倉治彦 등, 「神話傳說辭典」, 東京堂出版, 東京, 1967, pp. 417-418 〈味噌地藏〉.

위험한 함정일 수 있다"고—결국 현란한 환상 뒤에 숨은 지하계적(chthonic) 충동의 제물이 될 것이라는 이런 경고는 물질적 번영을 열심히 추구하고 맹목적으로 서구의 물질문명을 흉내 내는 현대 한국인에게 유효하고 적절한 경고이다.

첫 번째 이야기 〈천년 묵은 여우〉는 분석심리학적 견지에서 부정적 모성 콤플렉스의 위험성[13]을 우리에게 말해 주고 있는 것 같다. 젊은이의 개인적인 어머니에의 애착은 그 이야기 첫머리에서 짐작할 수 있다. 그러나 어머니는 고추장을 조금씩만 제공하였다. 과도한 고추장, 즉 고추장의 주력, 바꾸어 말해 어머니의 과도한 사랑의 위험성을 알고 있었던 것처럼.

그러나 젊은이는 더 달라고 조른다. 지나친 모정은 결국 불필요한 애정의 낭비를 초래하고 마침내 그의 무의식에 깊이 숨어 있는 부정적 모성 본능을 자극하기에 이른다. 그것은 그의 마음속에서 마치 이 이야기의 해골처럼 버려진 채 있으면서 오래도록 의식계에 떠오르기를 기다리고 있었던 것이다.

그 해골로 대변되는 여우노파의 상은 어머니에 대한 개인적인 감정측면이 아니라 모성성의 역사적 측면이다.[14] 그 기원은 이 이야기에 나오는 백발의 여인과 여우상에서 보듯 동물적인 모성적 본성에까지 거슬러 올라간다. 이것은 분석심리학에서 모성원형이라 부르는 것에 해당되나 그 부정적인 측면이 두드러지게 나타나고 있다.[15]

우리가 이 이야기의 젊은이를 전체 정신 가운데의 일부를 차지하는 자아(Ich, ego)라고 본다면 이 이야기는 과장된 정감의 경솔한 남용, 해골 즉,

13) 이부영(1987), 'Jung의 모성상과 모성콤플렉스론', 〈심성연구〉, 2(2), pp. 73-88.

14) C. G. Jung, *Über die Psychologie des Unberwussten*, Rascher, Paperback, Zürich, 1964, p. 87.

15) 천년 묵은 노파의 상은 태모(Grosse Mutter)원형의 부정적 측면을 대변하는 듯하다. *Hedwig von Beit*(M.-L. von Franz) *Symbolik des Märchens*, Francke Verlag, Bern, 1952, pp. 124-173; E. Neumann, *Ursprungsgeschichte des Bewusstseins*, Kindler Taschenbücher, Kindler Verlag, München(1949), pp. 43-90.

사자, 한마디로 무의식의 내용에 대한 경솔한 취급이 얼마나 비극적인 결과를 빚는가를 보여 주고 있는 것이다. 해골에 대한 경외는 우리나라의 전통적인 관습임을 감안할 때 해골을 함부로 다루면 큰일난다는 교훈도 말해 주고 있다. 원형에 대한 잘못된 태도는 결국 그런 태도를 가진 사람에게 해롭다는 말을 융이 한 일이 있는데 이 경우에 어울리는 말이 될 것이다.[16] 노파는 여우로 변했고 그 젊은이를 먹어 치웠다. 이것은 자아가 원형적인 부정적 모성본능에 의해 전적으로 휩쓸리고 사로잡혔음을 말한다. 이러한 상태는 정신병적 상태와도 비길 수 있다. 정신병(psychosis)[17]이란 심리학적으로 설명하자면 자아의식의 기능이 무의식의 신화적 요소의 힘에 의하여 완전히 지배받고 그 기능이 마비되거나 지리멸렬된 상태라고 할 수 있기 때문이다.

왜 사람들이 광기에 사로잡히는가? 많은 연구를 통하여 그 병리가 밝혀졌고 치료법도 개발되었다. 그러나 어떤 사람이 갑자기 광기에 사로잡힐 때 처음에 사람들은 그가 왜 그렇게 되었는지 모른다. 사람들은 이 설명할 수 없는 사건에 크게 충격 받고 어쩔 줄을 모른다. 우리의 이야기에서 전개된 사건이 그런 정황을 나타내고 있다.

그러나 자세히 들여다보면 광기에 휩쓸리기 전부터 무의식 속에 오랫동안 자극되어 발현되기를 기다려 온 강력한 콤플렉스가 존재하고 있었음을 볼 수 있다.

잠재성 정신병(Latent psychosis)을 치료하려면 그들의 환상이나 꿈을 자극하여 이들의 무의식적 충동에 불을 지르는 일이 없도록 조심할 필요가

---

16) 이부영, 「분석심리학」, p. 90.
C. G. Jung · K. Kerényi, *Einführung in das Wesen der Mythologie*, Rhein Verlag, Zürich, 1951, p. 119.

17) 정신의학의 고전적인 분류로서 자아의식의 기능이 상당히 보존되어 있는 이른바 신경증(neurosis)적 상태와 구분하여 자아기능이 심각하게 손상된 상태를 정신병(psychosis)적 상태라 부른다.

있다고들 한다. 왜냐하면 깨지기 쉬운 자아가 무의식의 원형적 요소의 강력한 힘(에너지)을 감당할 수 없기 때문이다. 무의식의 의식화는 개성화과정(Individuation Process)의 필수적인 작업이다. 그러나 사람에 따라서는 때때로 무의식의 그림자를 건드리지 않는 것이 좋은 경우가 있다.

이렇게 볼 때 우리의 민담 〈천년 묵은 여우〉 속의 노파가 젊은이로부터 옛날이야기를 듣고 싶어하고 그가 방금 일어난 사건을 이야기하자 그를 잡아먹었다는 사실에 주목할 필요가 있다.

아라비아의 야화(Arabian night)에서는 주인공이 옛날이야기를 계속하는 동안만은 목숨을 부지할 수 있다. 왜냐하면 이야기는 아직 끝나지 않았기 때문이다. 그러나 우리의 주인공은 실화를 이야기하자 죽임을 당한다. 지나간 진실을 말하는 것은 무의식의 내용을 의식화하고 자기의 경험을 성찰하는 과정에 속한다. 우리의 이야기는 바로 이것이 위험할 수 있다는 사실을 암시한다. 이와 비슷한 경고를 우리는 그림민담 〈투르데 부인〉(Frau Trude)[18]에서도 볼 수 있다.

투르데 부인은 태모신이며 숲의 마녀이다. 한 소녀가 이 마녀의 집에 들어가 그곳에서 까만색, 초록색 그리고 붉은색의 남자를 보고 그 마녀에게 이들이 누구냐고 묻는다. 마녀는 그것이 탄부, 사냥꾼 그리고 백정이라고 대답한다. 소녀는 마녀에게 네 번째 질문을 한다. "투르데 부인, 글쎄 소름이 끼치지 뭡니까. 창을 통해서 당신들은 보지 못했지만 불길에 휩싸인 머리를 한 마귀를 본 것 같은데요." 투르데 부인이 끄덕이더니 "응, 그래? 그럼 넌 정말 마녀의 참 모습을 본 게야." 하고는 소녀를 장작으로 만들어 불에 던져 버렸다. 그것이 불붙어 타오르자 투르데 부인이 그 옆에 앉아 몸을 녹이며 말했다. "그것 참 밝아서 좋구나!"

폰 프란츠가 이에 대해 말했다.

---

18) "Frau Turde", Brüder Grimm(1961), *Kinder und Hausmärchen*, 1 Bd., Manesse Verlag, Zürich, 1961, pp. 298-299, von Franz(1961), 앞의 책, p. 99.

> "어둠의 권력은 물론 인간의 빛을 그리워한다—그러나 이 얼마나 비극적인 형태인가!
>
> 그것이 바로 정신병으로 붕괴되는 사람의 숙명이다. 정신병자의 자아약화는 무엇보다도 특히 경망스러움, 호기심, 냉담심으로 표현되거니와 이를 통해서 환자는 무의식의 원형적 세력에 휩쓸리고 만다. 그는 그것을 의식하지 못한다. 그러나 파괴적인 세력은 그가 가지고 있던 생동성을 희생하고자 접근하고 있다. 이와 같은 원형적 파괴적 내용에 대한 공포는 그러므로 비겁이 아니라 성숙의 증거이다"[19]

'악'의 정체를 확실히 파악하고 '그 이름을 밝히는 것'은 민담에서 악을 물리치는 방식의 하나이다. 그리고 이것은 분석심리학적으로 무의식의 콤플렉스를 의식화하는 과정임에 틀림없다. 악귀의 이름을 대자 악귀가 화가 나서 자기 몸을 스스로 찢어 버렸다는 독일민담, 〈Rumpelstilzchen 작은 요괴〉에 관해서 폰 프란츠가 언급한 것이 바로 그 한 예이다.[20] 그러나 〈투르데 부인〉뿐 아니라 러시아민담 〈아름다운 와실리싸〉에서도 마녀에게 물어서는 안 되는 네 번째 질문이 있다.[21]

> '와실리싸'는 계모에게 쫓겨 숲 속의 마녀 바바 야가(Babá Yagiá)에게 가서 좁쌀알을 고르는 일을 한다. 일이 끝날 때마다 세 쌍의 손이 나타나 골라 놓은 낟알을 치워 버린다. 마녀는 소녀에게 네 가지 질문을 하라고 하고 소녀는 자기가 본 것에 관해 묻고 대답을 얻으나 세 쌍의 손에 관해서는 묻지 않는다. 마녀가 왜 그걸 묻지 않느냐고 하나 소녀는 묻지 않는다. 마녀가 중얼거린다. "네가 밖에서 본 것은 묻고 안에서 본 것을 묻지 않은 건 잘한 일이야. 난 오물을 집밖으로 가지고 나가는 것을 안 좋아해."

19) M. L. von Franz, 앞의 책, 1961, p. 101.
20) M. L. von Franz(1961), 〈*Rumpelstilzchen*〉 *Deutsche Märchen seit Grimm* Bd., 1. S. 404. p. 98에서 인용
21) 앞의 책, p. 99.

폰 프란츠는 이에 대해서 다음과 같이 말하고 있다.

> "그 손은 죽음의 여신과 관계가 있을 것이다. 혹은 그것은 자연의 불투명하고, 냉혹한 잔인성과도 관계될 수 있다. 그 곳에 그 여신은 사람들 앞에서 숨기고 있는 어두운 비밀을 가지고 있다. 다시 말해서 사람들은 자연의 특히 어두운 그림자를 차라리 너무 지나치게 해명하려 하지 말아야 한다는 것이다. 외경으로 전율을 안은 채 머리를 감싸고 그 곁을 지나쳐야 할 것이다. 마치 고대그리스에서 사람들이 지하계의 신들 앞에서 행한 것처럼 악의 신적인 수령에 쳐들어가려는 것은 무모한 짓이다."22)

만약 어떤 정신병질자(Psychopath)가 정상을 가장하고 있으나 스스로 그의 무의식의 극도로 파괴적인, 해결되지 않은 콤플렉스를 가지고 있음을 모르고 있을 때 있는 그대로 받아 주는 것이 좋은 경우가 있다.

그에게 그의 병리를 알려 주는 것은 그의 정신상태를 악화시키고 그에게 그의 진실을 말한 사람에게도 해로울 수 있다. 왜냐하면 그의 숨은 공격적 충동이 의식세계로 갑자기 터져 나올 가능성이 있기 때문이다.

진실이란 물론 누구에게나 아픈 법이다. 그리고 진실을 보지 않으려는 마음은 결국 자아의 희생이라는 진실 앞에서 눈을 감는 방법으로, 희생이라는 아픔을 통해 도달해야 할 자각의 과정을 피한다. 이렇게 보면 무의식의 악은 비단 정신병질자나 정신병환자의 전유물이 아니다. 모든 사람의 마음속에—'정신병자'라는 정신의학적 용어를 사용한다면—약간씩 '정신병질적 요소'(인격장애에 속함) 혹은 정신병적 요소가 있기 마련이기 때문이다. 그것은 심리학적으로 파괴적 충동, 왜곡된 콤플렉스, 때로는 원형의 부정적 측면이라 부르는 것들이다.

두 번째 이야기 〈청도깨비〉의 '악' 역시 인간심성 속에 잠재하는 파괴

---

22) 앞의 책, p. 100.

적, 고태적 요소처럼 보인다. 가엾은 죄없는 노파는 단지 그녀가 물을 좀 구걸했다 해서 죽임을 당한다. 여기서는 정신의 그런 파괴적 측면을 피하고 어떤 도움을 바라지 말고 신체적 고통을 참는 도리밖에 없는 것 같다.

도깨비는 한국의 귀신 중 매우 특이한 한국적 귀물로서 대개 이 설화에 나오는 것처럼 절대적 악이 아니다. 그것은 독일 민간설화에 나오는 요괴들(Kobold, Poltergeist), 난쟁이(Zwerg) 등과 유사하다.[23] 사람들이 도깨비에게 순종하지 않거나 너무 이기적인 욕심을 부려서 도깨비를 화내게 하지 않는 한, 또 그랬다 하더라도 그는 치명적으로 해롭지는 않다. 그러므로 두 번째 이야기인 '청도깨비'에서 도깨비가 노파를 잡아먹는 이야기는 오히려 도깨비설화의 예외에 속한다.

그러나 여우, 구렁이 등 사람을 잡아먹으려는 동물들은 많다. 다만 이들은 대개 마지막 순간에 실패한다.

흥미 있는 것은 어떤 이야기에서나 동물의 식인 충동에는 어떤 목적이 있다는 사실이다. 이유 없이 사람을 잡아먹는 것은 아니라는 것이다. 예를 들면 산속에서 나그네를 유혹한 여인(실상은 구렁이)이 자기의 본색이 탄로날 듯하자 이렇게 말한다.

> "나는 본래 이 굴 속에 사는 구렁인데 지금까지 아흔아홉 명을 잡아먹었다. 너 하나만 잡아먹으면 난 하늘로 올라가니 순순히 네 몸을 바쳐라."[24]

그러니까 한국민담의 '악'은 피에 굶주린 흡혈귀(Vampire)와는 조금 다르다고 볼 수 있다.

---

23) 이부영, 〈도깨비〉, 「한국민속대관」 권 3, 고대민족문화연구소, pp. 462-463, 참조. H. Bächtold-Stäubli, *Handwörterbuch des deutschen Aberglaubens* Bd., V. Walter de Gruyter, Berlin, 1932/1933, pp. 27-47.

24) 임동권, 「한국의 민담」, 앞의 책, 75번 민담, 〈사람 잡아먹는 구렁이〉, 1974, pp. 152-154.

심리학적으로 악귀가 사람을 잡아먹는 행위란 '악', 즉 무의식의 어두운 그림자가 의식을 동화하는 과정이다.

악귀가 사람을 충분히 잡아먹으면 용이 된다는 말은 동물적 본능이 인간적 성격 요소를 취하면 취할수록 고도의 정신적 존재로 변한다는 가정을 말한다. 그러나 한국민담은 이런 방식의 무의식에 의한 의식의 동화가 잘못이라는 점을 제시하고 있다. 집단적 무의식은 의식을 동화하는 힘을 가지고 있다. 자아는 집단적 무의식의 원형의 영향에 의해 오염될 수 있다. 진정한 자기실현은 이 오염상태를 지양하는 데 있다. 이러한 무의식에 의한 의식의 동화는 대개 자아가 무의식을 돌보지 않고 있을 때 일어난다. 자아의식이 외적인 세계와의 관계에 일방적으로 집착할 때 무의식과의 단절이 일어나고 무의식은 보상기능을 발휘하여 자아의식에 은연중에 영향을 주어 의식의 내용에 침범해 들어가 결국 의식의 변질을 일으키게 된다.[25] 이것은 올바른 자기실현의 과정이 아니고 자아의 맹목성을 조장하는 무의식화 과정이다. 인간심성 속의 원형적 층은 자아의 의식된 태도로서 관조되어야 할 층이다.

폰 프란츠가 지적한 것처럼 '악'은 인간의 빛을 그리워한다. 그것은 곧 이승의 삶이며 '의식성'이라 할 수 있다.

우리나라 민담에서도 같은 이야기가 적용될 수 있다.

지하국대적설화[26]에 나오는 지하계의 도둑귀신은 원님의 딸, 혹은 주인공의 젊은 아내 등 지상의 여인을 훔쳐간다. 동굴 속의 금돼지 또한 여인을 앗아간다. 지네나 구렁이는 아예 굴속에 도사리고 해마다 처녀의 제물을 요구하고 있다.[27]

---

25) 이부영, 「분석심리학」, 1993, pp. 81, 93.

26) 손진태, 「한국민족설화의 연구」, 1954, pp. 106-132.
진성기, 「한국의 전설」, 제주민족문화연구소, 1967, pp. 115-122, 〈왕고냉이〉 그 밖에도 무수히 많다.

27) 최상수, 「한국민간전설집」, 282 〈금돼지와 원〉, 149 〈최지원 선생〉, 61 〈지네장터〉,

그것은 마치 무의식의 원형적 그림자가 끊임없이 의식계로부터 무엇을 얻어 가지고자 하려는 것과도 같은 현상이다. 그것은 분명 의식화되어 전체정신에 포괄되고자 하는 무의식의 창조적 충동에서 나온 현상이다. 다만 그림자의 출현이 너무 급격하다 보니 '처녀의 납치'와 같은 폭력적 형태로 나타나게 되어 지상 세계의 질서를 교란시키고 문제의 긴급한 해결을 필요로 하게 된 것이다.

심리학적으로 설명하자면 무의식의 그림자가 갑자기 무의식과 의식의 경계를 들고 나와 의식의 일부를 사로잡음으로써 그것을 무의식에 억압해 버린 상태라 할 것이다. 자아의식에 공급되는 에너지의 손실과 함께 상대적으로 무의식의 에너지의 증가와 정체를 일으키면 그 사람은 우울 상태나 멍한 상태로 주변의 사물이나 자기 자신의 존재조차도 잘 생각할 수 없는 이인증(depersonalization)상태에 빠지게 된다. 정신과 환자의 정신치료란 지하국대적제치설화에 나오는 영웅처럼 괴물에 빼앗긴 여인 즉, 무의식 속에 억압된 그 사람의 아니마(Anima)를 찾아 그것을 동화시켜 버린 무의식의 원형적 그림자로부터 구별시키는 데 있다.

의식적 내용의 무의식화는 동굴 속의 괴물에게 바치는 연례행사로서의 처녀공의처럼 관습화되는 형태로 이루어지는 경우가 있다. 제주도 금릉사굴전설이나 지네장터설화가 그것을 제시하고 있다. 이런 이야기는 지하국대적제치설화처럼 급격한 위기상황을 조성하지는 않는다. 악은 마치 장기간의 독재정치 아래 있는 국민처럼 관습처럼 자행되고 있으나 국민은 체념과 무기력으로 불편한 줄 알면서도 저항할 수 없는 상태에 있다. 개인심리로는 만성우울증이나 심지어 급성증상이 타 버리고 잔유증상이 남은 만성정신병 상태에 비유될 수 있다. 정기적인 처녀희생 제의는 가히 쓸데없는 생각인 줄 알면서 하지 않을 수 없는 병적인 강박적 행위와도 같다.

113 〈금릉사굴의 구렁이〉, 223 〈계림사의 흰닭〉 참조.

민담에서 보는 이와 같은 위기상황이나 지상계의 질서 교란은 개인심리학적으로만 이해될 것이 아니라 집단심리를 반영하고 있다고도 할 수 있다. 우리나라 사회에 대대로 내려오는 폐습으로 인한 한 시대의 사회집단 모두가 겪는 집단 정신병 또는 집단 노이로제,—우리가 앓고 있는지조차 모르고 지내는 집단 우울증을 민담은 우리에게 알려 주고 있다.

그리고 우리의 민담은 우리가 그 고통을 고통으로 알고 그 의미를 생각하는 순간부터 개인적으로는 인격의 재생, 집단적으로는 사회의식과 시대의식의 개혁의 기회가 온다는 사실, 그리하여 각자의 마음의 무의식적 측면에 대하여 통찰할 수 있게 됨을 암시하고 있는 것이다. 그리하여 그 통찰의 성과는 마치 괴물과의 대응 끝에 얻는 값진 보배나 괴물에 붙잡혀 있던 여인을 해방하는 것과 같은 귀중한 인식이다. 그러므로 그런 의미의 악귀는 인격성숙에 필요한 조건이기도 하다. 다만 우리의 민담은 그러한 성숙이 성취되기까지 얼마나 많은 고통과 시련이 선행되어야 했었는가를 우리에게 가르쳐 주고 있다.

(2) 악한 것처럼 보이는 '악'

어떤 '악'은 전혀 악이 아니다. 단지 악한 것처럼 보일 뿐이다. 그래서 사람들을 놀라게 한다.

밀양 남강가의 언덕 위에 아랑각이라는 자그마한 각이 있다. 그곳에는 아랑이라는 예쁜 여인의 상이 모셔져 있고 이 책의 원령전설에서 소개하는 아랑에 관한 전설이 있다. 앞으로 이 책에시 자주 언급할 아랑은 어느 고을 원님의 딸인데 자기를 남몰래 사모하는 머슴에 의해 겁탈되려다가 반항을 하자 칼에 찔려 죽임을 당했고 암매장되었다. 그 뒤부터 원님집에 귀신이 나온다는 소문과 함께 새로 부임하는 원님마다 하룻밤 새 시체가 되어 실려 나가는 해괴한 일이 벌어진다. 그런데 어느 날 원님을 자청하여 나타난 젊은이는 그 집의 구석구석을 촛불로 밝히고 자기는 그 한가운데 앉아 책을 보며 깨어 있었다.

옷이 갈가리 찢어지고 피투성이로 머리를 풀어헤친 한 처녀가 나타나 공손히 절하며 말한다. "제가 원하는 바가 있어 말씀드리고자 가까이 하면 어찌된 일인지 부사가 혼돈하여 죽고 죽고 하여 말씀을 드리지 못하였습니다."28)

이와 같이 무의식에 억압된 심적요소가 의식세계에 그 모습을 드러낼 때는 처음에는 충격적인 모습으로 나타날 수 있다.

왜냐하면 무의식에 억압된 요소는 오랫동안 의식과 관계를 단절한 채 방치해 둠으로써 미분화된 상태에 머물러 있게 되기 때문이다. 분석심리학의 '그림자'란 바로 그런 미숙하고 미분화된 자아의 무의식면에 있는 열등한 콤플렉스이다. 그리고 그러한 열등한 콤플렉스를 분화시키려면 그것을 계속 억압하지 말고 살려 내서 의식계에 수용하는 의식화 작업을 수행해야 한다. 사람들은 그것을 주저한다. 자기 안에 그런 열등한 것이 있다는 것을 아는 데서 그치고자 한다. 그러나 아는 것만으로는 진정한 깨달음, 즉 의식화(Bewusstwerdung)에 이를 수 없다. 의식화란 그림자의 인지에 그치는 것이 아니고 그림자의 동화로서 그림자의 분화를 성취하는 것이다. 그러자면 '그림자상'의 못난 모습을 우선은 그대로 받아들일 줄 아는 용기가 필요하다. 이 작업은 자아의식이 의식된 태도를 갖춤으로써 가능하다. 자기 안의 그림자를 직면할 의식의 충분한 준비 없이 무의식에 임할 때 자아는 자기도 모르게 무의식의 콤플렉스에 지배되어 자아기능의 마비를 초래한다. 그러므로 아랑각전설의 젊은 원님처럼 '촛불을 밝히고 깨어 있는 태도'란 무의식의 콤플렉스를 해소시키는 데 매우 중요한 태도이다. 왜냐하면 열등한 콤플렉스는 처음에는 못났거나 무섭거나 추한 형

---

28) 최상수, 앞의 책, pp. 187-189, 〈아랑각〉.

상을 그대로 가진 채 나타날 수밖에 없기 때문이다.

한국민담 속의 사자(死者)는 대체로 상대적 악으로 표현되고 있다. 물론 예외는 있다. 사자의 슬픔이나 한의 원인이 밝혀지고 그것이 적절하게 처리되면 전염병이라든가 그 밖의 재앙은 사라지게 마련이다. 고려, 조선왕조에서는 실제로 여제(厲祭)라 불리는 위령제가 왕의 주도로 실시되었다. 민간에서 원귀를 위로하는 역할은 무당에 의해서 실시되었다.[29)]

한국 사람들의 사자의 한에 대한 커다란 관심으로 미루어 한의 감정이 한국인 심성의 중요한 특성이라고 생각되어 온 것은 주목할 일이다. 그러나 한국민담에 나타난 사자의 현상학에 관한 한 그것은 반드시 그렇지 않다. 우리는 사자의 긍정적 의미를 삼국시대 이야기 속에서 풍부하게 볼 수 있다. 반면에 조선조의 이야기 속에서는 사자가 음산하게 묘사되고 있다. 저자는 다른 곳에서 사람들이 원령의 한에 대해 갖는 믿음은 그 시대 사람들의 삶에 대한 태도에 따라 다른 것 같다고 한 일이 있다. 우리가 자기 자신의 삶을 진실로 산다면 죽은 뒤에 한을 품을 까닭이 없다. 그러나 우리가 집단적 규범에 의지하고 체면을 지키는 나머지 자신의 삶을 충분히 살지 못한다면 충분히 살지 못한 삶은 원령의 한이라는 개념에 투사된다는 것이다.

많은 못된 동물들 가운데서 호랑이는 진실로 한국민담에서 매우 넓은 스펙트럼을 지니고 있다. 호랑이는 어린이의 옛날이야기에서는 우스꽝스럽고 어리석고 비겁한 성격에 고지식하고 매우 낮은 지능을 가지고 있어 작은 토끼조차 그를 함정에 빠뜨려 골탕먹일 수 있는 존재로 묘사되는 경우가 흔하다. 그러나 전설에서는 보은하며 신이(神異)를 일으키는 짐승이다.[30)] 산신(山神)의 사자(使者) 혹은 산신 그 자체로서 어떤 신성력(누미노제)

29) 이부영, '한국 민간의 정신병관과 그 치료(1)', 〈신경정신의학〉 9(1), 1969, pp. 35-45, ______, '한국 민간의 정신병치료에 관한 연구', 〈최신의학 5(2)〉, 1972, pp. 191-213 참조.

30) 장덕순, 「한국설화문학연구」, 서울대출판부, 1970, pp. 104-106.

을 지닌 인도자(psychopompos)의 역할을 하는 존재이기도 하다. 물론 어느 경우나 예외는 있다. 단군신화에서 호랑이는 참을성이 없어 결국 100일간의 금기를 지키지 못하여 사람으로 화할 수 없었다. 호랑이 이야기를 읽으면 그 성질이 한국의 역대 탐관오리의 거드름과 허세, 약한 자에 대한 협박 공갈과 군림을 연상케 한다.

분석심리학적으로 한국민담에서 보는 호랑이는 그 여러 속성으로 미루어 부정적 아니무스(negative Animus)라 할 수 있다. 그것은 미분화 상태의 남성원리로서 고집스러움, 공격성 그리고 분화되지 못한 부정적 판단과 사고의 특징을 가지고 있다. 이런 특징은 여성의 무의식의 남성적 내적 인격이 분화되지 못한 상태에 있을 때 볼 수 있다. 여성이 이러한 부정적 아니무스에 사로잡히면 집요하게 따지고 폭발적인 공격, 상대방의 의도나 행위에 아무런 가치도 인정하지 않으려는 불과사고(不過思考)(nothing but thinking)에 사로잡힌다.[31)]

이 점에서 '도깨비'는 호랑이와 많이 다르다. 도깨비도 물론 부정적 사고, 완고함, 낮은 지능, 고지식함을 특성으로 가지고 있으나 이것은 자연귀로서 어떤 고도로 창조적인 힘을 그 안에 간직하고 있어 요술방망이로 무엇이든 원하는 것은 마음대로 산출하는 놀이를 즐긴다. 그러므로 도깨비는 무의식의 자율적인 정신적 기능(geistige Funktion)을 대변한다고 할 수 있다.

물론 전설 속에서 효자를 선친의 묘지로 등에 태워 보낸다든가 보배를 갖도록 한다든가 큰 벼슬을 하게 해 주는 등 신령스러운 인도자의 역할을 하는 호랑이는 부정적 측면을 갖고 있지 않은 아니마, 아니무스상으로서 무의식의 깊은 중심, 즉 자기(Selbst)로 인도하는 내적 인격상을 묘사하고 있다.

---

31) 이부영, 「분석심리학」, 1991, pp. 71-83.

(3) '악'의 표층과 내재하는 보배

악귀의 사고방식의 특성은 주목할 만하다. 흔히 악귀는 소견이 좁다. 주의력이 경직되어 있어 여러 가지로 융통성 있게 생각해 나갈 수 없고 좁은 관심분야에서 아주 꼼꼼하게 세부에 집착하는 경향이 있다. 어떤 면에서 이들은 탁월한 기억력을 가지고 있다(예: 이 책에 소개된 〈가짜와 진짜〉). 그러나 이들은 추상능력과 이해력이 없다. 그런 어리석음과 단순함 때문에 어린이의 이야기에 나오는 호랑이는 토끼의 꾀에 넘어간다.

도깨비 역시 단순한 사고의 소유자다. 게다가 그는 인간이 말하는 것의 반대로만 행동한다. 그래서 이런 심리를 이용해서 거꾸로 이득을 취하도록 유도했다는 이야기도 있다. 즉, 도깨비가 심술을 부려 논밭에 돌을 실어다 놓았으면 주인이 논밭에 나가 "올해는 돌도 많고 물도 없으니 농사가 잘되겠다." 말하면 이튿날 논에 물이 가득하고 돌은 하나도 남김없이 치워 버린다는 이야기라든가 "쇠똥은 거름은 안 되고 더럽기만 하다"고 하면 이튿날 쇠똥, 개똥이 논에 가득해서 풍작을 거두었다는 이야기 같은 예가 그것이다.[32)]

그러나 다른 나라의 민담에서도 볼 수 있듯이 악귀는 때로는 목숨을 살릴 수 있는 영약의 지식을 가지고 있고 또한 자기 자신의 약점을 알고 있어 그것을 주인공에게 우연처럼 누설한다. 그래서 그것을 들은 주인공이 그 귀신을 죽일 수 있도록 한다.

〈삼형제와 유물〉[33)]에서 삼형제가 아버지의 유물을 나누어 갖고 헤어진 뒤 맏형이 길을 가다가 날이 저물어 무덤가에서 자기로 한다. 이쪽저쪽 묘에서 제삿날인데 먹으러 가자느니, 나는 손님이 와서 못 간다느니 말을 한다. 얼마 뒤에 또 다른 저쪽 묘에서는 "구렁이가 제상에 있기에

32) 임동권, 〈도깨비고〉, 「한국민속학논고」, 집문당, 서울, 1971, pp. 114-122.
33) 임동권, 「한국의 민담」, pp. 179-181.

화가 나서 딸년을 죽여 놓고 왔네. 아무 데에 특효약이 있는데 그것들이 알아야지." 하는 소리를 들었다. 그래서 날이 새자 만형이 그곳에 가 보니 정말 약이 있었다. 그것을 바가지에 넣고 아랫 동네에 가보니 과연 초상집이 있었다. 약을 먹이고 그 딸을 살려 내자 그 집에서는 좋아서 사위를 삼아 주어 잘살게 되었다.

악귀가 사는 곳에 언제나 보배가 있다는 사실은 민담에서 잘 알려진 주제이다.

한국민담에 천년 묵은 여우는 입속에 여의주를 품고 있다는 이야기가 있다. 여우는 아름다운 여인으로 둔갑하여 젊은이에게 접근하고 젊은이는 유혹에 못 이겨 그녀를 따라가니 산속에 고래등 같은 기와집에서 산해진미를 대접받고 사랑을 나누게 된다. 그러다가 청년은 문득 이 여인이 여우가 아닌가 의심하고 여의주를 빼앗을 목적으로 입맞춤을 요구하여 결국 그녀의 입속에 있던 여의주를 빼앗아 버린다. 여의주를 삼키며 하늘과 땅을 모두 보아야 천지의 도리에 통하고 신통력을 갖게 되는 것인데 그만 엉겁결에 땅을 보아 땅의 이치에만 밝은 능력을 받았다.[34]

이와 비슷한 다른 이야기 〈여우구슬〉[35]에서는 여우가 예쁜 처녀로 둔갑해서 서당에서 공부하고 오는 아이를 숲 속의 커다란 기와집으로 유혹하고 무슨 구슬을 제 입에서 내서 이 아이의 입으로 밀어넣었다 꺼냈다 하는 놀이를 계속하고 아이는 눈에 띄게 쇠약해진다. 그것을 본 선생님이 이야기를 듣고는 그 구슬을 삼켜 버릴 것을 권한다. 아이가 그렇게 하자 처녀는 "아흔아홉 잡아먹고 백을 채우게 됐는데 그걸 못 잡아먹고 말다니 나는 아깝게 죽고 마는구나!" 하며 슬픈 소리를 지르며 풀에 고꾸라졌는데 그것이 구미호였다.

여우의 구슬은 아이의 정기[36]를 아흔아홉이나 뽑아 넣은 구슬이어서

34) 임동권, 「한국의 민담」, pp. 200-201, 〈여의주〉.
35) 임석재, 「옛날이야기선집 Ⅰ」, 1972, pp. 150-153, 〈여우구슬〉.

아주 신기하고 영묘한 구슬이며 이것을 삼킨 아이는 이로써 신기하고 영묘한 힘을 갖게 되었다. 그런데 하늘을 못 보고 땅만 보아 땅에 관한 일을 알고 하늘에 관한 것은 모르게 되었다고 한다.

여우는 우리나라 민담에서 서양의 늑대에 비길 만한 요물로 묘사되는 경우가 많다. 민담 〈여우의 재판〉[37]처럼 토끼와 같은 영리함을 보이는 경우도 있지만 민담 〈여우누이〉[38] 또는 〈여우소녀〉[39]처럼 소와 집안 식구, 심지어 온 동네 사람을 다 잡아먹는 무서운 요물로 나타나기도 하고 〈천년 묵은 여우〉에서 보았듯이 절대악으로서 무조건 사람을 잡아먹어 제거할 대상이 되기도 한다. 〈여우소녀〉의 경우는 심리학적으로 부정적 아니마의 상으로서 창조적 사고를 모조리 잘라 버리고 남성의 무의식에 있는 살인적 아니마(killing Anima)의 무서운 파괴력을 제시하고 있다. 〈여우누이〉 이야기에서는 악의 존재인 여우누이를 제치하기 위한 모험과 시련 과정이 기술되어 상징적으로 자기실현의 과정이 표현되고 있지만 〈여우누이〉나 〈천년 묵은 여우〉[40]에서는 여우를 죽이거나 그로부터 죽임을 당하거나 하여 조금도 요물 속에 어떤 보배가 간직되었다는 암시가 없다.

전술한 〈여우구슬〉 이야기와 그 밖의 구렁이 이야기 등에서 볼 수 있듯이 여우나 구렁이가 사람을 100명 또는 1,000명 잡아먹으면 사람이 된다든가 용이 된다는 이야기는 심리학적 용어로 말하자면 무의식의 파괴적·동물적 본능의 측면도 의식과의 접촉을 자주 하면 인간적 속성, 즉 의식의 일반 특성과 비슷해진다는 말이기도 하고 인간 내면의 수성(獸性)

36) 한국민속에서 아이의 정기는 신비력을 가지고 있는 것으로 간주되고 있다. 아이는 자기원형을 상징한다.
이도희, 이부영, '심리학적 상징으로서의 어린이', 〈심성연구〉, 8(1.2), 1993, pp. 1-40.
C. G. Jung, Zur Psychologie des Kind—Archetypus, (in) C. G. Jung, K. Kerény, *Einführung in das Wesen der Mythologie*, Rhein Verlag, Zürich, pp. 105-250.

37) 임석재, 「옛날이야기 선집 1」, 1972, pp. 125-130, 〈여우의 재판〉.

38) 앞의 책, pp. 70-82, 〈여우누이〉.

39) 임동권, 「한국의 민담」, pp. 109-110, 53, 〈여우소녀〉.

40) 앞의 책, pp. 110-111.

의 영성(spirituality)으로의 전환 가능성을 상징하기도 하지만 민담은 이 과정이 자아의 의식적 태도로 이루어지는 게 아니고 무의식적으로 일어나기 때문에 실패로 돌아가고 만다는 것을 지적한다. 어떤 경우에나 자아의 참여가 없는 자기실현이란 없는 것이다. 천년 묵은 여우의 입속의 여의주, 무의식의 초월적 기능은 결국 사람, 즉 자아의식에 돌아가야 한다.

여의주라 하는 것은 불교에서 나온 말이다.

무엇이나 뜻대로 보배를 만들어 낼 수 있는 신비한 구슬이다. 마갈어(魔竭魚)의 뇌 속에서 나왔다고도 하고 불사리(佛舍利)가 변해서 생긴 것이라고도 하는데 보배뿐 아니라 음식, 의복을 주고 병고를 없애며 악을 물리치고 탁한 물을 맑게 하는 초자연적 능력을 가지고 있다. 여의륜관음, 마두관음, 지장보살 등이 소지하며 사람들의 마음을 만족시키는 것이다.[41] 도깨비방망이와 같은 풍요의 주력을 지닌 것이지만 단순한 욕구 충족 차원이 아니라 종교적인 신비력으로서 모든 것을 가능하게 하는 어떤 신적인 능력을 말하며 가히 분석심리학의 자기원형(Arcypus des Selbst)의 작용을 상징한다고 할 수 있을 듯하다.

다른 말로 창조적 변환과 치유의 상징이라고 할 수도 있다. 그러한 초자연적 능력을 가진 구슬이 어두운 악귀의 상 속에 숨어 있다는 사실을 전술한 민담들은 제시하고 있다.

「변환의 상징」(Symbole der Wandlung)에서 융은 고래에게 먹힌 요나는 그 괴물에 먹혀 단지 배 속에 갇혀 있던 게 아니라 거기서 '굉장한 비의'(Mysterien)를 보았다는 파라셀수스(Paracelsus)의 이야기를 소개하면서 그 말의 근원이라고 생각되는 유대승 엘리저(Elieser)의 설명을 소개하였는데 그 가운데에 요나가 고래 배 속에서 고래의 창자에 매달려 대낮처럼 환하게 태양 같은 빛을 비추는 진주를 보았으며 그 덕분에 바다에 있는 모든

---

41) 中村元, 「佛教語大辭典」, 1985, p. 1060. 〈如意宝珠〉.

것을 볼 수 있었다는 이야기가 있다. 이에 대해 융은 다음과 같이 말하고 있다.

> "무의식의 어둠 속에 한 보배가 숨겨져 있다. 그것은 바로 우리의 문헌이나 그 밖의 많은 다른 곳에서 빛나는 진주의 특징을 가졌거나 파라셀수스의 말처럼 황홀함과 같은 의미의 '비의'(Mysterium)인 '매우 얻기 어려운 보배'이다."[42]

또한 「Aion」에서 융은 그리스도가 신의 나라에 해당되며 예컨대 겨자씨, 숨은 보배 그리고 고귀한 진주에 비유된다고 하였다.[43]

구슬과 자기원형의 관련이 암시되고 있다.

괴물이 가지고 있는 보배에 관한 우리나라 민담은 그러한 자기원형의 초자연적 능력과 접촉하려면 많은 난관을—때로는 죽음까지도 각오한 모험으로—겪고 지나가야 함을 제시하고 있다.

2) 악에의 대처양식

한국민담의 악에 대처하는 양식은 폰 프란츠(M. L. von Franz)가 세계의 민담과 관련하여 지적한 대로 역설과 모순의 특성을 그대로 나타내고 있어 일정한 법칙이 없다.

용감한 대결과 도망, 솔직함과 속임수 등 다른 나라의 경우처럼 다양하고 또한 각 민담에 따라 다르다.

그러나 나의 인상으로는 다른 나라의 경우보다도 한국민담에서는 특히

42) C. G. Jung, *Symbole der Wandlung*, pp. 571-572.
43) C. G. Jung, *Aion*, p. 320.

자연스러운 감정표현이 '악'을 물리치는 수단으로 두드러지게 강조되고 있는 듯하다. '악'에 대한 자연스러운 감정반응은 경악감의 직접표시에서 보다 승화된 형태의 노래와 춤과 음악에 이르기까지 매우 다양하다. 어떤 경우든 자연스러운 태도는 악을 물리친 가장 효과적인 방법인 반면, 인공적인 것은 가장 효과가 없을 뿐 아니라 오히려 응징을 받는다.

(1) 노래와 춤

〈혹 떼려다가 혹 붙인 이야기〉는 이런 사실을 웅변적으로 보여 주는 이야기다.[44] 그 줄거리는 다음과 같다.

> 옛날에 혹달린 영감이 산에서 나무를 하다가 비를 피하려 허름한 절간에 들어갔는데 날이 저물었다. 한밤중에 도깨비가 한떼 몰려와 도깨비방망이로 놀다가 노래하며 춤추기 시작했다. 영감도 신이 나서 덩실덩실 춤추며 노래를 불렀다. 잘 놀고 나니 날이 새었는데 도깨비가 영감더러 내일 밤도 여기 와서 같이 놀자 한다. 주저하는 영감의 혹을 맡아 놓겠노라고 떼어 갔다.
>
> 이웃집 영감도 혹을 떼려고 같은 장소에서 기다리다가 홍도 나지 않는데 노래를 흉내내다가 도깨비가 화를 내고 혹 하나를 더 붙여 준다.

춤과 노래가 주술적인 힘을 가진 것이라는 믿음은 우리나라뿐 아니라 전 세계에 퍼져 있는 생각이다.[45] 그것은 귀령을 내쫓을 뿐 아니라 감동시킨다.

---

44) 임석재, 「옛날이야기선집 1」, pp. 177-180, 〈혹 떼려다가 혹 붙인 이야기〉 도깨비가 그 아름다운 노래가 어디서 나오느냐 하니 혹에서 나온다고 속여 도깨비가 혹을 떼갔다는 이야기가 널리 퍼져 있는 이야기다.
______, 「한국구전설화」, 전라북도편, 평민사, pp. 242-243, 〈혹 떼러갔다가 혹 붙이다〉.

45) Grtrude Jobes, *Dictionary of Mythology, Folklore and Symbols*, part 1, The Scarecrow Press, New York, 1961, pp. 412-413. 〈Dance〉, Jobes, 앞의 책, 1962, part 2, p. 1475. Hans Bächtold—Stäubli, 앞의 책, Bd. IX, 1938/1941, pp. 423-486; 'singen', 「한국문화상징사전」, pp. 575-579, 〈춤〉.

도깨비는 특히 가무를 좋아하여 가무의 주력에 잘 호응하는 귀물이다. 도깨비의 바커스신적인 또는 디오니소스신적인 속성이 여기에 나타난다.

상기 민담의 교훈은 앞에서도 지적하였듯이 모든 것은—거짓말조차도 자연스러운 조건에서 이루어지지 않으면 안 된다는 것, 인위적인 모방은 욕심이 앞서는 나머지 정서가 결여되어 있어 철저히 응징되며 오직 일회적인 진실된 자기표현만이 인정된다는 데 있다.

〈삼형제와 유물〉[46]의 이야기도 절대절명의 위기상황에서 진실된 감정에서 우러나온 마지막 피리소리가 악을 물리친 사례를 제시하고 있다.

> 삼형제 중 셋째아들이 산으로 자꾸 가다 날이 저물어 바위틈에서 잤다. 자다가 이상해서 눈을 떠 보니 호랑이가 수십 마리 모여 눈에 불을 켜고 있었다. 무서워서 얼른 옆의 나무를 타고 올라갔다. 그러니까 호랑이들도 무등을 타고 점점 따라올라와 마지막으로 한 마리만 올라오면 잡아먹히게 되었다.
>
> 그래 이왕 죽을 바엔 피리나 불어 보고 죽겠다고 피리를 부니 밑에서 있던 호랑이가 홍에 겨워 춤을 추었다. 그 바람에 위에 있던 놈들은 모두 떨어져 죽고 밑의 것은 치어 죽었다.
>
> 그러다 날이 새어 호랑이 가죽을 벗겨 팔아서 그 마을에서 제일 부잣집 딸과 성대히 결혼을 하였다.

이와 비슷한 이야기 중 〈삼형제의 성공〉[47]에서도 막내가 장고를 메고 가다가 호랑이를 만나 나무꼭대기로 피신하여 이왕 죽을 바엔 장고나 한 번 쳐 보자 하여 장고를 치자 맨 밑의 호랑이가 장단에 맞추어 춤추어 다른 호랑이가 다 죽고 춤추는 호랑이만 남았는데 마을 사람들이 호랑이가 나왔다고 사방에서 나오는 바람에 호랑이가 도망쳤고 이에 격분한 주인공

46) 임동권, 「한국의 민담」, pp. 179-180, 〈삼형제의 유물〉.
47) 임석재, 「옛날이야기선집 1」, pp. 262-265, 〈삼형제의 성공〉.

이 을러대자 마을 사람들이 사죄의 뜻으로 예쁜 여자와 재물을 주어 잘 살았다고 되어 있다. 또한 민담 〈무당호랑이〉[48]에서는 주인공이 버들가지를 꺾어 버들피리를 불었고 무당호랑이도 춤추다가 깔려 죽은 것으로 묘사된다.

버드나무, 피리, 장고 모두 악귀를 물리치는 신비한 힘을 가진 것으로 알려져 있다. 마술피리의 주제는 전 세계적으로 분포된 보편적인 민담의 주제이다. 그것은 원하는 대로 무엇이나 이루어지게 할 수 있는 능력을 가지고 있고 악귀를 내쫓고 병고를 없애며 지상의 재앙을 없앤다.

우리나라 삼국유사에 나오는 만파식적은 그러한 신비한 피리에 속한다.

그런데 위의 민담에서는 신비한 피리의 힘 자체의 작용뿐 아니라 신비한 피리에 흥겨워할 줄 아는 짐승이 사나운 짐승 가운데 있었다는 것이 돋보인다. 〈춤추는 호랑이〉, 즉 〈무당호랑이〉의 주제는 민속학적으로도 매우 흥미 있는 시사를 던져 준다. 그것은 시베리아 샤먼의 곰이나 사슴 춤과 대비될 수 있는 것이다. 여기서는 다만 이 민담에 반영된 한국 민중의 악에 대한 해학적 태도를 지적하고 그것이 절망상태에서 만들어 내는 창조의 소리로서 의식계로 환기되어 위기를 해소할 수 있다는 점을 지적하는 데 그치겠다.

(2) 처용의 경우

노래와 춤이 역귀를 물리쳤고 역귀 또한 감화될 소질을 가졌다는 점에서 우리나라의 처용설화에서의 처용과 역귀와의 관계는 매우 흥미 있는 측면을 예시하고 있다.

처용은 본래 동해용왕의 아들인데 왕을 따라 서울에 와 정사를 보필했고

---

48) 임석재, 「옛날이야기선집 1」, pp. 88-89, 〈무당호랑이〉.

왕은 미녀를 아내로 삼게 하여 그를 머물게 하였는데 역신이 그 미모의 아내를 흠모하여 사람으로 변하여 밤에 그 집에 가서 몰래 동침하였다. 처용이 밖에서 집으로 돌아왔는데 자리에 두 사람이 누워 있음을 보고 노래를 부르며 춤을 추고 물러나갔다. 노래에

"동경 밝은 달에 밤새어 노닐다가
들어와 자리를 보니
다리가 네 일러라
둘은 내해이고 둘은 뉘해인고.
본디 내해지만 뺏겼으니 어찌하리꼬"

라 하였다. 그래 신이 현형하여 앞에 꿇어앉아 말하기를

"내가 공의 아내를 사모하여 지금 과오를 범하였으나 공이 노하지 아니하니 감격하여 아름다이 여기는 바입니다. 금후로는 맹세코 공의 형상을 그린 것만 보아도 들어가지 않겠나이다" 하였다.[49]

원래 처용가의 해석과 처용전승에 대하여는 설이 많고 특히 마지막 "뺏겼으니 어찌하리꼬"의 해석에서도 학자 간의 논란이 일고 있다.[50] 어쨌든 처용이 이 노래를 부르며 춤추자 역귀는 처용 앞에 나타나 깊이 허리를 굽혀 사죄하며 만약 그가 처용의 얼굴 그림을 문에 걸어 놓은 것을 본다면 결코 그곳에 들어가지 않을 것을 약속한다.

---

49) 「삼국유사」(이병도 역), 대양서적; pp. 165-167, 〈처용낭 망해사〉.

50) 처용설화의 무가기원설의 예 '처용가', '처용설화고', '국어국문학' 39·40, 1968, pp. 1-38, 모권사회의 무부로서의 처용전승이라는 설, 김열규, '처용전승시공', 「한국민속과 문학연구」, 일조각, 서울, 1971, pp. 255-263 등은 매우 흥미 있는 측면을 말해주고 있다. 처용설화의 종합적 고찰은 김열규, 조동일, 소재영, 황패강(편), 「고전문학을 찾아서」, 문학과지성사, 1976, pp. 96-129. 최근의 번역과 주석으로 조동일, 「삼국시대설화의 뜻풀이」, 집문당, 서울, 1990, pp. 29-38 참조.

처용가의 마지막 구절이 역귀에 대한 협박이냐, 체념이냐의 논란은 물론 중요하다. 협박이라 해도 이것은 노래와 춤으로 표현된 경고의 성격을 띠고 있다는 점에서 무기를 들고 시위하는 것과는 다르며 체념이라 해도 할 말을 다 하고 있으니 단순한 패배 의식적인 포기와는 다르다.

어쨌든 처용가의 이야기를 읽으면 과연 현대의 한국인이 이런 정사 장면을 보고 이 이야기의 처용처럼 행동할 수 있을지, 또한 처용처럼 행동했을 때 과연 정부는 그렇게 공손하게 사죄를 하겠는지 의문을 가진다. 삼국시대, 신라에서는 아마 실제로도 서로 그렇게 행동했을지도 모른다. 혹은 이 이야기가 이런 경우의 해결책으로 매우 특이하기 때문에 처용무가 계승되었고 이 이야기가 지금껏 유명하여 논란의 대상이 되었을 것이다.

간음에 대한 인류의 태도는 시대와 민족에 따라 많이 다르다. 가혹한 징벌로 다스리는 경우도 있고 관용하거나 풍요의 의식으로 간주하는 곳도 있다. 처용설화가 일연에 의해 가부장 사회에 맞게 각색되었을 가능성도 주장되었지만 그렇다 하더라도 간부를 정의의 이름으로 처단하지 않고 간음의 현장에 대한 냉철한 인식과 '집착의 버림'을(혹은 강력한 항의와 한탄을) 노래와 춤으로써 표현한 처용의 태도는 무심, 무위의 가치를 강조하는 불교와 도교의 철학적 배경을 빼고 생각할 수 없는 것이며 용의 아들다운 진체의 모습이라 할 것이다.

물론 처용설화는 처용의 그러한 태도에 감복하는 역귀가 있음으로써 더욱 빛난다 하겠다. 미인을 흠모하는 역귀는 현용준의 시사대로 미인을 흠모하여 부인들에 빙의하여 병을 일으키는 제주도의 도깨비신과 대비될 존재라고도 볼 수 있다. 그것은 의신의 대자인 역신이며 처용설화는 인간관계에서의 '악'에 대한 독특한 대처방식뿐 아니라 병의 빙의현상과 그 발양방식을 제시하고 있다. 이에 대해서는 이 책의 "한국민담에 나타난 질병과 치유"의 장에서 다시 논하게 될 것이다. 여기서는 처용의 대응방식—"'악'에 대하여 악의로서 공격하지 않는 것"의 효과를 확인하는 데

중점을 두고 있다. 처용설화가 함축하는 의미는 깊다. 그것은 인간심성 의 내면에 존재하는 아니마(Anima)의 문제와 그 해결을 다루고 있다. 그리고 〈의신의 그림자〉와의 관계가 표현되고 있다.

(3) 감정의 자연스러운 표출과 불확실성의 충격

'악'은 '악'의 원리에 익숙해 있으므로 그 상대자가 악에게 익숙한 원리를 사용하지 않으면 무력해지거나 혼란에 빠진다. 이런 지혜는 대인관계뿐 아니라 한 개인의 '나쁜 마음', '병적인 생각'을 다스리는 방법으로도 권장할 만한 것이다. 그것을 이성으로 누르는 것은 흔히 하는 일이다. 그러나 그것을 있는 그대로 받아들이고 해학으로 넘어가는 여유는 훨씬 효과 있는 치료법이다.[51] 이런 관계를 웅변적으로 표현하고 있는 일본민담이 있는데 〈산부(山父)의 깨달음〉이라는 이야기다.[52]

옛날 어느 곳에 참대로 통 만드는 사람이 있었다. 눈이 온 아침, 밖에서 일을 하고 있으려니까 산쪽에서 눈이 하나 다리 하나의 무서운 괴물이 일하고 있는 통쟁이 앞에 와서 섰다. 통쟁이는 그것을 보고 두려워하면서 이것이 옛날부터 이야기로 듣던 산부(山父)라는 것이구나 생각했다. 그러니까 그 괴물이 "야 통쟁이, 넌 이것이 산부라고 하는 것이구나 생각하고 있지?" 했다. 이건 큰일이다. 내가 생각하고 있는 것을 저렇게 맞추는구나 생각하니 "야 통쟁이, 넌 지금 생각하고 있는 것을 바로 알아차리니 큰일이라고 생각하고 있지?" 했다. 그 뒤에도 뭐든지 생각하면 곧 알아차리기 때문에 통쟁이는 어찌할 바를 몰랐다. 할 수 없이 벌벌 떨면서 일하고 있자니까 불

---

51) V. E. Frankl, 오스트레일리아의 실존분석학파의 정신의학자이며 Logotherapy의 창시자인 그는 강박신경증환자의 정신치료에서 역설적 의도 Paradoxe Intention이라는 법을 제창했다.

52) 柳田國男, 「日本の昔語」, pp. 52-53.

현듯 손이 미끌어져서 통을 짜던 참대 끝이 튀어나가 산부의 얼굴을 탕하고 쳤다. 산부는 크게 놀라서 인간이란 놈은 때때로 생각지도 않은 것을 행하니까 무섭다. 여기에 있다간 무슨 봉변을 당할지 모르겠다고 하면서 산쪽으로 도망쳐 갔다.

정신치료에서 병이 낫는다 할 때 그 치유 결과가 반드시 환자의 문제를 치료자가 합리적이고 지적으로 설명하고 해석했기 때문이 아님은 치료에 종사하는 전문가들이 한결같이 경험하고 있는 것이다. 치유의 힘은 비합리적인 무의식적 과정에서 나온 자연스러운 정감(affect)의 표현에 있는 경우가 많다.

우리의 일상생활에서도 언제나 논리적으로 비창조적인 내용을 가지고 따지는 사람에게 가장 좋은 방법은 한방의 감정적 충격일 수 있다. 선사(禪師)와 그의 제자 사이의 대화방식이나 선수도(禪修道)의 화두는 모두 합리적 의식을 깨뜨리고 자연스러운 무의식의 흐름이 나올 수 있도록 하는 데 있다.[53]

한국민담 〈호랑이와 곶감〉도 비슷한 '불확실성의 충격'으로 악을 물리치는 방법이다.

【호랑이와 곶감】[54]

산중에 사는 늙은 호랑이가 오랫동안 먹지 못하여 시장기를 면하려고 밤에 마을로 내려갔다.

그 마을에는 개를 기르는 집도 없었다. 그래서 어린 아이를 잡아먹으려고 어느 집 안으로 들어갔다. 창문 아래 숨어서 방안을 엿보고 있으려니 마침 방 안에서 어린 아이가 심히 울고 있었다.

---

53) C. G. Jung, *Vorwort zu Suzuki, die Grosse Befreiung*, G. W. Ⅱ, p. 586. 이부영, 「분석심리학」, p. 365.

54) 임동권, 「한국의 민담」, pp. 135-137.

아이 어머니는 "에비, 호랑이 온다" 하고 말했으나 아이는 여전히 울고 있었다. 호랑이는 이 말에 깜짝 놀랐다. 아이 어머니가 호랑이온 것을 알고 말하는 것 같았다. 호랑이는 숨을 죽이고 창 밑에 쭈그리고 있었다.

아이 어머니는, "옛다, 곶감이다" 하니 아이의 울음소리는 뚝 그쳤다. 호랑이는 아이가 호랑이 왔다고 해도 울음을 그치지 않더니 곶감이라고 하니 그치는 것으로 보아 아마 호랑이보다 더 무서운 것이 있나 보다 싶어서 방에 있는 아이를 잡아먹을 것을 단념했다.

호랑이는 외양간에 가서 소를 잡아먹기로 했다. 그 때 외양간에는 마침 소도둑이 들어와 있었다. 그런데 어둠 속에서 호랑이가 움직이는 것을 발견하고 소도둑은 소인 줄 잘못 알아, 호랑이 등에 올라 타고 엉덩이를 발로 차면서 밖으로 나가기를 재촉했다.

호랑이는 어둠 속에서 갑자기 등에 무엇이 올라 타고 엉덩이를 차는 것으로 보아 사람이면 감히 이런 짓을 할 수 없으니 필경 곶감일 것이라 싶어 뛰어 달아났다.

등에 탄 소도둑은 호랑이가 뛰는 바람에 떨어질까 봐 호랑이의 두 귀를 꼭 잡고 그만 멈추라고 소리쳤으나 그럴수록 호랑이는 더 뛰었다.

얼마나 뛰었는지 동쪽 하늘이 환히 밝기 시작했다. 소도둑이 가만히 살펴보니 소가 아니라 호랑이이므로 이거 안 되겠다고 뒤로 뛰어내렸다. 호랑이는 호랑이대로 이제 곶감도 떨어졌으니 살았다고 뒤도 돌아보지 않고 산속으로 도망쳤다고 한다.

사랑과 애정은 폭력보다 강한 것은 사실이다.

〈나쁜 형과 좋은 동생〉[55]이라는 이야기에서 동생이 할머니, 할아버지, 아버지, 어머니를 생각하며 숲 속에서 개암을 줍다가 어두워져서 한 빈집에 들어갔다. 밤중에 도깨비들이 들이닥쳤다. 그는 얼른 큰 대들보 위에 올라

55) 임동권, 앞의 책, pp. 165-166, 〈도깨비의 방망이〉. 이와 유사한 사건으로 임석재, 앞의 책, pp. 162-169, 〈마음씨 나쁜 형과 착한 아우〉.

가 숨었다. 도깨비들도 그 곳에서 금방망이 은방망이로 맛있는 음식과 술을 만들어 내서 밥상 가득히 차려 놓았다. 도깨비들이 먹고 노는 것을 보고 하도 배가 고파서 대들보 위에 숨은 소년이 개암을 먹으려고 한 개를 꽉 깨뜨리자 탁하며 큰소리가 났다. 도깨비들은 대들보가 부러지는 줄 알고 금방망이 은방망이를 두고 도망을 갔다. 그는 그것을 가지고 돌아가 큰 부자가 되었다. 그 맏형이 그 흉내를 냈다가 도깨비에게 혼난다.

우리나라 속담에 "하늘이 무너져도 솟아날 구멍이 있다"는 말이 있다. 독일속담 "난국은 구원을 가져온다"(Not bright Heil)도 비슷한 뜻을 가지고 있다. 이러한 속담이 하늘에 대한 지나친 의존심, 요행을 믿는 마음, 초자연적인 힘에 의지하려는 유아적 경향이라고 낮추어 보려는 것은 잘못이다. 왜냐하면 이런 태도는 우리의 민담이 보여 주는 것처럼 문제 해결의 결정적인 계기를 마련하기 때문이다.

(4) 죽음의 수용

지금까지 보아온 것처럼 절망적인 상황에서 행하는 자연발생적 행동은 위기를 극복하는 계기가 된다. 마치 절망 그 자체 속에 문제 해결의 잠재력이 존재하는 것처럼.

융은 말한다. "무의식의 절대지(絶對知)는 의식이 정지될 때 활동을 개시한다."[56]

절망이란 자아의식이 절대 한계에 도달했다는 말이다. 그러나 그것은 결코 전체정신의 관점에서 볼 때 종말이 아니다. 의식이 한계에 도달할 때 무의식이 나타나기 시작한다. 그리고 그 무의식 속에 치유와 구원의

---

56) C. G. Jung, *Synchronizität als ein Prinzip akausaler Zusammenhänge*, (in) C. G. Jung, W. Pauli, *Naturerklärung und Psyche, Rascher*, Zürich, 1952, p. 26.

능력이 잠재하고 있는 것이다.

고려와 조선조의 선조에 관한 이야기에 우리는 위기상황에 대한 주인공의 보다 적극적인 대처와 표면상의 '위기'가 사실은 신의 선택이라는 의미를 내포함을 암시하고 있는 사실을 발견한다.

> 성거산(聖居山), 부여 성골장군이 평나 아홉 사람과 더불어 사냥을 나갔다가 날이 저물어 바위굴에서 자게 되었다. 한밤중에 호랑이가 장군의 관을 잡아당기거늘 장군이 나아가서 싸우는데 굴이 무너져 아홉 사람이 모두 죽었다. 아홉 사람을 이 산에 묻었으므로 구룡산 혹은 평나산이라고도 한다.[57)]

이와 비슷한 이야기인 호운석 전설에서 주인공은 적극적으로 굴 밖으로 나가는 게 아니고 다른 아이들에 의해 밀려 나간다. 그러나 포악한 호랑이의 신이(神異)와 신선(神撰)의 의미가 함축되어 있는 점에서 앞의 이야기와 같다.

> 군호운석(群虎隕石), 목조가 어렸을 때 아이들과 발산 남쪽 기슭에서 놀다가 갑자기 폭풍우를 만나 바위 아래에 피하였더니 큰 호랑이가 아가리를 벌리고 바위 앞으로 다가왔다. 목조가 아이들에게 말하기를 '호랑이는 한 번에 한 사람 이상은 해하지 않을 것이니 응당 옷을 던져 시험해 보자'고 하였더니 아이들이 '네가 나이가 제일 많으니 먼저 던져라'하였다. 목조가 그 말대로 옷을 벗어 던졌더니 호랑이가 물거늘 아이들이 목조를 밀어냈다. 목조가 나간즉 호랑이는 어디론가 가 버리고 별안간 벼랑이 무너져 아이들이 모두 압사하였다.[58)]

---

57) 장덕순, 「한국설화문학연구」, 1970, p. 98에서 인용(고려사세계, 〈읍지〉 p. 167, 세종실록지리지).

58) 고려사세계, 〈읍지〉 p. 172. 장덕순, 앞의 책, p. 98에서 인용.

이 경우에 호랑이는 악을 가장한 신의 사자 혹은 신 그 자체와 같은 것이다. 신의 소명이 흔히 정신적 위기와 정신적 착란체험을 동반하고 나타나며 그러한 혼란을 거쳐 비로소 소명의 의미가 분명해지는 경우는 많은 종교적 신비체험을 통한 신앙고백의 사례에서 흔히 볼 수 있다. 입무의 병(initiation disease), 신흥종교의 창시자들이 겪는 일시적 착란상태는 그 한 예이다.[59] "호랑이에게 물려가도 정신만 차려라"라는 우리나라 속담이 있다.[60] 자아의 무의식의 세력에 대한 '의식적'인 수용은 정신적 혼란을 이겨내고 값진 통찰을 얻는 열쇠가 된다. 앞에 제시한 두 번째 이야기 〈호운석〉에서는 그러한 자아의 '의식성'이 그리 강조되어 있지 않다. 다만 살고자 굴속에 남아 있던 아이는 죽고 죽기로 되어 있는 아이는 살았다는 역설과 신비한 이적이 묘사되어 있다. 물론 이런 이야기는 국내에도 많은 유화가 있고 중국에도 비슷한 이야기가 있으며 그 해결부의 양상은 각기 조금씩 다르다.[61]

자아의식의 능동적 희생은 낡은 아집의 적극적인 '버림'이며 동시에 자아의식의 재생을 가능하게 하는 것이다. 주인공이 죽을 각오를 하자 오히려 살게 되었다는 이야기는 우리나라 민담에도 드물지 않게 보이는 주제이다.

【소가 된 사람】[62]

무척이나 게으른 소년이 있었다. 늘 놀고 먹을 궁리를 하다가 어떤 노인

59) 이부영, '입무 과정의 몇 가지 특징에 관한 심리학적 고찰', 〈문화인류학〉 2, 1969, pp. 111-122.
이부영, '최수운의 신비체험', 〈한국사상〉 11, 1974, pp. 5-30.

60) 이기문, 「속담사전」, 민중서관, 서울, 1962, p. 529.

61) Friedrich von der Leyen, *Die chinesischen Märchen*, Eugen Diederichs Verlag, Düsseldorf-Köln, 1961, pp. 11-12. 〈Wer ist der Sünder?〉(누가 죄인이냐)에서는 호랑이가 아니고 천둥 번개가 심판의 주체다. 바람에 날아가는 모자의 주인공이 죄인이라 하여 집 밖으로 무정하게 내쫓은 다른 아이는 죽고 그만 살아남는다. 그가 가장 정직한 사람이었다.

62) 한상수(편), 「한국민담선」, 정음사, 1977, pp. 186-190.

의 가게에서 경솔하게 그 노인이 만든 소대가리를 쓰자 노인이 소가죽을 씌워 소로 만들어 버렸다. 그는 어떤 농부에 팔려 가서 아침부터 저녁까지 죽도록 일을 해야 한다. 그는 자기의 게으름을 극도로 후회하고 죽으려고 한다. 노인이 자기를 농부에게 팔 때 이 소는 무를 먹으면 죽으니까 절대로 무를 먹이지 말라던 생각이 났다. 그래서 무를 파 먹었더니 죽지 않고 오히려 도로 사람이 되었다.

유명한 심청전에서 심청은 거친 파도 속으로 몸을 던진다. 죽음으로써 아버지의 눈을 뜨게 하기 위해서,—그러나 그녀는 죽지 않는다. 그녀는 용왕에게 받아들여진다. 그녀의 겸손과 자기희생은 높이 평가받은 것이다.

(5) 동물보호의 귀결

폰 프란츠가 언급한 대로 한국민담에서도 동물의 보은이 악을 물리치는 중요한 방식이 되고 있다. 그중 하나의 예는 〈치악산과 상원사〉전설이다.[63] 줄거리는 다음과 같다.

활 잘 쏘는 청년이 서울을 향해 가다가 숲 속에서 구렁이가 꿩 두 마리를 친친 감고 먹으려는 것을 활을 쏘아 구렁이를 죽이고 꿩을 구출한다. 밤이 되어 산 속 어느 집에 가니 어여쁜 여자가 맞이한다. 그런데 그 곳에서 자다가 숨이 차서 깨어 보니 구렁이가 자기 몸을 친친 감고 잡아먹으려 한다. 그 어여쁜 여인은 청년이 죽인 구렁이의 아내였던 것이다. 그런데 구렁이가 이 청년을 잡아먹으려는 순간 종소리가 땡하고 울렸다. 그러자 구렁이는 죄었던 몸을 풀기 시작했고 두 번째로 종소리가 나자 도망가 버렸다.

이튿날 청년은 종루 밑에 피투성이가 되어 죽어 있는 꿩 두 마리를 본다.

청년은 서울 가기를 포기하고 꿩을 잘 묻어 주고는 그 곳에 절을 지어

---

63) 최상수, 앞의 책, pp. 413-415, 〈치악산과 상원사〉.

꿩의 영혼을 위로했다.

이 이야기는 마치 상원사 연기전설의 형태를 취하고 있다. 주인공이 과거 보러 서울에 가던 선비로 묘사되고 구렁이가 잡아먹으려던 것은 꿩이 아니고 까치이며 구렁이는 종이 울리자 용이 되어 승천한다는 내용의 이야기[64]도 있고 주인공이 길품 파는 사람이고 까치는 사람으로 변해서 주인공을 잡아먹으려던 구렁이를 활로 쏘아 죽여 은혜를 갚는 것으로 끝나는 이야기[65], 글방에 다니던 주인공이 꿩을 구출한 뒤 구렁이가 미인으로 나타나 젊은이를 유혹하는 장면이 강조되고 결국 종소리에 구렁이는 어디론가 가 버렸고 그래서 치악산이라 부른다는 유래를 설명하는 것으로 끝나는 이야기[66]도 있다. 종을 울리게 하는 것도 우연이 아니고 구렁이가 요구하는 경우가 더 많다.

물론 이 밖에도 국내의 설화가 많을 것이나 새(꿩, 까치)가 구렁이의 위협을 받고 사나이가 구렁이를 죽여 새를 구하고 뒤에 구렁이의 복수를 받게 되나 새의 보은으로 죽음을 면한다는 줄거리에는 차이가 없다.

주인공이 과거 보러 가는 착실한 선비로 등장하는 이야기에는 분석심리학에서 말하는 개성화과정(Individuation process)이 표현되고 있으며 그것이 구렁이로 표상되는 부정적 모성콤플렉스의 극복을 통해서 이루어지고 있다는 소설(所說)[67]은 매우 적절한 해석이다. 구렁이는 분석심리학적으로 욕구, 모성성—대개는 그 파괴적 측면에 관계된 무의식을 대변한다. 그러나 융은 그것이 본능세계를 대변하는 것이지만 심리학적으로 가장 도달하

64) 김광순, 「경북민담」, pp. 96-97, 〈까치의 은혜〉.
이철, 「한국민담」, 〈까치의 죽음〉의 심리학적해석, 〈심성연구〉 3(1), 1988, pp. 31-42.
65) 임석재, 「한국구전설화」, 경상남도 편 Ⅰ, 평민사, 1993, pp. 205-206, 〈까치의 보은〉.
66) 임석재, 「한국구전설화」(임석재전집 4권), 함경북도, 함경남도, 강원도 편, 평민사, 1993, pp. 173-175.
67) 이철, 앞의 논문.

기 어려운 생명 과정을 표현한다고 말했고 뱀꿈은 항상 의식의 태도와 본능 사이의 유리를 가리킨다고도 했다.[68)]

"그것은 모성의 은밀한 누멘(신성력)이며 죽이는 것이다. 그러나 동시에 죽음에서 스스로를 지켜 주는 유일한 가능성이기도 하다. 왜냐하면 뱀은 생의 원천이기도 하기 때문이다."[69)]

새는 영혼의 상징이며 뱀과 마찬가지로 본능을 대변하지만 영적인 측면이라 할 수 있다. 우리의 이야기는 그러한 영적·정신적인 원리가 탐욕과 모성적인 지배욕, 권력욕에 의해서 휩쓸리게 된 상황을 제시했다. 그리고 자아의지에 의한 파괴적인 모성본능의 억제가 일어나고 그것은 일단 그러한 갈등상황을 해소시키지만 진정으로 부정적 모성에의 의존을 극복하기 위해서는 스스로 모성의 지배욕에 의해 휘감기고 질식의 위험을 직면하여 혼신을 다하여 영적으로 승화된 종교적 심성의 발현(종소리)에 주력해야 함을 암시하고 있다.

까치가 사람의 모습으로 나타나 곤경에 빠진 주인공을 구해 주는 이야기가 있기는 하지만 까치나 꿩의 보은이 죽음으로써 이루어진다는 점에 이런 설화의 애틋함이 있다. 까치가 죽음으로써 선비도 살리고 구렁이도 용이 되게 하여 하늘로 보냈다는 것은 까치의 희생이 단순한 보은의 차원을 넘어 어떤 원형적으로 배정(constellate)되고 선결된 종교적 구원의 정신을 표현하고 있는 것 같다. 분석심리학적 개념을 쓰자면 까치의 이미지는 전체정신의 중심, 자기원형의 의도에 따라 약한 존재로 나왔다가 죽음으로써 전체 갈등상황을 해소하고 파괴적 본능을 창조적 기능으로 변환시키는 역할을 했던 것이다. 이렇게 보면 구렁이 또한 자기(Selbst)라는 연출자에 의해 배역된 연기자일 수 있다. 다만 여기서 지적할 것은 다른 곳에서도 말했듯이 한국민담은 '악'의 원한을 좋은 마음으로 쉽게 고칠 수 있다

68) C. G. Jung. *Symbole der Wandlung*, p. 687.
69) C. G. Jung, 앞의 책, p. 513.

는 식으로, 가볍게 보고 있지 않다는 사실이다.

동물의 힘에는 한계가 있다. 선한 동물은 악한 동물과 맞먹는다. 지네와 두꺼비, 지네와 흰 닭[70], 구렁이와 까치(꿩)는 대극갈등이 해소되듯 대개 상살(相殺)한다. '악'을 물리치는 더 큰 힘이 있다. 그것은 하늘이다. 하늘은 위기에 처한 아이들에게 줄을 내려보내고 악을 응징한다.

이런 '하늘로부터의 구원'을 초자연적 힘에의 의존의 표현이며 악과 직접적인 대결을 회피하려는 경향이라고 할 수도 있다. 그러나 다른 한편 한국인이 하늘의 관대함을 얼마나 깊이 믿고 있는가를 보여 주는 것이기도 하다. 여기에서 우리는 한국인의 초자연적인 것, 무의식에의 근원적인 믿음과 신뢰를 볼 수 있다.

3) 맺는 말

이상에서 한국민담에 나타난 '악'의 현상을 개관하고 '악'을 물리치는 여러 가지 양식을 살펴보았다. 폰 프란츠가 이미 지적했듯이 한국민담을 보아도 '악'의 이미지의 특성이나 그것을 물리치는 방식에 어떤 일정한 규칙이 정해져 있는 것은 아닌 듯싶다. 실로 악의 다양한 특성과 역설적인 해결 방법이 민담 하나하나에 따라 다르게 제시되고 있다. 다만 나의 인상으로는 우리나라 민담이 자연스러움, 소박한 감정표현, 무위(無爲)의 위대함, 인내와 성실성의 미덕, 위대한 체념과 포기, 자기희생의 용기 등을 많이 강조하고 있는 듯하다고 말할 수는 있다. 또한 한국민담에서는 부정적, 모성콤플렉스로 대변될 수 있는 '악'의 실체와 그 위험성에 대한

---

70) 예: 〈계림사의 흰닭〉, 최상수, 앞의 책, pp. 352-353.
숲 속 지하에 들어 있는 큰 지네들이 절의 스님을 하나씩 잡아먹는다. 흰닭들이 싸워서 지네를 죽이고 괴변이 사라지나 흰닭도 죽는다.

보다 심각한 인식과 신중한 대처가 발견된다고도 할 수 있다. 그러나 이런 경향이 한국민담 특유의 것이라고 단언할 수는 없다.

'악'에의 대결에 있어서 페르세우스(Perseus)형 영웅신화는 한국민담에서 지하국대적제치설화의 여러 유화로서 널리 분포되고 있고 분명 그것은 세계 보편적인 집단적 무의식의 여러 상징과 자기실현의 원초적인 과정을 상징적으로 표현하고 있는 것들이다.

이것은 너무나 전형적인 이야기이기 때문에 이곳에서는 많이 다루지 않았다. 다소나마 한국적인 특성이라고 할 만한 것을 예로 들어 해석하려 했기 때문이다.

무수히 많은 유화가 있다. 국내에도 국외에도.—벌써 그 문제해결의 다양성 때문에 우리는 쉽게 민담을 어느 특정 민족의 민족성이나 집단심성과 성급하게 결부시키기를 주저한다. 민담(Märchen)도 집단의식의 영향을 받게 되기 때문에 각 나라 민담의 특성이 눈에 띄게 되는 것은 물론이다. 그러나 비록 그 특성이 부각된다 하더라도 그 밑바닥에는 인류 보편의 원초적 심성의 원류가 흐르고 있다. 그리고 민담의 국민적 성격의 논의는 연구자의 주관에 많이 좌우될 수 있다.

나는 한국인과 서양인 피분석자의 꿈에서 무의식이 마음의 갈등을 어떻게 해소하는가를 조사한 일이 있다.[71] 그러나 갈등해소의 양식이 어느 쪽에서나 매우 다양하다는 것 이외에 아무런 차이도 발견할 수 없었다. 문화나 민족 간의 차이보다는—내가 조사한 범위에서는—남녀 간의 차이가 훨씬 두드러진 것이었다.

사회적 갈등과 도덕적 갈등을 가진 환자의 고통을 심리적으로 이해하고 치료하는 치료자에게 민담은 매우 중요하다. 왜냐하면 민담은 비록 문제해결의 양식이 극도로 다양하기는 하지만 인간의 심성을 반영하고 지혜

71) 이부영, '한국인 피분석자의 꿈에 나타난 갈등의 양상과 그 해결', 〈신경정신의학〉 14(3), 1975, pp. 276-287.

를 가르쳐 주기 때문이다. 그러한 지혜에는 일상적인 생의 사회적 일반율, 도덕적 규범과는 전혀 다른 내용이 들어 있다. 왜냐하면 민담은 때로는 집단정신의 불모의 형식주의를 대상한 산물이기 때문이다.

Ⅲ. 한국민담에 나타난 한과 여성상

1. 원령전설과 한의 심리

원한을 가진 넋에 관한 이야기는 우리나라뿐 아니라 전 세계에 널리 퍼져 있는 이야기다. 그것은 대개 음산하고 무섭다. 그것은 마치 이루지 못한 사랑, 받아들여지지 못한 사랑의 통한으로 복수의 섬뜩한 칼날을 어둠속에서 준비하고 있는 것을 발견했을 때처럼 사람들에게 공포심과 동시에 어떤 전율을 일으킨다. 오뉴월 서릿발 같은 이와 같은 원령의 증오심과 복수심은 가히 인간의 것이 아니라고 할 수 있다. 그곳에는 신성불가침의 절대적 권위가 있다. 사람의 원한은 자기도 죽이고 남도 죽일 수 있는 무서운 파괴적인 힘을 가지고 있는 점을 생각할 때, 우리의 이야기 속에 나오는 원령들은 때로는 그러한 차가운 증오심을 품은 채 우리의 무의식 속에 도사리고 있는 심상일 것이다. 그 신성불가침의 넘볼 수 없는, 단죄하는 감정과 절대적 판단은 마치 분석심리학에서 "죽이는 '아니무스'"(killing Animus) 혹은 "죽이는 '아니마'"(killing Anima)라 부르는 남성과 여성의 무의식에 왜곡된 상태로 남아 있는 부정적 아니마(negative Anima) 혹은 부정적 아니무스(negative Animus)의 속성과도 같다. 하나는—즉 아니마는 상처 입은 감성으로, 다른 하나—즉 아니무스는 한치의 용서도 없는 서릿발 같은 독단적 판단과 부정적 사고로 표현되게 마련이다.

그러나 모든 넋이 모두 다 그렇게 심한 원한을 가지고 있는 것도 아니고 모든 원령(怨靈)이 그렇게 무섭고 해로운 절대자같이 행동하는 것은 아니다. 우리의 전설과 민담에 묘사된 사령(死靈)들은 그저 비교적 소박한 편이다. 물론 그러면서도 여러 가지 서로 다른 그림자의 농도를 가지고 있다.

사령의 특성과 생자와의 관계를 보면 거기에 우리 민족의 무의식의 내용들을 볼 수 있다. 사령에 대한 관념과 태도에서도 우리의 무의식에 대한 의식의 태도와 반응이 어떤 것인지를 알 수 있다. 필자는 이미 무속의 사령제와 관련하여 사령현상에 대한 광범위한 고찰을 실시한 바 있다.

이곳에서 다루고자 하는 것은 전설, 민담 속에 나타난 사령과 소위 원령들이 무슨 목적으로 나타나 어떻게 무슨 작용을 이른바 생자에게 주고 있는가를 살피는 데 있다. 약간은 감상적인 동기에서, 혹은 한국적 특성을 부각시키기 위해서 많은 사람에 의해 실시되었듯이 한의 문학적, 심리적, 병리적 분석을 하려는 것은 아니다. 더구나 여기서 한으로 하여금 한국인의 심성의 특성이라고 일반화할 생각은 없다. 다만 몇 가지 사령에 관한 우리나라의 이야기 속에 나타나는 현상을 있는 그대로 살피고자 한다.

1) 설화에 나타난 사령현상

무속 관계 자료를 중심으로 한 사령현상과 그 심리학적 상징에 관해서는 이미 다른 곳에서 논술하였다.[1)] 중복되는 점도 있겠으나 여기서는 주로 무속 신앙보다도 설화의 내용을 중심으로 생각해 보기로 한다.

죽은 넋이 살아 있는 사람에게 어떻게 작용하는가에 관한 이야기는 옛

---

1) 이부영, '한국 무속관계자료에서 본 사령의 현상과 그 치료' 제1보 〈신경정신의학〉 7권 2호. '사령의 무속적 치료에 대한 분석 심리학적 연구' 〈최신의학〉 31권 1호, 「분석심리학」, 일조각, 1993, 제8장 〈분석심리학과 종교〉 참조.

날부터 수없이 많았을 것 같다. 사실은 그것을 전부 통틀어 보아야 옳을 것 같으나 그러한 학문적 순결주의, 완전무결주의를 충족시키기에는 너무나 우리나라의 여건이 부적당하므로 여기서는 「삼국사기」, 「삼국유사」에 실린 이야기들과 「용재총화」, 그리고 현재 발표된 여러 가지 전설, 민담을 그 자료로 삼는 데 그쳤다.

이렇게 사서(史書)라든가 지나간 시대의 설화를 뒤적이는 이유는 사령현상이 시대에 따라 많이 변천되어 오지 않았는가를 살펴보기 위해서인데 지금까지 보아 온 자료만으로는 도저히 무슨 결론을 내릴 수가 없고 단지 인상적인 판단으로는 확실히 '사령관'이라는 것이 시대에 따라 서로 달랐을 것이라는 추측을 하게 된다.

「삼국유사」는 역사책이지만 상당히 설화적인 내용을 많이 가지고 있는데, 흥미 있는 것은 사령이 나오는 이야기에 일체 원한을 가진 사령, 즉 '원령'에 관한 이야기를 찾을 수 없다는 것이다.

사령은 곤경에 빠진 왕을 도와 적을 무찌르는 한 무리의 군사가 되기도 하고(권1, 〈미추왕과 죽엽군〉) 〈도화녀와 비형랑〉처럼 죽은 왕의 넋이 평상시 탐내던 여자 앞에 나타나 동침을 하여 귀신의 무리를 거느리는 이상한 능력을 가진 아들을 낳게 하기도 한다. 사자는 신비력의 소유자이며 사자와의 결합은 또한 신비력을 계승하는 계기가 된다. 죽지랑의 이야기(권2)는 죽은 거사(居士)가 바로 그 뒤에 어느 부부의 꿈에 나타남으로써 아이로 다시 태어났음을 말하고 있는데 그 아이도 뒤에 비상한 능력을 발휘하는 것으로 설명된다. 사자들은 모두 생시와 전혀 다르지 않게 나타나며 죽음과 삶이 마치 마루와 안방 문턱을 드나들듯 자유롭다.

> 36대 혜공왕 때—대역 14년 사미 4월에 홀연히 선풍이 유신공(庾信公) 무덤에서 일어나면서 그 가운데 한 사람이 준마를 탔는데 장군의 모양과 같고 또한 의갑(衣甲)과 기장(器杖)을 차린 40인 가량이 그 뒤를 따라 죽현

> 릉으로 들어갔다. 조금 있더니 능 속에서 마치 진동하고 우는 소리가 나는 듯하고 혹은 호소하는 듯한 소리도 들리었다. 그 말에 가로되 '신이 평생에 보시구난(輔時救難), 광합(匡合)의 공이 있었고 지금 혼백이 되어도 나라를 진호하여 재앙을 물리치고 환난을 구코자 하는 마음이 잠시도 변함이 없는데 지난 경무년에 신의 자손이 죄없이 죽임을 당하였으니 이것은 모두 나의 공렬(功烈)을 생각지 않는 것이라, 신은 차라리 다른 곳으로 옮겨가서 다시는 근로하지 않겠으니 왕은 허락하소서'하였다.
>
> —「삼국유사」 권1(이병도 역)

이 말을 왕이 듣고 놀라 신하를 김공의 능으로 보내 사과하고 명복을 빌게 하였다고 하는데 김유신의 영을 '원령'이라고 하기는 어렵다. 그것은 차라리 결연한 항의이며 분노라고 보아야 한다. 그런데 사자의 세계에도 생자의 세계와 꼭 같은 위계질서가 지켜진다는 것과 나라를 지키며 재앙을 물리치고 환난을 구제하는 등의 사자의 역할이 뚜렷이 표현되어 있는 건 흥미 있는 일이다.

종묘를 소홀히 하고 거기서 잡사를 숭배하였으므로 그 사람이 무참하게 죽은 이야기(〈가락국기〉)가 있거니와 이것도 원한의 결과이기보다는 신노로 말미암은 징벌이라 볼 수 있다. 종묘의 신성성과 우월성을 과시하는 보다 결정적이며 보다 적극적인 감정적 태도를 볼 수 있기 때문이다. 그런 뜻에서 도광법사의 무덤의 영험도 사자의 힘의 무한함을 암시하고 있는 이야기이다.

「삼국유사」 권5에 나오는 몇 가지 황홀한 승천의 장면 묘사가 아니더라도 신라인들의 죽음에 대한 태도가 얼마나 긍정적이었으며 그만큼 생에 대한 태도가 뚜렷하였는가를 알 만하고 사령들에게 어두운 그림자가 없는 것도 그런 까닭이 아닌가 생각된다. 다만 「삼국유사」의 이야기가 고려의 승 일연의 주관적인 정신적 취향을 어느 만큼 내포하고 있는가 하는 것은 충분히 고려되어야 할 것이다.

「삼국사기」에 나온 사령은 대개 왕이나 장수, 혹은 고명한 스님의 경우뿐이며 서민의 넋에 관해서는 언급이 없다. 「삼국사기」 〈고구려 본기 유리왕조〉에는 희생으로 쓰는 돼지를 왕의 신하 둘이 붙잡아 다리를 끊어 왕이 노하여 둘을 죽였더니 왕이 병이 났는데 무당이 말하기를 탁리와 사비 두 신하의 저주 때문이라고 하여 왕이 사과하니 병이 나았다는 이야기가 있다. 여기 비로소 우리는 민중의 원한이 왕을 병들게 한 이야기를 본다.

사실 일천 수백 년 전의 일이라고 기록되어 있는 전설(최상수 편 「한국민간설화」, 73번 설화) 〈은산별신당(恩山別神堂)〉은 멸망한 백제 장졸들의 원혼이 그 고을에 전염병을 일으킴으로써 이들의 원한을 주민들에게 알리고 사람들이 그들을 잘 장사지내고 당을 세워 위로하자 병이 없어졌음을 알리고 있다. 이런 이야기는 사실 고려·조선에 내려와서 수없이 알려져 있으므로 은산별신당의 '백제고사'가 과연 그 당시의 사실과 일치하는 것인지는 따로 연구해 보지 않고는 알 수 없다. 또한 신라 때 일이라 전하는 〈맹동 전설〉(최·226)은 조선 때의 〈아랑각 전설〉(최·120)의 한 유형이라 보겠다. '원령'이 고을의 군수를 모두 장님으로 만들었다는 것인데 이 연대의 신빙성도 따로 검토되어야 할 것이다. 다만 사건 처리의 주도인물이 아버지인 군수여서 강력한 부권의 영향력을 엿볼 수 있다는 것이 아랑각 전설과 다른 여러 특징 중의 하나라고 보겠다. 그 밖에 신라 때 일이라고 적혀 있는 이야기 〈간묘〉(최·156), 〈풍수사의 묘지〉(동·74), 〈유장산〉(동·132) 등에 나오는 '사령'들은 살아 있는 사람을 간하거나 무엇을 청하거나 하되 원한의 화살을 던져 해롭게 한 흔적이 없다. 특히 화장산(花藏山) 전설은 부모의 넋이 죽은 아이들의 넋을 복숭아꽃으로 만듦으로써 왕의 병을 고치게 하는 등 죽음의 슬픔을 한 줄기 아름다운 선채(仙菜)로 꽃피게 하고 있다.

이것만 보고 단언 짓기는 어렵지만 삼국시대에 위험하고 해로운 '원령'에 관한 이야기나 신앙이 없었던 것은 아니지만 특히 신라의 경우 사자(死者)의 창조적이며 적극적인 힘에 대한 신뢰가 유독 강했고 따라서 살아 있는 사람의 죽음에 대한 태도도 적극적이었던 인상을 받는다.[2)]

여기에 비하면 조선조에 기술된 성현의 「용재총화」에 나오는 사령은 어둡고 위험하고 해로운 '원혼'들이다.

홍재추에 관한 이야기(권4)에서는 여승의 원혼이 구렁이가 되어 공을 괴롭혔으니 결국 공은 정신이 점점 없어지고 안색이 초췌해져 드디어 병이 되어 죽었다고 하고 권5의 안생에 관한 이야기에도 죽은 처의 망령에 쫓긴 안생이 결국 얼마 안 가서 죽어 버렸다고 하였다. 같은 권5의 보광사 대선사의 이야기에도 그가 죽어 뱀이 되어 같이 살던 마을 여자에 가까이하였다고 했는데 여기서는 그 여자의 아버지가 그 구렁이를 다스릴 수가 있었다. 「용재총화」에는 사실 죽은 사람의 넋에 관한 이야기가 이런 정도이고 이 이야기는 순수한 민담(Märchen)이 아니기 때문에 성현의 개인적인 취미, 그 시대의 문학사적 상관관계 등을 고증해야 하겠고 같은 시대의 비슷한 이야기들과도 비교해 볼 필요가 있지만 이것은 저자의 영역 한계를 넘어서는 것이어서 다른 분야 사람들의 이 방면의 연구가 절실히 요청된다.

고려나 조선 때 이야기라고 하는 전설에서 보면 〈손돌목〉(최 · 15), 〈밀양 아랑각〉(동120), 〈동래관우묘〉(123) 등 사령은 풍랑을 일으키지 않으면 병을 주거나 죽음을 줄 만큼 위험한 것으로 묘사되고 있다.

사령현상에 대한 이야기는 대개 실제 경험담을 근거로 하는 것 같고 거기에 대한 사람들의 해석이 이야기로 발전된 것이라 보아도 무방할 것 같다.[3)] 또한 그러한 집단적인 추리에 근거해서 생긴 사당이나 민속신앙을 중심으로 이야기되기 때문에 민간의 원령신앙과의 관계를 살펴보지 않으

2) 김동욱, '신라인의 사생관', 〈한국 사상〉 제5집.

3) M.-L. von Franz, *Interpretation of Fairytales*, Spring, 1970.

면 안 될 것이다. 그러나 이것은 이미 다른 곳에서 논하였다. 원령을 다스리기 위한 제사를 여제(厲祭)라 하여 고려·조선에 무척이나 성했다는 것을 지적하고 자세히 논하는 것은 피하겠다.[4)]

연대와 인물의 기재 없이 '옛날 옛적에'로 시작되는 이야기 가운데서는 좀처럼 사령에 관한 이야기를 찾기 힘들다. 〈남국의 전설〉(진성기)에서 〈사만이〉(pp. 53-56), 〈선비와 혼령〉(pp. 192-193) 등의 예를 본다. 민담에서는 '사령'에 해당하는 것이 '귀신', '도깨비', '요물' 등으로 나타나고 그 이야기도 복잡해진다.

사실 원령이란 후대의 것이 아니라 아득한 옛날부터 있어 온 모양으로 중국신화에 보면 영웅 '예(羿)'는 그의 아름다운 부인이 달나라로 도망간 뒤 날로 포악해져서 그의 종들이 작당하여 복숭아나무 방망이로 때려죽였다. 그러나 그는 죽어서 종포신(宗布神)이 되어 민가에서 그를 위하여 제사를 드려 액을 막았다. 모리(森)는 종포신을 별들의 신이라 했다지만 원가는 유령귀신의 수령으로서 천하의 온갖 나쁜 요괴 유귀가 사람에게 해를 끼치지 않도록 하는 것이 그의 역할이며 척곽(尺郭)이나 종규(鐘馗)와 비슷한 점이 있다고 하였다.[5)]

엘리아데(Eliade)에 의하면 중앙아시아의 유목 민족 사이에는 최초에 죽은 자의 넋이 사자 세계의 왕이 된다. 살아 있는 자를 저승으로 잡아가는 죽음의 사자(Todes-Engel)도 원한을 가진 사령이다. 우리나라 무속에서도 사람들을 저승으로 잡아가는 차사는 아직 미혼인 남자의 넋, '강림도령'이라는 설이 있다. 그러나 같은 자연민족 중에서도 에스키모족의 사령관은 아주 적극적이며 또한 그들의 종교적 생활 태도와 부합된다.

4) 이부영, '한국민간의 정신병치료에 관한 연구', 〈최신의학〉 15(2), pp. 191-213.
5) 袁珂, (伊藤 등 역) 「中國古代神話」, みすず·ぶつくす, 東京, 1960. p. 58.

2) 원령과 한의 심리

'원한' 혹은 '노여움'이라는 감정은 무엇보다도 먼저 '남에게 의지하는 마음'에서 온다. 의지하지 않고 자기가 자기 감정의 처리를 하면 노여울 것도 없다.

그런데 우리나라 사람들은 곧잘 노여워하고 남을 원망한다. 또한 남의 노여움이 두려워 그것을 미리 막거나 노여움을 푸는 데 온갖 정성을 다 드린다. 그것이 마치 대인관계의 핵심처럼 되어 있다. 보이지 않는 '노여움'이 쌓이면 온갖 모략중상으로 자기에게 해를 끼치기 때문이거나 끼친다고 생각하기 때문이다. 여기에는 상하의 구별이 없다. 윗사람은 아랫사람의 노여움을 두려워하며 아랫사람은 윗사람의 노여움을 사지 않으려 한다. 도대체 사람에 위아래가 있을 수 없건만 한국에는 아직 이런 상대적 의존관계가 뿌리 깊게 남아 있다. '한'은 수백 년 내려온 한국인의 감정적 문제의 초점을 이루고 있다.

지금 우리는 여기서 사자의 한을 논하고 있다. 그러나 이것은 사실 불가능한 일이다. 죽은 자가 원한을 가지고 있는지 없는지 살아 있는 자가 헤아릴 도리는 없다. 여러 가지 심령학적(Parapsychology) 현상에 입각해 볼 때 사령의 실존은 '융'심리학에서도 부정하지 않고 있지만 사령이든 원령이든 심리학적으로 제일 먼저 생각해 보아야 할 대상은 사령 그 자체보다도 죽음과 저승과 죽은 자에 관한 살아 남은 사람의 '생각'과 '감정'으로서의 사령현상이다.

이렇게 볼 때 '한을 가진 사령'이라는 생각은 살아 남은 사람의 한을 동시에 의미한다. 살아 남은 사람의 한을 사자에게 투사하고 마치 사자가 생자를 원망하고 있는 것처럼 생각하는 것이다.

——공(公)이 드디어 젊은 여승과 더불어 즐거움을 풀고 서로 약속하되

모년 모월에 그대를 맞아가리라 하였다. 여승은 그 말을 굳게 믿고 기다렸으나 아무 소식이 없어 드디어 병들어 죽었다. 공이 그 뒤 남방 절도사가 되어 영문에 있을 때 하루는 도마뱀만한 물건이 공의 자리 위로 기어다니므로 공이 아전을 불러 밖에 내던지어 죽여 버렸더니 그 이튿날엔 작은 뱀이 다시 방에 들어와 있으므로 이를 또 죽이니 그 이튿날엔 다시 뱀이 방에 들어오는지라 비로소 여승의 귀신이라는 의심이 났다. 그러나 자기의 위무만 믿고 아주 없애 버리고자 하인에게 명해서 그것을 없애 버렸더니 그 뒤로는 매일 같이 뱀이 안 나오는 날이 없고 나올 때마다 몸뚱아리가 점점 커져서 드디어 큰 구렁이가 되었다. 공이 영중(營中)의 군졸을 모아 칼을 들고 사면을 에워싸도 소용이 없고 장작불로 구렁이를 태워 죽여도 소용이 없다. 할 수 없이 밤엔 뒤주 같은 궤짝 속에 구렁이를 넣어 방 안에 두고 낮엔 내다 두었으며 늘 같이 들고 다니게 했는데 공은 정신이 점점 없어져 병들어 죽었다.

—「용재총화」 권4 참조

이런 이야기나 〈정인홍과 뱀의 앙갚음〉(「한국민속종합조사보고서」, 전북편, 설화 1226)에서 보는 바와 같이 학덕 높은 주인공을 주모가 좋아하는 것을 물리치자 그것이 원이 되어 죽은 뒤 뱀이 되어 주인공이 거처하는 사랑방의 벽장 안에 도사리고 있는데 그는 하루에 한 번씩 벽장문을 열고 그 뱀을 노려보곤 했다. 그 제자가 요물이라 하여 태워 죽이자 주인공의 아들에게 재난이 생겼다는 이야기나, 모두 사랑을 이루지 못한 여자의 원한을 구렁이나 뱀으로 묘사하고 있거니와 그것이 바로 이 도학자와 저 벼슬아치 자신의 감정적 문제라고 보는 것이다. 여기에 나오는 뱀이나 구렁이는 현실적으로는 여자의 집념이요 정욕이지만 좀더 깊이 살펴보면 남자들 자신의 정욕이고 집념과 일치한다고 보는 것이다.

이것을 무의식적인 것의 존재를 전제로 하여 생각해 보면 이해하기 쉽다. 「용재총화」의 주인공은 여승에 대한 사랑을 까맣게 잊어버린다.—심리학적 용어를 빌리면 그 사랑의 감정은 의식을 떠나 무의식계에 들어가 버린다. '도마뱀 만한 뱀이 잠자리 위를 기어다닐' 때부터 비로소 무의식에 숨어 있던 심상(心傷)이 몽롱한 의식에 그 모습을 보이기 시작한다. 그것은 극히 하찮은 성적 공상 혹은 추억 혹은 욕정과 같은 것이다. 주인공은 그러나 이것이 무엇과 관련되는지를 깨닫지 못하고 간단히 눌러 버린다. 그러나 뿌리 깊은 무의식의 내용은 억누르면 억누를수록 더 강하게 의식을 자극하게 마련이다. '쓸데없는 하찮은 생각'이 생각 안 하려야 안 할 수 없는 강박성을 띠고 의식의 문을 침범해 들어온다. 주인공이 여승의 원귀임을 알고 힘으로 퇴치하려 해도 문제는 점점 더 커질 뿐이다. 처치하면 할수록 '점점 더 커지는 괴물'은 간혹 한국 사람이나 서양 사람들 꿈에서 볼 수 있고 대개는 의지로 마음속의 내용을 억누를 때 나타난다. 강박신경증은 그 하나의 병적인 발현이다. 주인공은 결국 하는 수 없이 구렁이를 넣은 상자를 끼고 다닌다. 다시 말해서 본능적 갈등을 자기의 것으로 받아들인다. 그러나 마지못해 받아들였으므로 여기에는 언제나 고민이 따라다니는 수밖에 없고 그것이 오래될 때 만성적인 심신의 소모를 초래할 것은 말할 것도 없다.

여기에 비하면 〈정인홍과 뱀의 앙갚음〉에 나오는 학덕 높은 선비의 태도는 차라리 성숙한 편이다. 뱀이 된 주모는 결국 도덕과 이성에 치우친 주인공의 무의식 속에 남아 있는 미숙한 감정이고 그 본능적인 측면이라 볼 수 있다. 주인공은 이것을 억압하거나 피하지 않고 매일 한 번씩 벽장 문을 열고 뱀을 노려보는 식의 적극적인 대결을 한다. 다시 말해서 자기의 무의식을 '직면'하는 시간을 가지는 것이다.

사람이 원으로 죽어 동물로 변한다는 것은 그만큼 그 원한의 성격이 본능적인 데 있음을 말하는 것이다. 융은, 뱀은 '리비도'(Libido·정신적 에너지)의 상징이라 하거니와 그 나타나는 양상에 따라 여러 가지 감정적 특색을 나타낸다 하였다. 이루지 못한 사랑이 질투로 발전할 때 거기에는 이미 진정한 사랑이 아닌 지배욕이 고개를 든다. 여자는 남자를 자기의 것으로 만들려는 집념에 사로잡힌다. 이것이 이 두 이야기에 나온 뱀이고 구렁이다. 이것은 사랑이 아니라 권력의지이다. 이런 문제를 피해 다니면 여자의 질투가 엄청나게 커져서 자살소동까지 벌인다. 자살을 권력의 수단으로 사용하는 것이다.

원령에도 여러 가지 종류가 있다. 인격적인 것도 있고 동물령도 있고 남성도 여성도 있으며 개별적으로 나타나는 수도 있고 집단으로 나타나는 수도 있다. 또한 그 가운데는 다스릴 수 있는 원령과 근처에만 가도 죽어 버리기 때문에 피하지 않으면 안 될 것도 있다.

모든 원령에 공통적인 것은 그것이 처음에는 여러 가지 해로운 현상으로 나타난다는 것이다. 그러나 일단 그 해로운 것을 적극적으로 받아들일 때 그 현상은 이미 해롭지 않을 뿐 아니라 때로는 의미 있는 것으로 바뀌는 수가 있다. 인당수의 소용돌이 치는 바다는 무섭고 위험하지만 죽음을 받아들이고 용감하게 몸을 던진 심청은 은은한 음악소리와 알 수 없는 향기가 가득한 용궁 속에서 죽은 어머니를 만나고 놀란다. 손돌목의 때아닌 폭풍은 결국 왕으로 하여금 죽은 손돌의 억울함을 깨닫게 하기 위한 것이었다. 바다의 불임(바다의 황폐화), 육지의 역질은 알고 보면 원한을 가진 여자의 소원을 알아주기를, 그리고 수없이 죽은 전사자의 시체를 기억해 주기를 촉구하는 데 그 목적이 있었다.

아랑각전설의 '아랑'은 머리를 갈래갈래 풀고 목에 칼을 꽂고 피투성이가 된 채 부사 앞에 나타난다. 그러나 그녀는 결코 새로 부임한 부사에게 해를 주려는 의도가 없다. 그녀는 공손히 절을 하고 말한다.

"제가 원하는 바가 있어 말씀드리고자 가까이하면 어찌된 일인지 부사가 혼돈하여 죽고죽고 하여 말씀을 드리지 못하였습니다."

앞에서 말한대로 '아랑'은 그렇게 죽었으니 그렇게 나타나는 수밖에 없었던 것이다. '부사가 영문 모르게 죽어 나간다'는 것은 흉사임에 틀림없으나 그 원인은 '아랑'이라기보다 아무 준비 없이 부사로 부임한 사람들이다. 새 부사는 그들과는 달리 자원하여 밀양부사로 부임한다. 그의 행동은 의식의 결단에 근거한다. 그는 관노에게 일러 불 켜는 초를 많이 구해 들이게 해서 촛불을 사방에 낮과 같이 환하게 켜 놓고 잠을 자지 않고 있었다. 그는 잠자는—즉 맹목상태, 혹은 무의식상태에 있는—다른 부사와 달랐다. 그는 사도 '바울'의 말처럼 깨어 있었다. 의식의 촛불을 밝힌 채 어둠 속에 숨은 문제를 직면할 태세를 갖추고 있었던 것이다. 그러기에 그는 죽지 아니하고 억울하게 죽은 전 부사의 딸 '아랑'의 사연을 들을 수 있었고 그 범인을 찾아냄으로써 원한을 풀어 줄 수 있었던 것이다.

사자의 원한은 위험한 현상을 일으키기는 하나 생자의 의식의 태도 여하에 따라서 그 위험성을 제거할 수 있을 뿐 아니라 단절되었던 과거의 어떤 잃어버린 문제를 소화시켜 현재로 연결할 수 있게 하는 것이다.

그런데 설화의 이와 같은 특징은 정신의학의 임상이나 그 밖의 일상적인 생활 속에서도 발견된다. 원령의 현상으로서의 폭풍, 질병, 재앙 등 자연의 재해는 마치 한 개인의 의식을 흔들어 놓는 노이로제의 증상과도 같은 것이다. 노이로제 환자들은 우선 불안, 공포, 강박적 사고 등의 증상에 놀란다. 될 수 있는 대로 그 증상에서 도피하려고 한다. 그러나 그럴수록 그들은 그 증상에 사로잡힌다. 그들은 그 증상이 주는 고통을 이겨 나가서 그 표면적인 괴로움 뒤에 숨어 있는 무의식적인 동기를 발견할 때 그들의 병은 극복되며 정신치료란 바로 표면적인 현상 뒤에 숨어 있는 내용을 환자로 하여금 깨닫게 하는 것이다. 그러기 위해서는 미지의 세계—심리학적으로 무의식이라 부르는—에 의미가 있음을 알고 그 어두운 마음의 심연을 들여다보는 태도가 필요하다.

'원령'이란 무의식에 유리된 자율적인 '콤플렉스'(complex)라고 볼 수 있다.[6] '융'심리학에서 '콤플렉스'라 말하는 것은 반드시 병적인 내용을

6) C. G. Jung, *Die psychologischen Grundlagen des Geistergalaubens*, (in) *Über Psychische Energetik und das Wesen der Träume, Rascher Verlag*, Zürich, 1948, pp. 279-311.

말하는 것이 아니고 어떤 감정적 체험에 의하여 집결된 심상군을 말한다.[7] 의식의 통제를 벗어난 것이므로 각자는 자기의 '콤플렉스'들을 의식하지 못한다. '콤플렉스'는 에너지를 가지고 있어 여러 가지 감정적 반응을 일으킬 수 있다. 이것이 오랫동안 무의식에 숨어 있으면 에너지의 축적이 일어나 의식면을 자극하기에 이른다. 이때 나타나는 의식계의 변화가 때로는 장해라고 불릴 만큼 괴롭거나 위험한 현상으로 보이는 수가 있다. 그러나 이것은 헐벗고 굶주린 채 밤에 찾아와 문을 두드리는 손님과 같은 것이다. 그들은 의식에 받아들여지기를 촉구하고 있는 것이다.[8]

무의식의 창조적 기능은 때때로 그 예시적, 선지적인 능력에 나타난다. 온 마을이 전염병에 시달릴 때 원령은 어느 동리에 사는 한 노인의 꿈에 나타나 중요한 사실을 알리고 그 해결책을 가르쳐 준다. '해랑당(海娘堂)'의 원혼은 좋아하는 사람과 결혼을 못한 설움을 마을 사람들에게 꿈으로써 알려준다. 평남 용강군의 신역에 대한 유래 전설에서는 악역(惡疫)이 유행하는 고장의 원님이 산신에 기도할 때 하늘 일각에서 나오는 소리를 통하여 과부를 연모하였으나 뜻을 이루지 못한 남자의 노여움을 전하고 1년에 한 번이라도 위로하여 줄 것을 간청한다. 그러나 이러한 예언이나 무의식의 메시지가 반드시 그때 나타나고 있는 것은 아니었다. 역질은 전염병이었을 것이고 전사자의 원한과는 직접 관계가 없었을 것이다. 무의식으로부터의 메시지는 그러니까 역질이나 바다의 불임 등과 같은, 생명을 위협할 만한 절망적인 사건을 계기로 그들의 의식에 떠오른 그들 민중 자신의 공통된 원한이었던 것이다.

나라를 위해 싸웠으나 나라로부터 돌봄을 받지 못한 설움이며 노여움

7) 이부영, 「분석심리학」, 일조각, 1993, 제2장 〈콤플렉스 론〉 참조.

8) 무의식은 목적 의미(Zwecksinn)를 가지고 있다고 '융'은 말한다. 이것은 또한 프로이트의 무의식관과 다른 것 중의 하나라고 할 수 있다. 무의식에 '뜻'이 있다고 생각하면 구태여 정신분석에서 자아의 방어 기전(Defense Mechanism)을 크게 내세울 필요가 없을 것이다.

이다. 해랑당의 처녀의 노여움도 그들 자신의 못다한 생의 노여움이다. 이것이 어떤 현실적인 사건과 결부되어 마을 사람 공동의 신앙의 대상을 이루게 된다. 마을 사람들의 무의식의 집단적 투사의 결과인 것이다. 그러나 이러한 투사작용도 일단 제사라는 종교 행위를 합리화시키는 이론으로 정착하면 다음부터는 같은 사건이 생길 때 으레 같은 이론을 이용하여 같은 제사를 되풀이하게 된다. 그러면 신역유래전설(神域由來傳說) 같은 것도 일정한 틀에 얽매여서 무의식의 내용이 의식적 이론체계로 말미암아 도식화해 버려서 그 순수한 모습을 볼 수 없게 된다.

원령의 치료—그것은 대부분의 경우 그 원한의 위로이며 신사(神祀)는 그 중요한 수단이 된다. 위로의 방법은 원혼이 못 다한 것, 바라는 것을 보충하는 것으로서 프로이트의 이른바 욕구충족(Wünscherfüllung)을 방불하게 한다. 사랑에 굶주린 처녀에게는 신(腎-남근)을 제사 지내고 억울하게 죽은 처녀는 그 복수를 해 주며 돌보지 않고 내버려 둔 해골들은 주워 모아 정중히 장사지낸다. 우리나라 민중들의 생각도 어디까지나 사자의 '욕망충족'에 있었음은 틀림없으나 다만 그 욕망이 '사람은 결혼해야 하며 해골은 잘 장사지내야 한다'는 식의 문화적으로 결정된 전제를 기초로 하는 것이 다를 뿐이다.

'순국선열에 대한 묵념'으로부터 추석 성묘로 이어지는 신령 숭배는 대부분의 경우 이러한 욕구충족의 정신을 바탕으로 끊임없이 이어져 내려오고 있다. 원령의 이 반복적 위로가 강박적으로 반복되지 않을 수 없는 이유는 그러나 바로 이 민중들의 '욕구충족 정신'에 있다. 근본적인 자각을 결여한 무의식적 욕구충족은 결국 또 하나의 불만의 씨를 뿌리기 때문이다. 노이로제 환자가 근본적인 치료를 피하고 증세만 없애 주기를 기대하면 그는 영원히 약과 의사와의 강박적 의존관계에서 벗어날 길이 없을 것이다.

그러므로 여기에는 해석상의 하나의 지양이 필요하다. 가령 '결혼'이라는 것을 한국인은 생의 목적이라 할 만큼 중요시한다. 그러나 상징적으로 볼 때 그것은 대극의 결합(coniunctio oppositorum)이며 그런 의미에서 자기 완성이며 전일의 경지를 말한다. 그러나 한국인은 아직 우주적 질서와 자기의 실존을 동일시하고 있는 상태에서 한 발자국도 밖으로 나오지 못하고 있는 것 같다. 한국인은 대우주에 소우주를 맞추려고 한다. 소우주라고 하는 자기의 마음속에 실상 대우주의 질서가 있다는 것을 깨닫기를 꺼려 한다.

자기의 삶을 진정으로 살지 못할 때 사람들은 남을 원망한다. 그것은 충분히 불타지 못한 감정, 어느 시인이 읊은 '남은 말'이다.[9] 나는 그것을 잔재감정(Gefühlsrest)이라 부른다. 우리가 우리의 무의식의 이러한 못다 한 감정을 깨닫지 못할 때 원령전설은 자취를 감추지 않을 것이다. 그러나 바깥 세상에 사람으로 하여금 억울하게 하는 일이 많으면 사람들은 스스로 전설의 연출자가 되어 전설 속의 원령처럼 원한의 화신이 되어버릴 가능성이 있다.

깨어 있다는 것은 참으로 얼마나 어려운 일인가.

9) 김남조의 시 〈남은 말〉.

2. 〈선녀와 나무꾼〉: '아니마'를 찾아서

모든 '이야기된 것'은 밖에 일어나고 있는 현상을 묘사했다기보다는 정신의 내면세계에 일어나는 현상을 반영한 것이다. 옛날이야기를 해석하는 심리학적 태도는 심층심리학의 이와 같은 '투사'의 원칙을 전제로 한다. 호랑이가 중이 되어 담배를 피운다거나 선녀가 날개옷을 입고 하늘로 올라간다든가 하는 여러 마술적이며 비합리적인 사건들은 분명 옛날에 그러한 시대가 있었다는 것을 의미하지는 않는다. 민담은 어느 개인이 의식적으로 창작해 낸 작품이 아니라 오랜 세월 동안 집단 속에서 저절로 전해 내려온 것이며 그러기에 거기에는 인간의 '의식' 저편에 잠재하는 심적기능들, 그중에서도 특히 개인의 의식적 체험에 선행하는 보편적이며 근원적인 이른바 '집단적 무의식'의 제심리 내용이 가장 순수하게 나타나 있다.

정신병환자의 망상이나 환각에서 신화나 전설 또는 민담의 여러 주제가 발견되고 프로이트[1]의 '무의식'에 관한 해석에 근본적인 수정이 가해지고 그 내용이 확장, 지양된 것은 1912년 체·게·융(C. G. Jung)이 정신

1) 후에 프로이트도 무의식의 '고태적 유산'을 인정했다. 그러나 그는 그것을 전 세대의 체험에 대한 흔적적인 추억정도로 취급하였다. *Der Mann Moses und die monotheistische Religion*, 1937 참조.

분열증의 연구를 'Wandlungen und Symbols der Libido'[2]라는 제목으로 발표한 데서 비롯한다. '무의식'은 프로이트가 이야기하는 바와 같은 억압된 체험내용의 창고가 아니며 그것은 또한 병적인 내용이어서 '세척'해 내야 할 것도 아니며 오히려 우리의 인격발전에 방향을 제시하며 창조적 원천을 제공하는 적극적인 의미를 가지고 있는 것이다. 무의식의 가장 깊은 층에 자리하는 근원적인 것은 일회적, 개인적인 것이 아니라 플라톤(Platon)의 '이념'에 통하는 보편적, 항구적인 것이며 우리는 거기에 아득한 옛날부터 지금까지 인종과 상이한 문화를 초월하여 존속하는 인간정신의 기본유형, 즉 원형(Archetypus)[3]을 발견할 수 있는 것이다.

민담에서 우리가 얻고자 하는 것은 '원인'이나 '결과'가 아니라 이와 같은 원형이 우리의 의식적 태도에 말하고자 하는 '의미'이다. 이것은 분석심리학적 심리요법의 가장 중요한 태도이다.

다음에 소개하는 민담은 이상노 엮음 「한국전래동화독본」의 〈선녀와 나무꾼〉인데 번잡한 수식을 추려 줄거리만 적기로 한다.

> 아버지도 형제도 없고 오직 늙은 어머니와 살고 있는 한 가난한 나무꾼이 금강산 기슭 어느 골짜기에 살고 있었다. 어느 봄날 나무꾼은 사냥꾼에 쫓긴 사슴의 청을 들어 그를 숨겨 주고 그 은혜로 사슴은 나무꾼에게 고개 넘어 연못에 가끔 선녀들이 내려와서 목욕을 하는데 그 중 맨 끝의 선녀가 제일 예쁘니 그 선녀의 날개옷을 감추고 아내로 맞기를 권한다. 사슴은 그러면서 자녀 넷을 낳을 때까지는 그녀에게 날개옷을 주어서는 안 된다고 충고한다. 과연 새벽이 되자 이야기로 들은 연못에 여덟 선녀가 내려와 목욕을 한다. 나무꾼은 날개옷을 감추고 그 중 끝의 선녀를 아내로 맞아 어머니와 함께 즐겁게 지낸다. 아기 셋을 낳을 때 아내인 선녀는 나무꾼에게 술

2) 이 책은 1952년 개정보완되어 Symbole der Wandlung, Rascher, Zürich의 이름으로 간행되었다.
3) 이부영, 「분석심리학」, 일조각, 1990, pp. 83-103 참조.

을 빚어 소반에 차려 그를 즐겁게 해 주면서 슬쩍 날개옷의 소재를 묻는다. 나무꾼이 아무 생각 않고 숨겼던 날개옷을 선녀에게 보이자 선녀는 그것을 걸치고 아이 셋을 데리고 하늘에 올라가 버리고 말았다. 나무꾼이 어쩔 줄 모르고 절망에 차 있을 때 사슴이 다시 나타나 이제는 선녀가 내려오던 연못에 선녀가 내려오지는 않으나 그 대신 두레박으로 물을 퍼 올리므로 그 기회에 두레박에 매달려 하늘에 올라가도록 가르쳐 준다. 나무꾼은 가르쳐 준 대로 하여 하늘나라에 가서 아내와 아이들을 만나 이제까지 보지도 듣지도 못한 아름다운 경치를 즐기며 편안하고 즐거운 나날을 지낸다. 그러나 나무꾼은 하늘 아래 홀로 두고온 어머니를 잊을 수 없다. 나무꾼은 땅 위의 어머니에게 다녀오겠다고 한다. 선녀는 말리다 못해 '천마'를 그에게 주면서 이르기를 만일 말에서 내려 땅을 디디면 다시는 하늘에 올라올 수 없다고 경고한다. 땅 위의 늙은 어머니는 아들을 보고 반가워 어서 말에서 내려오라고 하나 나무꾼은 내릴 수가 없다. 어머니는 그럼 '국'이라도 마시고 가라고 하면서 '호박죽'을 끓여 말 위에 있는 아들에게 주려 하다 그만 실수를 해서 뜨거운 국물을 말의 잔등에 엎질러 버린다. 말이 놀라 펄쩍 뛰는 바람에 나무꾼은 말등에서 떨어져 그만 땅을 밟고 만다. '천마'는 하늘로 달아나고 나무꾼은 다시는 하늘에 오를 수 없게 되었다. 그리운 아내와 아이들이 있는 하늘을 쳐다보며 나무꾼은 울다 울다가 한 마리 닭이 되었다. 지금도 시골집 지붕 위에서 때를 알리고 있는 닭을 보면 아이들은 이 동화를 생각한다.

이 민담의 주제는 '나무꾼과 선녀와의 결혼'[4]이다. 초인적인 능력을 지닌 아름다운 천상의 딸들과의 결혼이 얼마나 어려운가 하는 것이 여러 가지 사건을 통해서 나타나 있는 이야기다. 심리학적으로 '결혼'은 두 면의 상반하는 심적 요소나 기능, 이를테면 남성에 있어서는 남성적인 자아

4) 이 주제를 다룬 한국민담의 다른 유형들: *Koreanische Märchen(gesammelt von Garin)*, Zürich, 1948, pp. 17-26의 「Pak」, 최상수 저, 「한국민간전설집」, pp. 437, 438, 〈선녀의 깃옷〉.

와 남성 가운데 있는 여성적인 면과의, 여성에 있어서는 여성으로서의 자아와 대개는 모든 여성의 무의식에 숨어 있는 남성적인 면과의 '조화 있는 관계'를 말한다. 우리가 남자로서의 '나'라고 의식하고 행동하는 지성적, 윤리적, 진취적인 면 밖에 우리 속에 포함되어 있으면서 우리가 늘 깨닫지 못하고 있는 우리의 다른 한 면, 비합리적, 수용적인 여성의 속성을 '나'는 '결혼'을 통해서 비로소 그 존재를 깨닫게 되는 것이므로 이 민담의 주제는 나무꾼으로 등장하는 자아가 그의 다른 한쪽, '선녀적인 것'을 깨닫는 즉 '의식화'하는 과정이라 할 수 있다.

그런데 '선녀적인 것'은 정신의 어떠한 것을 상징하는 것일까. 우리는 우선 다른 민담에 나타난 선녀의 특징을 살펴보기로 한다. 한국의 민담이나 전설에 나타나는 '선녀'[5]는 한결같이 모두 천상적인 속성을 지니고 있다. 선녀의 주거는 아마도 하늘인 모양이어서 어느 이야기에도 선녀는 하늘에서 내려온다고 되어 있다. 선녀는 구름을 헤치고 나타나 죄인을 단죄하는 여신이기도 하고 학을 타고 왕의 꿈속에 나타나 계시를 주는 신의 사자기도 하다. 신령스런 능력을 가지고 있어 영약을 다스려 불치의 병을 고치며 계수나무의 정기를 받아 신동을 분만하는 신비로운 '어머니'로 나타나기도 한다. 이와 같은 하늘나라의 아름답고 신비한 여성들에 관한 이야기는 비단 한국뿐 아니라 세계의 모든 민담에서 발견할 수 있는 것으로 중국의 이야기 〈직녀와 목동〉[6]의 직녀나 일본의 〈하늘에서 내려온 처녀〉[7]나 〈앵희〉,[8] 또는 「竹取物語」 속의 〈가구야히메(赫映姬)〉[9] 등이 그

5) 이상노 엮음, 「한국전래동화독본」, 을유문화사, 1963, p. 193, 〈선도 복숭아 세 개〉, p. 280, 〈임당수의 꽃〉, p. 230, 〈동쪽방, 서쪽방〉, p. 323, 〈처녀 호랑이의 소원〉.
이원수 씀, 「전래동화집」, 현대사, 1963, p. 91, 〈선녀와 나무꾼〉.
최상수, 앞의 책, pp. 408, 410, pp. 13, 14, 363, 386, 387, 427, 438, 439, 453, pp. 390, 63, 390, 391.
〈심청전〉에는 용궁에 선녀가 있는 것으로 이야기되고 있다.

6) *Chinesische Märchen (übersetzt von R. Wilheln) (in) Märchen der Weltliteratur*, Diederichs, Düsseldorf-Köln, 1961, p. 32, 〈*Der Kuhhirt und die Spinnerin*〉.

7) 關敬吾 (편), こぶとり爺さん, かちかち山(日本の昔ばなしⅠ) 岩波書店, 東京, 1961,

것이다. 이 이야기들 속에는 지상의 사람들이 하늘나라의 젊고 아름답고 고귀한 딸을 얻은 즐거움과 그를 잃은 슬픔이 교차되어 있다. 선녀에 해당하는 관념으로 아일랜드-켈트계의 민화, 민간신앙에 많이 나타나는 Fee, Fairy를 들 수 있다.[10),11)] 다분히 여신적인 면보다는 요정적인 요소가 강조되고 있는 Fairy는 그러나 그 영원한 젊음과 아름다움, 초자연적인 능력으로 사람의 호기심의 대상이 되었다는 이야기나 바다 저편, 깊은 숲 속의 샘물가에 있는 Fairy의 나라에 대한 환상 등은 이 동화의 선녀와 어느 정도 비슷한 데가 있다. 이와 같은 여성의 신성, 초인간적인 특징이 강조되었으면서 그러한 여성과의 결혼을 다룬 이야기로는 아시아지역 밖에도 유럽 각 지역, 심지어는 아메리카 인디언 사이에도 전승되어 온 〈백조의 처녀〉이야기가 있다.[12),13),14),15)]

이 이야기들은 〈선녀와 나무꾼〉의 유형이라 할 수 있는데 여러 가지 사건 중에 공통되는 것은 지상의 인간과 초인간적인 여성과의 결합이 어렵다는 점이다. '선녀'나 'Fairy'나 '백조의 처녀'들은 어쨌든 그 천상적인 속성에도 불구하고 가끔 지상으로 내려와 인간들과 관계를 맺을 기회를 갖는다. 그러나 그들은 이 민담에 있는 것처럼 금강산 높은 곳의 연못이거나 손 닿지 않은 높은 바위와 같이 사람의 눈에 띄지 않는 곳에 살짝 내렸다가 새벽이 오면 깃옷을 걸치고 황망히 하늘로 날아간다. 이 홀연히 날아가는 경향은 선녀의 무척 중요한 성질이라 할 것이다. 잡힐 듯 잡히

---

pp. 47-54, 天降り乙女.

8) 柳田國男, 「日本の昔話」, 岩波書店, 東京, 1963, p. 90, 〈鶯姫〉.

9) 島律久基 (교정), 「竹取物語」, 岩波書店, 東京, 1961.

10) *Handwörterbuch des deutschen Aberglaubens*, Band Ⅱ, 1929/1930, pp. 1285-1294.

11) Stith Thompson, *Motif-Index of Folk Literature*, Vol. Ⅲ, 1956, p. 37.

12) *Dictionary of Folklore, Mythology and Legend*, Vol. 2, New York, 1950, pp. 1091-1092.

13) *Deutsche Märchen seit Grimm, Diederichs*, 1912, p. 133, *Der Jäger u. die Schwanjungfrau.*

14) Lieder der Alten Edda, *Das Lied Von Wieland.*

15) Der Rig-Veda, Ⅲ, *übersetzt von Karl Friedrich Geldner*, London, 1951, pp. 298-303, pp. 10, 95, *Pururavas und Urvasi.*

지 않는 것, 선녀는 그러므로 무척 유혹적이다. 선녀 자신이 지나가는 길손을 유혹했다는 이야기가 있기는 하나 선녀는 보통 사람을 피하여 선녀가 지상의 사람이 되었다는 이야기는 우리나라 이야기에는 없다.[16)]

선녀의 '선(仙)'은 불로불사의 초속세계를 꿈꾸던 중국 도교사상의 일면을 연상케 하거니와 서양에서의 Fee의 관념도 가혹한 인간적 숙명을 초탈하고자 하는 환상이라고 설명된다.[17)] 인간 운명의 심연 같은 의문에서 슬쩍 빠져 나와 열락에 찬 선녀의 나라에서 영원히 아름다우며 영원히 젊은 실존을 누린다는 환상, 그것은 기적과 같은 황홀경으로 사람을 이끈다. '선녀'는 그러므로 우리 정신의 황홀경, 이를테면 천상적인 희열을 일으키게 할 수 있는 어느 심적 요소이다.

우리들의 꿈속에 가끔 나타나는 어느 이름 모르는 아름다운 여인들과 같이 '선녀'는 마치 '하늘에 오른 것 같은 기분'을 조성케 하는 심상이 인격화한 것이다. 이것은 앞서 말한 바와 같이 한국에만 있는 것이 아니라 인류 공통의 한 집단적인 표상이다. 가볍게 날아다니며 땅 위에 잠깐 빛을 보였다가 사라지는 붙잡기 힘든 선녀의 이와 같은 특징은 어딘가 무척 영혼적인 데가 있다. 분석심리학의 표현을 빌려 우리는 그녀들이 민담의 주인공인 나무꾼의 아니마(Anima, 심령, 마음)[18)]라 불러도 좋다.[19)]

중국 고대 무가[20)]에는 신과 무당과의 애정적인 관계가 표현되어 있다. 이야기는 늘 사랑의 대상으로서 신이나 영혼이 잠깐 왔다가 표표히 사라

---

16) 선녀가 아니고 선인이 땅에 내려와 선인의 옷을 벗고 땅 위의 사람이 되었다는 이야기는 있다.
최상수 저, 「한국민간전설집」, p. 391 〈강선암〉 참조.

17) Fee의 운명적인 경향이 반대로 그 어원에서 증명된다.
fatum: 탁선(託宣), 이승을 떠난 영혼. → Fata: "운명의 여신, Fee" 참조, Von A. Walde: *Lateinisches Etymologisches Wörterbuch*, Heidelberg, 1938, pp. 463-464.

18) C. G. Jung, *Psychologische Typen*, Gesammelte Werke(Gand. 6), 1960, pp. 503-512.

19) Emma Jung, Anima als Naturwesen, (in) Studien zur analytischen Psychologie C. G. Jungs, 2. Band, pp. 79-120.

20) Arthur Waley, *Die Neun Gesänge*, Hamburg, 1957.

지는 것을 한탄하는 내용으로 이루어져 있는데 굿 도중에 무당이 겪는 '대환희'의 감정(Ekstase)은 아마도 이 영혼과의 합일의 표현이라고 할 수 있는 것인지 모른다. 무당은 '영혼과의 결혼'이라는 이 민담의 원초적인 심리학적 주제를 그의 종교적 행위를 통해서 스스로 실현하고 있다고 할 것이다. 아니마는 또한 시인 한용운이 나라를 잃은 슬픔을 읊으며 "님은 갔습니다. 아아 님은 갔습니다…"고 했을 때의 '님'이다. 소위 개화기의 우리나라 시인들의 노래 속에 우리는 이러한 '님'을 흔히 볼 수 있다.

나무꾼이 잃어버린(혹은 잊어버린) 자기의 반쪽을 찾을 때까지 정신의 내계의 어느 구석진 어둠 속에 은밀히 움직이고 있는 것, 하늘에서 땅 위의 연못으로 목욕하러 오는 일군의 선녀들의 움직임을 상징하는 아니마의 세계는 모든 무의식의 심적 기능이 그러한 경향을 가진 것처럼 무척 '자율적'이다. 그러나 어쨌든 선녀들은 도달 가능한 장소에 오르내린다. 다시 말하면 거기에는 늘 이런 심적 기능이 의식화될 가능성이 있다. 자아가 이 존재를 깨닫게 되려면 '사슴'의 도움을 받아야 하는데 '사슴'을 쫓는 사냥꾼은 사실은 자아의 어느 무의식적 기능일 수도 있다. 이른바 자아의 '그림자'(Schatten)[21]라 할 것이다. 그러나 이 민담에서 중점을 두고 있는 것은 '그림자'의 태도가 아니라 모든 보은형 전설이나 민담의 주제에서처럼 쫓긴 사슴을 도와 목숨을 살려 준 주인공의 태도이다. 꿈에 나타나는 동물들이 상징하는 것과 같이 이 동화의 사슴도 본능적인 기능을 말하거니와 이 이야기는 새로운 세계에의 각성을 위해서 '본능'은 억압하거나 상처를 입힐 것이 아니라 잘 키워 가야 한다는 것을 암시하고 있다. 아니마와의 접근은 지성보다는 본능을 통해 성취된다는 말이기도 한데 왜냐하면 본능은 융이 말하는 것처럼 원형으로서의 아니마와 같은 뿌리를 지닌 집단적 무의식의 중요한 구성요소이기 때문이다.[22]

---

21) C. G. Jung, *Psychologische Typen*, pp. 374, 471 참조.

22) C. G. Jung, *Über psychische Energetik und das Wesen der Träume*, Instinkt und Unbewußtes,

그림(Grimm) 이후의 독일민담 〈사냥꾼과 백조의 처녀〉에는 사슴 사냥을 하는 사냥꾼이 나오는데 사냥꾼이 산속 깊은 데서 별안간 눈앞에 말할 수 없이 아름다운 새끼 사슴을 보고 그것을 쏘려고 쫓아가지만 아무리 쫓아가도 재빠르게 달아나서 그렇게 한참 산속 깊이 쫓아가다가 결국숲 속의 연못을 발견하고 거기에 날아드는 백조의 처녀들을 만난다.

여기서 사슴은 사냥꾼의 정복욕을 재빠르게 피하여 그를 무의식의 어느 영역에서 자동적으로 영위되고 있는 어느 생명의 기능에로 이끄는 신비한 사자의 역할을 한다. 총으로 겨냥해서 잡을 수 없는 사슴의 신성(神性)은 한국의 민담에도 또 그리스, 게르만계의 신화에 자주 나타나는 사실이다.[23),24)] 이 민담에서 사슴은 모든 자연계의 비밀에 통달하고 있는 지혜로운 자의 역할을 하는데 그것은 어느 정신적 위기의 순간에 우리 꿈에 잘 나타나 새로운 길을 열어 주는 지혜로운 '신선 영감'과 같은 것으로 융의 이른바 '정신(Geist)'의 상징이라 할 수 있다.[25)]

나무꾼은 여러 선녀 중에서 사슴이 이른 대로 제일 어린 선녀의 날개옷을 감추고 그녀를 아내로 삼는다. 여러 선녀 중에서 한 선녀를 고른다는 것은 미분화 상태의 심적 기능이 분화되는 의식화 과정의 양상을 나타내는 것이다. 날개옷을 빼앗고 선녀를 아내로 삼는 이야기는 각국의 민담에서 흔히 보이는 테마이다.

선녀의 여러 중요한 소지품, 면사포와 관 등이 날개옷에 대치되어 '선녀를 획득하는 단서'가 되기도 한다.[26)]

엠마 융(Emma Jung)은 백조의 처녀를 획득하기 위하여 주인공이 그의

---

pp. 273-274. Zürich, 1948.

23) 이상노, 〈파란 풀잎〉, p. 77.

24) *Handwörterbuch des deutschen Aberglaubens*, Bd., Ⅳ, pp. 86-110, 〈Hirsch〉.

25) C. G. Jung, *Zur Phänomenologie des Geistes im Märchen*, Symbolik des Geistes, Rascher, Zürich, 1953, pp. 17-34.

26) E. Jung, 앞의 책, pp. 91-92.

계약이나 폭력을 구사해야 되는 것은 아니마의 여신적인 면이 민담에 나오는 수정(水精)들과 달라서 무척 자율적인 경향이 있어 의식화되기가 어려운 까닭이라는 것을 시사하였다. 모든 선녀나 그에 해당하는 여성들이 나오는 민담에서 우리가 흔히 보는 것은 그러한 여성들을 획득하는 데 따르는 금기(Tabu)다. 이 이야기에서는 아기를 넷 낳기 전에는 깃옷을 내주어서는 안 된다는 사슴의 경고에서 그것을 볼 수 있다. 이러한 금기는 다른 민담에서나 마찬가지로 대개 지켜지지 못하는 법이다. '넷'이라는 숫자는 '완성'을 의미한다.[27] 나무꾼은 선녀와의 결합이 완성의 경지에 도달할 때까지 참지 못하고 우리나라 사회에 흔히 통용되는 '그저 그만하면 되겠지' 하는 안이한 낙관주의적 생각에 깃옷을 선녀에게 주고 비극을 자초한다. 이 민담과 비슷한 가린(Garin) 수집의 한국민담 〈박〉에는 실의에 찬 주인공 '박'의 모습이 더욱 웅변적으로 묘사되어 있다.

그러나 거기에는 구원이 아주 없는 것이 아니다. 사슴이 나타나 주인공에게 하늘에서 내려오는 두레박 줄에 매달려 하늘로 올라갈 것을 권한다. 하늘나라의 딸들이 지상의 연못으로 내려와 목욕을 한다는 사실 그리고 하늘이 지상에서 물을 퍼 올린다는 사실은 이 여성적인 것의 상징이 얼마나 생명의 원천과 관련되어 있는가를 나타내는 것이다. 이를테면 이는 아니마가 지닌 생명력, 혹은 심적 에너지를 보여 주며 그것은 의식세계와의 소통을 통해서라야 항상 새로워진다는 것이다. 이와 같은 집단적 무의식의 한 기능으로서의 아니마와 의식세계와의 관계는 또한 자아로 하여금 그 잃어버린 천상적 감정을 되찾는 가능성을 마련한다.

위기의 순간에 하늘에서 '줄'이 내려와 구출된다는 이야기는 유명한 〈호랑이와 삼남매〉[28]의 이야기에도 나온다. 호랑이를 피하여 나무 위에 숨었던 세 오누이가 호랑이가 그 위로 올라오는 것에 질겁을 하고 하느님

---

27) C. G. Jung, *Psychologie und Religion, Gesammlte Werke*, Bd., Ⅱ.
28) 이상노 엮음, 앞의 책, 〈해숙이, 달순이, 별옥이〉, p. 20.

에게 금줄 두레박을 내려 주기를 애원한다. 금줄 두레박이 내려져 그들은 구출되고 호랑이에게는 그 대신 썩은 줄이 내려져 땅 위에 떨어져 죽는다. 이것은 '하늘'의 선한 의지를 믿고 기대는 종교적 경건성의 일면을 표시하는 것이기도 하고 다른 한편으로는 자아의 능동적인 노력을 파기하는 극단의 수동성을 의미하기도 한다.

다른 한국민담 〈박(Pak)〉에는 땅에 심은 박넝쿨이 하늘까지 자라 그것을 통해서 하늘에 오르는 것으로 되어 있고 일본의 유화 〈하늘에서 내려온 처녀〉에서 주인공은 1,000족의 짚신과 1,000족의 나막신을 땅에 묻고 거기에 참대를 심어 그것을 통하여 하늘에 이른다. 이것은 '구원은 하늘에서'라는 생각만으로 애원읍소하는 태도가 아니라 자아의 엄청나게 정성어린 노력으로 이루어지는 지상에서 하늘로 향하는 끊임없는 지향성을 의미하며 심리학적으로는 무의식의 저편에 도달하려는 능동적 환상과정(aktive Imagination)이다.

이 민담에는 그러나 가뭄에 하늘만 쳐다보고 기우제나 지내는 우리나라 농민들의 딱한 심성이 반영되어 있기도 하다. 그렇게 기대하는 태도가 좋건 나쁘건 이 민담에서는 어쨌든 구원이 하늘에서 내려왔고 하늘의 선한 의지와는 무관하게 우연처럼 나무꾼은 하늘과 땅 사이, 말하자면 무의식과 의식 사이의 자동적인 연락을 이용하여 하늘에 이르고 그리운 아내와 아이를 만난다.

우리나라의 다른 유화 〈朴〉의 이야기나 최상수 수집의 전설 〈선녀의 깃옷〉도 결국 하늘에서의 상봉과 행복한 생활이라는 데서 이야기가 끝난다.

'영혼'과의 합일은 영혼의 고향인, 우리가 의식하기 힘든 하늘 저편, 즉 의식의 피안에서 이루어진다.

엠마 융은 8세기부터 내려왔다는 아일랜드 전설 〈욍구스(Oenghus)의 꿈〉을 소개하고 있다.[29] 여러 가지 곡절 끝에 욍구스는 호수가에서 그의

29) E. Jung, 앞의 책, p. 83.

환상적인 애인의 이름을 부른다. 호수에는 마왕의 딸들이 백조의 모양을 하고 헤엄치고 있었는데 그중의 하나가 다가와 그의 뜻을 받아들인다. 그러나 거기에는 조건이 있는데 그녀를 다시 호수에 돌려 보내야 한다는 것이다. 그들은 나중에 백조의 모습으로 잠자며, 그리고 세 번 함께 호수를 헤엄쳐야 한다. 여기서 우리는 엠마 융이 설명한 대로 아니마의 수준으로 스스로를 적응시켜야 '결혼'이 이루어진다는 사실을 볼 수 있으며 이러한 경향을 우리나라 민담에서도 찾아볼 수 있다. 나무꾼은 선녀의 세계에 스스로를 맡김으로써 아이들과 함께 있을 수 있다. 영혼의 천상성은 이와 같은 강한 견인력과 때로는 마취력을 나타내고 있다. 그것은 하나의 감정을 '무의식화'하여 자아의 기능을 의식세계에서 단절하는 마취력이다. 그리하여 이 민담의 주인공은 마치 항상 이상적 감정에 도취되어 현실의 여러 의무를 잃어버린 몽환가의 심리 체험과 같은 것을 겪는다. 그것은 아름답고 청명하여 희열에 찬 감정이지만 나무꾼은 자기가 속해 온 지상세계와의 관계를 먼저 처리해야 할 필연성에 당면하지 않을 수 없다. 여기서 우리는 이 민담이 말해 주는 가장 중요한 심리학적 문제성에 부딪친다.

나무꾼이 늙은 어머니와 살고 있다는 사실은 나무꾼과 어머니와의 심리적 연계를 말하는 것으로 이것은 벌써 이 민담의 첫 구절에 명시되어 있다.

천상에서 지상으로의 임시적인 복귀가 뜻하는 것은 지상의 인간인 나무꾼이 대지와의 관계가 상당히 크다는 것을 말하며 한편으로는 늙은 어머니를 혼자 내버려 두어서는 안 된다는 전통적·인습적 관념, 이를테면 집단의식적 태도의 반영이며 다른 한편으로는 여성으로서의 어머니에 대한 나무꾼의 동경을 나타내기도 한다. '늙은 어머니'는 그러나 현실에서의 어머니가 아니라 모성일반의 정신적 상징이다. 그것은 대지와 같은 산출력을 지닌 정신의 토양이며 그 위에서 모든 생명의 성장과 결실과 죽음이 이루어지는 하나의 '그릇', 마술적 변화의 '장'이다. 그러기에 '모성적인 것'은 인자하며, 보살피며, 용서하며, 또한 스스로 괴로움을 인내하는 모든 경향을 지니며 그것을 통하여 지성을 넘어선 지혜로움과 평범치 않은 마술적 권위를 보여 주는 한편 또한 어두운 심연, 죽음의 세계이며 빠져나갈 수 없는 운명의 유혹적이며 유독한 불안을 자아내는 것이기도 하다. 심리학적으로 이것은 무의식의 모든 경향과 일치한다.

융은 "어머니는 무의식이다"라고 한다.[30] 생명을 양육하는 대지로 복귀를 꾀한다는 것은 그러나 차라리 자연적 욕구이다. 다만 나무꾼으로 등장하는 자아가 이 모성적인 영양을 소화시킬 수 없었다는 것이 문제이다. 늙은 어머니의 호박국의 '뜨거움'을 나무꾼이 타고 온 천마는 감당할 수 없다. '호박국'은 아주 소박한 우리나라의 토착적인 음식이다. 거기에는 어머니의 뜨거운 '정'이 어려 있다. 그것은 우리의 정신내면에 배이고 또 배인 전통적 감정일지도 모른다. 그것은 아마 삼강오륜을 준수하는 선한 사람들의 어른에 대한 외경의 느낌과 같은 일반화된 집단적 감정이라 할 것이다.

그것은 과연 '미덕'이지만 이와 같은 태도가 지나치게 일반화될 때, 즉 자아가 자기의 감정기능을 객관적 일반성에 순응시킬 때 자기의 고유성을 주장하는 감정적 기능은 억압되어 내적인 갈등을 일으키게 된다. 겉으로 '네' 하고 속으로 화내는 현상과 같은 것이다. 그런데 이와 같이 우리에게 속해 있으면서 우리가 깨닫지 못하기 때문에 미분화 상태에 머물러 있는 이 내향적 감정기능은 때때로 엉뚱한 방향으로 거기 축적된 에너지를 발산시킨다. 그것이 혁명이나 '데모'라는 형태를 취하게 되는 때도 있다.

선녀가 나무꾼에게 준 천마는 우리의 의식계와 무의식계 사이의 커다란 거리를 자유롭게 교통할 수 있는 신비로운 본능적 기능이다. Fairy 자신이 '말'의 형태를 취하고 있는 이야기나 일반적으로 말이 여성적 본능

---

30) C. G. Jung, *Die psychologischen Aspekte des Mutterarchetypus in "Von den Wurzeln des Bewußtseins,"* Zürich, 1954, pp. 89-134.

을 상징하는 점으로 미루어 '천마'는 어쩌면 선녀 자신이라고 볼 수 있을지도 모른다. 우리는 여기서 이 민담의 가장 중요한 역할을 하는 두 타입의 여성, '선녀'와 '늙은 어머니', 천상적 영혼과 지상적 본능 사이의 강한 긴장을 목격한다. 이 두 면의 상반하는 심적 양극은 어머니의 뜨거운 '호박국'에 의하여 완전히 분열한다. 모성 콤플렉스(Komplex)가 있는 사람에게서 흔히 볼 수 있는 유약한 자아를 우리는 뜨거운 호박국에 놀란 천마를 다스릴 수 없어 말에서 떨어지고 만 나무꾼 속에서 발견할 수 있다.

현실에서 흔히 경험하는 '시어머니'와 '며느리' 사이의 이와 같은 적대적 관계는 사실 무척 신화적인 데 뿌리를 박고 있는 것이다. 이런 관계는 반드시 '며느리'에 대한 미움에서 나오지 않고 가령 게르만 민담 〈사냥꾼과 백조의 처녀〉에서 시어머니가 백조처녀의 '날개옷'을 감추어 둔 상자를 연다든가 〈잃어버린 면사포〉에서 결혼식에서 신부가 슬퍼하므로 시어머니가 면사포와 관을 내준다든가 하는 식으로 마치 우연히 또는 호의에서 행한 실수처럼 나타나고 있다. 여기에 우리는 자기의 골육을 자기 곁으로 다시 불러들이는 고태적인 '큰 어머니(Grosse Mutter, 태모)'의 경향을 본다. 이것은 또한 '무의식'의 한 경향이다.

> 나무꾼은 다시 하늘에 올라갈 수 없음을 슬퍼하며 하늘을 향하여 울다가 결국 한 마리 닭이 되었다.

민담에 사람이 말 못하는 짐승으로 화했다는 것은 심리학적으로 하나의 '퇴화'를 의미한다. 대개 이와 같은 변화는 마술에 의해 일어나고 그 마술에 걸린 왕녀나 왕자를 마술에서 풀어 그들과 결혼한다는 영웅의 이야기들과 결부되어 있다. 사람이 원시적이며 미분화된 동물로 화한다는 것은 말을 바꾸어 어떤 분화된 자아의 기능이 '무의식화'했다는 것을 의미하며 이와 같이 무의식에 잠겨 버린 가치 있는 것들을 여러 가지 영웅적 행위 끝에 다시 찾아 제대로 모습을 갖추게 한다는 것은 심리학적으로 무척 가치 있는 과정이며 분석심리학의 표현을 빌린다면 그것은 개성화과정(Individuation)이다. 그러나 민담의 이야기가 주인공이 동물이 되는 데서 끝난다는 것은 아무래도 비극적인 귀결이라 아니할 수 없다. 눈에 띄는 것은 이와 같은 '동물화'가 어떤 마술사와 같은 타의에 의하지 않고 직접 이루어졌다는 것이다.

이 화생과정에는 초자연적인 어떤 마력의 영향보다도 '울음'이라는 현상, 즉 주인공의 운명적인 이별을 서러워하는 치열한 '감정적 반응'이 강조되어 있다. 닭의 울음은 정신의 비극적 운명에 대한 통곡이다. 그것은 우리 마음의 어느 구석에 잃어버린 현상을 그리워하며 우리도 모르게 외치고 있는 울부짖음이다.

새벽을 고하며 어둠의 악령들을 구축하고, 왕의 탄생을 알리며 왕의 속성이기도 한 닭은 하늘과 해에 관계되는 날짐승이다. 중국 월력에 닭은 12지의 여러 동물 중에서 '양(陽)'에 속하는 동물의 하나이고 봉황과 함께 여름과 남쪽에 비기며 또는 '화(火)'와 '적(赤)'에 대응한다.[31] 닭은 하늘과 태양에 대응하지만 태양에 도달하지는 못한다. 날개를 가졌으면서 타고난 숙명적인 제약으로 대지에 매여 있는 닭이 떠오르는 해를 향하여 발버둥치며 소리치는 자세—이 하늘을 향한 끊임없는 동경과 지향—어쩌면 우리는 이와 같은 자세를 우리나라 역사 속에서 수없이 찾아볼 수 있을 것 같다. '새로운 현상'을 향하여 전통의 낡은 껍질을 탈피하려는 우리나라 사회나 자신의 몸부림과 거기 수반되는 미증유의 갈등과 고민을 닭의 핏줄선 울음은 대변하고 있다. 그런데 이 '새로운 이상'이라고 믿고 있는 것은 흔히 우리가 얼마나 우리도 모르게 전통의 대지에 매여 있는가를 반증하는 것이며 이와 같은 무의식적인 '모체'와의 결속을 대상하여 무의식적으

31) Jiliet Bredon · Igor Nitrophanow, *Das Mondjahr*, Wien, 1937.

로 투영된 것이다. 대지인 모체와의 무의식적 속박이 강하면 강할수록 이상은 자아의 능력이 도저히 다다를 수 없는 높은 것으로 투사된다. 모든 것은 무의식적으로 일어나므로 자아는 이 민담에서 주인공이 선녀가 사는 하늘로 향하듯이 맹목적으로 이 이상을 향하여 올라간다. 이상의 세계에서 '선유(仙遊)'를 즐기고 있는 한 대지적인 것은 의식의 저편으로 망각되며 미분화 상태에 머무르게 되고 결국은 의식세계에의 모반을 준비한다.

이리하여 자아는 천상적인 고도의 이상적 태도에서 땅에 떨어져 감히 미분화된 토착적 감정의 포로가 되어 한 마리 닭의 울음으로 화한다. 극도의 완전무결주의를 고집하는 사람이 엉뚱한 실수를 하여 부정의 도가니 속에 휩쓸려 들어가는 역설적인 현상에서 우리는 그 한 예를 본다.

> 주역의 〈중부(中孚)〉괘 효사 상구(爻辭 上九)에 이르기를,
> "한음등우천정흉 한음등우천하가장야(翰音登于天貞凶 翰音登于天何可長也)"
> 라 했다.

> 닭은 하늘에 오르고자 한다. 그러나 그것은 불가능하다. 그리하여 그저 그 목소리만 발한다. 이것은 과장을 말한다. 이 '주장'은 감정보다 강하다. 그것은 내적 진실과 일치하지 않기 때문에 그릇된 '감동'을 나타낸다. 그것이 오래 계속하면 재앙을 초래한다. 닭은 하늘에 오르고자 한다. 그런데 얼마나 오래 그런 노력을 계속할 것인가?(R. Wilhelm)[32)]

여러 나라 전설에서 '닭'은 경사나 흉사를 예고하거나 경고하는 짐승이다. 낮에 닭이 울면 전쟁이나 재변이 일어난다는 미신이 게르만족 사이에 있는가 하면[33)] 중국 월력의 28성상(星像) 중 15번째의 '닭'에는 이 날

---

32) R. Wilhelm(ühersezt) I. Ging, *Das Buch der Wandlungen*, Diederiche, 1960.
33) *Handwörterbuch des deutschen* Aberglaubens, Band Ⅲ, pp. 1325-1336, 〈Hahn〉.

결혼식이나 장례식을 하면 불행해진다고 적혀 있다.

닭의 울음은 과연 하늘을 꿈꾸는 '과장된 감동'일는지 모르나 그 울음을 통해서 우리에게 무엇인가 고하고자 하는 무의식의 의도를 나타낸다고도 할 수 있을 것 같다. 그것은 결국 이 민담이 내포하는 모든 상징적 의미를 우리에게 알려 주려는 의도이며 이 심리학적 의미를 깨닫기를 촉구하는 소리다. '통곡'이 우리나라 역사나 사람들에게 주는 의미는 엄청나게 크다. 다만 우리는 그 통곡에 휩쓸려 들어가서 영원히 그것을 반복할 것이 아니라 그 의미를 발견하고 그것을 소화시켜야 한다.

이상에서 나는 하나의 한국민담을 분석심리학적인 입장에서 이해하고자 했다. 주의를 다시 환기시키고 싶은 것은 이 민담의 주제는 한국 고유의 것이 아니라는 점이다. 따라서 이 내용이 보여 주는 문제성은 우리나라에서만 볼 수 있는 것이 아니라 전 인류에게 보편적으로 나타나는 인간정신의 기본적 유형인 것이다. 다만 그 문제성이라든가 상징적인 어느 행동유형이 발견되는 모습이 서로 다를 뿐이다. 여기에 우리가 이 민담에 나타나는 인물이나 그 주제를 근원적 원초적(archetypisch)이라고 하는 소치가 있다. 이 민담과 같은 주제를 가진 허다한 세계의 민담들이 심혼(Anima)을 의식화하는 것이 얼마나 어려운가 하는 점을 이야기하고 있다. 이것은 심혼의 이와 같은 신적인 면이 좀처럼 붙잡을 수 없는 실체라는데 연유된다.

——나는 달아나 왔노라! 마치 새벽 첫 울림처럼,
Pururavas여! 돌아가라, 그대의 집으로,
나를 좇아 가지 못하리라, 나는 바람과 같으니,——

왕 푸루라바(Pururavas)에게 천상적인 수정(水精) 우르바시(Urvasi)는 이렇게 말한다(Rig Veda). 아니마란 이 산스크리트 고전에서 왕 푸루라바가 물새가 되어 호수에서 헤엄치는 옛 연인 우루바시를 부르는 "공중의 충만된 공간을 속속들이 쏘다닌 우루바시여"라는 구절에서 보는 것처럼 대단히 불가촉적인 존재이다.

앞에서 말한 바와 같이 우리나라 민담에는 여기 소개한 민담의 유형이라고할 것이 이 밖에 두 가지가 있으며 둘 다 선녀와 주인공이 하늘에서 만나 살게 되었다는 이야기에서 끝난다. 한 민족에 전승되어 온 같은 주제를 다룬 이야기가 이와 같이 서로 다른 해결을 보여 준다는 사실은 무의식적 경향이 아직 불확실해서 선택의 여유를 가지고 있다는 뜻이기도 하고 또한 그러한 미완상황이 일으키는 불안정성을 반영하고 있다는 것을 말한다.

민담이 지닌 상징의 의미를 전달한다는 것은 무척 어려운 일이다. 왜냐하면 상징은 임의의 심리학적 용어나 어떤 지성적인 표현으로 '설명'되는 것이 아니기 때문이다. 그것은 하나의 표상이 가진 여러 가지 특징들을 수집비교한 모든 의미의 총화를 더 넘어선 '어떤 것'이다. 상징의 초논리적인 면은 설명보다는 체험을 통하여 깨달을 수 있는 것이며 그것은 생명의 촉진적인 면을 내포하고 있는 것이다.

나는 여기서 될 수 있는 대로 민담에 반영된 이와 같은 '의미'를 발견하고자 했으며 그것을 통해서 분석심리학적 심리요법의 기본 태도가 얼마간 설명된 것으로 안다.

3. 한국민담 속의 여성원형상: 한국여성의 〈전통상〉과의 관련에서

한국의 여성은 전통적으로 어떤 모습을 보여 왔는가라는 커다란 명제 속에서 한국의 이야기 속에서는 여성상이 어떻게 나타나 있는가. 이 과제의 두 가지 측면, 즉 전통적인 한국의 여인상과 민담 속의 여성상의 발굴은 상당히 이질적인, 심지어 모순된 관련을 지니고 있다.

왜냐하면 전자는 심리학적 의미에서 의식의 여성상을, 후자는 무의식의 여성을 주로 많이 다루어야 할 문제이기 때문이다. 더욱이 한국의 전통적 여성상이 현대 한국에서 바람직한 여성상으로서 투사되어야 한다는 목적의식이 전제될 때는 여성상의 학문적, 객관적 부각은 상당한 난관에 부딪치게 되고 학문적 엄정성이 위협받게 된다.

그러므로 저자는 여성상 탐구를 위한 심리학적 작업에 수반되는 문제점을 먼저 제시하면서 민담에 나타난 여성원형상을 무의식적 여성상의 주된 표현으로 다루어 나가고자 한다.

이 논고에서 저자가 민담 속에서 살펴보고자 하는 것은 주로 여성성의 원형(Archetypus des Weiblichen)이다.

다음에 설명될 방법론적 전제에서 언급될 것이지만 본래 원형상이란 많은 유화와의 비교를 통해 추출되는 것이지만 본 논고에서는 그 첫 접근으로서 한국민담에 나오는 여인상을 중심으로 개관하고자 한다.

1) '전통적 여성상'과 여성이해의 심리학적 접근

한국 역사 속에 맥맥이 흐르는 한국 여성의 변함없는 모습을 한국 여성의 전통상이라 한다면 이런 전통상을 찾는 작업은 실로 수많은 역사 문헌을 동원한 비교문화적 작업이 될 것이며 그것은 '한국인이란 어떤 존재인가' 하는 명제를 푸는 것만큼 어려운 일이다. 이것은 너무 엄청난 일이고 대부분 이런 작업은 주관적, 직관적 서술의 형태에 머무르게 되는 경우가 많다. 물론 그것은 그것대로 의미가 없지 않다.

또한 충분히 비교고찰하여 다양한 여성상에서 일관된 특징을 추출해 냈다고 해서 그것이 현대 한국인에게 계승하도록 권장하거나 강요될 '상'이 될 수 있을지는 아무도 장담할 수 없다. 왜냐하면 한국 여성은 한국 여성이면서 동시에 개성을 지닌 인간이며 그 인간적 성장을 위해서는 하나의 상과의 동일시는 때로는 위험한 일이기 때문이다.

그러므로 분석심리학적 견지에서는 이른바 전통적 상의 가치를 재음미할 필요를 제기하는 것이다. 분석심리학에서는 전통적 상이란 그 집단의 집단적 의식(collective consciousness)의 산물이라고 본다. 대대로 의식적으로 키워진 하나의 성격유형이다. 그것은 가정교육, 사회교육, 때로는 지배층의 의도에 따라 장기간을 두고 형성된다. 그러나 이것은 융이 말하는 그 집단의 특수한 문화가 형성되기 이전의 아득한 인류의 역사를 거쳐 태초로부터 전승되고 있고 인간의 정신 구조 속에 선천적 유형으로 누구에게나 존재하는 집단적 무의식(collective unconsciousness)의 표상과 반드시 동일한 것은 아니다. 이러한 무의식의 보편적 상인 원형상은 시공간을 초월하여 인종과 문화의 차이를 넘어선 원초적 상이기 때문에 어느 시대, 어느 한 민족, 한 문화권에만 존재하는 '상'과는 반드시 일치하지 않는 것이다.

그러나 어느 문화권에 대대로 전해 내려오는 일정한 '인격상'은 비록 그것이 의도적으로 전승되어 왔다고는 하지만 무의식적인 영향을 받고 있으므로 우리가 '전통상'이라고 부르는 것 속에도 원형상이 혼재되어 있는 경우가 있고 따라서 문화적 특수성을 넘어선 요소나 경향이 거기에 반영되는 수가 있으므로 문제는 간단치가 않다. 이러한 무의식의 원형에 의한 오염은 원형상에 관한 엄밀한 탐구를 통해서 구별될 수 있는데 그것을 탐구하기에 가장 알맞은 자료가 비교적 인위적인 가필이나 수식이 적은 민담(Märchen)이라고 보는 것이다.

집단의식의 소산으로서의 '여성상'이라 하더라도 그것이 심리학적인 의미의 인격발전에 전혀 관계없는 것은 아니다. 인간정신에서 의식은 중요한 구성요소이며 집단과의 적응 관계에서 형성되는 집단정신의 단면으로서의 각종 행동유형, 융의 이른바 외적 인격(persona)은 외계와의 적응 과정에서 필수적인 조건과 기능을 갖추고 있다. 따라서 전통상은 한국인의 정신구조의 필요조건으로서 중요한 가치를 지니고 있다. 다만 이것은 개체로서의 한국인의 정신의 전체를 대변하지 못한다는 사실을 알 필요가 있다.

왜냐하면 인간은 외계와의 적응뿐 아니라 내면세계와의 적응을 요하며 그러기 위해서는 외적 인격(persona)뿐 아니라 무의식의 내적 인격에 맞추어 나아가야 하기 때문이며 여기 집단적 무의식이 그 인간의 모든 정신기능의 모체로서 존중되고 관조의 대상이 되어야 할 까닭이 있다.

이러한 관점에서 볼 때 우리는 우리가 다루는 '여성상'이 한국 여성의 페르조나로서의 여성상인가 보편적, 근원적인 여성상인가를 구별해야 한다. 이것을 알려면 여성성과 남성성에 대한 몇 가지 분석심리학적 관점에 대한 설명이 필요할 듯하다.

2) '여성원형'과 '여성상'의 양면성

여성원형은 융의 집단적 무의식을 구성하는 많은 원형 가운데 하나로서 인간정신의 기저를 이루고 있다. 원형이란 하나의 선험적 조건이며 그 자체로서는 파악할 수 없는 것이지만 상(imago)으로서 나타날 때 우리는 그 특질을 파악할 수 있다. 여성원형상은 여러 가지 상징으로 나온다. 인격적인 상뿐 아니라 모든 여성성의 원초적 상 속에서 여성원형상을 발견할 수 있다. 즉 나무와 바위와 물, 대지와 산이 생성상징으로서의 여성원형상일 수 있고 구렁이, 곰과 같은 동물상이 여성적 리비도의 상징일 수 있다.

그런데 남성과 여성은 그들의 무의식에 특유한 내적 경향을 가지고 있고 그 나타나는 양상의 특징이 대개 남성에서는 여성적 경향을 여성에서는 남성적 경향을 띠고 있다. 이런 경향은 마치 하나의 인격과 같은 자율성을 지니고 있다. 남성의 의식에 대응하는 이와 같은 무의식적 인격을 융은 '아니마'(Anima, Seele), 여성의 내적 인격을 '아니무스'(Animus, Geist)라고 불렀다.[1)]

남성은 무의식 속에 여성상을, 여성은 그녀의 의식과는 달리 무의식 속에 남성상을 지니고 있고 이런 원형적 상이 서로 이성에 투사될 때 이들은 현실의 이성을 넘어선 그들 자신의 내적 인격상을 보게 된다. 때로는 여성이 남성의 아니마 투사상에 맞추어 살고자 하는 경우도 있고 남성이 여성의 내적 인격, 아니무스의 경향에 동일시하려는 경향이 있다. 모든 원형은

---

1) C. G. Jung., *Die Beziehungen zwischen dem Ich und dem Unbewußten*, Rascher, Zürich, 1963, p. 81.
C. G. Jung., '*Seele und Erde*', Gesammelte Werke 10, Walter, p. 50.
이부영, 「분석심리학－C. G. Jung의 인간심성론－」, 일조각, 서울, 1982, pp. 71-83.
민담 속의 여성에 관해서는 M.-L. von Franz, *The Feminine in Fairytales*, Spring, Publication, 1972, New York 참조., 또한 이부영(2001), 「아니마와 아니무스」, 한길사, 서울, 참조.

누구에게나 존재하는 것이므로 원형상의 투사는 집단적으로 일어난다. 이리하여 그 시대, 그 문화의 남성들의 의식 상황에 따라 이를 대상하는 내적 인격의 집단적 투사가 일어나고 이것이 그 사회의 여성상, 여성관에 중요한 영향을 끼친다. 그러나 그것은 그 자체를 정확히 묘사한 것이기보다 남성의 '마음 속의 여성'이다. 여성은 남성적 특성을 무의식에 지니고 있어 그것의 실현이 인격성숙의 전제가 되는데도 가부장적 사회의 남성들은 이것을 곧잘 간과하고 '여성적인 여성'만을 이상상으로 삼지만 그것은 바로 그들의 의식에서 소홀히 하고 있는 그들 자신의 무의식의 요소이다.

아니마는 수동성과 감성적 측면, 아니무스는 적극성과 이성과 로고스적인 측면을 지니고 있는데 이런 측면을 지닌 내적 인격이 잘 통합되어 있는가 안 되어 있는가에 따라 부정적, 긍정적 아니마 혹은 아니무스라고 하여 이에 따라 여성 또는 남성의 성격상의 뉘앙스가 달라진다.

또한 아니마나 아니무스는 원시적 상태에서 통합분화된 상태로 여러 단계를 지니고 있는데 그것은 아니마의 경우,

① 생물학적 관계성을 나타내는 이브상에서, ② 낭만적, 미적 형태의 에로스로서 파우스트의 헬레나에 비길 수 있는 것, ③ 영화된 에로스의 상징으로 성처녀 마리아에서, ④ 마지막으로 지혜의 상징, 소피아, 혹은 아테나상에서 그 표현을 본다.

아니무스는 ① 신체적 힘의 상징으로서 타잔이나 스포츠의 영웅으로, ② 방향성 있는 활동력으로 사회활동가, 정치적 영웅의 모습으로, ③ 말의 힘을 구사하는 정신성의 상징으로 의사, 성직자, 교수의 역할 속에서 ④ 의미의 상징으로 창조적 매개자, 종교적 내적 체험으로 표현된다.

폰 프란츠(von Franz)에 의하면 아니마의 최고의 경지는 동양에서는 아마 관음상에서 볼 수 있을 것이라 말하고 있다.[2)]

---

2) M. L. von Franz, *Individuation Process*(개성화과정), (in) C. G. Jung, *Man and His Symbol*, Aldus Books(이부영 역, 「인간과 무의식의 상징」, 집문당, 1983, pp. 163-238

이렇게 볼 때 우리가 단순히 '여성의 전통상'이니 '여성상'이니 하는 것이 얼마나 복잡한 관련 속에서 구성되는지를 알 수 있다.

가령 '신사임당상'이니 '알뜰주부상', '효부상', '장한 어머니상' 같은 여성 단체에서 상을 주는 대상이 되는 여성상은 한편으로는 페르조나로서의 여성상인데 그 형성과정에는 전통사회의 남성들의 아니마 원형상의 투사가 개입되고 또한 이것은 여성 자신에게도 있는 여성원형에서 산출되면서 시대의식에 의해 어떤 형으로 굳어져 버린 것이라 할 수 있다.

그러므로 '한국 여성의 전통상'이라 하면 자칫 남성들이 바라는 여성상이 될 위험성을 지니고 있는 셈이다.

3) 한국민담과 여성원형상

민담에서 우리는 아니무스 원형상도 아니마 원형상도 모두 만나게 된다. 이것은 모두 여성과 남성의 무의식의 내면적 상이므로 민담에 나오는 여성원형상을 곧바로 '한국인 여성의 모습'이라고 보는 것은 너무 단순한 해석이다. 한국 여성의 무의식의 진면목을 보려면 오히려 여주인공의 대자로 나타난 남성상을 탐구해야 할 경우가 있다.

앞에서 말한 대로 민담(Märchen)은 신화나 전설이 집권 세력이나 시대의식에 따라 변화되는 데 비해서 민간 구비 전승 가운데서 비교적 순수하게 원형상을 보여 주는 자료라고 간주되지만 그러나 이것 또한 전승 과정에서 많은 의식적 수식과 수정이 가해지고 있고 의식의 상황, 즉 시대나 문화권의 특성이 표현되고 있다. 민담은 대개 의식 상황의 무의식적 대상이라는 형태로 이야기가 전개되는 수가 있으나 때로는 현실 상황의 모사가

의 아니마와 아니무스 장 참조.

아닌가 의심될 정도의 이야기들도 있어 해석 과정에서 유의할 필요가 있다.

한국민담집에는 메르헨(Märchen)과 레겐데(Legends, 전설)의 구별이 잘 되어 있지 않거나 양자가 혼합된 것들이 있어 시대적 관념이 가미된 것들이 눈에 띈다.

특히 효행설화는 효를 강조하기 위한 교육적 목적이 너무 노출되어 있다. 악한 며느리는 벌 받고 아들은 어머니의 도움으로 다른 색시를 얻게 된다는 식의 이야기(임동권 71, 114번 설화), 또는 아들이 며느리의 나쁜 마음을 어떻게 돌려놓았는가, 사나운 아내를 어떻게 길들였느냐 하는 이야기 등이 있는데 이것은 모두 의식의 상황을 나타낼 뿐 원형적인 내용은 아니다. 물론 효행을 강조하는 이야기처럼 보이지만 상당히 원형적 색채가 짙은 심청전 같은 소설화된 이야기도 있다.

여성상은 한국민담에 참으로 다양한 모습으로 다양한 역할을 하면서 등장하고 있다. 민담에 나오는 여성상만으로 여성원형상을 말할 수 없음은 이미 앞에 설명한 여성원형의 개념으로 미루어 짐작될 것이다. 상징으로서의 여성적 상과 인격화된 여성상은 반드시 언제나 동일한 것이 아니기 때문이다. 전자에는 여성의 인격상이 포함되는 수도 있지만 달과 물과 산, 곰, 사슴 등 자연의 상이 모든 여성원형상이 될 수 있다.

그러나 본 논고는 한국 여성의 전통상이라는 주제 아래 진행된 것인 만큼 인격화된 여성상이거나 이와 관련되어 나타나는 상을 제시하는 것이 이해에 도움을 줄 듯하여 저자는 다음에 한국민담에 나타난 여성 인물상을 중심으로 그 몇 가지 특성에 따라 기술하고자 한다. 물론 이런 여성상은 앞에서 말한 대로 원형적 요소뿐 아니라 시대적, 집단의식적 측면이 혼재되어 있는 경우가 많다. 순전히 교육 목적의 효행설화는 여기에서는 제외시키거니와 그것이 대부분 원형적 측면의 탐구대상과는 거리가 멀다고 생각되기 때문이다.

(1) 태모(die Große Mutter)원형상[3)]

옛날 선문대할망이라는 키 큰 할머니가 있었다. 얼마나 키가 컸던지 한라산을 베개 삼고 누우면 다리는 제주시 앞바다에 있는 관탈섬에 걸쳤다 한다.

「제주도전설」[4)]의 선문대할망은 우주적인 인간상으로서 가히 태모의 모습을 지니고 있다. 이 거파는 "성산봉을 빨래바구니로 삼고 소섬을 빨래돌로 삼아" 빨래를 하고 치맛자락에다 흙을 담아 나르다가 흙이 새어 오늘의 소화산을 이루기도 하고 육지에 다리를 놓아 주기도 하고 주먹으로 봉우리를 쳐서 움푹 파이게 하거나 오줌을 누어 흙이 떠내려가 섬을 만들기도 하는 등 우주창생의 어머니였다. 여기에는 좋고 나쁜 인간적인 특색이 없다. 우주창생 역시 어떤 깊은 뜻이 있는 게 아니라 그저 실수로 혹은 우연히 이루어지는 것처럼 묘사되어 있다. 비인간적, 초인적 인격상이다. 원형상은 특히 제주도신화의 경우 흔히 이러한 거창한 모습으로 표현되고 있다.

물론 우주창생이 거파에 의해서만 이루어졌다고 믿어 온 것은 아니다. 우리나라에도 단군 이전의 거인에 관한 이야기가 있던 것으로 알려져 있다.[5)] 또한 이런 거신이 중국의 반고, 북유럽의 거한 위미르(Ymir), 고대 인도신화의 푸루사(Purusa), 그리스신화의 티탄(Titan)족 등 그 밖의 많은 민족의 거신과 상통함은 물론이다.[6)]

---

3) E. Neumann, *Die Große Mutter*, Walter Verlag, Olten, 1974.
Hedwig Von Beit(M.-L. von Franz), *Symbolik des Märchens*, 6. Aufl., Francke Verlag, Bern, 1981, pp. 124-174.

4) 현용준, 「제주도전설」, 서문문고 220, 서울, 1976, p. 29.

5) 장수근, 「한국의 신화」, 성문각, 서울, 1961, p. 10.
정인섭, 「우리 고담」 〈온돌야화〉의 인용.

6) 森三樹三郎, 「中國古代神話」, 大安, 東京, 1969, pp. 118-136 참조.
E. Peterich, *Götter und Helden der Griechen*, Walter, Olten, pp. 16-18.

어쨌든 〈선문대할망〉은 무속신화에 나오는 삼승할망, 조왕할망, 세경할머니 등 많은 여신들의 원조가 되고 있다.

제주도 무속설화에 의하면 삼신할망은 두신과 대결하여 기를 다루고 조왕할망은 노일제대라는 남편의 첩에 의해 죽임을 당했다가 아들의 힘으로 부활되는 과정을 겪는다. 즉 여신상이 선악의 두 측면으로 갈라져서 이야기에 동적인 동기를 부여하고 태모상에 표면화되지 않은 숨은 양면성이 여기서 구체화되고 있다.

우주를 이루고 아이를 잘 낳게 하고 어린이를 병에서 지켜 주는 위대한 모성은 또한 때로는 아이를 그녀의 과보호로, 혹은 무관심과 거절로 상처 입히고 창생과는 역으로 파괴와 질식과 오도할 위험성을 지니고 있다.

한국민담에는 숱하게 많은 선한 할머니의 이야기가 전해지며 또한 잔인하고 무서운 할머니의 이야기도 산견된다.

전북민담 〈청실홍실 천생연분〉[7]의 할머니는 당사(唐絲)로 총각의 인연을 맺어 주는 운명의 여신이다. 태모가 세계의 민담에서 곧잘 실 짜는 사람으로 나오는 것은 주지의 사실이다.[8] 또한 할머니는 산속에서 궁지에 몰린 주인공에게 여러 가지 묘안을 제시하거나 초자연적인 주력을 지닌 물건을 주어 위기를 모면하게 하고 악한 것을 이겨내게 하여 영웅설화에서 결정적인 역할을 한다. 할머니는 사물을 꿰뚫어 모든 것을 예견하는 예지기능이며 정신적 위기에서 현명하게 문제를 해결할 수 있는 무의식의 지혜의 힘을 상징한다. 또한 죽은 뒤에도 혼이 되어 무덤에서 나와 아이를 보살피는 이야기(〈할머니의 혼〉, 충남민담[9])처럼 끝없는 자애의 표징이다.

그러나 사람 잡아먹는 할머니도 간혹 우리나라 민담에 산견된다(한상

J. Hastings, (ed)*Encyclopaedia of Religion and Ethics*. Vol. X, T&T Clark, Edinburgh, 1981, p. 517.

7) 최래옥, 「전북민담」, 형설출판사, 서울, 1979, pp. 91-94.

8) Hedwig von Beit(M.-L. von Franz), 앞의 책 참조.

9) 한상수, 「충남민담」, 형설출판사, 서울, 1980, p. 51.

수, 충남민담, 38, 〈소금장수〉). 뼈로 밑을 닦은 뒤 오만하게 굴다가 주인공이 나중에 산속에서 할머니를 만나 그 이야기를 하자 그 뼈의 주인인 할머니가 그를 잡아먹었다는 이야기가 있다. 뼈의 신성성을 강조하는 의도도 있지만 노파의 응징은 무섭도록 냉혹하다.

흥미 있는 것은 우리나라 이야기에 그림(Grimm)민담이나 러시아민담의 〈마귀할멈〉족[10)]이 그리 명확하게 보이지 않는다는 점이다. 그러나 여우가 둔갑해서 할머니가 되어 남의 집 딸을 병들게 한다는 유의 이야기는 많다(예: 한상수, 1980, 충남민담, 39 〈백년 묵은 여우〉, 51 〈여우잡은 장작개비〉 등). 원래부터 마파족(魔婆族)이 있는 게 아니고 본래는 동물인데 어떤 동물은(예컨대 구미호, 구렁이, 닭) 특히 요물이어서 곧잘 요귀로 나타나 사람모습을 취하는데 이런 동물은 대개 여성요귀로 변한다. 그러니까 요귀의 책임은 사람에 있는 게 아니고 짐승들에게 있는 것으로 묘사되고 있다. 한국의 문화전통이 키워 온 '좋은 할머니'의 이미지를 손상시키지 않으면서 마귀할멈의 존재를 이렇게 동물 화신이라는 형태로 암시하고 있는 듯한 인상을 준다. 요귀는 동물의 변신이라는 관념은 의식을 지배할 수 있는 '요사스러운' 작용이 상당히 의식에서 멀리 떨어진 본능의 깊은 층에서 나오고 있다는 말이다.

마귀할멈상은 마파라는 인격상으로 나오든 동물의 변신으로 나오든 태모의 부정적 측면들을 대변하는 파괴적 모성상인데 그러나 그 파괴적인 악이 묘하게도 민담의 주인공으로 하여금 악을 물리칠 수 있도록 암시하거나 악을 물리치고 큰일을 성취할 수 있도록(심리학적으로 말하면 개성화의 성취) '본의 아니게' 유도하는 결과가 된다.[11)]

10) M. L. von Franz, *The Feminine in Fairytales*, 앞의 책.
11) M. L. von Franz, *Shadow and Evil in Fairytales*, Spring, Zürich, 1974.

(2) 원령으로서의 여귀

원한을 가지고 죽은 자의 넋은 저승에서도 자리를 잡지 못하고 떠돌아 다니면서 이승의 사람들을 괴롭힌다는 민간신앙은 우리나라뿐 아니라 전 세계에 퍼져 있는 관념이다.

원령은 한국의 여성상과 부정적 모성상을 말하는 가운데서 한번 살펴보아야 할 주제이다. 원령으로서의 여귀가 한국민담에 유달리 많은지, 그래서 현실에서 겪었을 한국 전통사회의 여성들의 한이 민담 속에도 나타나고 있는지를 단언할 수는 없다. 한국의 요귀는 왜 서구의 민담에 나오는 것처럼 마귀할멈이 아니고 모두 젊은 여자들로 나타나느냐는 의문을 제기하는 사람도 있지만 전술한 대로 악한 할머니로 나오는 경우도 있으니 꼭 젊은 여자들이 한이 많아서 요귀가 되는 것은 아니다. 그러나 여우가 예쁜 여자로 둔갑해서 선비를 유혹하는 이야기가 많은 것은 사실이다 (예: 〈백년 묵은 여우〉, 한상수, 1980, 39, 〈여우소녀〉, 임동권, 1972, 〈여우물〉, 현용준, 1976, 〈십 년 묵은 닭〉, 한상수, 1980).

그러나 이런 여우의 둔갑이야기는 여성의 문제를 표현했다기보다 남성의 문제를 다루기 위해 등장한 요괴라고 보고 싶다. 남성으로 하여금 요사스러운 여성의 매력에 속지 않도록 조심하라는 의미가 담겨 있다. 그런 뜻에서 여우요귀는 주인공인 선비의 무의식에 도사리고 있는 변덕스럽고 간사하고 영악스런 감정의 특징을 표현한다. 점잖은 선비나 관원의 이성적·지적·금욕적 태도에 의해서 햇볕을 보지 못한 채 무의식에 억압되어 있는 미숙하고 파괴적인 정동을 대변하며 여우요귀가 색정적 유혹을 수반하게 되는 것은 당연하다. 그러니 이런 설화에 나오는 여우요귀는 분석심리학적 개념의 '부정적 아니마상'에 가장 잘 부합된다. 남자 주인공의 외면, 즉 페르조나(persona)에 가린 내적 인격상인 것이다. 남자들이 그러한 아니마를 현실의 여성에 투사하면 공연히 호들갑 떠는 여성을 위험시하게 된다.

어떤 설화에는 여우가 총각의 기를 빨아들여 완전히 사람이 될 뻔했는데 남자 주인공이 여의주를 여우의 입에서 빼앗아 먹는 바람에 뜻을 이루지 못한다는 이야기가 있는데 이것은 원형의 강력한 에너지가 어떻게 자아의식을 동화해 가는가를 묘사하는 이야기로서 그 위험성과 함께 이런 아니마원형에 내포된 무궁한 초자연적 능력을 제시하고 있다.

여우가 둔갑한 예쁜 여인이 보수적인 남성심리의 무의식적 내면의 인격상이라 하더라도 민담의 여우미인같이 부정적 아니마에 사로잡힌 여성도 실제에 없는 것은 아니다. ‘여우 같은 여자’, ‘야차(夜叉) 같은 여자’라는 말은 우리나라에서도 흔히 쓰는 말이기 때문이다.

그러나 여성의 한은 오히려 아랑각전설이나 용재총화에서 더욱 직접 웅변적으로 표현되고 있다.[12)]

본서 원령전설(Ⅲ-1)에서 언급했거니와 아랑은 원님들 앞에 결코 미인으로 나오지 않고 칼 맞고 살해될 때의 모습대로 산발하고 피투성이가 된 채 나타났다. ‘남모르게 암장된’ 사실이 심리학적 의미의 ‘무의식적 억압’이라는 현상을 잘 설명해 준다. 이 전설은 여러 각도에서 조명될 수 있는 이야기다. 사회신분 계급 간의 갈등, 원님으로 대변되는 지배 계층의 무능함을 암시하기도 하고 심리적 상징으로서는 집단의식, 즉 어느 시대정신이 간과한 정서적 문제를 해결하기 위해 얼마나 용기가 필요한가를 보여주는 이야기다. 용감한 주인공이 밤새도록 촛불을 밝히고 아랑의 모습을 보고도 기절하지 않는 점이 ‘깨어 있음’, 즉 ‘의식성’의 중요성을 강조하고 있거니와 이는 이미 필자가 이 책의 다른 곳에서 언급한 바가 있다. 아랑은 고귀한 신분의 여성으로서 감히 아무나 침범해서는 안 되는 존재인데 강제로 침범당하고 죽임을 당했다는 한을 지닌 귀신이다. 밀양에 아랑각

---

12) 최상수, 「한국민간전설집」, 통문관, 1958, pp. 187-189.

을 세우고 곱고 품위 있는 여인상을 그려서 모시고 해마다 제사를 지내고 있는 것을 보면 아랑은 분명 남성들의 아니마상, 영원한 처녀신의 특징을 지닌 존재일 듯하지만 좀더 여러 측면에서 깊이 탐구할 필요가 있다.[13)]

처녀신의 고귀함을 침범했고 이를 보살피지 못한 무력한 부성적 인격에 대한 응징과 처벌의 성격도 없지 않지만 이런 아랑의 한에 비하면 이미 앞에서 논한 바 있는 「용재총화」의 이야기는 사랑을 거절당한 여자의 한으로서 매우 인간적이다.

여승과 더불어 약속을 해놓고 기약한 날이 되어도 오지 않아 여승은 뱀이 되어 주인공의 집 뜰과 방으로 나타나지만 주인공이 군졸을 풀어 계속 뱀을 죽이자 뱀은 점점 커져 구렁이가 되었고 공은 하는 수 없이 그 구렁이를 궤짝 속에 넣어 두었는데 날이 갈수록 공은 정신이 점점 없어지고 안색이 초췌해지더니 죽었다는 이야기다.[14)]

전술한 바와 같이 죽이면 죽일수록 커지는 구렁이는 의식적으로 억제하면 할수록 커지는 노이로제 환자의 불안 공포, 강박 증상과도 같다. 여성의 한이 이토록 끈질긴 것이며 거절당한 사랑이 분노로 변할 때 그것이 남성에게 미치는 파괴적 영향 또한 적지 않음을 우리는 동서고금을 막론하고 목격해 오고 있다. 물론 이 설화는 남성심리에 있어서 맹목적인 성적 억압, 무의식 속에 잊혀진 콤플렉스가 의식의 태도 여하에 따라서 어떤 결과를 나타내는가를 보여 주는 이야기이기도 하다. 여성의 원령인 구렁이를 벽장에 넣어 두었다가 매일 한 번씩 문을 열고 구렁이를 노려보는 적극적인 태도를 묘사한 옛이야기도 있다.

대체로 전설이나 기담(奇談) 같은 시대의식의 영향을 받은 설화에 비해 민담에는 원령의 이야기가 그리 흔한 것 같지는 않다. 그러나 민간신앙에

13) 본서 제Ⅳ장 1. 원령전설과 한의 심리 참조, 또한 같은 제목 논문, 「문학사상」, 1973, 3월호, pp. 360-369.

14) 「용재총화」 권4, 〈홍재추에 관한 이야기〉.

서 특히 원귀들은 무신의 자리로 높여서 모신다든가 고대부터 제왕이 역병을 모두 죽은 자의 한으로 돌린 것을 보면 우리나라에서 '원한'을 얼마나 두려워했는가를 알 수 있고 이런 관념은 현재에도 의연히 계승되어 내려오고 있으며 특히 결혼 못하고 죽은 처녀·총각귀신의 위험성은 어느 다른 나라 못지않게 강했다고 볼 수 있다.

(3) 계모와 소녀

부정적 모성상으로서 계모이야기는 단연 으뜸을 차지할 것이다. 이것은 현실적인 인간관계에서도 흔히 볼 수 있는 것이기 때문에 많이 읽히고 이야기된 것들이지만 자세히 보면 이 두 개의 쌍 '악한 어머니와 착한 아이'의 대극 간의 갈등에는 원형적 요소가 깃들어 있다.

민담의 계모를 상징적으로 남성인 아버지의 내면적 인격의 한 측면, 즉 아니마의 부정적 측면이라고 볼 수도 있지만 계모이야기를 착한 아이의 차원에서 보면 여성의 자기실현과 관계하는 설화이다.

역설적으로 착하고 마음씨 고운 소녀는 계모가 악하면 악할수록 돋보이며 소녀는 계모의 구박을 통해서 보다 높은 자리에 도달될 수 있다. 그러므로 계모는 하나의 입사주도자의 역할을 하게 된다. 물론 계모 자신은 자기가 그런 역할을 한다고 생각하지 않는다. 그녀는 의식적으로 순수한 증오와 질시의 화신일 뿐이다.

충남민담 〈쫓겨난 딸〉[15]의 여주인공은 의붓어머니의 모략으로 부정의 누명을 쓰고 쫓겨난다. 그녀는 오막살이 초가집에 홀어머니와 함께 사는 아들과 결혼하여 구들장을 쓰는데 그것이 모두 다 금덩어리임을 발견하여 큰 부자가 되었고 계모는 벼락 맞아 죽고 처녀의 아버지가 거지가 된 것

15) 한상수, 「충남민담」, pp. 166-167.

을 다시 만나 잘 보살펴 주게 된다.

〈반반버들잎아 최공시야 문열어라〉[16]에는 전실 아이로 남매가 등장하지만 딸이 주로 대상이 되고 있는 이야기인데 계모는 으레 도저히 불가능한 것, 즉 겨울에 상추를 가져오라는 등의 과제를 아이에게 시키고 딸은 초인적인 능력을 가진 총각의 도움으로 그 과제를 완수한다. 그러나 계모는 기어이 그 총각을 죽여 버린다. 딸은 방랑을 하다가 재생의 약병을 얻어 그를 환생시켰고 이 순간 둘은 하늘에서 내려 준 바구니에 태워져 승천하여 해와 달이 되고 계모는 거짓말을 하다가 떨어져 죽는다. 〈북두칠성이 된 아이들〉[17]에도 그 이야기의 귀결이 하늘에 올라 북두칠성이 되는 것인데 이 설화에서는 주인공이 모두 아들 칠형제이다.

조선조 문학에는 악모(惡母)가 있으되 악처는 없다는 말도 있듯이[18] 계모의 전실 딸을 구박하는 내용의 소설류에서 부인들은 남편을 미워하는 것이 아니라 전실 딸을 미워한다고 한다. 여기 언급된 몇 가지 이야기에서도 계모는 남편에게 질투를 느끼면서 딸을 구박하고 남편을 해치려는 의사는 없는 것처럼 행동한다. 그러나 결과적으로는 남편을 버리는 경우도 있어 일정치 않다. 현대사회에서는 그런 경우 남편이 죽도록 밉다는 반응을 하는 경우도 있을 것이다. 그런 점을 보아도 계모이야기는 부부의 관계를 초점으로 한 이야기라기보다 모녀관계의 다른 측면을 그리고 있는 이야기임을 알 수 있다. 이 경우 부성들이 전실 딸을 무척 사랑하고 있다는 대목은 독일 그림형제의 민담[19] 〈Aschenputtel〉의 중립적인 부성과 다르다. 어떻게 보면 계모의 질투는 부녀 사이의 지나친 공서(共棲)관계를 끊어 버리고 여성으로 하여금 독립하여 반려자를 만나게 하는 숨은 동기를

16) 최래옥, 앞의 책, pp. 27-32.

17) 한상수, 앞의 책, 1980, pp. 65-66.

18) 장덕순, 「한국고전문학의 이해」, 일지사, 서울, 1973, p. 227.

19) *Kinder-und Hausmärchen gesammelt durch die Brüdeer Grimm* 〈C. Helbling hrsg.〉 I. Band, Manesse Verlag, Bibliothek deer Weltliteratur, pp. 172-184, 〈Aschenputtel〉.

지니고 있는 것 같기도 하다. 〈쫓겨난 딸〉이나 〈반반버들잎아 최공시야 문열어라〉나 모두 결혼과 부(富), 혹은 천상에서의 우주적 역할로 문제가 해결되고 있다. 하느님의 도움으로 하늘의 별이 되거나 달이나 해가 되는, 이를테면 하늘의 제신이 되는 귀결은 그림민담에 잘 나오는 왕자님의 배필이 된다는 귀결과는 다른 상당히 한국적인 문제 해결방식으로서 비단 계모설화에 국한되지 않는다. 예컨대 〈해와 달〉설화에서 보는 것처럼 계모가 아닌 생모를 잡아먹고 생모 행세를 하는 호랑이에 쫓긴 아이들이 하늘의 도움으로 천상에 올라 해와 달이 되는 이야기이다.[20]

다른 곳에서도 이야기했지만 이 설화의 생모를 잡아먹고, 생모 행세를 하는 호랑이를 우리는 분석심리학적 개념에 따라 모성의 무의식 속에 잠자던 원시적인 남성성, 부정적 아니무스가 모성의 의식을 사로잡는 상태(아니무스 빙의)라고 설명한다. 이런 상태의 모성은 '호랑이어머니'로서 자식을 글자 그대로 잡아먹을 수 있는 모성이다. 이 경우 한국의 민담은 곧잘 구원은 오직 초월적인 것에의 믿음으로써 이루어진다고 가르친다.

한국의 계모설화는 고부간 갈등과 시집살이의 입사적 고행의 측면과 서로 상통함을 보여 주는 듯하다. 그것은 입사(Initiation)의 고행을 통한 재생을 목적으로 한다. 그러나 막상 고부간의 관계를 다루는 이야기들을 보면 내가 아는 한 별로 이런 깊은 뜻이 보이지 않는다.

여성심리를 중심으로 본다면 이런 민담은 한국의 여성에는 계모로 대변되는 악한 면과 의붓아이로 대변되는 약하고 어리고 슬픈 그리고 구박을 견디는 양면을 모두 지니고 있다고 볼 수 있다. 이것이 물론 한국 여성만의 특성이 아니고 보편적인 유형임은 말할 것도 없다.

그런데 계모설화가 반드시 입사의 높은 뜻을 이루는 쪽으로 진행되지 않고 철저한 비극으로 끝나는 경우도 있음에 유의할 필요가 있다. 〈풀국

20) 임동권, 〈햇님 달님〉, 「한국의 민담」, 서문당, 서울, 1972, pp. 89-92.

새〉라는 이야기[21]에서 이쁜이는 계모의 구박을 받다가 결국 배가 고파 풀을 먹고 죽어서 풀국새가 되어 돌아다니고 만다. 증오감이 극에 달하면 떠돌아다니는 외로운 새의 방랑으로 끝난다는 말인가.

(4) 영웅소녀

칼 케레니(K. Kerènyi)와 융은 그리스신화에서 '신성한 소녀', '신성한 아이'에 관해 서술하였고 융은 그리스신화의 코레(Kore, 소녀) 또는 쿠로이(Kouroi, 소년)가 어린이원형(der Archetypus des Kindes)을 상징한다고 말하면서 영웅아의 몇 가지 조건과 의미를 설명하고 있다.[22]

한국 이야기의 영웅소녀로서 가장 널리 알려져 있는 소녀는 소설 형식으로 부각된 '심청'일 것이다. 그보다 널리 알려져 있지는 않지만 심청전의 근원 설화의 하나가 되었음직한 민담으로 〈지네장터〉설화[23]가 있다. 심청이나 〈지네장터〉설화의 주인공인 순이는 모두 자기를 희생하여 큰일을 하는 영웅소녀이지만 무기를 들고 말을 타면서 주신(主神)을 수행하는 게르만신화의 발퀴렌(Walküren) 같은 전쟁의 여신처럼 호전적인 유형이 아니라 인내와 순종과 자기희생의 용기로 큰 뜻을 이루는 동양적인 영웅원형이다.

심청전은 효행을 강조하는 교훈적인 뜻을 지니고 있는 듯 보이지만 사실은 전혀 그렇지 않다. 심청의 출생부터가 벌써 초자연적인 후광에 싸여 있다. 곽씨 부인의 태몽에는 선인 옥녀가 학을 타고 내려와 서왕모(西王母)의 딸이라고 고한다. 심청이 자랐을 때의 모습을 묘사한 것을 보면 조선조의 이상적 여인상이 이러한 것이 아니었던가 짐작된다.

---

21) 한상수, 앞의 책, 설화 제3, 1980.

22) C. G. Jung und K. Kerényi, *Einführung in das Wesen der Mythologie-das göttliche Kind/das göttliche Mädchen*, Rhein Verlag, Zürich, 1951.

23) 최상수, 〈지네장터〉, 앞의 책, pp. 82-86.

> 얼굴이 원색이요 효행이 출천한 중 재질이 비범하고 문필도 유려하야 인의예지 삼강행실 백집사 가감하니 천생여질이라 여중의 군자요 금중의 봉황이요 화중의 목단이라[24)]

그러한 심청이 부친을 속이고 공양미 삼백 석에 몸을 팔아 절에 바치고 인당수에 몸을 던지러 가는 것은 분명 범상한 효심을 넘어서는 결단이다. 소설에서 심청은 충분히 죽지 않아도 되는데도 이미 정해진 천명(天命)으로 알고 맹부(盲父)를 버리는 불효를 감행한다. 이 점이 또한 심청으로 하여금 영웅의 계열에 오를 수 있는 핵심적 조건이다. 이야기는 결국 죽음과 부활의 과정을 겪어 심봉사의 눈을 뜨게 하는 절정에서 끝난다. 놀라움과 감동으로서 눈을 뜬다는 것 또한 이야기의 특색이다.

심청은 장님 아버지로 대변되는 맹목적이며 유약한 가부장사회의 집단의식에 한 줄기 빛을 던져 주기 위해 이승(의식계)에 나타난 신성한 소녀, 심리적 용어로 말하자면 심혼(心魂, Seels)의 원형이다. 그것은 빈곤한 집단의식을 지양하고 이를 새롭게 변화시켜 경직된 의식에 새로운 깨달음, 의식성(눈을 뜨는 것)을 부여하는 무의식의 감정기능을 상징한다고 할 수 있다. 그러기 위해서 심청은 스스로 세속의 인연을 끊고 성인화(Initiation)의 과정을 걸어야만 했다. 울고불고 말리는 맹부는 그녀에게 세속적 부녀의 유대관계를 유지하기를 호소했지만 이 신성한 소녀의 목적은 그것을 넘어서서 '부의 눈을 뜨게 하는 것'이었다.

엉거주춤하게 남의 눈치 보고 큰 결심을 하였다가도 주저앉고 마는 오늘의 시대 어디에 심청과 같은 비정하리만치 강력한 천소(天召)의 결단이 있는가.

〈지네장터〉설화의 순이는 소설이 아닌 만큼 그 희생 행위가 그렇게 극적으로 묘사되어 있지는 않지만 눈먼 홀아버지(또는 홀어머니, 병든 아버지

---

24) 장지영 (주해), 「홍길동전 · 심청전」, 정음사, 서울, 1973, p. 127.

등)를 돕기 위해 자기 몸을 팔아 괴물의 젯밥으로 자신을 제공한다는 점에서 심청전과 같은 핵을 지니고 있다. 이 소녀는 밥찌꺼기로 수챗구멍에서 나오는 두꺼비를 길러 왔는데 두꺼비가 나서서 그 괴물인 지네와 싸워 둘 다 죽고 순이는 살아나고 마을에는 재앙이 사라졌다는 줄거리다. 무척 수동적이고 은밀한 행위, 즉 묵묵히 두꺼비를 기르는 정성이 그녀를 살려낸 것이다. 이것이 어떻게 영웅원형이냐고 하는 사람이 있지만 영웅이란 칼이나 창을 써서 싸우는 사람만이 아니라 정신과 본능의 내적인 힘으로 악을 물리치는 경우에도 붙일 수 있는 이름이다. 다만 이 민담에서는 그러한 악에의 대결이 의식성을 가지고 적극적으로 실시되는 것이 아니라 모든 것이 무의식적으로 일어난다는 특징이 있다.[25)]

영웅소녀를 이야기할 때 빼놓을 수 없는 중요한 설화는 무조전설 〈바리공주〉이다[26)]. 이 설화의 주인공 제7공주는 전형적인 영웅아의 불운을 겪어야 하는데 버림받음이 그 첫째이고 고행과 죽음과 재생의 성인과정이 다음에 이어진다. 여자라고 해서 왕궁의 고귀한 신분 사회에서 버림받고 죽도록 고생하고 수행하여 여자의 한을 무상신선(無上神仙)과 결혼하여 칠동자를 낳은 것으로 풀고 죽음에서 회생시키는 영약을 얻어 병들어 죽은 부왕과 모후를 죽음에서 살려 내어 자기는 지상의 벼슬도 마다하고 만신의 왕이 되었다는 무조전설 〈바리데기〉는 남존여비의 시대적 가치관에 도전한 한국무속의 줄기찬 생명력을 웅변적으로 표현하고 있거니와 맹부의 눈을 뜨게 한 심청과 마찬가지인 시대의식의 창조적 변화의 계기가 결코 의도적인 외형적 혁명이나 운동 같은 것으로 이루어지기보다 세속적 가치로부터의 버림받음, 고독한 방황을 밑거름으로 한 자기희생과 내면세계와의 협동, 자기실현을 통해서 가능함을 보여 주고 있다. 만신의 왕이 된 바

25) 이부영, 한국민담 속의 영웅원형—지네장터 설화를 중심으로, 「한국의 민속문화」, 국제문화재단, 서울, 1974, pp. 183-202.

26) 秋葉隆, 赤松智城, 「朝鮮巫俗の硏究」 상권, 大阪屋號書店, 東京, 1937, pp. 3-60, 〈바리공주〉.

리데기는 이미 여성원형임을 넘어서서 분열되어 죽은 자아기능을 분열의 통합을 통하여 새롭게 살려 내는 인간 무의식의 근원적 신생기능인 자기원형상(Selbst)이라 할 수 있다. 심청이나 순이의 배경에도 그러한 자기원형상의 작용이 눈에 띈다.

(5) 선녀와 정령

하늘에는 선녀가 살고 땅에는 정령들이 아름다운 여인으로 나타나 여러 가지 신비스러운 봉사를 한다는 이야기는 여러 나라에 퍼져 있는 이야기 주제이다. 그것은 모두 초자연적인 여성상으로서 세속의 현실 세계에서는 좀처럼 향유할 수 없는 존재로 묘사되고 있다. '심청'이 천상적 속성을 갖추고 있으면서도 이승으로 태어났고 이승으로 돌아와 이승의 문제를 해결하는 것에 비하면 선녀나 여정령들은 본래 저승의 존재로 늘 저승에의 회귀 성향을 버리지 못한다. 그러기에 지상의 남성들은 결국 이런 천상의 여성, 정령미녀들을 놓치고 무척이나 아쉬워하는 것으로 이야기가 끝나는 경우가 많다.

〈백조 처녀설화〉로서 전 세계에 퍼져 있는 선녀의 주제는 우리나라에도 〈선녀와 나무꾼〉 등 숱한 유화 속에 출현하는데 한국의 민담과 외국 유화와의 비교와 그 상징성에 관해서는 필자가 다른 곳에서 이미 논급한 바 있다.[27]

잡힐 듯 잡힐 듯하면서 잡히지 않는 선녀는 일단 주인공과 결혼을 하지만 결국 남성들의 성급함, 방심, 인내심 부족, 남자 주인공의 어머니의 훼방으로 파국을 겪게 된다. 선녀(Fairy)는 여러 가지 속성으로 미루어 보아 남성들의 무의식적 인격의 하나인 아니마원형상에 부합된다. 그리고

27) 본서 해당 장과 이부영, 한국동화 〈선녀와 나무꾼〉의 심리학적 문제, 〈명주완박사환역기념논문집〉, Vol. I, 서울대의대 신경정신과, 1965, pp. 21-36.

〈백조 처녀설화〉는 아니마의 의식화가 남성들에게 얼마나 어려운 과제인가를 보여 주고 있다고 할 수 있다.

그러나 현실 세계에서 남성들은 그의 무의식의 선녀적 속성을 실재하는 여성에게 투사하고 때로는 현실의 여성 또한 남성이 투사하는 상에 꼭 알맞게 행동함으로써 남성들을 애타게 하는 수가 있는데 '아니마 여성'이라 부르는 것이 그것이다. 〈백조 처녀설화〉는 여성의 이야기라기보다 남성심리의 문제를 제시하면서 여성원형상의 불가해, 불가촉적 측면을 묘사한 것이다.

〈우렁 속에서 나온 미녀〉(최래옥, 전북민담 8)의 여주인공은 정령적 여성상의 하나이고 그 또한 참을성 없는 남자 주인공과 시어머니의 태업으로 결국 원님에게 빼앗기고 만다. 본래 이 이야기는 원님에게 빼앗긴 것을 다시 찾기 위해 남자가 아내를 찾아나서는 긴 줄거리가 있게 마련이나 전북의 이 민담에는 원님에게 빼앗기는 것으로 끝나고 있다. 좀더 많은 유화들을 살펴보아야겠으나 이러한 초속적 여성이 완전히 이승의 사람으로 되려면, 다시 말해서 아니마가 본능의 심층에서 분화되어 의식의 내용으로 소화될 수 있는 모습으로 의식화되기 위해서는 자아가 일정한 시기를 기다리거나 정해진 금기를 지키는 꾸준한 의지가 필요하다는 뜻이 내포되고 있다. 또한 이런 민담에는 선녀와 남자의 어머니, 미인과 남자의 어머니의 대극에서 초속적 여성성과 대지의 모성성 사이의 긴장과 갈등관계가 표현되고 있는데 남자 주인공이 이것을 어떻게 해결해 가느냐 하는 것에 그 문화의 특수성이 노출되기도 하지만 여기서는 상술을 피하고 다만 다소의 문화적 차이가 엿보이기는 하지만 우리나라 민담에도 그 유화의 해결방법이 서로 다르기 때문에 한마디로 한국적 해결의 특수성을 단언하기는 어렵다는 점을 지적해 두고자 한다.

아니마의 의식화가 정신세계의 풍성한 발전에 크게 기여한다는 뜻이 담긴 이야기로 〈구렁이 아내〉(한상수, 충남민담 22)라는 이야기가 있다.

> 어떤 가난한 농부의 아들이 정처없이 나그네길을 가다가 우물가에서 예쁜 여인을 만나 그녀와 함께 살기로 약속하고 사는데 아내가 훌륭한 집을 지어 주어 잘살게 되었다. 여자는 남자에게 누가 부르면 절대로 뒤를 돌아보지 말라는 금기를 제시한다. 모든 민담에서 흔히 보듯이 금기는 으레 지키지 못하게 되고 여자의 정체가 구렁이임이 드러나 여자는 사람이 될 수 없게 된다. 그리하여 남자는 구렁이의 정체를 밝힌 호랑이와의 결투를 돕도록 위임받는다. 남자가 구렁이 아내를 도와서 결국 구렁이는 호랑이를 물리치고 사람으로 돌아올 수 있게 되었다. 호랑이와 구렁이는 모두 하늘에 살다가 벌을 받아 지상의 동물로 변해 버린 것이라 했다.

이와 비슷한 이야기에 〈용녀전설〉이 있다. 여기서 용녀는 정체가 밝혀지자 하늘로 날아가고 만다. 본래는 천상의 존재이나 지상으로 추방된 구렁이는 인간을 해치는 요귀로서가 아니라 조화를 부려 재화를 마련해 주는 풍요의 상징으로 등장하고 있다. 동물이 때로는 해로운 요괴로, 때로는 유익한 존재로 나타나는 것은 흔히 볼 수 있는 민담의 주제이다. 이것은 심리학적으로 인간정신의 기저를 이루는 본능은 의식의 태도 여하에 따라서 때로는 긍정적인 작용을, 때로는 부정적인 작용을 한다는 사실을 제시하는 이야기다. 동물의 양면성은 바로 본능적 기능의 양면성과 일치된다. 자아의식이 본능을 거부하고 푸대접하면 본능이 부정적 방향으로 작용하고 의식이 본능을 받아들일 때 본능은 좋은 방향으로 기능을 발휘하는 것이다. 이때 민담 속의 미인은 용재총화의 죽일수록 커지는 구렁이라든가 요귀로서의 미인과 다른 역할을 하게 되고 흔히 우리 민담에 귀신의 허구로 나타나는 '산속 깊은 곳의 으리으리한 집'이 허망한 꿈이 아닌 실재하는 현실이 된다.

〈구렁이 아내〉의 여주인공은 동물 간의 격투라는 원초적 갈등의 문제가 해결되고 자아가 그 갈등의 해결에서 적극적인 역할을 할 때 비로소 이승으로 환생할 수 있다. 즉 의식화된다.

(6) 동물의 아내

동물이 미인으로 변환된 경우와는 반대로 여성이 동물을 남편으로 맞는 경우에도 동물의 중요성과 동물남편의 초자연적 능력이 제시되고 있다. 전자가 자연의 충동 속에 감추어진 남성의 아니마상을 분화시키는 주제를 표현한 것이라면 후자는 아니무스(Animus)의 원시적 표현이 분화 발달되어 소화 가능한 내용으로 변환되는 과정을 말해 주며 결국 의식적 인격과 무의식의 내적 인격과의 합일이 이루어지는 과정을 그린 것이라 할 수 있다.

충남민담 〈용왕의 아들〉[28]은 그 한 가지 예이다.

> 정승의 딸에게 밤마다 찾아와서 놀다가 새벽이면 떠나는 남자가 있었는데 이 사실이 정승에게 발각되어 딸은 짚으로 만든 섬에 실려 강물에 띄워 추방된다. 어느 강변에서 할아버지와 할머니를 만나 그 곳에 묵다가 옥동자를 낳았다. 아이는 자라서 서울에 와서 할아버지를 찾았으나 도리어 죽을 뻔했다가 강가에서 용궁 사자의 인도로 용궁에 가서 아버지인 용왕을 만나 금은재보를 얻고 육지에 돌아온다. 이 이야기의 후미는 중국에서 이 아이가 위험한 존재라고 하여 밀사를 보내 죽이려는 것을 용왕 사자의 도움으로 위기를 면하고 나중에 요술병을 가지고 중국을 쳐서 이겼다는 이야기다.

이 이야기는 시작은 정승의 딸인데 이야기가 진행됨에 따라 딸은 별로 언급됨이 없이 그 딸이 낳은 아들이 주인공이 되면서 주로 용왕과 용왕의 사자들이 자주 구원자로 등장한다. 강물 속에 사는 용은 생성과 풍요의 상징으로서 모성상이다. 주인공을 돕는 사자들이 모두 여자들이라는 것이

28) 한상수, 앞의 책, 1980, pp. 144-152.

이 영웅아의 성공을 위해 여성적 상징의 힘이 중요한 역할을 함을 암시하고 있다.

전북민담 〈구렁덩덩신선비〉(최래옥, 2)에서는 딸 3형제 중 막내가 구렁이신랑의 구혼을 받아들인다. 덕분에 이 막내딸은 언니로부터 구박받고 구렁이신랑은 형으로부터 구박받는다. 그러나 구렁이는 결혼한 뒤 일정 시간이 지나자 허물을 벗고 환한 남자로 바뀐다. 그러나 벗은 구렁이 껍질을 그의 형들이 태워 버려 신선비는 하늘로 올라가고 말았다. 후미의 결말은 본래 좀더 긴 모험담으로 이어지는 것인데 화자가 여기서 중단하고 말았다는 것이 이 민담 채록자의 말이다.

어쨌든 이 이야기에서 중요한 것은 막내딸이 남들이 싫어하는 구렁이를 남편으로 선택했다는 사실에 있다. 여주인공의 이와 같은 개성적 선택과 아량과 성실한 사랑이 겉보기에 추한 동물로 하여금 창조적 변환을 일으키는 계기가 된 것이다. 이 이야기는 〈미녀와 야수〉[29]의 주제와 같은 의미를 지니고 있다. 여성의 자기실현 과정에서 부딪치는 로고스적 원리, 즉 아니무스의 분화는 추악한 동물성을 배척하지 않고 따뜻하게 수용하는 자세를 통해 가능하다는 진리가 담겨 있는 이야기다. 추악한 동물성이란 원시적 미분화된 감정에 오염되어 때때로 폭발적인 감정과 함께 노출되는 여성의 무의식 속의 아직 덜 발달된 남성적 경향을 대변한다.

(7) 여성심성 속의 부정적 남성성

여성의 무의식에 있는 부정적 아니무스는 더 이상 토론할 수 없는 고집으로 나타난다. 이것 아니면 저것, 절대로 예외를 인정하지 않는다. 그것은 민담이나 신화에 나오는 죽음의 악귀, 그리스신화의 페르세포네

29) Joseph Henderson, 「고대신화와 현대인」, 융, (이부영 외 역), 〈인간과 무의식의 상징〉의 제3장, pp. 140-145, '미녀와 야수' 참조.

(Persephone)를 유괴한 하데스(Hades)와 같은 것이다. 몽상적 인생과는 거리가 먼 생각의 거미줄, 욕망에 찬 도둑, 살인자, 모든 여성을 죽이는 냉혈한 속에 부정적 아니무스가 표현되고 있다.[30)]

전술한 이야기 가운데 〈해와 달〉의, 어머니를 잡아먹고 아이를 위협하는 호랑이는 그러한 부정적 아니무스이다. 소녀를 바치지 않으면 마을에 재앙을 불러일으키는 괴물들 역시 여성성을 위협하는 무의식의 파괴적인 힘의 표징이다. 물론 이 경우 지네니 큰 구렁이니 하는 괴물은 파괴적인 모성본능에 더 가깝다. 〈지하국대적설화〉의 도둑귀신은 늘 아리따운 신부를 빼앗아 가는 무자비한 괴물인데 부정적 아니무스의 상징이라 할 수 있다. 지하의 도둑귀신이나 소녀희생을 강요하는 호랑이나 모두 이야기 속에서 자기를 처치할 수 있는 암시를 약간씩 흘려 놓는다. 영웅은 괴물의 이 약점을 이용하기도 하고 여러 가지 초인적인 힘을 선신들로부터 물려받아 결국 도둑이나 호랑이, 그 밖의 괴물을 처치하고 소녀와 결혼하여 도둑귀신이 지닌 많은 보물을 얻게 된다.

부정적 아니무스는 분석심리학적 용어를 빌린다면 정신의 전체성, 즉 인간심성에 내재하는 인간정신의 분열을 지양하고 통일시키는 힘을 지닌 전일에의 의지, 자기원형에 의해서 극복될 수 있다. 이것이 민담에서 여러 도움을 주는 존재로 등장하는 할머니, 산신령, 하느님이다. 그러나 때로는 괴물 그 자체 속에 한 가닥 자기원형의 빛이 내포되어 있어 괴물이 자기의 비밀을 누설하는 것이다. 마치 괴물은 신의 그림자, 자기원형의 그림자와도 같은 역할을 한다.

〈지하국대적설화〉[31)]는 한국의 경우 반드시 성공적인 결혼으로 끝나지 않는다. 동아시아의 민담이 그러하듯 악귀의 제치가 모두 결혼으로 끝나

---

30) M. L. von Franz, Individuation Process(융, 「인간과 무의식의 상징」, pp. 177-194, 이부영 외 역, 1982, 집문당).

31) 손진태, 「한국민족설화의 연구」, 1954, 을유문화사, 서울, pp. 106-133.

는 것은 아니다. 어떤 경우는 아예 결혼은 거론조차 되지 않은 채 모든 것은 원상으로 되돌아온다. 충남민담 〈괴상한 도둑〉에서 괴물을 제치한 주인공은 이미 괴물에게 마음이 돌아선 아내를 버리고 자기를 도와준 몸종과 결혼한다. 어떤 이야기에는 아내를 죽이고 몸종과 결혼하는 것으로 되어 있다. 한국적 귀결이라 할 수 있을지 모른다. 도둑귀신에 대한 미녀의 태도는 양가적이다. 즉, 여성성은 무의식의 폭력에 휩쓸리는 측면과 휩쓸리지 않는 측면으로 갈라지고 있다. 따라서 부정적 아니무스의 극복은 이루어지나 어딘가 미진한 것이 남는다. 부정적 아니무스의 영향력이 그만큼 여성성을 잠식해 버린다고나 할까.

(8) 여성의 주체성

한국민담에 나타난 여성상은 수없이 많은 유형을 보인다. 과거 보러 간 남편을 끝없이 기다리다가 재가 되어 버린 〈기다리는 여인〉(〈급제를 기다린 처녀〉, 한상수, 충남민담, 1980. 65), 〈경솔한 여자〉(〈송장다리〉, 한상수, 충남민담, 41), 〈악한 며느리〉(〈악한 며느리〉, 임동근, 144), 경솔한 약속으로 딸을 팔아 버린 방정맞은 어머니(〈에밀레종〉, 최래옥, 전북민담, 16), 사나운 아내로서의 여인상(〈사나운 아내 길들이기〉, 최래옥, 전북민담, 28), 그 밖에도 지금까지 보아 온 것처럼 각양각색이다.

그 가운데서 유달리 눈에 띄는 것은 '우부현처설화(愚夫賢妻說話)'이다. 똑똑하고 현명한 아내가 어리석은 남편을 도와 큰 부자가 되거나 남편을 훌륭하게 만든다는 이야기들이다.

전북민담 〈남편 출세시킨 아내〉[32]에서 머슴살이를 하는 노총각과 함께 살기로 한 부인은 남편에게 머슴을 그만두도록 지시하고 돈을 벌게 하

32) 최래옥, 앞의 책, pp. 304-311.

고 공부를 시켜 드디어 높은 벼슬을 하게끔 유도한다. 이 민담의 배짱 있고 초지일관의 의지와 자립심을 지닌 여인상을 여필종부의 전통적인 순종형 여성과는 정반대의 비인습적인 성격을 나타내고 있다. 그러나 쉽게 나태해지고 의존성향이 있는 남편을 질타하면서 그를 훌륭하게 만들어 내는 남편의 인도자와 같은 역할을 하는 점으로 미루어 볼 때 이런 여인은 스스로 남성과 겨루면서 남성을 이기려는 오늘의 여권운동가와 다르다. 자기의 용기와 대담성과 의지를 자신을 위해 쓰기보다 남편을 강하게 만드는 힘으로 사용하고 있기 때문이다.

얼핏 보면 이것이 남성을 통해서 자기의 명예욕을 충족시키는 행위로써 여성 자신의 자립정신과는 거리가 먼, 단지 의존적인 남성들의 여성에의 기대를 여성 스스로 충족시켜 주고 있는 태도처럼 보이고 그런 면이 없지 않지만 건전한 여성의 아니무스가 남성들 속에 잠자는 창조성을 일깨우는 역할을 하는 것은 보편적인 진리이며 그럼으로써 인류 문화에 끼친 여성의 공헌이 높이 평가되는 것이다. 남성에게 남성이 못 보고 있는 것을 보게 하고 그를 보다 높은 경지로 인도하는 것은 여성의 특질이다. 우리는 단테의 신곡의 베아트리체, 샤머니즘의 수호신령, 성 어거스틴의 어머니 등 그 밖에도 많은 예에서 영혼의 인도자(psychopompos)로서의 여성의 역할을 볼 수 있다.

그러나 개인의 심리를 중심으로 볼 때 이런 영혼의 인도자상은 남성의 무의식에 존재하는 심혼(Seele Anima)이다. 그것은 여성의 무의식에 존재하는 심령(Geist Animus)과 같이 인간 무의식에 편재하는 내적 인격의 상징이다.

〈우부현처설화〉는 여성의 수동적 순종과 남성의 강력한 지도력을 강조한 가부장사회의 남존여비 관념을 대상하는 설화이다. 꿈이 의식의 일방성을 대상하듯 민담은 그 시대의 지배적인 가치관이나 통념의 편향성을 대상적으로 수정한다는 점에서 시대의식을 대상하는 그 시대 민중의 무의식의 언어를 표현하고 있다.

그러나 〈우부현처설화〉의 결말이 반드시 성공으로만 끝나는 것은 아니다. 〈바보사위와 "구나" 열 번〉(최래옥, 전북민담, 33), 〈미련한 원님의 판결〉(최래옥, 앞의 책 37)에서 보는 것처럼 똑똑한 아내의 말대로 하다가 아내의 부재중에 큰 실수를 저지르는 우스운 이야기도 있다. 남성 자신의 노력 없이 일방적으로 여자의 지시를 흉내 내는 것만으로는 성공할 수 없다는 평범한 교훈이 깃들어 있다.

여성의 주체성을 가장 잘 표현하고 있는 민담은 〈내 복으로 산다〉(최래옥, 전북민담, 92)일 것이다.

> 옛날 어떤 사람이 딸 여럿을 불러놓고 '너희들은 누구 복으로 먹고 사냐?'고 물었다. 모두 다 아버지 복으로, 어머니 복으로 먹고 산다고 했는데 유독 막내 딸만은 내 복으로 먹고 산다고 했다가 아버지로부터 쫓겨나 숯 굽는 것으로 먹고 사는 사람에게 시집보내라 해서 그렇게 되었다. 그런데 그 집에 시집가 보니 숯 굽는 이마돌이 금돌이었다. 그래서 이들은 큰 부자가 되어 잘살았다.

〈내 복으로 산다〉는 말은 반인습적인 오만임에 틀림없다. 그러므로 부(父)로 대변되는 전통적 관념에서 배척받고 영웅아의 이야기에서 영웅의 첫 조건인 '세속으로부터의 추방'을 겪게 된다. 숯장이는 깊은 뜻을 지니고 있다. 그는 깊은 산속에서 불을 지필 재료를 만드는 사람이다. 검은 숯을 다루는 때묻은 모습에서 세속의 눈으로는 하찮은 존재이나 의식의 불, 열정의 불을 일으킬 소재가 그의 손에서 가다듬어진다. 그는 무의식이다. 빛을 간직하고 있으나 그것이 드러나지 않은 상태에 있는 마음, 그러나 그 속에서 이승에 불을 가져다 줄 준비를 묵묵히 실행하고 있는 자인 그는 세속의 눈에서는 죽음이요, 어둠이지만 영원한 파멸의 죽음이나 절망의 어둠이 아니라 미래의 가능성을 지니고 작업하는 자이다. 여성의 마음속에서 살아 있으되 밖에서 보이지 않는 무의식의 혼, 아니무스와 같은 것이다.

여성이 세속적 영화나 인습적 통념에 동일시하지 않고 자신의 어두운 대자와 함께할 때 불현듯 무의식의 보화가 빛을 발한다. 외향에서 내향으로의 침잠에서 그녀는 세속의 눈으로는 보이지 않는 오직 각자의 눈으로만 발견될 수 있는 금돌을 확인하게 된다. 숯장이는 하나의 성인사(initiator), 여성의 자기실현을 돕는 무의식의 내적 인격이다. 그러나 그 자신은 보배를 갖고도 보배인지 모를 만큼 깊은 무의식성에 빠져 있다. 오직 의식의 손길이 닿을 때, 다시 말해서 무의식의 기능이 의식에 의해서 적극적으로 작용할 때 무의식은 활기를 띠고 창조력을 발휘한다.

이렇게 무의식에 대한 의식의 적극성이 얼마나 중요한가 하는 것이 충남민담 〈불씨〉(한상수, 53)에도 암시되고 있다.

> 부지런하고 착한 이쁜이가 시집을 갔는데 시댁인 한생원댁에는 할아버지 때부터 내려오는 불씨가 있었다. 그런데 이쁜이가 시집가서 살림을 하자 그만 불씨가 꺼져 버렸다. 새 불씨를 담아 놓으면 얼마 뒤에 또 꺼지곤 해서 틀림없이 자기가 시집살이하는 것이 샘이 나서 누가 한 짓일 것이라 여기고 밤중에 불씨를 지키고 앉았다. 그러자 치렁치렁한 댕기머리에 파란 저고리 회색바지를 입은 여남은 살 되어 보이는 초립동이 살금살금 들어와 불씨에 오줌을 누다 들켜서 달아났다. 이쁜이는 소리를 지르며 잡으려 쫓아갔다. 죽어라고 쫓아갔는데 그 소년은 산마루에 올라서더니 자취를 감춘다. 이쁜이는 손으로 흙을 파들어갔다. 무릎이 파묻힐 만큼 파 내려갔는데 그곳에 넓은 바위가 깔려 있고 바위를 젖혔더니 항아리 세 개가 나란히 있는데 금은덩어리가 가득 담겨 있었다고 한다. 하늘이 몇 십 년을 불씨를 꺼뜨리지 않은 한생원집에 상을 주려고 한 것이라는 말로 이야기가 끝난다.

초립동이는 무의식에 있는 '영혼의 인도자'(psychopompos)이다. 그것은 여주인공의 의지를 시험하는 하늘의 뜻이며 여주인공이 어느 만큼 적극적으로 생명의 불을 훼방 놓는 힘과 대결하고자 하는 자세를 갖추고 있는가를 시험하고 있다. 여성의 자아에 가해진 시련은 결국 인간정신 깊은 곳의 자기(Selbst)로부터 나온 목적성을 지닌 작용이었던 것이다.

여기에 비하면 〈귀신을 이긴 손병사 어머니〉(최래옥, 전북민담, 99)는 처음부터 끝까지 거센 공격과 배짱으로 시댁의 조상을 억누른 탈바가지귀신을 내쫓는다. 그 귀신은 죽지 않고 원혼이 되어 여주인공이 낳은 아이를 빼앗으려 하자 여인은 미련 없이 아이를 귀신 앞에 내던진다. 세 번째 아이는 귀신이 오기 전에 밖에 내다 두니 학이 와서 아이를 감싸고 그제서야 귀신은 감탄하고 물러선다. 앞의 두 아이는 모두 귀신이 보낸 아이였다고 한다.

손병사 어머니는 귀신의 뜻을 미리 알아차리기나 한 듯이 아이를 버리고 있다. 어머니가 자기 아이를 미련 없이 버린다는 것은 세속적 차원에서 있을 수 없는 행동이다. 어린이 유기, 어린이의 거절은 현대의 정신역동학에서도 그 아이가 장차 정신장애를 일으키는 데 치명적인 상처를 주는 결정적인 어머니의 과오 중 하나로 꼽힌다.

그러나 상징적으로 보면 이 이야기는 커다란 의미를 지니고 있다. 자신의 유아적 측면에 매달리지 않고 희생하는 것이 진정으로 위대한 가능성, 장군 아들의 출생을 실현시킨다는 뜻이다. 자기가 가장 애착을 느끼고 있는 것에 집착하지 않고 '버리는 것'은 바로 보다 큰 것을 '얻는 것'임을 불교설화 같은 곳에서는 곧잘 강조되어 있다.

여성의 자기실현에서 여성은 사회적 여성관, 여성의 사회적 역할, 여성에 관한 집단적 기대, 분석심리학 용어로 여성의 페르조나에만 의지하고 그것이 그녀의 갈 길의 전부인 양 착각하지만 이것만으로는 자기의 전체를 실현시킬 수 없다. 그것은 자아와 페르조나와의 동일시에 지나지 않으며 그녀가 지닌 인격의 극히 작은 부분을 실현할 따름이다. 그녀는 그의 무의식 속의 내적 인격을 의식화함으로써 비로소 전일에의 길에 접근할 수 있다. 이런 작업은 왕왕 세속과의 알력, 고독이라는 고통을 수반하는 작업이다.

그런 점에서 샤머니즘에서 남샤먼이 여성인격으로 전환된다든가 한국의 무당이 굿거리에서 남복(男服)을 껴입는다든가 하는 것은 자기실현의 상징적 표현으로 의미 깊은 현상이다.

한국민담에서는 남복 여인의 이야기가 자기실현의 주제에 관련해서 기술되고 있다.

〈꽃으로 동생 살리고 왕비가 되어〉라는 전북민담(80, 최래옥, 1979)에는 머슴들에 의해 박해받는 남매의 이야기가 있다.

> 양반이 죽고 남매만 남았는데 재물이 탐난 하인들이 그 남동생을 죽인다. 누나가 남복을 하고 서울에 가 정승집에서 공부하여 장원급제를 했는데 그 집에서 사위를 삼으려 하여 결국 혼인식을 지내게 되었다. 이 때 죽은 사람 살리는 꽃을 발견하여 그 꽃 3개로 동생을 살리고 다시 정승댁으로 동생과 함께 가서 사실 이야기를 하고 정승집 딸을 동생과 맺어 주고 자기는 할 일 다했다고 죽으려고 한강에 몸을 던졌으나 왕비를 잃은 임금님의 배 위에 떨어졌다. 그래서 그 임금의 왕비가 되어 잘 살았다고 한다.

남매이야기로서는 성공적인 귀결이다. 남매상은 신의 쌍(göttliche Syzygie)[33]과 같이 정신적 전체성의 한 표현이다. 그러나 남매는 아직 원초적·본능적 의존관계를 지닌 상태이므로 보다 통합된 전체를 실현하기 위해서는 일단 남매의 혈연적 결속이 무너져야 한다. 여기에 한몫하는 것이 부모의 열등한 기능인 '하인들'로 나오는 무의식의 파괴적 충동이다. '하인들'은 세상 물정을 모르는 순진한 소년의 무의식의 그림자일 수도 있다. 남매의

33) C. G. Jung, *Aion*, Rascher, Zürich, 1951, pp. 27-43.

분리에서 결손된 남성성을 보상하기 위해서 누이는 남성의 역할을 하고 이에 성공한다. 그리고 드디어 새로운 전일에의 결합이 결혼의 형태로 시도된다. 이를 통해서 누이는 자신이 지닌 본래의 여성성으로 돌아와야 할 필요를 느끼게 되고 이 절박한 필요성 속에 해결의 가능성이 생긴다. 즉, 동생을 살릴 수 있는 꽃을 발견하고 그동안 무의식에 억압되었던 남성적 상징을 재생시키고 정상적인 결혼, 하나의 대극합일이 이루어진다.

여성의 남성화에는 두 가지가 있다. 하나는 무의식의 아니무스가 의식화되지 못한 채 있어 자기도 모르게 여성의 의식이 무의식의 남성적 인격에 동화되어 부정적 아니무스에 사로잡힌 상태이고 다른 하나는 의식적으로 무의식의 남성적 측면을 실현하여 통합된 지혜로 분화시킨 경우이다. 이 민담의 이야기는 후자에 한하는 여성의 자기실현을 표현하고 있거니와 그 귀결은 심리학적으로 해석하기에는 약간 석연치 않은 점이 있다. 다만 정신이 전일성, 즉 동생의 결혼식이 실현되고도 남아 있는 여성적 에너지가 혈연에의 미련을 포기할 때 보다 높은 경지의 대극합일이 이루어져 4위의 완성된 정신 상태에 도달한다는 이야기임에는 틀림없다. 그러나 다른 유화에서는 누이의 원망이 문제되는 귀결을 지니고 있기도 해서 여성의 자기실현에 수반되는 어려운 문제가 제시되고 있다.

4) 맺는 말: 여성원형과 현대 한국 여성과의 관련성

한국의 여성은 서구의 여성과 어떻게 다른가? 이런 물음에 만족할 만하게 해답을 내리는 것은 어려운 일이다. 삼국시대의 여성상, 고려, 조선조의 여성 그리고 근대 한국을 통틀어서 한국의 여성은 여러 다양한 성격 측면과 행동 유형을 보여 왔기 때문이다. 그러나 현대 한국 여성의 특징을 서구의 현대 여성과 비교한다면 어느 정도의 차이점을 추출해 내는 것은 어렵지 않다.

한국의 여성은 전체적으로 보다 본능적이며 보다 모성적, 정적이며 대결과 자기주장보다는 순응과 수용의 가치를 지키고 있는 편이라 할 수 있다. 이들은 아직 너와 나의 분리, 주관과 객관의 분리가 되지 않은, 다시 말해서 자연과 유리되지 않은 소박함, 신비적 융합, 주객융합의 세계 속에서 살고 있으며 개인적 감정의 분화보다는 가족 집단, 여성 집단 공동의 정감을 호흡하며 산다. 흔히 남성의 결혼으로 끝나는 서양의 민담에 비해 사건의 처리가 항상 불분명하고 합리적 견지에서 볼 때 미완결을 보이는 동양 민담의 결론처럼 항상 여운을 두고 지적인 토론, 논리적 대결, 예・아니오의 한계가 불분명인 채 외적 태도는 부끄러움과 수동과 순응의 '미덕'에 가려진 채 내적으로는 지적 열등감을, 때로는 표현되지 않은 확고한 주체적 확신을 간직하고 있다.

유교적 여성관에서 상당히 탈피한 것 같은 해방 이후의 세대에 있어서도 근본적으로는 전술한 여러 내향적 감정의 특색을 지니고 있다.

이러한 전체적인 성향의 흐름 속에서 때때로 강렬한, 굽힐 줄 모르는 지구력과 추진력과 행동력을, 때로는 완고한 집념, 격정을 수반한 논쟁이 '치맛바람'의 이름으로 표면에 나타나지만 그것은 현대 한국 여성의 주된 면모라기보다 권력욕과 지배욕이라는 원시적 모성본능의 극단적 표현이거나 자기 개혁의 일시적 몸부림이다.

'신사임당상', '알뜰주부상'으로 키워진 전통적 여성상이 어느 만큼 한국현대 여성에게 감흥을 주는 것인지는 알 수 없다. '5월의 여왕', '미인대회'와 같은 서구에서 수입된 여인상과 신라의 원화, 화랑의 전통이 과연 어떻게 습합될 수 있는 것인지 나는 모른다. 미의 여신 비너스와 지혜의 여신 아테나는 고대 로마, 그리스시대의 산물이었으나 한국에는 모성신에 관한 상은 많으나 처녀의 아름다움과 영원성을 내세울 만한 상징은 그리 적극적으로 키워지지 못한 인상을 준다. 결혼을 최고의 덕목으로 삼은 한국의 전통사회에서 결혼 못한 처녀란 죄악이며 처녀·총각귀신은 가장 무서운 한의 권화처럼 여겨졌다. 영원한 처녀의 모습은 조선조 선비들의 마음속에 시문을 즐겨 쓰는 재치 있고 아름다운 기생에게 투사되어 존속되어 왔을 따름이다. 남성의 아니마는 분열되어 있었고 지나친 가부장적 체면문화는 그러한 영원한 아니마의 구체화 작업을 훼방하였으며 처첩의 불행한 위계설정은 숱한 갈등의 불씨가 되었다.

1960년대 후반—순전히 인상적 판단이지만—한국의 여성은 물질문명의 발전과 병행하여 처음으로 자신의 존재에 눈을 뜨고 자신의 가치를 인식하고 자기 자신에게 자신을 갖게 된 듯하다. 그것은 일차적으로 여성적 매력의 재발견이었다. 성에의 수치감은 자신감이 되어 남성들을 리드했고 남성은 또한 그러한 여성의 가치를 환영하여 사랑하는 사람들이 떳떳하게 낮에도 손을 잡고 다니게 되었다.

여성은 교육열, 종교적 광신성, 경제적 중계인의 일 속에서 자신의 아니무스를 살렸다기보다 발산하였다. 계모임의 '오야', 수십억대를 주물럭거리던 '보살', 사회적으로 물의를 일으킨 여성들의 출현은 인습적 여성을 대상하는 여성 무의식의 원형적 배정의 결과라고도 볼 수 있고 상대적으로 유약해진 남성적 규율성도 이의 출현에 공헌했다.

태모원형은 한국의 근대화와 더불어 급격히 그 가치를 인정받게 된 돈, 물질, 대도시, 대기업, 조선소, 대형 백화점, 대형 호텔의 검은 연기와 매연과 빛깔 현란한 상품의 세계 속에 출현하고 있다. 한국의 남성은 이 또 하나의 모성에 봉사하는 작업에 혼신을 다 바치는 나머지 부인들을 가정에 버려 두지 않을 수 없는 비운을 겪으면서 영혼의 상실, 자기의 아니마의 상실이라는 심각한 정신적 위기에 처해 있다. 합리적 계산과 외부지향성이라는 일찍이 한국의 전통에 없었던 역할을 수행하는 과정에서 잃어버린 영혼은 때로는 하늘에서 떨어진 천사처럼 무의식적인 원시적 감정영역에 침잠하고 새로운 환상적 여인상을 만들어 낸다. 이리하여 일찍이 없던 창녀의 미화 작업이 한때 영화가를 휩쓰는 현상이 나타났다.

방임된 여성은 한편으로는 물질적・관능적 충족으로, 다른 한편으로는 광신에의 엑스터시로 태모에 빼앗긴 영웅남편들의 부재에서 오는 영(靈, Geist)의 공백을 채우고자 한다. 한 맺힌 무당의 원혼을 달래는 넋두리와 살풀이는 오늘날 대형 교회의 대형 집회를 휩쓰는 성령의 거센 폭풍으로 변하였다. 개인적인 만남이어야 할 아니마, 아니무스의 의식화는 군사 독재 아래 이념에의 자유로운 사고가 금지된 상황에서 대중 신앙집회의 눈물과 호곡을 수반하는 히스테리컬한 공개 고백으로 대치되고 있다.

그러나 이와 같은 무의식의 원형적 작용의 오염으로 어딘가 과장과 허위와 감상에 젖은 감정체험의 범람에도 불구하고 여성들의 조용한 자기 개혁, 내면적 충실을 목적으로 한 소집단 활동이 일어나게 된 것도 한국 현대의 값진 산물이다.

여성원형상이 한국민담 속에 충분히 표출되고 있는지는 알 수 없다. 물론 이 논고에서는 현재까지 수집된 수많은 민담과 유화를 총망라한 것이 아니기 때문에 더욱 단언하기 어렵지만 한국민담에서는 아니마, 아니무스의 전기한 몇 가지 발전 단계에 견줄 만한 상들이 그리 만족할 만큼 발견되지 않은 것 같은 인상을 받는다. 여성의 신화가 문학적으로 다듬어진 것이 아닌 탓도 있을 것이다. 종교적 표상, 민속제의, 민속극 등 집단적 무의식의 내용이 표현되고 있는 다른 자료의 원용이 반드시 필요하다고 생각된다. 그러나 우리의 일상적인 주변에서 여성원형은 여러 가지의 모습으로 나타나고 있다. 우리가 신화를 우리의 마음속에 간직하고 있고 동시에 우리가 그 신화의 연출자이며 연기자이기 때문이다.

Ⅳ. 한국민담에 나타난 질병과 치료의 상징

1. 원형적 치료자의 한 유형
2. 한국민담 속의 질병과 치유

1. 원형적 치료자의 한 유형: 두신무가를 중심으로

정신치료에서 치유(Heilung)란 여러 가지로 설명될 수 있는 현상이긴 하지만 궁극적으로는 하나의 비의(Mysterium)에 속한다(C. G. Jung. 1958). 그것은 마치 우리가 우리의 마음의 통일을 가져다 주는 내적인 힘을 지니고 있으면서 그 실체를 파악할 수 없는 것과 같다. 이 마음속 깊은 곳의 통일자를 체·게·융(C. G. Jung)은 자기(Selbst)라 불렀고 누구의 마음속에나 한결같이 존재하며 작용하는 까닭에 자기원형이라[1] 한다. 원형(Archetypus)은 상(Imago)으로 나타난다. 자기원형상은 반드시 구원자, 진리의 여러 권화, 산신령과 같은 인격상으로만 나타나는 것이 아니라 귀중한 보배, 사위(四位)와 원으로 구성된 만달라(Mandala)상 등 수많은 비인격적 상 속에도 나타난다.[2] 치유자원형(healer archetype)이란 분열된 마음 혹은 몸을 하나로 통일하도록 조절하는 기능을 가진 점에서 자기원형과 사실상 다를 바 없겠으나 우리는 그것을 신화 속의 의신(医神) 또는 그 밖의 민간설화에 나타나는 치료자상 속에서 가장 가깝게 볼 수 있고 물론 분석요법과정에서 꿈속에 간혹 목격된다.

그뢰스벡(C. J. Groesbeck)[3]은 "상처입은 치료자의 원형상"을 분석자—

1) C. G. Jung, *Aion*, 1951, pp. 41-62.

2) C. G. Jung, *Zur Empirie des Individuationsprozess*, 1976, 참조.

3) C. J, Groesbeck, *The archetypal image of the wounded healer*.

피분석자 간의 감정교류와 치료과정에 관련하여 상세히 기술하였는데 주로 그리스신화의 의신 아스클레피오스(Asklepios)에 관한 케레니(Kerényi)의 소설[4]과 고대 사원수면(Incubation)에 관한 체·아·마이어(C. A. Meier)의 논술을 중심으로 논하고 있다.

의신 혹은 치료자상은 민담이나 신화에 수많은 다양한 모습으로 등장하며 아스클레피오스신상(Asklepios神像)은 그 한 측면이라고 할 수 있다.[5] 그러나 아폴론(Apollon)의 신탁 "상처입은 자가 치료한다"라는 말과 죽음을 주는 자와 삶을 주는 자가 함께 공존하는 의신의 양면성에 관한 케레니(Kerényi)의 소론은 매우 실제적인 흥미를 일으킨다.

한국의 설화 속에서 치료자상은 어떻게 묘사되며 어떤 특성을 나타내고 있는가. 과연 '상처입은 치료자'의 의미가 여기서도 입증되는가. 한국의 민간설화가 한국인의 무의식적 심성을 많이 반영하고 있다고 볼 때 무의식적 치유의 본체인 치료자원형이 한국설화 속에 어떻게 표출되고 있는가. 한편으로는 민속자료를 정리함으로써 한국의신상(韓國醫神像)의 조감을 시도하고 다른 한편으로는 그 상징적 의미를 분석 고찰함으로써 한국인이 투영한 치료자상의 특성을 파악하는 작업은 매우 의의 있는 일이라 생각된다. 그러나 수없이 다양한 의신들의 모습을 총체적으로 다루다 보면 오히려 제인(W. A. Jayne)이 집대성한 의신들(healing gods)의 기술처럼 객관적인 묘사에 그치고 치료자원형이 지닌 특성의 심층적인 분석이 불가능해질 위험이 있다. 그것은 한국의 민간신앙에서는 아직 의신이 고대 그리스의 아스클레피오스 신전의 치료의식에서 보는 것처럼 거의 하나의 신에 관심이 집중되는 경향을 보기 어렵고 인격화된 신의 역사가 전해질 만큼 분화되지 못했기 때문이며 대부분 약수, 약천, 약석, 수목신 등 자연신의 모습

J. Analyt. Psychology 20(2), 1975, pp. 122-145.

4) K. Kerényi, *Der göttliche Arzt*, Basel, ciba, 1948.

5) W. A. Jayne, *The healing gods of ancient civilization*, New York University Books, 1962, pp. 201-306.

을 띠고 있기 때문이다. 혹은 고대 민족, 이집트, 바빌론 등의 신의 기능이 그러했듯이 특별히 의료를 주관하는 신이 따로 있어서 그 신의 특성이 뚜렷하기보다는 다소간 모든 신이 명복(命福)을 주는 역할을 해 왔기 때문이다.[6]

이에 저자는 1930년대 한국무속에서 가장 무서운 병으로 여겨져 주술치병의 주체가 되었던 천연두의 귀신인 두신(천연두신)에 관한 이야기를 중심으로 치료자원형의 일단을 살펴보고자 한다.

그 이유는 무서운 천연두는 당시로서는 인간의 예측을 불허하는 중대한 사건이고 그러므로 의식의 한계를 넘는 사태이기 때문에 사람들의 무의식의 작용이 특히 활발히 일어날 수 있는 계기가 되었을 것이고 따라서 무의식의 내용 중에서도 특히 그 원형층, 집단적 무의식의 내용이 이야기 속에 많이 투영되었을 것이기 때문이다.

그러나 제주도설화와는 달리 1930년대의 두신의 이야기는 한국신화의 원천이라고 보는 굿의 본풀이뿐 아니라 두신을 다루는 무의 '마마배송'의 주술적 제의 속에서 그 신의 특성을 찾을 수 있다. 그러므로 본 논고가 한국설화를 대상으로 하고 있기는 하나 무의(巫儀—굿) 역시 무의식의 표현으로 볼 수 있으므로 두신(痘神)을 위한 굿에 나타난 의신의 특성도 고찰의 자료로 삼는 것이 타당하리라 생각된다.

1) 굿과 무가에 나타난 두신상

두신은 마마, 손님, 호귀, 강남별성 등으로 불리며 중국 강남에서 온 신이라고 생각되거나 혹은 문신객인과 부인호귀와의 삼두신(三痘神)의 무

6) W. A. Jayne(1962), ibid. 赤松智城, 秋葉隆, 朝韓巫俗の硏究, 앞의 책, 1938, pp. 69-133.

리가 있다고도 한다[7](赤松智城, 秋葉隆, 1938). 김태곤(1980)[8]은 두신이 별신, 별상신, 두역지신, 우두지신 등으로 불린다고 하고 현재 마을에서 3년에 한 번 실시되는 별신굿은 두신이 마을로 들어오지 못하도록 하는 굿으로 두신은 악신이라고 규정하고 있는데 이에 대해서는 좀더 면밀한 검토가 필요하다.

아끼바(秋葉)(1950)에 의하면 두창은 두신의 발자취라고 생각되었고 천연두를 앓는 사람이 고열 속에 발하는 헛소리는 호귀신의 말이라고 생각되어 그 체류는 보통 12일이며 13일째에 이를 배송하는 행사가 있어 이를 마마배송이라 한다고 하였다. 두역에 걸려서 5일째 피부에 두반이 나타나면 밥상에 정안수를 받들어 두신을 맞이하고 환자를 위해서 기원하고 다음에 두역에 걸려 죽은 자의 영, 즉 식문(瘜門)을 감금하는 행사가 있다고 한다. 식문은 두신에 대하여 천추의 한을 갖고 두신이 오는 곳마다 모여드는 것이라 생각되는데 그것이 만일 신을 노하게 하면 환자에게 위해를 주므로 식문을 감금한다. 구럭 속에 팥밥 한 공기를 넣어 집의 툇마루 밑에 놓고 그 구럭을 시루로 덮고 시루의 구멍을 도기 파편으로 막아 놓은 뒤 가족처럼 매끼 그 구멍으로 식사를 넣어 준다. 배송은 짚으로 만든 말에 기(旗)와 음식물을 얹고 두신을 태워보내는데 마부의 역할을 하는 남자가 그것을 끼고 대문 밖으로 나가 먼 곳에 있는 나뭇가지에 건다. 동시에 감금되었던 식문을 해방하고 위로하며 잘 먹이고 구럭과 된장을 문 밖으로 버린다.[9]

영일지역의 무가[10]를 소개하면서 김태곤은 손님굿인 별상굿의 내용을 비교적 자세히 기술하고 있는데 여기에는 식문에 관한 것이 없고 마부인 막둥이와의 재담과 마부가 손님을 멀리 보내는 배송과정이 강조되고 있는

---

7) 赤松智城, 秋葉隆, 앞의 책(하권), 1938, pp. 104-105.
8) 김태곤, 한국민간의 귀신, 「한국사상의 원천」, 1937, pp. 99-102.
9) 秋葉隆, 「朝鮮巫俗の現地研究」, 1950, pp. 84-85.
10) 김태곤, 「한국무가집」 4, 서울, 집문당, 1980a, pp. 19-22.

듯하다. 흥미 있는 것은 짚으로 만든 말머리를 하늘로 향하도록 나무위에 걸어 놓는다고 하는 부분이다. 땅을 향하면 다시 마을로 들어오기 때문이라고 한다.

1930년대 상술한 秋葉의 자료인 마마배송굿에는 보통 열두 거리 외에 상마(上馬), 식문, 호귀본풀이를 노래하는 특별한 거리가 있다. 호귀본풀이란 일명 호귀노정기라고도 불리며 호귀의 유래, 강남에서 한국에 도래한 신족(神族)의 이야기라 한다.[11]

두신의 내역을 이야기하는 1930년대 서울지방무가, 호귀노정기는[12] 대략 다음과 같은 줄거리를 갖추고 있다.

첫째는 신이 우리나라로 나오게 되는 과정으로 처음에는 53명이 나오다가 50명은 되돌아가고 3명만이 도래하는데 그는 "학문이 깊은 문신 손님, 활 잘 쏘는 호반(虎班) 손님, 예바르고 돈바른 부인호귀 삼세 분이 나오신다"고 하였다.

둘째는 어떻게 해서 그 먼 길을 우리나라까지 오게 되었는지 도래의 난관과 이를 극복하는 신의 영험이 길게 묘사된다.

> "앞바다는 열두바다 뒷바다도 열두바다 이십사강 다달아서 사공불러 배대라하니 대을 배가 없나이다.
>
> 돌배는 갈아앉고 무쇠배는 봉빠지고 버들배는 순풍맞고 나무배는 썩어지고 짚둥선은 떠나가고 어름배는 녹아지고 눈배는 슬어지고
>
> 별상마다 영검술로 옥을 때려 배를 모으고
>
> 진주로 봉을 박고 자개로 난간치고 금성비단선을 둘러 홍공단돗을 달고 외대박이 거루선에 두대박이 당돌잇배 세대백이 대동선, 만경창파에 띄어놓고 별상마다 영검술로 순식간에 건느시니"[13]

---

11) 秋葉隆, 앞의 책, pp. 84-85.
12) 赤松智城, 秋葉隆, 앞의 책(상권 1937), pp. 556-563.
13) 앞의 책, p. 557.

손님들은 사공에게 뱃삯으로 은을 주랴 금을 주랴 물으니 사공은 금도 은도 싫고 "강남박씨 받아다가 조선땅에 심어서 별상마마 나오시면 정화수나 바치겠소."한다. 이 말은 천연두의 발병과 발진을 비유한 말인 듯하고 바로 다음 구절에 "앵두밭에 드시면 보람 삼일 받으시고" 등 피부발진, 화농, 농즙 등과 그 색깔의 변화에서 치유되는 과정을 설명하는 것으로 미루어 확실하다. 이것은 이십사강(二十四江)에 도달하여 물에 내려선 뒤 요동칠백리를 통과하는 과정이라 묘사된다. 그 다음은 한국에 들어와 서울에 이르기까지 손님들이 어디를 거쳐 어떤 융숭한 대접을 받고 어떤 훌륭한 옷차림을 하고 서울에 진을 치게 되는가를 설명하는데 임금님의 행차나 귀중한 사신의 행차처럼 장엄하고 위풍당당할 뿐 아니라 매우 화려하다. 부인호귀의 묘사에서 "연지전행수로 불러서 연지분, 도화분, 편연지를 받으시고-" 한 부분도 천연두의 발진을 염두에 두고 이를 미화하는 뜻이 있는 듯하다. 어쨌든

> 밤이면 불켠가중, 낮이면 내(연기)난 가중,
> 어레빗 삿삿, 참빗 틈틈이
> 무역(無疫)의 한량자손인연지고 시운(時運)지고—14)

에 이르러 이 행차의 목적이 온누리에 신의 족적을 남기려는 데 있음을 명백히 하고 있다.

이리하여 두신이 한량의 자손에게 어떻게 병을 주고 가는가가 기술되는데 발진의 모습을 앵두, 석류의 과육진주에 비유하면서 26일에 시루떡을 손님들에게 모두 바친 뒤 배송하게 됨을 노래하고 있고 손님에 대한 기원이 따른다.

---

14) 赤松智城, 秋葉隆, 앞의 책, p. 560.

마마자손 명도 주고 복도 주고
선도침 별증없고 병후도침 지증없이
안정이 명랑하고 명경쇳경같고
어루쇠거울같고 닦은 방울같고
초승달이 밝은듯 보름달이 영근듯이
도와줍소서, 별상님 출행시에[15]

마지막으로 각종 식문의 이름이 열거되면서 "아흔아홉도 식문이 별상마마 말을 조차 오든길로 돌아소사"로 노래는 끝난다.

이상을 구성별로 요약해 보면 다음과 같다.

① 손님은 누구인가

② 어려운 도강과 이적

③ 육지에서의 행적과 행차

ⓐ 밭의 수확(발진의 경과, 비유적)

ⓑ 각지의 대접(상당히 현실적)

ⓒ 손님들의 의관, 장식 묘사

ⓓ 손님의 사명과 좌정

④ 병을 주는 순서—배송까지

⑤ 기원

⑥ 식문퇴산

이 호귀노정기(胡鬼路程記)를 같은 연대에 수집한 오산(烏山)열두걸이[16]의 손굿거리의 무가와 비교하면 강남의 홍씨 손님, 우리나라의 이씨 손님이라는 점은 같고 53명 중 단 3명만 왔다는 말도 같은데 여성두신의 장식

15) 앞의 책, p. 562.
16) 赤松智城, 秋葉隆, 앞의 책, pp. 144-148.

이 매우 화려하고 도강의 과정에서 배를 만드는 영험뿐 아니라 생사여탈의 권능을 제시하는 대목이 있고 식문에 관한 언급은 없다.

이 무가에서는 두신의 치료적 성격이 특히 명확히 묘사되고 있다. “열병은 도원수(都元帥), 나라막이 손님이요, 시위막이 손님일세”라고 한 것에서 지키고 막는 두신, 죽음으로부터 생명을 지키고 병의 악화를 막는 의신의 역할이 명시되고 있고 도시 역귀라는 관념을 찾을 수 없다. 호귀노정기에도 묘사되지만 배에 붉은 돛을 달고 여두신이 붉은 일산(日傘)을 쓴다든가 가마 꼭지를 손굿무가에서 보는 것처럼 주홍칠을 한다든가 “불나듯이 나오신이”라고 표현한 것은 모두 천연두의 발열과 붉은 발진과 관계있을 듯한데 구체적인 질병의 특징이 사람들의 무의식을 자극해서 강남의 따뜻한 곳(남방은 주색과 양에 속하므로)의 광명이 어둡고 찬 질병의 과정을 소실케하는 구원의 신이 된다는 뜻이 담겨 있는 것 같다. 이 남방의 신은 ‘불같이’ 나오시지만 “어둡나라 침침나라, 산넘고 물을 건너는” 험한 길을 거쳐온다.

이 노래에도 강을 건너는데 배가 없다는 사공의 제지를 받고 버들잎사귀로 배를 띄워 건너는 영험을 보여 주었고 사공의 자식들을 붙잡아 모두 자기의 수행인으로 만들어 버린다. 사공이 목욕재계하여 정안수를 떠놓고 손님마마에게 빌었더니 두 아들은 살려 놓아 주고 삼남의 며느리만은 하청수배를 삼는다. 이것으로 미루어 두신은 저승의 신이므로 그의 수발을 든다는 것은 곧 죽음의 세계에 봉사함을 뜻한다는 것을 알 수 있다. 손님마마는 병, 즉 ‘영험의 발자취’를 남기는데 이 노래는 배송보다는 두신의 영광을 찬양하고 치성을 강조하고 있다.

영검자취 이러하고 기염자취 이러하니 손님이 없을소냐.
정성이 지극하면 정성덕 입사옵고
치성이 지극하면 치성덕 입는이다

중단호구 상단호구 호구풀이 하옵소서[17)]

김태곤(1980)에 의하면 손님굿거리의 노래는 현재도 재수굿, 성주굿, 풍어제 등에서 발견된다고 한다. 그가 소개한 고흥, 해남, 부여, 강릉, 고창의 무가[18)]에서 모두 한결같이 강남국 혹은 중국의 손님들이 조선에 나오는데 강에 이르러 뱃사공에게 배를 대라 하나 배가 없다고 하거나 손님신의 딸을 빌려 주면 배를 주겠다(해남지역)고 하는 등 저항에 부딪치고 결국은 영험으로 물을 건넌다고 되어 있고 손님을 천대하는 권세가에는 벌로 그 외아들의 혼을 빼가고 잘 대접하는 집에는 많은 금은보화를 준다는 등의 이야기이다(강릉). 손님들은 동서남북으로 돌아다니며 공덕을 끼치거나(고흥), 정성이 지극한 가문에는 붉은 점을 주고 그렇지 않은 가문에는 검은 점을 준다(해남). 혹은 방방곡곡을 다니며 영험한 일들을 베푼다(부여)(김태곤, 1971, 1979).

김태곤의 무가집 중 서울지역의 재수굿에 나오는 호구(胡鬼)거리[19)]는 공수에 해당되는 말인 듯한데 그 유래보다는 수없이 많은 명칭이 흥미롭다. 즉, “상단에 중단호구, 상하단에 스인호구, 이씨호귀, 홍씨호귀, 사신호구, 산간의 불서호구, 성주루 어비호구, 설명돌아 마신에 대신호구” 등이고 정작 활동을 개시하는 것은 호구아가씨인데 다른 무가에서도 부인호귀가 큰 몫을 한다는 인상을 준다. 그 밖에 말명호구, 매개왕신에 사날호구, 부인호구, 애기씨호구, 용신호구 등이 언급되고 있는데 아까마쯔, 아끼바(赤松, 秋葉)(1937)의 서울 무녀의 안당말미라는 무가에도 거의 비슷한 대목이 있어 하늘과 땅, 바위, 산, 샘, 조상, 부군당, 왕조, 뜰에 호귀가 거하지 않는 곳이 없다. 여기에 “식신을 물리치고 우환없고 아환없고 삼신자

17) 赤松智城, 秋葉隆, 앞의 책, 7권, p. 148.
18) 김태곤, 「한국무가집」 3, 서울, 집문당, 1979, pp. 239-240.
19) 김태곤, 「한국무가집」 1, 1971, p. 40.

손 역살없이 도우시고 호구마다 높으신 자최에" 하는 대목에서 그 의신으로서의 역할이 명기되고 있다. '식신'이 '식문과 어떤 관계가 있는지는 알 수 없다.

부여지방무가[20] 손님굿에도 두신의 명칭이 장황하게 읊어지는데 강남 대한국손님, 우리나라 소한국손님, 맹철나라 지신손님, 호구나라 천만국손님, 박씨 손님, 진미각씨 등이 그것이다. 또한 두신이 방방곡곡을 다닐 때 "아들없는 가중안에 아들두 마련허구/ 딸없는 가중안에 딸두 마련하고/형세없는 가중안에 형세도 마련허구/ 양주에 근원없는 가중안에 근원두 마련허구 영검하구 기염하시던 사두별상 새 손님네" 하는 것으로 미루어 두신이 병을 치료할 뿐 아니라 산신(産神)의 역할도 하는 것으로 간주되고 있음을 알 수 있다.

강릉지역과 울진지역의 손님굿[21](김태곤, 1971, 최정여, 서대석, 1974)은 서로 비슷한 줄거리인데 김태곤의 강릉무가에서만은 손님을 푸대접한 정승의 외아들 철원이를 결국 죽이고 만다. 이 무가에서는 특히 두신을 명신(明神)이라 불러 밝고 깨끗하고 환한 모습임이 강조되고 있는 것이 특징이다.

이상에서 두신의 제차와 두신의 무가를 통하여 두신의 성격과 기능, 그 도래의 역정을 개괄적으로 살펴보았다. 무가의 내용은 무녀에 따라 또는 시대에 따라 많이 다르다. 예컨대 1930년대 무가는 문자를 써 가면서 설명한 데 비하여 현대의 것은 이를 쉽게 풀이하고 옛날에는 천연두가 그렇게 무서웠다는 등 현실적인 사설이 많고 임진왜란 때 배가 모두 타 버려서 건네줄 배가 없다는 사공의 말은 1930년대 일인(日人)들이 발표한 무가에는 없다. 그러나 모든 이야기에서 공통되는 것은 ① 두신은 다른 나

20) 앞의 책, pp. 129-132.
21) 앞의 책, pp. 40-41, pp. 128-132, pp. 237-247 〈강릉지역 무가〉, pp. 345-356. 최정여, 서대석, 「동해안 무가」, 서울, 1974, pp. 240-265.

라에서 온 무척 높은 지위의 손님이라는 것, ② 손님은 3명이라는 것, ③ 모두 먼 곳에서 오는데 강을 건너야 하고 이때 뱃사공에 의해 의도적 또는 무의식간에 제지를 받는다는 것, ④ 그러나 손님이 영험하여 물을 건널 수 있고 ⑤ 손님은 병의 발자취를 남기며 공덕을 주거나 정성들인 자에게는 보화를, 반항하는 자에게는 죽음과 병의 응징을 한다는 점이다.

그런데 현대의 무가에는 식문에 관한 언급이 보이지 않는다. 천연두에 대한 공포감이 사라지면서 두신이야기의 고태성도 사라진 것이 아닌가 생각된다.

2) 두신의 상징성

(1) 병의 현실과 무의식적 투영 가능성

두신을 노래하는 무가에 묘사된 손님은 높은 관직에 있는 사신이나 대신의 풍모를 가지고 있고 두신들이 우리나라로 들어오는 과정은 매우 현실성을 띠고 있어 신의 모습이라기보다 역사적 사실의 기술을 방불케 한다. 그러므로 손님굿 무가가 전적으로 집단적 무의식의 층을 반영하고 있다고 말하기는 어렵다.

무가에 나타난 손님의 의상, 장식, 사신행차의 묘사 등은 모두 역사적 자료에서 빌려 온 것이고 현대 무가 속에서 볼 수 있는 많은 사설은 모두 현실적인 설명이다.

또한 전술한 바와 같이 사람들은 천연두의 실제 질병과정을 잘 알고 있었으므로 그 병적 과정에 비추어 손님의 행차와 행위를 비유하고 있는 듯한 인상이다. 그래서 두신에 관한 무가에는 무의식이라기보다 의식적인 작업이 가해지고 있지 않나 생각될 법도 하다.

그러나 묘사상의 자료는 의식의 내용에서 모은 것이라 하더라도 천연두가 두신의 통과로 발생한다는 생각, 병의 악화와 사망경과의 호전이 전적으로 두신에게 달렸다는 생각은 고태적인 것이며 두신의 영험력 또한 신화적인 내용의 표현이다. 비록 실제 질병의 경과에 대한 지견이 두신이야기의 내용을 비유적으로 채색하게끔 했고 두신들의 풍모가 역사적 사실에 가깝다고는 하나 서민들의 눈에 비친 사신의 화려하고도 장엄한 모습은 결코 왕족의 권위가 사라진 오늘의 시점으로 볼 것이 아니라 당대의 마음으로 살펴보아야 한다. 그럴 때 그것은 충분히 닿을 길 없는 먼 곳에 있는 신비하고 위엄 있는 존재, 즉 무의식의 신화적인 수식이 가해진 상들이라 보지 않을 수 없다. 서민들은 당시 임금님의 행차에 대하여 느꼈을 외포를 천연두라는 사건 앞에서 느꼈다. 그것은 사람들이 어쩔 수 없이 겪어야 할 고통으로 간주되었고 그 숙명 앞에 조용히 순종하는 것이 반항하는 것보다 현명하다는 것을 깨달았을 것이다. 그러니 천연두는 받아들이고 그 자체의 질병 경과대로 가도록, 다시 말해서 자연의 경과대로 수용해야 하며 인공적으로 자연을 거스르는 일을 하지 말아야 한다는 의미가 두신신화로 표현되고 있는 셈이다.

손님이 들어오면 온 동네 애들을 쓸어갈 정도로 무서운 두신이기 때문에 이 신을 극진히 대접해야 한다고 김태곤(1980)은 말한다. 그런데 무가에 나오는 두신은 역신이자 의신이다. 병을 하나의 공덕을 주는 것으로 표현하고 있고 게다가 일부의 무가는 재복신(財福神)의 역할마저 하는 것으로 되어 있다.

김태곤은 또 애들이 손님을 앓게 되면 부모는 그 애를 역신으로 외경시하여 매일 그 애 앞에 옥수를 떠서 상에 바치고 몇 번이고 절을 하고 그 애가 먹고 싶어 하는 음식을 어디서라도 구해 주어야 할 의무가 있었다.

즉 손님을 앓는 애는 영검해져서(두신의 능력으로)(방점: 저자) 어디서 무슨 일이 일어나고 있는 것까지도 전부 알고 있기 때문에 어느 동네 누구의 집에서 떡을 할 터이니 가 보라고 그의 부모에게 말하면 그 말을 듣고 부모가 그곳에 갔을 때는 틀림없이 떡을 한다는 것이다.[22] 두신은 생사여탈의 권능뿐 아니라 시공을 초월하는 능력도 갖추고 있는 점에서 인간무의식의 원형을 대변하고 있다. 원형층이라 할 수 있는 집단적 무의식은 시간과 공간을 상대화하는 기능을 갖추고 있다고 생각되고 있는 것이다.[23]

(2) 삼위신의 상징성

두신은 삼신(三神)으로 나타나는 것이 무가의 공통된 내용이다. 특히 53명 중에서 3명이 우리나라로 건너온다고 하여 삼을 특히 강조하고 있는 경우가 많다.

삼위의 신(Göttertriade)에 관해서는 바빌론, 고대 이집트부터 고대 그리스[24]와 기독교의 삼위일체에 이르기까지 고대 종교에서 한결같이 발견된다. 힌두(Hindu)교에서는 브라마(Brahma), 비슈누(Vishnu), 시바(Shiva)가 세계 창조자, 보존자, 파괴자의 삼자로 구성된 하나로 간주되고 이집트에서는 신 아문(Amun)과 그 부인신 뭍(Mut) 그리고 그 아들, 혹은 이시스(Isis), 오시리스(Osiris), 호루스(Horus)의 삼신은 일가를 이루고 있다.[25] 일본신화에도 일신(日神), 월신(月神)과 스사노오신의 삼위신을 볼 수 있다. 우리나라 무신 가운데는 삼신이라는 말이 두신 이외에도 산신(産神) 또는 삼승할망의 별칭이거나 최상의 명복신이라 간주되던 삼불제석, 석존(천상), 관음(지상), 지장(지하)을 가리키는 말이기도 하다. 모두 목숨을 다루는 신이라는 점에서 공통되고 두신의 경우는 특히 문·무 양신에 부인신(夫人神) 하나

---

22) 김태곤 논문, 「한국사상의 원천」, 1980, p. 101.

23) C. G. Jung, *Synchronizität als ein Prinzip akausaler Zusammenhänge*, 1952, 참조.

24) C. G. Jung, *Versuch einer psychologischer Deutung des Trinitätsdogmas* G. W. Bd. 11, Rascher, 1963, pp. 125-142.

25) M. Lurker, *Wörterbuch der Symbolik*, p. 121.

의 결합을 보이고 있다. 마치 문·무의 양극을 부인(夫人)이 통합하고 있는 듯한 구조를 하고 있다.

수란 단순히 양적인 개념이 아니라 질적인 의미를 동시에 내포하고 있는 것으로 원형적 토대에서 나온 것이다.[26] 삼이라는 수에 대하여 융은 삼위일체 개념에 관련하여 다음과 같이 말하고 있다.

> "모든 대극긴장은 하나의 배출구를 촉구하며 여기서 세 번째가 생긴다. 세 번째에서 긴장이 풀리고 잃어버렸던 하나가 다시 생긴다. 절대적인 하나는 헤아릴 수 없고 규정짓기 어렵고 인식불가능한 것이다. 삼위란 그러니까 하나의 인식가능한 것으로서의 발전이다. 셋이란 인식될 수 있게 된 '하나'이며 그것이 '하나'와 '다른 것'의 대극성 속에서의 해소가 없었다면 모든 규정가능성 속에서 벌거벗은 상태에 머물러 있었을 것이다. 그러므로 삼은 실제로 시간 속에서의 발전과정에 적합한 동의어로 나타나며 이로써 삼으로의 발전 가운데 있는 절대적 하나로서의 신의 자기현시와 견줄 만한 것을 만들어 내고 있다."[27]

두신 삼위신에 있어서 세 번째인 부인신의 역할은 대극의 긴장을 해소하기 위하여 등장한 요소로 간주할 수 있다. 그러나 무가에서는 삼위신의 결합 원리는 그리 강조되어 있지 않고 행차가 진행됨에 따라 부인신이 전면으로 부각되는 경향이 있다.

이러한 육지무가의 부인신의 남신에 대한 우월성에 비하면 제주도신화에서 본 두신은 전적으로 남성적인 조야함과 권위를 나타내고 있다. 현용준의 제주도신화 중 삼승할망본풀이에서 삼승할망이 마마신인 대별상과 마주쳤을 때 마마신의 모습은 육지의 무가에 나타난 것과는 매우 대조적이다.

---

26) von Franz, *Zahl and Zeit*, Klett, Stuttgart, 1970.
27) C. G. Jung, *Versuch einer psychologischen Deutung des Trinitäsdogmas*, G. W. Bd. Ⅱ, Rascher, Zürich, 1963.

"대별상은 앞에 영기(令旗)를 펄럭이며 좌우에 대방관속들을 거느리고 별연을 타고 인물도감책을 한아름 안고 오는 것이다. 그 전세(戰勢)는 실로 당당하였다." 삼승할망은 대별상에게 공손히 합장인사하며 아이들에게 마마를 곱게 해달라고 부탁하니 "대별상은 무섭게 눈을 부릅뜨고 삼각수를 거스르며 이게 어떤 일이냐! 여성이라 한 건 꿈만 꾸어도 사물(邪物)인데 남자 대장부 행차길에 사망한 여성이라 한 게 웬일이냐? 괘씸하다!" 호령이 이만저만 아니었다고 기술되고 있다.[28] 삼승할망은 뒤에 마마신의 부인을 잉태시킨 뒤 아기를 낳을 수 없도록 하여 복수를 하고 끝내 마마신을 굴복시키고 협상을 하게 되었다는 이야기다.

여성으로서의 산신(産神)과의 갈등이기에 마마신의 남성적 허세와 위세가 유달리 두드러지게 부각되었다고 볼 수 있고 해결은 제3의 신격의 출현이라는 형태보다 대극 간의 직접적인 갈등과 화해라는 과정을 밟고 있다.

(3) 강남도래자의 의미

두신은 남의 나라, 강남에서 우리나라로 압록강을 건너 들어온 것이라는 설명이 무가의 일반적인 경향이다. 천연두를 타자의 소행으로 보고 있는 것이다. 먼 낯선 곳에서 온 손님,—그것은 '나쁜 것은 밖에 있다'는 투사의 사고형식의 표현이기도 하고 무의식계에 있는 어떤 요소가 의식계로 올라오는 과정을 상징적으로 표현하는 것이기도 하다. 병의 원인이 타계에서 온 귀신 탓이라는 관념은 원시민족이나 다른 나라의 민간신앙에서도 찾아볼 수 있다.

동남인도의 쿠미스(Kumis)족은 천연두나 콜레라가 발생하면 이것이 아라칸(Aracan)족으로부터 온 귀신의 소행이라 생각하였고 아프리카의 에웨

28) 현용준, 「제주도신화」, 1976, p. 33.

(Ewe)족은 천연두가 만연하면 마을 밖의 광장을 깨끗이 쓸고 그곳에 여러 개의 작은 토산(土山)을 만들고 토상을 세운 뒤 음식물을 바쳐 놓고 마을 사람에게 범접하지 못하게 한다.[29] 반드시 천연두가 아니라도 마을 입구에 수살대를 세워 악귀를 막는 풍습이 우리나라에도 있었고 일본에도 마을 입구에 새끼줄을 치고 짚으로 만든 말을 달아서 마을의 악재를 막는 풍습이 있는 데 모두 '병귀는 밖으로부터'라는 관념의 표현이다.[30]

이러한 타자, 즉 무의식적 존재가 어떤 속성을 지닌 것인가에 대해서는 이미 기술하였거니와 유럽 대륙을 휩쓴 페스트가 새까만 구름, 푸른 불길, 푸른 연기, 또는 증기로 묘사되고 있는 데 비해서[31] '손님'은 화려하고 장엄한 옷차림에 유난히 홍색이 강조되고 그 타계라고 하는 장소조차 강남이어서 따뜻함과 태양과 열의 의미가 내포되어 있다. 전술한 대로 천연두가 열과 홍진을 수반하고 자연치료가 가능하며 면역성이 있는 것으로 치사성 있는 페스트에 비해 사람들이 다소 안심할 수 있는 병이기 때문인지도 모른다. 그러나 다른 한편 병을 보는 한국인의 낙관적 태도, 다시 말해서 무의식에 대한 신뢰, '밖에서 오는 것'에 대한 공포나 배척의 마음보다도 외경의 마음의 일단이 그렇게 표현된 것이라 볼 수도 있을 것이다.

물론 손님에 관한 무가는 한결같이 강가에서 사공의 저항을 받고 동해안 무가처럼 마을에 들어와서도 세찬 배척에 부딪치는 것으로 미루어 보아 무의식적인 것에 대한 절대적 신뢰라기보다 다소 양가적 태도가 없지 않음을 볼 수 있다.

---

29) J. G. Frazer, *The Golden Bough*, 1967, pp. 647, 720.

30) 長岡博男, 民間醫療, 1959, p. 31.

31) Bächtold-Stäubli, (1934/1935), pp. 7, 150.

(4) 신의 '그림자'로서의 식문

식문은 1930년대 무가에도 나오고 당시의 손님굿에서 중요한 역할을 한 천연두로 죽은 자의 원귀인데 현대의 무가에서 자취를 감추어 버렸다. 왜 이것이 오늘의 무가에서 더 이상 이야기되지 않는가. 종두법의 보급으로 천연두로 죽는 일이 없어졌기 때문일까. 사실 1930년대의 무가에도 식문은 무가의 말미에 몇 줄 언급되어 있을 뿐 원귀가 두신에게 대항하거나 몰려든다는 표현은 없다. 다만 손님굿에서는 매우 중요한 역할을 하다가 손님굿을 안 하게 되니까 자연히 그러한 무가의 후미가 무슨 뜻인지 모르게 되면서 생략된 것이 아닌가 추정된다.

식문의 식(瘜)은 '궂은살 식'[32]으로서 설문(說文)에는 기육(寄肉), 광운(廣韻)에는 악육(惡肉)이라 했다.[33] 요컨대 두신에 붙어다니는 군살 같은 존재라는 뜻인 듯하다.

식문은 신의 역사(役事)의 실패작이다. 의신은 자기의 실패작을 보기 싫어하고 그것을 보면 화를 내기 때문에 아이에게 해로울 수 있다. 그래서 식문은 가능한 한 두신의 눈에 띄지 않도록 숨겨 두고 잘 대접했다가 내보내야 한다. 그런데 원귀들은 왜 모여드는가. 원귀들은 아이들의 혼을 데려가기 위해 환아에게 모여드는 것일까. 원귀는 저승에서도 외롭고 항상 생자의 혼을 데리고 함께 저승에 가고자 하기 때문에 매우 위험한 존재라는 관념은 한국뿐 아니라 동부 및 중앙아시아 민간신앙에서 흔히 볼 수 있는 관념이다.[34] 아니면 천연두를 앓다가 죽은 원귀는 두신이 잘못해서 죽었으니 두신에게 원한이 있어 두신이 행차하는 곳마다 모여들어 두신에게 항의하거나 불평하고자 하는 것인가. 아끼바(秋葉)는 후자의 가능성

---

32) 민중서관, 「신자해」, 1967, p. 409.
33) 諸橋, 「大漢和辭典」 卷7, 1968, p. 1189.
34) 이부영, 〈신경정신의학〉 7(2), 1969, pp. 37-40.

을 지지하고 있다. 즉, 식문은 두신에 대하여 천수의 원한을 품고 있어 두신이 모이는 곳에는 모여들고 그것이 만일 신의 비위를 거슬려 화를 내게 되면 환자에게 위해가 미치므로 집에 모여든 식문을 감금하는 것이라고 한다.[35]

그러므로 식문은 독자적으로 병을 일으키는 두신과 대등한 역귀라기보다는 두신에 붙어다니며 두신을 자극하는, 두신으로서는 매우 귀찮은 존재이다. 이러한 관계를 분석심리학의 입장에서 해석하면 식문은 바로 자아에 속했으면서 평소에는 의식되지 않고 남아 있는 열등한 무의식적 인격으로 보는 '그림자'(Schatten) 개념에[36] 해당된다. 그것은 두신의 영험력의 결과가 아니라 두신 자신의 분노와 실수의 결과이며 무의식에 억압된 원망과 증오에 찬 미숙한 감정 콤플렉스(complex)를 대변한다 할 것이다.

두신이 병의 자연스러운 경과를 주재하기 위하여 나타날 때 언제나 그의 그림자가 그를 자극할 가능성이 있다는 사실은 의료에 임하는 의사의 심리에 비추어 매우 흥미 있는 이야기다. 이 문제를 살피기 전에 먼저 의신의 양면성에 대한 고찰이 필요하다.

그리스신화의 아폴론(Apollon)은 광명의 신이며 의신이었으나 또한 그의 화살로 페스트를 퍼뜨리는 죽음의 신이기도 했다.[37] 의신 아스클레피오스는 그의 아들인바 로마로 건너온 그의 신전에서는 치료의 상징뿐 아니라 저승사자의 상징이 발견되며 늘 죽음의 세계와의 관계가 여러 곳에서 시사된다.[38] 반대로 "상처 입은 자만이 고친다"는 아폴론(Apollon)신탁처럼 병이라는 부정적 사건은 바로 치료 능력의 원천이 된다. 그리하여 치료자는 먼저 스스로 병을 통과하지 않으면 안 되고 많은 병을 앓음으로써 더욱 많은 치료능력을 얻게 된다는 관념이 시베리아, 중앙아시아 샤머

35) 秋葉隆, 앞의 책, p. 84.
36) 이부영, 「분석심리학」, pp. 55-64. 이부영(1999), 「그림자」, 한길사 참조.
37) E. Peterich, *Götter und Helden des Griechen*, Walter-Verlag, Olten, 1962, pp. 24-26.
38) K. Kerényi, *Der göttliche Arzt*, Ciba, Basel.

니즘(shamanism)에서 발견된다.[39)]

일본민간에서는 논두렁에서 넘어져 뜻밖에 깊은 상처를 입는 경우 이 것을 '카마이타치'의 소행이라 생각하는데 이 신은 삼인으로 사람 눈에는 안 보이지만 첫째 신이 사람을 넘어뜨리고 둘째 신은 칼로 상처를 입히고 셋째 신이 약을 붙여 준다고 한다(長岡 1959). 우리나라 민담에도 뱀이 감옥에 갇힌 아이를 물어 상처를 낸 뒤 잎사귀를 얹어 낫게 함으로써 그 아이가 원님 딸의 병을 고칠 수 있었다는 이야기가 있다. 병과 치유, 삶과 죽음의 양면성이 의사의 속성 속에 내포되고 있다 할 것이다.

융은 원형상의 양면성을 주장한다. 심지어 모든 것을 포괄하는 자기원형도 그림자를 가지고 있음을 지적했다. 왜냐하면 포괄자는 이른바 선뿐 아니라 악도 포괄해야 전일의 경지를 표현, 또는 실현할 수 있기 때문이다.

이런 원초적 대극성이 신화의 세계에서는 하나의 신의 양가성에 나타나거나 두 개의 신의 쌍으로 나타나는데 식문은 두신의 그림자로서 두신과 함께 무척 흥미 있는 쌍을 이루고 있다.

식문은 손님굿에서 툇마루 밑에 시루뚜껑을 씌운 구럭 속에 갇혀 있게 된다. '툇마루 밑'이란 일상적 생활 평면 아래임을 가리킨다. 심리학적 상징으로는 의식의 문턱 아래, 즉 하의식(Subconsciousness) 또는 무의식을 의미한다. 두신이 화려한 마차를 타고 들어왔다가 나갈 때 무당이 짚으로 만든 말을 안고 밖으로 나가 나뭇가지 위에 걸어 놓는다는 점으로 미루어 두신의 천상적 성격이 엿보이거니와 마루 밑에 갇혀 있어야 할 식문의 지하적(地下的) 성격과 대비시킬 만하다.

이와 같은 신화적 양면성이 현실적인 의사나 의료에 어떻게 표현되고 있을까? 의사를 보는 사람들의 양가적 감정, 한편으로는 우러러보며 그 의술에 마술적 기대를 걸고 다른 한편으로는 의사의 기능에 대하여 불안

---

39) M. Eliade, *Schamanismus und archaische Ekstase Technik*, Rascher, Zürich, 1956, p. 111. *Schamanengeschichte aus Sibirien*(1985), Wilhelm Barth Verlag, München, p. 153.

공포, 의심을 보이는 경향에서 양가적인 치료자상의 투사현상을 볼 수 있는데 실제로 병원이나 의사는 죽음에서 생을 가능하게 할 뿐 아니라 항상 어쩔 수없는 죽음과 접촉하고 있으므로 의사를 희망의 존재인 동시에 죽음에 오염된 존재로 볼 수 있는 가능성이 큰 것도 사실이다. 젊은 의사는 스스로 치료신의 긍정적 측면, 즉 치유력과 동일시하므로 그 대극인 치료실패와 죽음을 용납하지 못하여 될 수 있는 대로 그런 사실이나 자기의 무력을 수용하거나 직면하려 하지 않는다. 그래서 손님굿에서 보는 식문처럼 그런 사실이 상기될 만한 상황에 부딪히면 얼른 그 기억을 무의식에 묻어 두고 외면하고자 한다. 손님굿은 그런 점에서 그림자와의 직면과 동화라는 시도보다 그림자의 억제로서 창조기능의 저해를 방지하는 방법을 제시하고 있다. 다시 말해 이것은 무슨 일이 잘 안 될 것이다, 모든 것은 한스럽고 절망적이다 따위의 부정적 예측을 강력하게 억제함으로써 오직 자연의 권능을 긍정적으로 보고 이에 의지하려는 태도에 비길 수 있다. 이것은 상당히 동양적 혹은 한국적인 해결법의 특징을 가지며 대극의 직면과 긴장을 통한 대극합일의 방법과는 거리가 멀다.

조선왕조의 중앙집권적 체제에서 실시된 통합방법이 바로 어른에 거역하는 자들을 어른 앞에서 안 보이게 함으로써 그의 체면을 손상시키지 않고 질서를 유지하는 데 있었다면 두신에 관한 이야기에는 상당히 그러한 권위주의적 경향이 농후하다. 그림자의 의식화로서 개성화 또는 자기실현이 촉진된다는 분석심리학의 입장에서 볼 때 이와 같은 권위주의적 방법은 의식화(Bewußtwerdung)과정에 진행하는 것임에 분명하다.

두신무가에 나타난 민중의 사대주의, 권위에 대한 도전과 궁극적인 무력함, 말썽의 소지는 누르는 게 좋고 밖으로 노출시킴이 없이 조용히 해결해야 한다는 소극적인 태도가 비단 조선왕조에 국한된 경향이 아니라고 보면 두신무가에는 한국인의 심성과 문제해결 양식의 일단이 반영되고 있다고 볼 수 있다. 모든 것을 대결과 협의로 해결하는 서구 민주주의 관점에서 보면 이런 해결 양식은 전근대적이며 봉건적인 양식이라 할 수 있다.

그런데 실지 병의 치료 과정에서 보면 치료자의 마음이란 곧 치유력을 좌우하기 때문에 그 마음의 혼란을 가져올 만한 내심의 회의나 자책을 너무 자극하지 않는 것이 치료능력을 발휘하는 데 도움이 된다. 그러므로 두신무가는 사회정치적 관점에서 지배·피지배의 관계에서만 볼 것이 아니라 권위자에 대한 절대적 신뢰와 외경이 지니고 있는 치료능력, 또는 문제해결능력을 인식해야 할 것이다. 이것은 한국인의 하늘에 대한 신뢰, 바꾸어 말해서 무의식에 대한 긍정적 기대의 경향과 일치된다.[40)]

(5) 원시질병관과의 관계와 치유의 비의

대체로 한국민간의 질병관은 클레멘트(Clements, F.)(1932)의 원시질병관 분류 중 악귀의 침범에 해당하는 것이 대부분이며 치료 역시 침입한 악귀를 내쫓는 발양의 성격이 두드러진다.[41)] 그러나 천연두의 경우는 꼭 어느 형으로 분류할 수 없는 특이한 질병관을 지니고 있다. 그것은 "신의 통과"라는 말로 집약되는데 환아에게 들어가 통과해 지나가므로 빙의적인 성격을 띠고 있기는 하지만 반드시 몸에 들어갔으니 내쫓아야 하는 것이 아니고 몸 안팎에서 신이 주는 공덕이라고 생각하여 마마배송이란 으레 치르고 지나가야 할 필수적인 의식으로서 숙명적으로 주어진 것이라는 관념이 두드러진다. 그러므로 두신은 단순히 역신도 악신도 아닌 발병과 치유, 죽음과 재생을 한 몸에 지닌 의신이며 그 의신의 작업이 천연두이다. 원시적 질병관과는 판이한 성격을 보여 주고 있다.

두신을 아스클레피오스(Asklepios)신과 비교하기에는 두신의 출생과 성

40) 이부영, '한국무속관계자료에서 본 사령의 현상과 그 치료', 〈신경정신의학〉 7(2), 1969, pp. 37-40.

41) 이부영, '한국민간의 정신병관과 그 치료(1)', 〈신경정신의학〉 9(1), 1970, pp. 35-45.

장에 관한 기술이 전혀 없고 두신의 묘사가 너무 현세적이지만 두신의 기능이 지닌 생사의 양면성은 아스클레피오스신에서 양면성을 발견한 케레니(Kerényi)의 주장과 상통한다.

그는 말한다.

> "치료신 특유의 의미는 그 원천이 그 자신으로부터 솟아나는 데 있다. 그는 치료전기(轉機)에서 다만 동참할 뿐 아니라 그의 출현이 곧 치료이며 아마도 또한 그 역이다. 모든 치료는 동시에 그의 Epiphanie, 神顯이다."[42]

그리스 에피다우로스(Epidauros)의 아스클레피오스 성소에서 기적처럼 일어난 인쿠바치오(Incubatio, 사원수면)의 치유가 신의 현시에 의해서 일어났다면 천연두는 두신의 신현(Epiphanie)이며 이로써 규칙적인 시간적 경과를 밟는 질병과 치료의 전체과정이 실현되었다. 인간에게는 다만 이 과정이 순조롭게 완결되도록 초인적인 힘을 주의 깊게 고려하는 이른바 렐리기오(religio)의 태도를 견지하도록 촉구되었던 것이다.

아스클레피오스신을 수행하는 개와 뱀의 생성과 죽음의 양면성과 특히 그 지하계적 특성을 언급하면서 케레니는 또한 이렇게 말한다.

> "치유에의 전기는 결코 고유의 일출이 아니라 일종의 일출이다. 그것은 인간 고유의 출생, 사자의 부활이 아니라 동시에 죽음의 나라의 경계영역에서 일어나는 사건이다(방점: 저자). 개는……위와 아래, 낮과 밤, 삶과 죽음의 이행과정이다. 잘 알려진 아스클레피오스(Asklepios)를 따르는 거룩한 짐승인 뱀도 같은 상황에 속한다."[43]

---

42) K. Kerényi, *Der göttliche Arzt*, 앞의 책, 1948, p. 35.
43) 앞의 책, p. 47.

"죽음의 나라의 경계"라는 말은 주목을 요한다. 치료자원형은 생자의 세계에 있으면서 사자 세계의 환자를 생의 세계로 끌어들이는 것이 아니라 생사의 갈림길에서 그 비의(秘儀)를 수행한다. 이렇게 볼 때 모든 치료는 엄밀한 의미에서 이적(Wunder-Heilung)이며 "치유로의 이행과정에서 죽음에 폭로되어 있는 중환자에서는 아무리 의사가 그 병인을 알고 이를 제거했다 하더라도 언제나 파악할 수 없는 것이 남아 있는 법이다. 왜냐하면 의사의 작용 이외에 언제나 밖으로부터의 간섭과 함께 환자의 내부에 일어나는 무엇인가가 동시에 도와주고 있고 이로써 치유가 되는 것이기 때문이다."[44] 이 도와주는 본능이 곧 심리학적으로 치료자원형이다.

그런데 이런 두신행차의 축제적 분위기는 무엇인가. 여기에는 케레니가 아스클레피오스신의 두상의 표정에서 발견한 내적인 짜증과 고통과 심각성이 없다.[45] 일본민간에서는 천연두가 돌 때 여러 사람들이 신사에 모여 떼지어 춤추면(두창춤)서 "올해는 좋은 해요. 마마가 성한다. 가볍게 가볍게요, 즐겁고 즐겁네요."라고 노래한다고 한다.[46] 공포감이 크면 반대의 감정을 표현하는 심리와, 홍분 속에 악귀를 끌어들여 마을 밖으로 내보내는 주술적 의도가 이런 현상을 낳았다고도 볼 수 있으나 질병현상 자체가 생명의 재구성이라는 재생(renewal)의 뜻이 있는 것으로 본다면 이런 축제적 의미 또한 치유의 원초적 조건일 수 있지 않을까 생각된다.

3) 맺는 말

이상에서 한국신화의 기원이라고 할 수 있는 무가에 나타난 두신을 중

44) 앞의 책, p. 32.
45) 앞의 책, pp. 29-31.
46) 長岡博男, 앞의 책, p. 319.

심으로 치료자 원형상의 일단을 살펴보았다. 자료는 1930년대에서 현대에 이르는 손님굿의 무가를 대상으로 하였는데 그 가운데서도 원형태를 갖추고 있고 무녀나 다른 사람의 추가가 적다고 생각되는 1930년대의 서울 및 경기도지역 무가를 중심으로 분석심리학적 입장에서 그 상징성을 고찰하였다. 또한 무가에는 1930년대 무가에 일부 나와 있을 뿐이나 그 기능과 작용이 당대의 마마배송이라는 굿의 과정에 나타나 있는 두신의 대자격인 식문의 상징, 두신과의 관계에 대해서도 고찰하였고 현대 의료, 의사상(醫師像)의 특징과 관련하여 인간 무의식의 원형적 측면이 이 두신이야기 속에 어떻게 표현되고 있는가를 살펴보았다.

이야기의 줄거리 전개가 현실적인 질병과정의 영향을 많이 받고 있기는 하나 두신의 이야기는 천연두에 국한되지 않고 모든 질병의 치료과정, 의사－환자 관계, 정신요법에서 중요한 역할을 하는 치료자원형의 한국적 전개라는 인상을 받았다. 두신의 이야기나 굿은 비록 현재 그 감정적 중요성을 상실한 듯 보이지만 그 속에는 간과할 수 없는 보편적 지혜가 숨어 있다.

물론 두신이야기는 치료자원형의 기본 조건인 시련과 고난의 여정에 대하여 아무런 정보도 주고 있지 않다. 이런 면에서는 삼승할망본풀이나 바리데기의 설화를 고찰할 필요가 있고 치유의 비의란 비단 인격상으로만 나타나는 것이기보다 나무, 물, 여러 동물, 무생물 등으로 표현되므로 두신이야기 하나로 치료자 원형상의 모든 측면이 설명된다고 생각할 수 없다.

이에 대해서는 뒤에 계속 고찰하기로 하겠다.

2. 한국민담 속의 질병과 치유

원시적인 질병과 치유의 개념에 대한 역사적, 인류학적, 그리고 민족정신의학적 연구는 원시인들의 심리에 대하여, 그리고 그것이 정신병리학, 정신치료 같은 현대 의학의 원리와 어떤 관련이 있는지에 대하여 값진 통찰을 제공해 왔다.[1),2),3),4)]

원시인들의 세계관이나 질병과 치유에 대한 견해는 인간이 삶과 죽음의 신비에 직면할 때 자연스럽게 발현되는 무의식의 내용을 반영해 주기 때문에 그것들은 무의식에 관한 심리학적 고찰의 대상이 되어 왔다. 이 방면에서 융(Jung)이 기여한 바는 원시인의 심리가 현대인의 심리보다 열등하다는 편견 없이 그의 콤플렉스 이론의 관점에서 원시적 관념들을 이해하고자 하는 새로운 방법을 발전시켰다는 점이다.[5)]

한국 문화권에서도 분석심리학적 입장에서 질병과 치유에 관한 원시적 개념을 특히 무속을 중심으로 해석해 보려는 시도가 저자에 의해서 이루

---

1) Ervin Ackerknecht, *Medicine and Ethnology*, Huber, Bern, 1971.
2) Forest Clements, *Primitive Concepts of Disease*, American Archeology and Ethnology, Univ. California Press, Berkeley 1932, pp. 32, 185-252.
3) Marvin Opler(ed.), *Culture and Mental Health*, McMillan, New York, 1959.
4) Ari Kiev(ed.), *Magic, Faith, and Healing*, McMillan, New York, 1964.
5) C. G. Jung, *Die psychologischen Grundlagen des Geisterglaubens*, In, C. G. Jung, *Über psychische Energetik und das Wesen der Träume*, Rascher Verlag, Zürich, 1948, pp. 279-311.

어졌다.[6]

한국민담에서도 무속 문화권 안에서 신봉되고 수행되었던 것과 동일한 치유방식과 질병관이 나타나고 있는 것 같다. 그러나 한국민담은 질병과 치유의 문제를 여러 가지 정신적 차원에서 다루고 있다. 몇몇 이야기들은 효와 같은 전통적 도덕윤리를 그려 내고 있는가 하면, 어떤 이야기는 치유의 신들과 치료약을 찾기 위한 영웅적 모험에 관한 것이다. 또 어떤 이야기는 악을 다루는 지혜에 관해 이야기하고 있다.

흔히 민담에서 질병이라고 하는 것은 구체적인 신체적 사건이라기보다는 전체로서의 삶의 취약함과 부조화를 가리키는 하나의 상징이다. 그리고 질병의 치료는 단지 신체적 고통이나 질병을 제거하고자 하는 것이 아니라 모든 종류의 고통과 갈등으로부터 인간을 해방시키는 것이다.

다음 글에서는 각각의 상징에 관해 지나치게 세밀한 분석을 하기보다는 한국민담에 나타난 치유의 핵심적 양상과 질병의 몇 가지 측면에 국한하여 관찰하고자 한다.

1) 사자(死者)와 질병

우리나라 중부지방의 무속사당인 은산 별신당에 관한 전설[7]에서, 한마을에 전염병이 돌아 매일 수많은 사람이 죽어 가고 있었다. 하루는 마을 노인의 꿈에 황금 갑옷을 입고 백마를 탄 장군이 나타나 자신이 백제의 장군이었다고 말했다. 그는 군사들을 이끌고 신라에 대항하여 싸웠다. 전

---

6) 이부영, '한국 민간의 정신병관과 그 치료(1)－무속사회의 정신병관', 〈신경정신의학〉, 1970, 9(1), pp. 35-45.
______, '〈사령〉의 무속적 치료에 대한 분석심리학적 연구－특히 분석적 정신요법과 관련하여', 〈최신의학〉 13, 1970, pp. 79-94.

7) 최상수, 「한국민간전설집」, 통문관, 서울, 1984, pp. 104-106.

쟁이 끝난 후 산과 들에는 병사들의 시체가 수없이 흩어져 널려 있었다. 장군은 노인에게 그들을 묻어 달라고 간청하며 그렇게 해 준다면 보답으로 마을에서 병귀를 몰아내 주겠노라고 하였다. 또 그는 3년마다 사자들을 위한 위령제를 지내 달라고 부탁했다. 다음 날 노인이 마을사람들에게 꿈 이야기를 하자 마을 사람들은 시신들을 찾아 내어 길지(吉地)에 묻어주고 위령제를 지냈다. 그러자 전염병은 멈추었다. 그러나 만약 마을 사람들이 위령제를 소홀히 하면 전염병이 다시 돌곤 하였다.

한국의 민간신앙에서는 원한을 품고 죽은 사자의 한이 병을 일으키는 주요 역할을 한다. 사자는 위급한 상황에 생자를 도와줄 수 있다. 그러나 그것은 오직 사자가 더 이상 원한을 느끼지 않게 된 때나, 산 자들이 바치는 제물을 통해 개인적 한이 풀어지고 조상신의 반열에 오르게 된 후에야 가능하다.

사자의 한이란 무엇인가? 도시 사자란 무엇이고 저승이란 무엇인가? 우리는 사자나 사령이 무엇인지를 모른다. 다만 그 존재에 관한 사람들의 믿음을 알고 있다. 사자의 실재에 관한 여러 가지 경험적 연구가 있고 현대 심리학의 입장에서도 이를 부정할 만한 근거가 없지만 현재로서 가장 확실한 것은 '사자의 세계'란 일차적으로 사람들의 마음의 소산이라는 점이다. 미지의 세계에 대하여 사람들은 상상한다. 그러는 가운데 그들은 자기의 무의식에 있는 것을 '사자'나 '저승'이라는 상에 투사하고 있다. 사람들의 사자에 대한 생각이 세계적으로 일정하다는 점으로 미루어 보아 사령현상이나 사령의 세계에 관한 여러 가지 설명은 인간 무의식의 보편적인 층, 즉 집단적 무의식의 내용을 주로 대변하고 있는 것 같다. 귀령(Geister)을 무의식의 자율적 콤플렉스라고 본 융의 논거가 여기에 있다. '저승'이란 자아의식의 저편을 말하고 죽음이란 자아의 죽음이며 자아 콤플렉스의 일부가 의식에서 떨어져 나가 무의식 세계로 들어감을 말한다. 그것은 없어지는 것이 아니라 무의식의 내용이 되어 버린 마음의 응어리,

즉 콤플렉스들이다. 급격히 무의식화된 의식의 내용은 여러 가지로 의식계를 자극하여 의식의 힘을 약화시키거나 그 통합을 장해한다.[8]

한은 '감정적 잔재' 같은 것이다. 즉 의식으로부터 급격히 무의식 안으로 던져진 채 살지 못한 삶이다. 그러한 잔재는 언제든지 자아의 의식적 태도를 교란시킬 준비가 되어 있다.

중세에 한국의 왕들은 나라에 전염병이 창궐할 때마다 원한을 품고 떠돌고 있는 영혼들을 위하여 여제(厲祭)라는 위령제를 지냈다.[9] 무속은 특히 사자의 원한을 진지하게 배려해 왔으며 사자 가운데 어떤 이는 무속의 신으로 숭배해 왔다.

병을 매개로 해서 사자는 산 사람들이 소홀히 해 온 저승을 깨닫게 하고 저승과 다시 좋은 관계를 맺을 수 있는 기회를 제공해 준다. 바꾸어 말하면 병고는 무의식에로의 길을 열어 주고 공동체와 개인이 무의식 세계와 조화로운 관계를 회복할 수 있게 해 준다.

종교적 삶과 관련된 신령한 힘(numinosity)을 무시하는 행위도 역시 병이나 재난을 초래할 수 있다. 한 이야기에서, 마을에 병이 돌아 수령을 비롯한 많은 사람이 앓고 있을 때 수령의 꿈에 석불상이 나타나 자기를 땅에서 일으켜 세우고 절을 세워 달라고 부탁한다. 이 일이 행해지자 질병은 사라졌다.[10]

이 이야기들은 사람들이 여전히 종교적이고 '큰' 꿈의 메시지를 믿었던 시대의 실화일지도 모른다고 생각된다. 오늘날 무의식의 메시지에 대한 믿음은 점점 약해져서 자취를 감추고 있다.

---

8) 이부영, '한국 무속관계 자료에서 본 〈사령〉의 현상과 그 치료 (1), 〈신경정신의학〉, 7(2), 1968, pp. 1-14.
______, '귀령 현상의 분석심리학적 이해', 「한국사상의 원천」, 박영사, 서울, 1980, pp. 294-340.

9) 이부영, '한국민간의 정신병 치료', 〈최신의학〉, 15, 서울, 1972, pp. 191-213.

10) 최상수, 앞의 책, pp. 72-73, 전설번호 54, 〈오석리의 석불상〉.

한국민담에 나타난 사자는 대부분 권위에 대한 불경이나 불복종에 대한 징벌로서 병을 일으키거나 죽음을 주는 것 같지는 않다. 사자는 오로지 보이는 세계 뒤편의 혼란 상황에 대한 자아의 무관심에 주의를 줄 뿐이다. 이런 점에서 구약성서의 야훼나 그리스신화의 제우스나 아폴로와는 성격이 다르다. 한국의 신화나 민담에서는 사자, 신 그리고 인간 사이의 엄격한 도덕주의적 대결보다는 음양의 조화가 더 높이 평가되고 있는 것 같이 보인다.

무의식에 억압된 콤플렉스에 접근하는 데에는 용기와 함께 방심하지 않고 깨어 있는 자세가 필요하다. 억압된 콤플렉스가 언제 해를 입힐지 모르기 때문이다. 이미 다른 장에서 거듭 상술한 바와 같이 원혼을 만나기 위해 주인공이 집 구석구석 촛불을 밝혀 놓고 자지 않고 깨어 있다가 문제를 해결하는 아랑전설은[11] 이 같은 사실을 보여 주고 있다.

사자나 귀령들(demons)이 영혼을 빼앗아 감으로써 병이 난다는 원시적 질병관은 우리나라의 다음과 같은 민담에도 묘사되어 있다.

〈아버지의 재산〉[12]이라는 이야기에서 삼형제 중 둘째 아들은 무덤가에서 도깨비를 만난다. 도깨비는 산 자의 영혼을 잡으러 가기 위해 무덤 안에 있는 사자의 영혼을 불러내고 있었다. 그 둘째 아들은 사자의 영혼으로 변장하여 도깨비와 함께 마을 부잣집 딸의 영혼을 낚아채러 간다. 속임수를 써서 그는 도깨비로부터 그 소녀의 영혼을 빼앗아 그것을 되돌려 주고 그녀는 다시 소생하게 된다. 이 이야기는 주인공과 생명을 되찾은 소녀와의 결혼으로 끝을 맺는다. 이 이야기에서는 처음부터 도깨비와 사자가 의례적인 영혼사냥을 나가고 주인공은 아버지의 유물로 소녀의 삶을 되돌려줄 수 있다. 무의식과의 의식적 동일시가 그 파괴적 성향을 창

---

11) 앞의 책, pp. 187-189, 전설번호 120, 〈밀양 아랑각〉.
이부영, 앞의 논문, 1968, pp. 5-14.

12) 한상수, 「충남민담」, 형설출판사, 서울, 1980, pp. 199-205.

조성으로 전환시킬 수 있는 계기가 되었다고 할까.

또 다른 민담 〈할머니와 애기〉는 이와는 다른 양상을 보여 준다. 한 소금장수가 두 무덤 사이에서 잠을 자다가 한 노인과 노파가 나누고 있는 이야기를 듣게 되었다. 그들은 무덤에서 나와 그들을 위해 차려진 제삿상을 받으러 아들 집에 다녀온 길이었다. 그들은 며느리가 제삿상에 부정한 음식을 차려 놓은 것을 보고 화가 나서 아들 부부의 아기를 불 속에 던져 버렸다는 것이었다. 그런데 그들은 물독 바닥에 살고 있는 천년 묵은 두꺼비가 아기의 화상에 대한 최선의 치료약이라는 것을 알고 있었다. 누군가가 두꺼비를 물독에서 꺼내어 태운 후 그 재를 상처에 바르면 그 아기의 화상은 나을 것이었다.[13)]

중국설화에서 두꺼비는 달의 동물이다. 두꺼비는 여성적인 생명력(feminine libido)을 상징하며 신비한 치유력을 지니고 있다.[14)]

이 이야기는 고부간의 원형적 대결관계에서 아이로 상징된 새로운 창조적 가능성이 시어머니의 끝없는 적의로 인해 손상되는 과정을 보여 준다. 이 문제에 대한 해결책으로서 이 이야기는 무의식에 억류되어 있는 모성적인 힘을 끌어내 그 힘의 존재를 의식화해야 함을 말한다. 그리고 모성적 본능에 대한 지속적인 정서적 경험을 통하여 그 힘을 생물학적충동에서 영적인 충동으로 변화시켜야 한다. 무엇을 태운다 함은 영화(Vergeistigung)를 말한다.

일본의 한 민담에서는 어떤 부자가 돌 밑에 눌려 있는 늙은 두꺼비 때문에 병이 들고 있다.[15)] 이와 같이 원형들이 오랫동안 부자연스러운 상태

---

13) 김광순, 「경북민담」, 형설출판사, 서울, 1978, pp. 330-331.

14) 袁珂, 「中國古代神話」(伊等敬一 等 역), みすず書房, 東京, 1978, pp. 330-331.
森三樹三郎, 「中國古代神話」, 大安, 東京, 1969, pp. 187-194.
이부영, '한국민화 속의 영웅원형－지네장터 설화를 중심으로', 「한국의 민속문화」, 국제문화재단(한국문화시리즈 제4집), 1974, pp. 27-40.
Patricia Dale-Green, *The Symbolism of the Toad*, Guild Lecture 110, The Guild psychology, London, 1960.

로 갇혀서 그 기능을 전혀 살리지 못할 때 전체적인 정신의 활동은 균형을 잃게 된다.

2) 질병과 치유에 있어서의 동물들

동물과 관련된 죽음에 대한 이야기는 그 결말에 있어 의인화된 주인공의 이야기와는 약간 다르다. 질병을 야기시킨 동물들은 인간에 의해서가 아니라 치유하는 힘을 지닌 동물들에 의해 퇴치된다.

한 예로 〈백로리〉전설[16]에서, 벼슬에서 물러난 한 남자가 백로를 구하기 위해 큰 뱀을 칼로 찔러 죽였다. 다음 해 그는 낚시에 걸려든 커다란 뱀장어를 먹은 후 배가 불러오는 병을 얻어 고통을 당한다. 그 어떤 약도 효력이 없었다. 어느 날 그가 나무 옆에 누워 잠들어 있었는데 백로가 그에게로 다가와 그의 배를 쪼았다. 백로는 그의 배 안에서 쏟아져 나오는 수많은 작은 뱀들을 먹어 치웠다. 그가 잠에서 깨었을 때 그의 병은 나아 있었다.

폰 프란츠(M. L. von Franz)가 말했듯이 악을 다루는 문제에 있어서 민담 안에서 보편적으로 받아들여지는 유일한 해결책은 동물을 도와주는 일이다.[17] 위의 이야기에서 주인공은 어린 백로를 구하기 위해 불가피하게 뱀을 죽일 수밖에 없었는데, 이 행동은 뱀으로 하여금 원한을 품고 복수하도록 만든다. 그리고 뱀의 복수는 백로로 하여금 그 남자에게 보은하도록 만든다.

이런 식으로 선과 악의 원리는 순환적 관계로 들어간다. 선한 행위가

---

15) 關敬吾(편), 「日本の昔話」(II), pp. 101-103, 〈鼻かみ 源次〉.

16) 최상수, 앞의 책, pp. 388-390.

17) von Franz, *Das Problem des Bösen im Märchen. In, Das Böse, Studien aus dem, C. G. Jung Institut Zürich*, Bd. XIII, Rascher, Zürich, 1961, pp. 91-126.

칭찬되면 이와 동시에 악의 위험성이 지적된다. 고대 중국의 오행의 상생 상극 원리가 이 이야기 안에 들어 있다. 상징적으로 뱀과 백로는 지하적인 모성적 힘과 천상적인 영적 본능이라는 대극적 원리를 나타낸다. 이 이야기는 생명이 지닌 두 국면 사이의 무의식적이고 원형적인 대결을 보여 주고 있다. 정신의 이러한 원형적 특성을 깨닫기 위해서는 고통스러운 위험을 겪고 지나가야만 한다.

종종 위기 상황에서 뱀의 적의가 너무나 강력하면 뱀의 대극은 소멸되어 버린다. 치악산 상원사 전설[18]이나 제주도 금릉사굴 전설[19], 지네장터 설화[20] 등 이미 이 책의 다른 곳에서 말한 이야기들이 그 예이다. 가령 두꺼비는 여주인공을 구하기 위해 정기적으로 소녀를 제물로 바치지 않으면 재난을 일으키던 지네에 대항하여 싸운다. 결국 두꺼비와 지네 양쪽이 다 죽고 만다. 또 다른 전설에서는 어떤 절의 흰 닭이 절 사람들에게 죽을 병을 일으키던 지네를 퇴치한다. 그러나 그 지네를 먹은 수탉들은 모두 죽어 버린다.[21]

이러한 현상은 남성의 정신 어딘가에 강력하고 파괴적인 모성적 에너지가 존재한다는 사실과 관련되어 있다. 그리고 이 문제를 극복하는 것이 얼마나 어려운 일인지를 암시해 준다. 또 한편 이 이야기는 자아의식을 휩쓸고 그 기능을 마비시킬 수 있는 원형의 힘의 위험성을 지적하고 악이 쉽사리 제거될 수 있다는 낙관적 믿음에 경종을 울리고 있다. 극동의 민담에서는 힘센 악령들이 우세하게 등장하는 반면, 영웅이 악을 성공적으로 퇴치하고 결혼에 이르는 모티프는 상대적으로 약한 편이다.[22] 이것은 아마도 악의 실재에 대한 동양인들의 조심스러운 태도와 관련이 있을 것

18) 최상수, 앞의 책, pp. 413-415, 전설번호 274, 〈치악산과 상원사〉.
19) 앞의 책, pp. 175-176.
20) 앞의 책, pp. 82-86.
21) 앞의 책, pp. 352-353, 전설번호 228, 〈계림사의 흰 닭〉.
22) 河合隼雄, 「おとぎ話と日本人の心」 岩波書店, 東京, 1983, pp. 17-18.

이다.

폰 프란츠는 중국민담에서는 악이 그저 어떤 센세이션이나 자연발생적 현상으로 다루어질 뿐 도덕적 대결의 대상이 아니라고 언급한 적이 있다.[23] 악은 노출시킬 수도 말할 수도 개념화할 수도 없는 논리적인 토론의 대상이 아닌 어떤 분위기 같은 것으로 나타난다. 왜냐하면 악은 개아를 초월하는 누멘적인 것이기 때문이다. 이는 동양의 무의식에 대한 존중과 외경의 태도를 보여 준다. 과거의 서구 기독교에서 악은 단지 선의 결여(privatio boni)로서 자아의 선량한 의도를 통해 쉽게 통제될 수 있는 것으로 간주되었다.[24] 융이 이러한 태도에 대해 거듭 경고를 한 적이 있는데 이 경고는 오늘날 동양인들, 특히 한국인들도 귀담아들을 가치가 있다. 현대 한국인들의 집단적 태도는 기독교의 영향을 받아 점점 더 순진한 이상주의 쪽으로 변화해 가고 있기 때문이다.

우리는 이 이야기들로부터 파괴적인 모성적 힘이 지닌 위험성에 대한 암시뿐만 아니라 그러한 파괴적 충동을 다루는 방법을 이끌어 낼 수 있다. 종종 악에 대항하여 싸우는 자는 남자 주인공이나 여자 주인공이 아니라 그 혹은 그녀가 도와주었던 동물이다. 치유의 과정은 서구의 페르세우스형의 신화에서와 같이 자아의식의 직접적인 개입을 통해서가 아니라 동물의 도움, 즉 건강한 자연적 본능의 보살핌을 통해 간접적으로 성취된다. 물론 페르세우스형 신화에서도 도움을 주는 동물들은 적지 않게 중요한 역할을 한다.[25]

병의 원인을 파괴하는 대신 자연적 저항력을 보존하고 향상시키는 것이 오랫동안 동양 의학의 원리였다. 물론 이러한 치유방법은 악을 다루는 한국적 방법이 지닌 일반적 특성은 아니다. 한국민담에도 페르세우스형

---

23) M. L. von Franz, *Das Problem des Bösen im Märchen*, 앞의 책, pp. 105-106.

24) C. G. Jung, *Antwort aufHiob*, G. W. Bd. 11, Rascher, Zürich, 1963, pp. 393-506.

25) 이부영, 〈한국 민화의 영웅 원형〉, 앞의 책, pp. 199-201.

모티프가 존재한다는 증거가 있다.

재미있는 사실은 싸우는 동물들이 등장하는 몇몇 민담의 남자 주인공들이 과거를 보러 가는 유학자들이라는 것이다. 이 이야기는 지식인이 성숙한 인격으로서 사회에 받아들여지기 전에 대면하고 해결해야만 하는 감정적인 갈등을 제시해 준다.

조선조에 출간된 어떤 전설[26]에서는 한 남자가 우연히 아름다운 비구니를 만나서 그녀와 동침한 후 다시 만나기로 기약한다. 그 비구니는 오지 않는 그 남자를 기다리다가 병이 나서 죽게 된다. 어느 날 이제 고위 관리가 된 그 남자는 자신의 방으로 작은 뱀 한 마리가 들어오는 것을 보았다. 그는 뱀을 잡아 멀리 던져 버린다. 하지만 다음 날 뱀이 다시 그의 방으로 들어온다. 뱀을 쫓아 내려는 어떤 시도도 소용이 없었고 그 뱀은 날마다 조금씩 커진다. 결국 그는 그 뱀을 잡아 상자 안에 넣은 후 가지고 다닌다. 그 남자는 점점 몸이 쇠약해지다가 병이 나서 죽는다. 원귀의 수용도 문제를 해결해 주지는 못한다. 낙심한 여자의 원한이 사후 뱀으로 변하는 이 이야기는 유교문화가 지배하던 조선조 남자의 아니마(Anima)문제와 틀림없이 관련이 있다.

동물 중에서 늙은 여우는 병을 일으킨다고 믿어진다. 한 이야기에서 여우는 예쁜 소녀나 노파, 혹은 승려로 둔갑한 후 마술적 주문을 외워 환자를 치료하는 척한다. 그러나 사실상 그것은 환자의 죽음을 부르는 주문이다. 비범한 직관력을 지닌 한 남자가 악한 여우를 알아보고 두 마리의 삽살개를 방으로 들여보낸다. 개들은 둔갑한 여우를 물어 죽인다. 또 다른 이야기에서는 한 소금장수가 우연히 사람으로 둔갑하고 있는 여우를 알아보고 대추나무 방망이로 그 여우를 때려 죽인다.[27],[28]

---

26) 성현, 「용재총화」 권4(김화진 편), 「한국 야담 전집」 동국, 서울, 1947, pp. 109-110.
27) 한상수, 「충남민담」, pp. 90-91.
28) 한상수, 「한국민담선집」, 정음사, 서울, 1977, pp. 221-224.

이러한 이야기 안에는 진짜 치료자와 거짓 치료자를 구별해야 한다는 경고가 함축되어 있다.

이러한 경고를 볼 수 있는 또 다른 우리나라 민담이 있다. 고려 왕조의 건국신화에서[29] 한 여우가 음악을 연주하고 마술적 주문을 외우며 빛에 둘러싸여 천상으로부터 하강하는 부처의 모습으로 둔갑한다. 이로 인해 서해의 용왕은 심한 두통을 앓게 되고 용왕의 병을 치유하기 위해 남자 주인공은 그 여우를 쏘아 죽여야만 한다. 그러나 여우는 정말 부처처럼 보였으므로 그는 주저하게 된다.

다음 이야기에서 볼 수 있듯이 여우는 또한 귀중한 구슬을 지니고 있다는 믿음이 있다.[30] 아름다운 소녀로 둔갑한 늙은 여우가 입에서 구슬을 소년의 입속에 넣었다 뺐다 하며 사랑놀음을 하나 사실 이를 통해 소년의 기를 빨아먹고 있었다. 소년은 선생이 시킨 대로 구슬을 삼켜 버린다. 그러나 서두르는 바람에 하늘을 쳐다보지 못하고 땅만을 내려다 보았으므로 그는 오직 지상적인 것에만 통달할 수 있었다.

질병은 우리가 분석심리학에서 말하는 자기(Self)의 작용에 속한다고 여기는 가장 심원한 능력과 항시 연관되어 있는 것 같다. 자아(ego)가 자기(Self)에 합당하게 행동하지 않는다면 자기원형(Self archetype)은 성애적 유희의 형태로 체험될 수 있고 그것은 파괴적인 결과를 초래할 수 있다.

자기원형의 누멘적(numious) 작용에 접촉하는 데에서 오는 쾌락을 오로지 즐기기만 하는 것은 아무런 수확 없는 의식의 고갈상태를 초래시킨다. 무의식을 의식할 수 있는 자아(ego)의 기능과 그 작용은 자기의 무의식적 동화(assimiliation)작용에 의해 점차 소멸될 것이기 때문이다. '구슬을 삼키는 것'은 단지 경계선상의 반의식적 상태를 넘어서 자기를 의식에서 충분히 수용하는 것, 완전한 의식화를 의미한다. 이 이야기는 동물적 본능에

29) 장수근, 「한국의 신화」, 성문각, 서울, 1952, pp. 161-165.
30) 현용준, 「제주도의 전설」, 서문당, 서울, 1976, pp. 147-160, 전설번호 42, 〈월계주좌수〉.

한정되어 성애적 쾌락으로 현현되는 자기(Self)의 신성력과 직면함에 있어 자아의 우유부단한 태도의 위험성을 경고하고 있다. 인류 역사에 있어 성과 종교적 본능은 흔히 혼동되어 왔다. 이 양자는 인간이 지닌 가장 강력한 원형적 충동이며 누멘적 힘이기 때문이다. 만약 우리가 낡은 자아의 태도를 변형시키려는 자기(Self)로부터의 요청을 이해하지 못한다면 우리는 그것을 애욕적인 성적 관계로 잘못 받아들일 것이고 그렇게 되면 그것은 파괴적으로 작용할 수 있다.[31)]

지상에서 소녀를 탈취해 가는 악한 존재에 대한 이야기는 우리나라뿐 아니라 전 세계적으로 많이 있다. 악한 존재들은 그것의 동물적 상태, 대지나 물에 속박된 상태로부터 해방되기를 갈구한다. 여우가 사람을 많이 잡아먹음으로써 신이 된다든가 구렁이가 용이 된다는 이야기에서 보이듯이 무의식적인 충동은 자아의식을 동화시켜 버릴 수 있다. 그리고 자아는 결국 그 건강한 기능이 정지된 채 자기원형에 의해 대치된다.

민담에서 보편적으로 나타나는 바와 같이 동물들도 어디에서 치료방법을 찾을 수 있는지 또한 어떻게 질병을 다루어야 하는지 알고 있다. 혹은 어떤 동물은 악귀이지만 치유의 비밀을 누설하기도 한다.

인간의 본능적 영역 안에 존재하는 그러한 치유능력은 민담에서는 많은 동물들, 심지어 무생물로 대변되고 있다. 일본민담에 의하면 새, 여우 심지어 빗 같은 물건도 질병을 치료할 수 있는 방법을 이야기해 주는데 이는 항상 주인공이 동물을 도와주는 행위와 연관되어 있다.[32)] 그런데 한국민담에서는 인격적 존재에 의한 처방의 제시가 많이 발견된다. 즉 불교

---

31) von Franz, *The Psychological Meaning of Redemption Motifs in Fairytales*, Inner City Books, Toronto, 1980, p. 26.

32) 關敬吾, 「日本の昔話」(Ⅰ), 1967, p. 117.
______, 「日本の昔話」(Ⅱ), 1957, pp. 40, 43, 52, 57.
______, 「日本の昔話」(Ⅲ), p. 108.
Gebrüder Grimm, *Kinder und Hausmärchen, Bd.* Ⅱ, Manesse Verlag, Zürich, p. 117.

승려나 사자, 산신령이 절망에 빠진 주인공에게 직접적으로 혹은 간접적으로 병을 치료하는 방법을 말해 준다.

한국의 전설 가운데, 특히 효행에 관한 전설에서[33] 호랑이는 중요한 역할을 한다. 이야기 속의 호랑이는 아버지를 위한 치료약을 찾고 있는 남자 주인공에게 그것을 찾을 수 있는 장소까지 데려다 준다. 많은 한국 민담에서 호랑이는 산신령으로서 영혼의 인도자(psychopomp), 즉 이승과 저승의 매개자 역할을 하고 있다.[34]

〈두 형제와 금붕어〉[35]라는 이야기에서는 나쁜 형이 착한 동생의 돈을 훔치기 위해 동생의 눈을 찌른다. 그때 토끼와 호랑이가 함께 놀면서 치료하는 방법을 이야기하는데, 동생은 우연히 동물들의 이야기를 엿듣게 된다. "동쪽 산 발치에 작은 연못이 있고 그 연못에는 세 마리의 금붕어가 사는데 가장 어린 금붕어 눈에 가시가 박혀서 병이 났어. 만약 누군가가 그 가시를 빼낸다면 그 사람이 지닌 고통이 사라지게 되지."

어떤 경우에는 동물이 병을 초래하기도 하고 치유하기도 한다. 한 이야기에서 뱀이 남자 주인공의 발을 물었는데 상처를 치료하는 잎사귀를 물고 와서 상처를 낫게 해 주었다. 남자 주인공은 같은 식으로 원님의 딸의 상처를 치료해 주었다.[36] 만약 본능을 주의 깊게 음미하고 무의식이 주는 암시에 귀를 기울인다면 치유를 가능하게 하는 방법들이 밝혀질 것이다.

---

33) 김광순, 「경북민담」, 1978, pp. 13-16.
최래옥, 「전북민담」, 1979, pp. 247-262.

34) B. Y. Rhi, *Psychological Interpretation of a Korean Fairytale, Sister Sun and Brother Moon*, Korea Journal, Seoul, 1973, pp. 4-11.

35) 김광순, 「경북민담」 1978, pp. 339-343.

36) 성동호(편), 「한국전래동화집」, 계림출판사, 서울, 1978, pp. 204-211, 〈푸른 약초〉.

3) 질병에 대한 다양한 접근 방법들

민담 안에서 악이 다루어지는 방법에서 볼 수 있듯이[37] 한국민담에서 병은 그 원인에 따라 다양한 방법으로 치료된다. 병이 악한 동물이나 귀령에 빙의되어 일어난 것이라면 더 생각할 것도 없이 강력한 축귀술이 요구된다. 만약 병이 영혼의 탈취에 기인한다면 주의 깊은 책략가의 태도가 권장된다. 치료자는 마치 자신이 귀령인 것처럼 행동해야 하고 악을 자극해서는 안 된다. 다른 말로 하면 이는 병든 상태, 즉 무의식적 그림자(shadow)와 자신을 의식적으로 동일시하는 것이다. 민담 안의 도와주는 동물의 모티프에서 볼 수 있듯이 신체와 그 본능적 활동을 보살피는 사람은 질병을 방지할 수 있다. 만약 질병이 사자의 세계와의 부조화에서 기인하는 것이라면 병든 자는 잊었던 사자의 세계를 재인식해야 한다. 그것은 잊어버렸던 그의 과거에 대한 재인식이며 이로써 의식과 무의식 사이의 불균형이 해소된다.

무엇보다도 치유책을 찾으려는 강렬한 바람이 치유의 가능성을 열어준다. 필요가 치유를 불러오는 것이다. 한국민담이 절망적 상황에서 우러나오는 감정적 반응을 높이 평가하고 있는 것은 인상 깊은 일이다. 마치 절망적 상황 그 자체가 치유의 비밀을 포함하고 있는 것 같다. 하늘이나 초자연적 존재들도 아주 자비로워서 주인공이 불가능한 일을 가능하게 하도록 도와준다. "하늘이 무너져도 솟아날 구멍이 있다"라는 한국의 속담이 있다. 절망 안에서도 희망을 가지는 태도는 인접국들의 빈번한 침공을 겪으면서도 오랫동안 한국문화에서 무너지지 않고 유지되어 왔다. 절망적 상황에서 자발적으로 우러나는 주인공의 행위는 재난이나 병을 제거하는데 효과적일 수 있다. 부단한 기원을 통해 만약 그것이 하늘의 뜻(즉 근원

---

37) B. Y. Rhi, *Dealing with Evil in Korean Fairytales*, Korea Journal, Seoul, 1980, 20, pp. 18-27.

적 윤리인 도)에 합당하다면 기적적인 해결책이 생겨난다.

다른 한편, 주인공이 더 살려고 애쓰는 것을 '포기'하고 죽음을 받아들이고 담대하게 행동할 때 그는 구제된다. 예를 들어 한 이야기에서 병든 거지가 잔치 중인 어떤 집에 찾아와 음식을 구걸한다. 주인은 독사가 빠져 있는 항아리의 술 이외에는 아무것도 줄 것이 없다고 말한다. 그 거지는 생각한다. "내가 뱀의 독 때문에 죽는 한이 있더라도 원하는 만큼 실컷 마시자." 다음 날 아침, 깊은 잠에서 깨어난 거지는 자기 병이 씻은 듯이 나은 것을 발견한다.[38] 많은 전설에서 일상적 방법으로는 찾아낼 수 없는 치료약을 구할 수 있었던 아이들의 효성심이 칭송되고 있다. 한 이야기에선 병든 아버지가 그의 병을 낫게 해 줄 수 있는 뱀장어를 먹고 싶어 한다. 효성심이 깊은 아들은 강으로 나갔으나 겨울이어서 강은 꽁꽁 얼어 있었다. 문득 그는 얼음 아래의 뱀장어를 보게 되어 얼음을 깨고 그것을 잡는다. 또 이 이야기의 다른 유형에서 그 아들은 뱀장어를 찾으며 헤매다가 지쳐서 무의식 상태로 빠져든다. 그가 정신이 들었을 때 옆에 샘 하나가 있는 것을 보았다. 그 샘물 안에는 뱀장어 한 마리가 있었다.[39]

부모의 병을 치료하기 위해 자기 자식을 희생시키는 것도 한국전설에 흔히 있는 모티프이다. 걱정하고 있는 아들에게 우연히 스님 한 사람이 찾아온다. 스님은 아들에게 어렵기는 하나 효과가 있는 한 가지 방법을 일러 준다. 즉, 아들은 자기 자식을 끓는 솥 안에 던져 넣어 삶아야 한다. 이렇게 끓인 국을 먹으면 부모의 병은 나을 것이다. 아들은 처음에는 당연히 망설인다. 그는 아내와 의논하여 마침내 그렇게 하기로 결심한다. 아이는 또 낳을 수 있지만 부모는 그렇지 않기 때문이다. 그들이 자신의 아이를 솥에 삶아서 그 국을 부모에게 드리자 부모의 병은 수그러든다. 아들 내외는 죽은 아이 때문에 슬퍼한다. 그러나 놀랍게도 아이가 되살아나

38) 최상수, 앞의 책, pp. 975-977, 〈물독에 빠진 뱀〉.
39) 최상수, 앞의 책, pp. 44-45, 〈효자 우물〉, pp. 216-217, 〈비리동〉.

그들에게 온다. 그들이 부엌으로 가서 솥뚜껑을 열어 보니 그 안에는 어린 인삼초가 들어 있었다. 다른 전승에서는 천년생 인삼 뿌리가 들어 있었다고도 한다. 스님이 아들의 효심에 감동하여 마술적인 힘으로 아이를 인삼과 대치시켰던 것이다.[40]

이런 유형의 이야기는 명백히 효의 본보기로 칭송되었던 중국의 손순 전설에 기원을 둔 것이다. 한국의 민담에도 이 이야기의 많은 유화들이 있다. 그중의 한 유화에서는 시아버지가 자식을 희생시키려는 며느리를 보고 몹시 화가 나서 대신 죽겠다고 자청한다. 이 이야기는 결국 행복한 결말로 끝맺는다. 이런 유형의 전설에서 아이가 부모의 소유물로 여겨질 뿐 한 인간으로서 받아들여지지 않는 사실은 현대의 가치 기준으로 볼 때는 비난받을 만하나 이는 전통 유교가 아동들에 대해 가지고 있던 태도의 일면을 반영하고 있다. 그러나 다른 한편으로 자신의 가장 소중한 소유물을 희생할 것을 강조하는 이 이야기의 진정한 의도를 간과해서는 안 된다.

분석심리학적 관점에서 유교의 효는 집단의식적 규범이다. 그리고 이 규범은 실제적으로는 부모와 자식 관계라는 원형적 기반으로부터 유래된 것이다. 그러므로 병이 난 양친에 대한 자녀의 헌신적인 태도가 큰 보답을 받는 유사한 모티프들이 다른 문화권의 민담에서도 나타나는 것은 그리 놀라운 일이 아니다.[41]

40) 앞의 책, pp. 51-52, 〈효자문〉.
김광순, 「경북민담」, 1978, pp. 52-54, 〈지성이면 감천인가〉.
한상수, 「충남민담」, pp. 123-127, 〈효자를 찾아온 산삼〉.
최래옥, 「전북민담」, 1979, pp. 221-223, 〈효자와 동삼〉.
41) 矢崎源九郎, 「世界の民話」, 社會思想社, 東京, 1968, pp. 93-98, 〈七つの星, ロシア〉.

4) 치유자의 조건

치유의 포괄성:

우리나라 건국신화의 환웅은 하늘에서 내려와 곡, 명, 병, 형, 선악 등 인간의 365가지 일을 주관하며 병을 다스렸다. 하늘에서 신단수를 통하여 지상에 내려온 환웅은 의료를 관장하는 최초의 신이었으며 그는 그 능력을 스스로 획득한 것이 아니라 그의 부신 환인으로부터 받았다. 즉 자연스러운 능력의 계승이다. 그는 또한 의신이 아니라 모든 것(365의 전체성)의 신이었다. 치유란 다른 인간사와 유리된 것이 아님을 암시한다. 단군이 곰(웅녀)과 지상에 강림한 천신 환웅 사이에서 태어났고 곰이 마늘과 쑥만을 먹으며 햇빛이 없는 굴속에서 견디는 시련에 합격하고 여자가 되어 신과 결혼하는 이니시에이션의 주제는 그 뒤에 나오는 이야기로 마늘과 쑥은 고대의 치료제였을 듯하고 환웅의 결혼과 단군의 출생은 치료자 원형의 구체적 현현이 아닌가 생각된다. 즉, 치료자는 스스로 고행과 재생을 겪어 새로워져야 한다는 뜻이 담겨 있다. 물론 단군이 병을 다스렸다는 대목은 없다. 그러나 환인, 환웅과 단군은 셋이면서 하나인 삼위신이고 이들은 원초적 의사, 샤먼의 특성을 가졌다.

치유의 양면성:

민간신앙에서 병을 낫게 해 주는 신들은 치유하거나 병을 일으키는 양면을 다 가지고 있는 것이 특징이다. 마마의 신이나 광기의 귀, 수신, 목신 그리고 조상신들은 병을 일으키기도 하고 치유하기도 한다.[42] 민간신앙 속의 그러한 신들의 양면성은 가끔 한국신화에서는 짝지어진 신들의

---

42) K. Kerényi, *Der göttliche Arzt*, Basel, ciba Aktiengesellschaft, Ciba, AG Basel 1948, pp. 22, 28, 39, 43, 44.
이부영, 한국설화에 나타난 치료자 원형상-손님굿 무가를 중심으로-, 〈심성연구 1〉, 권 1호, 1986, pp. 5-27.

쌍으로 나타난다. 제주도의 출산의 여신 기원 신화인 '삼승할망본풀이'[43] 에서 보이는 출산의 신과 마마(천연두)의 신과의 대결은 그런 예이다.

무가 속의 신화에 의하면 동해의 용왕과 서해의 용왕 따님 사이에는 아름다운 딸이 있었다. 유아시절부터 그녀는 성격이 범상치 않았다. 한 살 때 그녀는 어머니의 가슴을 때렸고 두 살 때는 아버지의 수염을 잡아 뜯었다. 네 살이 되자 효성스럽지 못했고 다섯 살이 되자 가족 간에 불화를 일으켰다. 여섯 살이 되자 마을 선생에게 불복종했다. 그래서 그녀의 아버지는 그녀를 죽이기로 결심했다. 왕비의 개입으로 그 아이는 죽임을 당하는 대신 돌궤에 넣어져 바다에 던져졌다. 왕비는 그녀의 딸이 인간 세상의 출산의 여신이 되기를 원하였으므로 딸에게 마지막 과정만은 제외하고 임신과 해산법에 대해 가르쳐 주었다. 돌궤는 임박사에 의해 건져졌다. 그의 요청에 따라 용왕의 딸은 그의 아내가 임신하게 해 주고 해산을 도와주려 했다. 그러나 그녀는 해산의 마지막 단계에서 어떻게 해야 할지를 몰랐고, 바닷가로 달려가 울음을 터뜨렸다. 화가 나고 애가 타서 임박사는 산에 있는 칠성단으로 가서 종을 흔들며 천신에게 하소연했다. 천신은 해산의 기술을 완전히 습득한 명진국 따님 아기에게 대신 출산의 여신이 되도록 명하였다. 용왕의 딸은 이 말을 듣고 화가 났다. 그러나 분쟁은 명진의 딸이 천신의 '꽃시험'에 성공적으로 통과함으로써 해결된다. 천신은 두 여자에게 씨를 뿌리도록 명하였다. 명진의 딸이 뿌린 씨로부터는 많은 꽃들이 자라났으나 용왕의 딸이 뿌린 씨로부터는 단 한 송이의 꽃대가 올라왔을 뿐이다. 명진의 딸은 출산의 여신으로 용왕의 딸은 마마의 여신으로 임명되었다. 용왕의 딸은 아직도 화가 풀리지 않아 태어난 아기에게 갖가지 병을 일으키려고 했다. 출산의 여신은 마마의 여신과 협상하여 아기의 탄생 시 그녀에게 많은 제물을 주기로 약속하고 평화협정을 맺었다.

---

43) 현용준, 「제주도 전설」 앞의 책, 1976, pp. 25-36.

하루는 출산의 여신인 삼승할망이 해산을 도와주러 가는 길에 마마의 신인 별상(이때는 남신)과 마주친다. 별상은 아주 거만하게 굴었고 이에 대한 복수로 삼승할망은 그의 아내가 임신을 하게 하고 마마신이 도와 달라고 애걸할 때까지 아이가 출산되지 못하게 막았다.

이 무가는 두 부분으로 나뉜다. 한 부분에서 마마신은 여성이고 다른 부분에서는 남성이다. 다른 무가와 같이 이 이야기에서도 여주인공의 독립적인 성격은 유년시절부터 강하게 두드러지고 있다. 이러한 성향은 전통적인 가부장적 가치체계와 대립되는 것이다. 출산의 신으로 대표되는 생명을 부여하는 창조력과 마마신으로 대표되는 병을 야기시키는 힘 사이의 투쟁을 통해 균형이 생겨난다. 삶과 죽음, 창조와 파괴는 함께 일하며 상호 존중을 필요로 한다.

치유력의 원천:

바다의 용왕은 치유하고 되살리는 행위와 밀접하게 관련되어 있다. 용신은 약수의 수호자이며, 병귀를 몰아내고 병을 치료하는 신인 처용은 동해 용왕의 일곱 아들 중 하나라고 믿어진다.

해저의 용궁은 그 안에서 귀중한 전환능력을 찾을 수 있는 자기(Self)의 상징이다. 한국민담에서 유명한 여주인공인 심청은 용왕의 분노를 누그러뜨리기 위해 바다에 몸을 던진다. 그녀는 익사하지 않고 용궁으로 안내된다. 용왕은 눈먼 아버지를 위한 그녀의 효성에 감복하여 그녀를 아름다운 꽃의 형태로 만들어 생자의 세계로 보낸다. 한 어부가 그 꽃을 발견하여 왕비가 세상을 떠난 후 혼자 지내던 왕에게 그 꽃을 갖다 바친다. 궁궐의 정원에서 그 꽃은 아름다운 여자로 변하고 왕은 그녀를 아내로 삼는다. 심청은 눈먼 아버지를 찾기 위해 전국 방방곡곡으로부터 거지를 불러들여 음식을 대접한다. 마지막 날, 그녀는 마침내 아버지를 발견한다. 기쁨에 넘치는 두 부녀가 손을 마주잡고 우는 순간, 늙은 아버지의 눈이 떠진다.

이 이야기에서는 강한 정감(affect)이 지니고 있는 치유적 측면이 암시되고 있다. 바다는 '무의식'이다. 무한한 창조의 샘으로서의 무의식은 곧 치유의 원천이다.

그러나 어떤 때는 용궁에서조차 병의 치유법을 모른다. 〈토끼의 간〉[44]이라는 널리 보급된 민담에서 한 거북이가 용왕의 병에 대한 유일한 치료제인 토끼의 간을 구하기 위해 지상에 보내진다. 그러나 거북이는 자신의 간을 말리기 위해 바위 위에 두고 왔다는 영리한 토끼의 거짓말에 속아 실패하고 만다. 일본판 유화에서는 토끼의 간이 아닌 원숭이의 간으로 나와 있다. 무의식의 창조적 기능을 살리기 위해서는 의식의 도움이 필요함을 암시하고 있다.

바다의 용왕은 이웃 나라의 침략으로부터 나라를 지켜 주는 수호신이기도 하다. 삼국시대의 전설에서 신라의 문무대왕은 자신이 죽은 후 동해의 용왕이 되어 나라를 수호하겠노라고 선언하였다. 동해에는 그의 뼈가 매장되었다고 추정되는 대왕암이라고 불리는 큰 바위가 있다. 용궁에 대한 이러한 믿음은 용궁이 삼국시대 사람에게는 추상적인 상상의 소산이 아니라 생생한 현실이었다는 것을 보여 준다.

처용과 역신:

앞서 간단히 언급된 삼국시대 처용의 전설에는 처용가라는 유명한 노래가 있다. 「삼국유사」[45]는 다음과 같은 이야기를 전한다.

> 이 때 헌강대왕이 개운포에 놀러 나갔다가 곧 돌아오려 하면서 물가에서 쉬는데 갑자기 구름과 안개가 자욱하여 길을 잃을 정도였다. 괴상히 여겨 좌우에 물으니 일관이 아뢰기를 "이것은 동해 용의 조화이므로 좋은 일을

---

44) 이신복, 「한국의 설화」, 을유문화사, 서울, 1974, pp. 259-261.

45) 일연(이병도 역), 「삼국유사」, 대양서적, 서울, 1972, pp. 165-166.

해 주어야 할 것입니다" 하였다. 이에 해당 관원에게 명하여 용을 위하여 근처에 절을 세우도록 하였다. 왕령이 이미 내려지자 구름이 개이고 안개가 흩어졌다. 그래서 개운포라 이름지었다. 동해의 용이 기뻐하며 아들 일곱을 데리고 임금 앞에 나타나서 덕을 찬양하며 춤을 추며 음악을 연주하였다. 그 가운데 자식 하나는 임금을 따라 서울에 와서 정사를 보좌하였는데 이름을 처용이라 하였다. 왕이 미녀로써 아내를 삼게 하여 그를 머물게 하려고 하였으며 또 급간의 관직을 주었다. 그의 아내가 매우 아름다웠으므로 역신이 흠모하여 사람으로 변하여 밤에 그 집에 가서 몰래 동침하였다. 처용이 밖에서 집에 돌아왔는데 자리에 두 사람이 누웠음을 보고 노래를 부르며 춤을 추니 물러나갔다. 노래에

동경 밝은 달에 밤드러(새어) 노닐다가,
들어와 자리를 보니 가라리(다리) 네일러라.
둘은 내해이고 둘은 뉘해언고,
본디 내해지만 뺏겼으니 어찌하리꼬.

라 하였다. 그때 신이 현형(現形)하여 앞에 꿇어앉아 말하기를 "내가 공의 아내를 사모하여 지금 과오를 범하였는데 공이 노하지 아니하니 감격하여 아름다이 여기는 바입니다. 금후로는 맹세코 공의 형용을 그린 것만 보아도 들어가지 않겠나이다" 하였다. 이로 인하여 나라 사람들은 처용의 형상을 문에 붙여서 사귀를 물리치고 경사를 맞아들였다.

처용가의 마지막 구절은 논쟁거리이다. 나는 그 구절이 세속적 삶에 대한 의존으로부터 자신을 해방시키는 위대한 포기의 태도인 '체념'[46]을 뜻하고 있다고 말하고 싶다. 아마 처용과 같은 반응은 수많은 위대한 선사들이 살았던 삼국시대의 자유로운 분위기 안에서도 예사로운 일은 아니

46) 이희승, 「국어사전」, 민중서관, 1986, p. 3630.

었을 것이다. 역신은 처용이 그를 벌주거나 혹은 그와 싸울 것이라고 기대했을 것이다. 서구에서는 20세기 초까지도 삼각관계에 처한 남자는 결투를 하리라고 예상되었다. 그러나 처용은 노래를 부르고 춤을 추며 돌아섰다.

분석심리학적으로 해석할 때 역신은 처용으로 대변되는 영웅원형의 그림자—어둡고 색정적인 욕망이며, 아름다운 아내는 주인공의 아니마라고 말할 수 있다. 자아는 두 면으로 분열되어 있다. 그의 의식적 자아는 외계의 삶을 즐기고 자아의 무의식적 측면, 즉 또 하나의 인격(그림자)은 성애적 쾌락에 사로잡혀 있다. 사람이 오로지 외계의 생활에만 몰두할 때 그는 자기 마음을 돌볼 겨를이 없게 되며 그의 내적 인격은 병을 앓게 된다. 처용은 그것을 인식했다. 그리고 갈등의 급격한 억압보다는 부드럽고 창조적인 '포기'의 표현을 통해서 문제를 해결한다. 역신도 절대적으로 악한 존재는 아니지만 처용의 행위는 너무나 비범하여 잔인한 역신조차 감동하였다고도 할 수 있다. 인간관계에서 손상된 도덕성에 대하여 인습을 벗어난 뜻밖의 대응을 할 때 그것은 종종 놀라운 효과를 가져온다.

치유의 묘약과 성인화과정:

흔히 치료약을 찾는 행위와 함께 기나긴 성인의례(Initiation rite)가 시작된다. 고난을 겪고 그것을 극복한 사람만이 치료약을 찾을 수 있고 타인을 치유할 수 있다. 한국의 무조(巫祖)인 바리공주의 전설에서[47] 그녀는 왕의 일곱 번째 딸로 태어난다. 딸만 생기는 것에 분노한 왕은 일곱 번째 공주를 궁궐 바깥에 내다버리라고 명한다. 버려진 공주는 동물들과 한 노부부에 의해 길러진다. 성장한 그녀는 어느 날 왕과 왕비가 병들어 누워 있는 꿈을 꾸고 궁궐로 돌아간다. 그들의 병이 나으려면 누군가가 큰 위

47) 赤松智城, 「朝鮮巫俗の硏究」 Vol. 1, 大阪屋號書店, 東京, 1937, pp. 3-60.
김태곤, 「황천무가연구」, 한국민간신앙연구소, 서울, 1966, pp. 172-275.

험을 무릅쓰고 특별한 약을 구해 와야만 했다. 막내 공주 외에는 어떤 공주도 그러한 모험을 감행하려 하지 않았다. 막내 공주인 일곱 번째 공주는 치료약을 찾아 나선다. 저승에서 그녀는 무상신선을 만나 여러 해 동안 그를 섬기며 일을 해 준다. 그녀는 매일 물을 긷고 불을 지피고 나무를 해온다. 그녀는 무상신선과 결혼하여 일곱 아들을 낳는다. 무상신선은 공주에게 그녀가 매일 길어 온 물과 잘라 온 장작들이 살과 뼈를 소생시키는 약이라고 말해 준다. 그녀는 부모가 죽는 꿈을 꾸고 무상신선과 일곱 아들과 함께 궁궐로 돌아온다. 그녀는 왕과 왕비를 되살린다. 양친은 그녀에게 용서를 빌며 그녀가 원하는 것은 무엇이든 주겠노라고 말한다. 그녀는 양친의 제안을 모두 거절하며 "나는 만신의 왕이 되겠노라!"고 선언한다.

이 이야기에서 우리는 가부장적 문화에 대한 한국무속의 강한 저항의식을 읽어 낼 수 있다. 완고한 남성중심적 집단의식의 태도에 대한 보상이 무의식 쪽에서 생겨난다. 일곱 번째 딸의 서러움은 바리데기가 무상신선과 함께 낳은 일곱 아들로서 해소된 것이다.

생명을 소생시키는 약은 때때로 연못가에 자라고 있는 꽃으로 묘사된다. 다음 이야기에서 보여 주는 것처럼 그 꽃은 수많은 모험을 겪은 후에야 획득될 수 있다.

한 남매가 큰 집에서 같이 살고 있었다. 어느 날 누나는 몇 명의 강도가 동생을 죽이고 그녀를 약탈해 가려는 것을 알게 된다. 그녀의 경고에도 불구하고 동생은 독이 든 술을 마시고 독살된다. 그러나 그녀는 동생의 목소리를 흉내내어 크게 책을 읽음으로써 도둑들이 동생이 여전히 살아 있다고 믿도록 만든다. 그들이 동생에게 준 술이 안전하다고 믿게 된 도둑들은 그 술을 마시고 죽어 버린다. 누나는 남자의 복장을 하고 집을 떠나 어떤 큰 집에 다다른다. 그 집의 주인은 그 '소년'이 대단히 비상한 아이임을 보고 그의 딸과 결혼시킨다. 물론 그 '신랑'(변장한 소녀)은 정체를 드러낼 수 없었다. 하루는 신부가 신랑을 정원으로 데리고 갔다. 연못 주위에 많은 꽃들이 자라고 있었다. '신랑'은 신부에게 꽃 이름을 말해 달라고 했다. 그녀는 '살을 되살리는' 꽃, '뼈를 되살리는' 꽃, '피를 되살리는' 꽃 그리고 '숨을 되살리는' 꽃의 이름을 댄다. 누나는 그 네 가지 꽃—사위(quarternio)—을 훔쳐서 집으로 돌아와 남동생을 살려 낸다. 며칠 날 집으로 돌아오겠다는 약속을 받고 누나는 동생을 정해진 날 그와 결혼하기로 되어 있는 신부의 집으로 보내 준다. 그러나 동생은 약속을 잊고 만다. 누나는 분노로 인해 호랑이로 변한다. 동생이 집으로 돌아왔을 때, 성난 호랑이는 덤벼들어 그를 잡아먹으려 한다. 그는 울면서 호랑이를 끌어 안으며 무심했던 것에 대해 용서를 빈다. 호랑이는 같이 울다가 갑자기 재로 변해 버린다.[48)]

남매간의 원초적 유대는 도둑(또는 머슴)으로 나타난 무의식의 원시적, 파괴적 측면에 의해 위협받는다. 그러한 위협을 미리 알아차리고 경고하였음에도 불구하고 동생은 도둑의 꾀임에 빠져 죽는다. 도둑에 의해 겁탈될 위험에 처한 누이의 자구 노력이 시작된다. 가족 간의 본능적 유착은 어쨌든 일단 깨어져야만 했다. 그렇게 됨으로써 동생과 누이 각각의 개성화가 시작될 수 있는 것이다. 도둑들은 무의식의 파괴적 충동으로 의식상황에 매우 위협적이지만 여주인공이 성인화(Initiation)의 계기를 마련한 동적인 남성적 충동이다. 민담에서 여성이 남장하고 남성의 역할을 하는 것은 여성의 내적 인격, 아니무스와의 의식적인 동일시를 통한 인격발전의 한 과정이다. 이 과정을 통해서 그는 죽음에서 삶을 되찾을 수 있는 화원이 있는 집안과 만나며 그 집 딸과 하나의 표면상의 결혼이 이루어진다.

48) 김광순, 「경북민담」, 1978, pp. 26-33, 〈백범 이야기〉.
최래옥, 「전북민담」, 1979, pp. 288-291, 〈꽃으로 동생 살리고 왕비가 되다〉에서는 누이가 이제 할 일을 다했다고 한강에 빠져 죽으려다가 우연히 그곳에 왔던 왕에게 발견되어 왕비가 된다.

그리고 그 딸의 인도로 생명의 꽃을 손에 넣을 수 있게 된다. 그 딸은 여성의 페르조나(사회적 역할)와는 전혀 대조적인 무의식 심층에 존재하는 여성성으로 원초적 치유 기능의 매개자를 상징하고 있다. 여성적 페르조나의 의식적 억압은 오히려 무의식의 원형적 여성성과 접촉할 수 있는 기회를 마련했다고 할까. 스스로 성인화의 길을 걸은 여주인공은 성인의(成人儀)의 주재자(Initiator)가 되어 동생을 죽음으로부터 되살려 낸다. 그래서 동생의 성인화(Initiation)를 돕고 진정한 결혼을 성취하게 한다. 그러나 이야기는 이것으로 끝나지 않는다. 누이는 동생을 성공적으로 결혼시키지만 한 가지 조건을 내놓는다. 누이를 잊지 말고 찾으라는 것이다. 그것이 안 되자 분노의 화신인 호랑이가 되어 잡아먹으려 하다가 동생의 사죄로 한 줌의 재로 변한다. 다른 유화에서는 강에 빠져 죽으려다가 왕비가 된다.

이것은 일종의 가정 드라마, 남매 관계에서 있을 수 있는 감정 관계를 묘사하고 있다. 누이의 동생에 대한 사랑과 명예욕과 기대와 실망 등이 엿보인다. 그러나 판이하게 다른 두 민담의 귀결은 오누이 콤플렉스에 여러 가지의 측면이 있음을 보여 준다. 두 가지 민담에서 모두 누이가 깨끗이 단념하는 점은 여주인공의 씩씩함을 드러내고 있다. 어쨌든 누이가 호랑이로 화신(化身)했다가 한 줌의 재로 변한 이야기의 결말은 어딘가 석연치 않은 여운을 남긴다. 아버지가 죽은 뒤 가계를 이어갈 남성의 성공을 위해 희생한 여인의 이야기라면 그냥 통속적인 비극이다. 그러나 전통적 배경이 상실되고 무의식의 폭력에 휩쓸려 혼돈에 빠질 위기에 처한 개인의 자아의식이 죽고 되살아나는 자아의 재구성 과정을 거쳐 아니마와의 결합, 즉 의식과 무의식의 대극합일의 상징인 결혼에 이르도록 인도하는 강력한 영혼의 인도자상의 본체와 그 작용을 묘사하는 이야기라고 한다면 더 얻는 것이 있을 것이다. 위에 든 두 개의 이야기 중 첫째 이야기에서는 누이가 동생에게 다만 인습적 유대에 대한 고려를 요구하고 있다. 그러나 둘째 이야기에서 “나의 역할은 이로써 끝났다”고 죽으려 하다가 왕을 만나 왕비가 되는 귀결은 그 가족 유대를 극복하려는 희생정신을 보여 주며 심리학적으로 매우 높은 가치가 있는 사위(Quaternio)의 전체성—동생 부부와 왕과 왕비—의 실현이라는 귀결을 보여 주고 있다.

민담 속의 치유자들이 항상 기나긴 고통을 겪어야 한다거나 초자연적 존재들의 매개적 작용에 의존해야 할 필요가 있는 것은 아니다. 그들은 이미 처음부터 초자연적 치유의 힘을 가지고 있다. 예를 들어 한 이야기에서 투시력을 가진 남자가 부잣집의 딸이 먹고 있는 맛있어 보이는 사과 위에 병귀가 앉아 있는 것을 보았다. 사과를 먹은 소녀는 그 귀신의 희생물로 떨어진다. 그는 곧 어떤 경전을 외워서 그 귀신을 쫓아 낸다. 다른 이야기에서는 치유자가 딸이나 할머니로 둔갑한 여우를 알아보고 그것을 몰아 낸다.[49]

몇 가지 이야기에서 용기 있는 주인공이 즉흥적으로 병을 고치거나 치료법을 만들어 낸다. 이런 모티프는 한국민담에서만 유일하게 나타나는 것은 아니다.[50]

> 옛날 한 왕이 있었는데 목에 종기가 났다. 유명한 의원은 모두 불려 왔으나 아무도 이를 낫게 하지 못했다. 하루는 의학이라고는 전혀 모르는 남자가 마치 자신이 초자연적인 치유력을 가진 척 행세하며 궁궐로 왔다. 그는 어전에 불려 왔지만 어떻게 해야 할지를 몰랐다. 왕과 약속한 하루 전 날, 그는 손에 먹다 남긴 밥을 든 채 궁궐 뜰을 걱정스럽게 왔다갔다하고 있었다. 우연히 밥 위에 제비똥이 떨어졌다. 궁궐의 뜰이 너무 깨끗하였으므로 그는 측간으로 그것을 버리러갔다. 측간에서 그에게 한 생각이 떠올랐다. "이 밥덩어리와 제비똥으로 약을 쓰자." 측간의 벽에서 뜯어 낸 진흙을 더

---

49) 김광순, 「경북민담」, 1978, pp. 308-309, 〈바늘구멍으로 도망간 귀신〉.
50) 矢崎源九郎, 「世界の民話」, pp. 62-69(百姓 醫者).
A. Aarne, S. Thompson, *The Types of the Folk Tale*, Academia Scientarum Fennica, Helsinki, 1973, p. 467, 1641B, 〈physician in spite of himself〉.

> 섞어서 그는 주먹만한 덩이를 만들었다. 그는 어전에 나아가 왕의 목에 난 종기에 그 덩이를 붙였다. 그는 곧 달아나야겠다고 마음을 먹고 있었는데 뜻밖에 종기가 아물기 시작했다. 그 이 후에 그는 그의 성공을 시기하는 이름난 의원들 앞에 불려나가, 병명을 대 보라는 추궁을 받게 되었다. 그는 당황했으나 즉흥적으로 부른 말이 우연히도 진짜 그 병의 이름이었다.

이 이야기에서 주인공의 자발성과 대담함, 우연에의 기대는 직업적 의원들의 합리적이고 권위적인 지적 태도보다 더 높이 평가받고 있다.

5) 마술 피리: 전일성으로서의 치유

한국민담의 몇 가지 사례에서 보았듯이 질병은 정신의 원초적 조건, 즉 심적 대극의 문제를 자극한다. 질병의 치유는 대극의 합일을 통해서 성취될 것이다. 삼국유사에 나오는 만파식적(만 가지 파도를 진정시키는 피리)의 전설은 치유에 관여하는 대극의 작용을 제시해 준다.

> 오월의 어느 날 해관 파진찬 등이 왕에게 아뢰기를 "동해에 작은 산이 떠서 감은사로 오는데 물결을 따라 왕래한다" 하였다. 왕은 일관을 시켜 점을 치니 일관이 대답하기를 "대왕의 아버님께서는 바다의 용이 되어 나라를 지키고 계시고, 김유신 장군도 삼십삼천의 한 아들로서, 지금 인간 세계로 내려 와서 대신이 되었습니다. 이 두 성인이 성을 지킬 성스러운 보물을 내주시려 하니, 만일 폐하께서 바닷가로 가시면 반드시 값을 칠 수 없는 큰 보물을 얻으시리다" 하였다. 왕이 기뻐하여 그 달 7일에 이견대에 올라가 그 떠다니는 산을 경탄하며 바라보다가 신하를 보내어 좀더 자세히 살펴보니 그 산세가 마치 거북의 머리처럼 생기고 그 위에 한 줄기 대나무가 있는데 그 대나무는 낮에는 둘로 갈라졌다가 밤에는 하나로 합쳐지는 것이었다.

이상히 여긴 왕은 그 날 밤 감은사로 가서 묵었다. 이튿날 오시(午時), 대가 합하여 하나가 되니 천지가 진동하고 비바람이 몰아치며 7일간 어둡더니, 그 달 16일에 이르러서야 바람이 자고 물결이 잔잔해졌다. 왕이 배를 타고 그 산에 들어가니 용이 검은 옥대를 갖다 바치므로 왕이 영접하여 같이 앉아 묻기를 "이 산과 대가 혹 갈라지기도 하고 합쳐지기도 하는 것은 무슨 까닭이냐?" 용이 말하기를 "비유컨대 한 손으로 치면 소리가 없고 두 손으로 치면 소리가 나는 것과 같습니다. 대란 합한 후라야 소리가 나는 법입니다. 이는 성왕께서 소리로 천하를 다스릴 상서로운 징조이니 이 대를 가지고 피리를 만들어 불면, 천하가 화평할 것입니다. 이 옥대와 마술피리는 지금은 바다 속의 큰 용이 되신 대왕의 아버님과 삼십삼천의 천신이 되신 김유신이 합심하여 저에게 주시어 갖다 바치게 하였습니다" 하니 왕이 놀라고 기뻐서 오색 비단과 금과 옥을 주고 사자를 시켜 대를 베어 가지고 바다에서 나오게 하니 산과 용이 갑자기 보이지 않았다.

태자 이공이 대궐을 지키고 있다가 이 소식을 듣고 말을 타고 달려와서 하례하며 서서히 살펴보고 아뢰기를 "이 옥대의 여러 쪽이 다 진용입니다" 하였다. 왕이 말하기를 "네가 어찌 아느냐?" 하니 태자가 아뢰기를 "쪽 하나를 물에 넣어 보소서" 하였다. 그러자 왼편 둘째 쪽을 떼서 시냇물에 넣으니 곧 용이 되어 하늘로 올라가고 그 땅은 못이 되었다. 그러므로 그 못을 용연이라 하였다. 임금이 돌아와서 그 대로 피리를 만들어 월성 천존고에 두었는데 이 피리를 불면적병이 물러가고 병이 나으며 가뭄에는 비가 오고 비올 때는 개이며 바람은 가라앉고 물결도 평정하여졌다. 그래서 이 피리를 만파식적이라 하고 국보로 삼았다.[51]

거북이 머리 위에서 대나무가 자란다는 것은 그것이 우주적 근원에 기반을 두고 있다는 것을 의미한다. 왜냐하면 거북이는 천지의 비밀을 내포

51) 일연(이병도 역), 「삼국유사」, 대양서적, 서울, 1972, pp. 145-147, 〈만파식적〉, 대는 번성하는 푸름, 영생과 불변, 신령의 통로 또는 주거로도 간주되었다. 「한국문화상징사전」, 동아출판사, 〈대〉, p. 203 참조.

하고 있기 때문이다. 갈라진 대나무가 합쳐지자 우레소리와 함께 우주가 진동했다는 것은 이 과정의 엄청난 역동성과 감정적 반응을 암시한다. 이 진동 소리는 적의 침략과 재난과 질병을 방지하고 바다의 파도를 재우며 사람들의 마음을 평온하게 하는 치유의 피리소리와 연관되어 있다. 이 신화가 설명하고 있는 것처럼 사람은 이중성, 분리와 대극과 그 대결과 합일의 원초적 조건을 갖추고 있고 대극의 합일이야말로 평화와 건강의 지름길이다. 융은 심적 대극들이 이율배반적(Antinomie)이라는 것을 강조했다. 질병은 마음의 분열 및 신체적 기능의 부조화이면서 동시에 치유 그 자체의 전제 조건인 것이다.

에버하르트(Eberhard)는 대나무에 대해 중국인이 가지고 있는 재미있는 견해를 제공했다. "대는 그 잎사귀를 아래로 쳐지게 한다. 왜냐하면 그의 심(내면)이 비어 있기 때문이다. 비어 있는 마음은 겸허함을 뜻한다. 그래서 대나무는 그러한 덕성을 상징한다." 고대 중국에서는 대나무로 불을 지폈다고 한다. 불 속으로 대나무가 갈라질 때 나는 큰 소리는 귀신을 쫓아낸다고 생각하였기 때문에 또한 대는 평화와 안정을 불러 온다고 믿었다.[52] 대의 중국 발음이 '기도하다', '원하다'와 함께 '폭발하다', '고하다'와 같은 것이라는 사실도 흥미 있는 시사이다. 또 대나무 가지는 관음의 표징이라고 한다. 분석심리학적 관점에서 자비의 여신인 관음은 아마도 가장 높은 단계의 아니마상일 것이다.[53]

마술 피리의 모티프는 보편적으로 전 세계에 널리 퍼져 있다. 고대의 많은 종족의 무덤에서 사자의 부활을 위한 주물로 쓰였던 피리는 바빌로니아의 탐무츠(Tammutz)에게 매우 신성한 악기였는데 그의 아내 이쉬타르는 그를 죽인 후 되살려 내었었다. 푸에블로 인디언들에게 피리는 강우,

52) Wolfram Eberhard, *Lexikon chinesischer Symbole*. Diederichs, Köln, 1983, pp. 31-32.

53) M. L. von Franz, *Individuation Process*, C. G. Jung(ed.). Man and His Symbol(이부영 외 역, 집문당, 1990, p. 199).

성물의 제조와 봉헌, 저승의 정령들과의 소통, 종족 이주의 극화와 관련되어 있다. 많은 나라에서 피리는 흔히 남근(phallus)으로 간주되거나 사랑의 호신부로 쓰였다.[54] 만파식적의 신화에서 피리는 성적 의미뿐만 아니라 음양합일의 도를 암시하고 있다. 이 전일성에 의해 삶의 모든 측면에서 치유가 성취될 수 있다.

6) 맺는 말

이상에서 나는 한국민담이 병과 치유의 문제를 어떻게 다루고 있는지를 제시하고 그 주요 특성과 심리학적 의미를 지적하였다. 이야기들은 대단히 단순하고 직접적이다. 따라서 많은 경우에 이야기 그 자체가 분석심리학의 개입 없이도 그것의 심리학적 의미를 드러내고 있다.

서론에서 언급했듯이 이야기들은 집단의식에서부터 무의식적 원형의 영역에 이르기까지 다양한 심리적 층으로부터 유래한 듯하다. 또한 '질병'과 '치유'의 개념도 각 이야기마다 다른 의미를 함축하고 있다. 따라서 민담 속의 질병과 치유현상의 어떤 일정한 법칙을 체계적으로 해석하기란 쉬운 일이 아니다.

한국민담에 나타난 질병관은 민간신앙에 퍼져 있는 질병관과 다르지 않다. 많은 고대의 전설에서 정령에 의한 빙의, 금기의 위반, 영혼의 상실에 의한 질병이 이야기되고 있다. 신화에서는 좀더 진지하게 질병의 종교적 측면이 다루어지고 있다. 예를 들어, 조상의 제사를 등한시하는 것이 질병의 원인이라고 말하거나 효도의 중요성을 강조한다. 신화는 치료자원형의 권능과 주인공의 모험과 고행의 역정을 보여 준다. 민담(Märchen)은

54) Maria Leach(ed.), *Funk and Wagnalls Standard Dictionary of Folklore, Mythology and Legend*, Harper and Row, San Francisco, 1972, pp. 395-397.

질병 자체에는 큰 흥미가 없고 인습과는 현저히 대조되는 태도를 보여 준다. 민담 안에서 치유와 문제해결을 위한 접근법은 상당히 다양하다. 치료자 원형이 이중적 측면을 내포하고 질병이 성인의례적 의미를 지니는 것은 모든 민담에서 보편적으로 나타나는 현상이다. 한국의 민담에서 '병'이라는 사건은 심적 대극의 문제를 자극하며 이 대극을 융합시키는 것이 치유의 목표가 된다.

치유는 궁극적으로 하나의 신비(mysterium)이다. 여기에 항상 의식 너머의 정신적 전일성이 관여하기 때문이다. '자기'의 작용은 인간 의식이 닿을 수 있는 범주를 벗어나 있다. 왜냐하면 무의식은 그 한계가 없어서 자기실현을 통해 의식을 확대시켜 가는 과정에서도 늘 자아의식의 범주를 넘어서 있기 때문이다. 치료약과 생명을 되살리는 꽃이 이 세상을 넘어선 곳에 존재하며 오로지 험난한 모험을 통해서만 획득될 수 있음은 이 사실을 지적해 준다.

병고에 직면하였을 때 한국민담에서는 소박성, 자발성, 용기, 직접성, 숙명의 완전한 수용, 거룩한 체념의 태도를 융이 말하는 '자기(Selbst)'에 도달하는 가장 가까운 길로서 추천하고 있는 것 같다.

참고문헌

국내문헌

김광순(1978), 「경북민담」, 형설출판사, 서울.
김동욱(1961), 「한국가요의 연구」, 을유문화사, 서울.
______(1962), '신라인의 사생관', 〈한국사상〉 5집, 한국사상편집위원회, 서울.
______(1976), 판소리근원설화 보, 〈대동문화연구〉 제3집, 성균관대학교, 대동문화연구원, 서울, pp. 97-117.
김두종(1966), 「한국의학사」, 탐구당, 서울.
김성배(편)(1975), 「한국의 금기어 길조어」, 정음사, 서울.
김열규(1971), 「한국민속과 문학연구」, 일조각, 서울.
______(1976), 「한국의 신화」, 일조각, 서울.
김열규, 성기설, 이상일, 이부영(1982), 「민담학개론」, 일조각, 서울.
김태곤(1971), 「한국무가집 1」, 이이, 원광대민속학연구소.
______(1971), 「한국무속연구」, 집문당, 서울.
______(1979), 「한국무가집 3」, 집문당, 서울.
______(1980a), 「한국무가집 4」, 집문당, 서울.
______(1980b), '民間의 귀신' 이상일 외 6인 공저, 「한국사상의 원천」, 박영사, 서울, pp. 98-132.
김현용(1976), 「한중소설설화비교연구」, 일지사, 서울.
문화공보부(1971), 〈한국민속종합조사 보고서－전북편〉, 서울.
민중서관(1967), 「신우해」, 서울.

성기설(1976), 「한국구비전승의 연구」, 일조각, 서울.
______(1980), 「한일 민담의 비교연구」, 일조각, 서울.
성동호(편)(1978), 「한국 전래동화집」, 계림출판사, 서울.
성 현(김화진 편)(1947), 「용재총화」 권4, 「한국야담전집」, 동국, 서울.
손진태(1947), 「조선민족설화의 연구」, 을유문화사, 서울.
심재경(1990 겨울), 한국의 전래동화, 〈유복이와 금강산 호랑이〉의 분석심리학적 해석시론, 〈심성연구〉 5(2), pp. 73-101.
정병길(1990 여름), 한국의 물의 상징성에 관한 소고－치료적 기능을 중심으로, 〈심성연구〉 5(1), pp. 1-22.
유창순(1955), 진민족의 동물관, 〈용제백낙준박사환갑기념국학논총〉, 사상계사, 서울, 1955, pp. 249-327.
이부영(1965), 한국전래동화 "선녀와 나무꾼"의 심리학적 제문제, 〈명주완박사환역기념논문집〉, 제1집 서울대학교 신경정신과학 교학, 서울, pp. 25-36.
______(1969), 입무과정의 몇 가지 특징에 대한 분석심리학적 고찰, 〈한국문화인류학〉 2, pp. 111-122.
______(1969), 한국무속관계자료에서 본 사령의 현상과 그 치료(제2보), 〈신경정신의학〉 7(2), pp. 37-40.
______(1970), 사령의 무속적 치료에 대한 분석심리학적 연구－특히 분석적 정신요법과 관련하여, 〈최신의학〉 13, pp. 79-94.
______(1970), 한국민간의 정신병관과 그 치료(1), 〈신경정신의학〉, 9(1), pp. 35-45.
______(1972), 한국민간의 정신병치료에 관한 연구－무속사회의 정신병치료－, 〈최신의학〉 15(2), pp. 191-213.
______(1975), 한국인 분석자의 꿈에 나타난 갈등의 양상과 그 해결, 〈신경정신의학〉 14(3), pp. 276-287.
______(1979), 한국민담의 심층분석－특히 '그림'자의 문제와 관련하여, 〈최신의학〉 22(1), pp. 82-96.
______(1982), 전통적 귀신론의 분석심리학적고찰, 〈정신의학보〉 6(1), pp. 2-14.
______(1984), 한국인의 꿈에 나타난 원형상(Ⅰ)－삼국사기와 삼국유사를 중심으로－, 〈정신의학보〉 8(1), pp. 2-9.
______(1993), 「분석심리학－C.G.Jung의 인간심성론」, 일조각, 서울.
Rhi, B. Y.(1973), Psychological Interpretation of a Korean Fairytale, Sister

Sun and Brother Moon, Korea Journal, May, pp. 4-11.
Rhi, B. Y.(1980), Dealing with the Evil in Korean Fairytales, Korea Journal 20(1), pp. 18-27.
Rhi, B. Y.(1974), The Heroic Archetype in Korean Folklore, the Centipede Marketplace Tale, (In), Folk Culture in Korea, Korean Culture Series 4, (ed. Chun, S.Y.), International Culture Foundation, Seoul, pp. 27-40.
Rhi, B. Y.(1981), Tan Gun, Jungian Commentary, Korea Quarterly, 11(3), pp. 55-58.
Rhi, B. Y.(1992), Illness and Healing in Korean Folk Tales-A Psychological Consideration, Shim-Sŏng Yŏn-Gu, Vol 7, No. 1, 2, pp. 1-26.
이상일(1971), 변신설화의 유형분석과 원초사상, 〈대동문화연구〉 8, 대동문화연구원, 서울, pp. 103-128.
이석호 역(1972), 「동국세시기 외」, 대양서적, 서울.
이신복(1974), 「한국의 설화」, 을유문화사, 서울.
이죽내(1980), 한국고행설화와 효경에 관한 분석심리학적일고, 〈신경정신의학〉 19(4), pp. 281-287.
______(1981), 심청전의 심리학적 분석, 〈최신의학〉 24(4), pp. 263-271.
______(1987), 한국신화에서 본 모성상, 〈심성연구〉 2(2), pp. 89-101.
이 철(1988 여름), 한국민담 '까치의 죽음'의 심리학적 해석, 〈심성연구〉 3(1), pp. 31-42.
이희승(1986), 「국어사전」, 민중서관.
일 연(1972)(이병도 역), 「삼국유사」, 대양서적, 서울.
임동권(1972), 「한국의 민담」, 서문문고, 서울.
임석재(편)(1972), 「이야기 선집－우리나라편 ①－⑤」, 교학사, 서울.
______(1987/1993), 「한국구전설화」(임석재전집 1－10), 평민사, 서울.
장덕순(1970), 「한국설화문학연구」, 서울대출판부, 서울.
장수근(1952), 「한국의 설화」, 성문각, 서울.
장지영(주해)(1973), 「홍길동전」, 「심청전」, 정음사, 서울.
정병욱(교주)(1974), 「배비장전」, 「옹고집전」, 신구문화사, 서울.
정다산(1918), 「조선박물지」, 조선연구회, 서울.
조동일(1985), 「한국설화와 민중의식」, 정음사, 서울.
______(1990), 「삼국시대 설화의 뜻풀이」, 집문당, 서울.

조희웅(1983), 「한국설화의 유형적연구」, 한국연구원, 서울.
진성기(1967), 「남국의 전설」, 제주민속문화연구소, 제주.
최래옥(1968), 설화와 그 소설화과정에 대한 구조적분석－특히 장자못전설과 옹고집전의 경우－(석사논문), 서울.
______(1981), 「한국구비전설의 연구」, 일조각, 서울.
최상수(편)(1946), 「한국민간전설집」, 통문관.
최정여, 서대석(1974), 「동해안무가」, 형설출판사, 서울.
Chang D.S. et. al(1970), *The Folk Treasury of Korea－Sources in Myth, Legend and Folktale, Society of Korean Oral Literature*, Seoul.
한국구비문학회(편)(1977), 「한국구비문학대계 1-1」, 한국정신문화연구원, 서울.
한국문화상징사전 편집위원회(1992), 「한국문화상징사전」, 동아출판사, 서울.
한상수(1980), 「충남민담」, 형설출판사, 서울.
______(편)(1974), 「한국민담선」, 정음사, 서울.
한오수(1990 겨울), 한국민담 금아이－은아이의 분석심리학적 해석, 〈심성연구〉 5(2), pp. 49-71.
허 준, 「동의보감」 권2, 〈와액편〉.
현용준(1976), 「제주도신화」, 서문당, 서울.
______(1976), 「제주도의 전설」, 서문당, 서울.

외국문헌

武田祐吉(譯註)(1963), 「古事記」, 角川文庫, 東京.
______(校註)(1962), 「日本書記 1」, 朝日新聞社, 東京.
柳田國男(1963), 「日本の昔話」, 角川書店, 東京.
關敬吾(編)(1961), 「日本の昔話(I)」, 岩波書店, 東京.
______(編)(1957), 「日本の昔話(II)」, 岩波書店, 東京.
______(編)(1958), 「日本の昔話(III)」, 岩波書店, 東京.
朝倉治彦 等(編)(1967), 「神話傳說辭典」, 東京堂出版, 東京.
民俗學硏究所(編)(1967), 「民俗學辭典」, 東京堂出版, 東京.
赤松智城, 秋葉隆(1937), 「朝鮮巫浴の硏究」, 上卷, 東京, 大阪屋號書店.
赤松智城, 秋葉隆(1938), 「朝鮮巫浴の硏究」, 下卷, 東京, 大阪屋號書店.
秋葉隆(1950), 「朝鮮巫俗の現地硏究」, 奈良, 養德社.
諸橋轍次(1968), 「大漢和辭典」, 卷七, 東京, 大修館書店.

長岡博男(1959),「民間醫療」, 日本文化史大系 9, 生活と民俗Ⅱ, 東京, 平凡社.

森三樹三郎(1969),「中國古代神話」, 大安, 東京.

袁珂(伊藤 外譯)(1960),「中國古代神話」, 東京.

村山智順(1937),「部落祭, 朝鮮の鄕土神祀(第一部)」, 서울.

矢崎源九郎(1968),「世界の民話」, 社會思想社, 東京.

直江廣治(1968),「中國の民俗學」, 岩崎美術社, 東京.

河合隼雄(1983),「おどぎ話と日本人の心」, 岩波書店, 東京, pp. 17, 18.

Aarne, A., Thompson, S.(1973): *The Types of the Folk Tale*, Academia Scientarum Fennica, helsinki.

Ackerknecht, E.(1971): *Medicine and Ethnology*, Huber, Bern.

Bächtold-Stäubli(1932/1933): *Handwörterbuch des deutschen Aberglaubens*, Bd. V., Walter de Gruyter, Berlin, pp. 612-628.

Bächtold-Stäubli, H.(1929/1930): *Handwörterbuch des deutschen Aberglaubens*. Band. Ⅱ. ibid.

Bächtold-Stäubli(hrg.)(1934/1935): *ibid.*, Band Ⅵ.

Bächtold-Stäubli, H.(hrg.)(1930/1931): *ibid.*, Band Ⅲ.

Bächtold-Stäubli, H.(hrg.)(1936/1936): *ibid.*, Band Ⅶ.

Bennet, E. A.(1955): "The Double", *(in) Studien zur analytischen Psychologie C. G. Jung*, I. Band, Rascher Zürich, pp. 384-396.

Bredon Juliet Nitrophanow Igor(1937): *Das Mondjahr*, Wien.

Brüdeer Grimm: *Kinder und Hausmärchen*, I. Bd. Manesse Verl ag, Zürichc.

Brüdeer Grimm: ibid, Ⅱ. Bd, Manesse Verlag, Zürich.

Chinesische Märchen(übersetzt von R. Wilhelm)(1961), Diederichs, Düsseldorf, Köln, 1961, pp.20-23, Der Panther.

Christiansen, R. Th.(ed.)(1964): *Folktales of Norway*, Routledge & Kegan Paul, London.

Cirlot, J. E. Sage, J.(1962): *A Dictionary of Symbols*, Routledge & Kegan Paul, London.

Clements, F.(1932): Primitive Concepts of Disease, *American Archeology and Ethnology*, Univ. California Press, Berkeley, 32, pp. 185-252.

Cooper, J. C.(1978): *An Illustrated Encyclopaedia of Traditional Symbols*, Thames and Hudson, London.

Dale-Green, Patricia(1960): The Symbolism of the Toad, Guild Lecture

110. The Guild Psychology, London.
Dale-Green P.(1963): *The Archetypal CAT*, Spring Publication, Dallas.
Deutsche Märchen seit Grimm(1912) : Der Jäger und die Schwanjungfrau, Diederichs, Düsseldorf.
Der Rig-Veda Ⅲ, *übersezt von,* Karl Friedrich Geldner(1951), London.
Eberhard W.(1971): *Studies in Taiwanese Folktales*, The Orient Cultural Service, Taipei.
Eberhard W.(1983): *Lexikon chinesischer Symbole*, Diederichs, pp. Köln, pp. 31-32.
Eliade, M.(1951): *Le Chamanisme et les techniques archaiques de l'extase*, Paris, Payot.
Fish, F.(1967): *Clinical Psychopathology*, John Wright & Sons, Bristol.
Frazer, J. G.(1967): *The Golden Bough*, (Abridged ed.) Mc Millan, London.
Groesback, C. J.(1975): The Archetypal Image of the Wounded Healer, *The Journal of Analytical Psychology*, 20(2), pp. 122-145.
Halifax J.(1982): *Shaman, The Wounded Healer*, Crossroad, New York.
Heiler F.(1959): *Die Religionen der Menschheit*, Reclam, Stuttgart.
Jayne, W. A.(1962): *The Healing Gods of Ancient Civilizations*, New York, University Books.
Jaspers, K.(1946): *Allgemeine Psychopathologie, Springer Verlag*, Berlin.
Jobes, G.(1961): *Dictionary of Mythology, Folklore and Symbols*, The Scarecrow Press, New York.
Jung, C. G, Kerényi K(1951): *Einführung in das Wesen der Mythologie*, Rhein Verlag, Zürich.
Jung, C. G.(1948): Die Psychologischen Grundlagen des Geisterglaubens., In: Jung C. G.: *Über psychische Energetik und das Wesen der Träume*, Rascher Verlag, Zürich, pp. 279-311.
Jung, C. G.(1952): *Symbole der Wandlung*, Rascher Verlag, Zürich.
Jung, C. G.(1952): *Psychologie und Alchemie*, Rascher, Zürich.
Jung, C. G.(1951): Zur Phaänomenologie des Geistes im Märchen, In Jung C. G. *Symbolik des Geistes*, Rascher, Verlag, Zürich.
Jung, C. G.(1951): *AION*, Rascher Verlag, Zürich.
Jung, C. G.(1954): *Von den Wurzeln des* Bewußtseins, Rascher Zürich.
Jung, C. G.(1951): *Symbolik des Geistes*, Rascher Verlag, Zürich.

Jung, C. G.(1960): *Psychologische Typen*: *Definition*, Gesammelte Werke Bd, 6, Rascher Verlag, Zürich.

Jung, C. G.(1976): *Die Archetypen und das kollektive Unbewuß ten*, G.W. Bd. 9/Ⅰ, Walter Verlag, O Hen.

Jung, C. G.(1952): Synchronizität als ein Prinzip akausaler Zusammenhänge, In: Jung, C. G., Pauli, W.(1952): *Naturerklä rung und Psyche*, Rascher Verlag, Zürich, pp. 1-107.

Jung, C. G.(1962): *Praxis der Psychotherapie*, G. W., Bd., 16, Rascher, Zürich, p. 44.

Jung, C. G.(1963): Versuch einer psychologischen Deutung des Trinität -sdogmas, In Jung, C. G.: Gesammelte Werke, Bd. 11, Rascher Verlag, Zürich, pp. 121-218.

Jung, C. G.(1976): Zur Empirie des Individuationsprozesses, In: Jung, C. G.: G. W., Bd.9/1, pp. 311-372.

Jung, C. G.(1963): Antwot auf Hiob *G, W,* Bd, 11, Rascher Verlag, Zürich, pp. 393-506.

Jung, C. G.(1958): *Das Gewissen in psychologischer Sicht, In: Das Gewissen, Studien aus dem C. G. Jung Institut Zürich*, Rascher Verlag, Zürich, pp. 185-207

Jung, C. G.(1948): Instinkt und Unbewußtes, In: Jung C. G., *Über psychische Energetik und das Wesen der Träume*, Rascher, Zürich, pp. 261-276.

Jung, C. G.(1963): *Die Beziehungen zwischen dem Ich und dem Unbewußten*, Rascher Verlag, Zürich.

Jung, C. G.(1952): *Symbole der Wandlung*, Rascher Verlag, Zürich, p. 368.

Jung, C. G.(1967): Theoretische Überlegungen zum Wesen des Psychischen: Gesammelte Werke Bd. 8, Rascher Verlag, Zürich.

Jung, E.(1955): Anima als Naturwesen *In*: *Studien zur analytischen Psychologie aus dem C. G. Jung Institut*, Zürich, Band Ⅱ, pp. 78-120.

Kerényi, K.(1948): *Der göttliche Arzt, Studien der Asklepios und seine Kultstätte*, Basel, Ciba Aktiengesellschaft.

Kerényi, K.(1981): *Die Mythologie der Griechen*, Band I: *Die Götter und Menschheitsgeschichten*, München, Deutscher Taschenbuch Verlag.

Kiev, A.(ed.)(1964): *Magic, Faith and Healing*, McMillan, New York.

Leach M.(ed.)(1972): *Funk & Wagnalls Standard Dictionary of Folklore,*

Mythology and Legend, New English Library, London.

Lurker, M.(1979): *Wörterbuch der Symbolik*, Stuttgart, Alfred Kröner Verlag, pp. 121-123.

Liedeer der alten Edda: Das Lied Von Wieland.

Mac Culloch, C. J. A.(ed.)(1927): *The Mythology of all Races*, Vol. LV, Archeological Institute of America, Boston.

Mongolische Märchen(übersetzt von W. Heissig)(1963): Diederlchs, Düsseldorf-Köln, pp. 42-46. 〈Die Geschichte der Bergziege〉

Opler, M.(ed.)(1959): *Culture and Mental Health*. McMillan, New York.

Peterich, E.: *Götter und Helden der Griechen*.

Radford E & M. A.(1961): *Encyclopedia of Superstitions,* (ed. Christina Hole), Hutchinson, London.

Rose, H. J.(1964): *A handbook of Greek Mythology*, London, Methuen & Co.

Ruegg, W.(herausgegeben)(1959): *Die Ägyptische Götterwelt*, Artemis Verlag, Zürich.

Thompson Stith(1955): *Motif Index of Folk－Literature*, Vol. 1., Indiana Univ. Press, Bloomington, (1956) vol. Ⅲ, p. 37.

Thompson Stith(trsl.)(1961): *The Types of the Folktale, A Classificatin and Bibliography, Attis Aarne's Verzeichnis deer Märchentypen* (FF Comm. No.3) *Second Revision*, FF Communicans vol. LXXV, No. 184, Helsinki.

Viau, J.(1962): *Mythologie Egyptienne* etc. (中山 譯): オリントの神話, みすず書房, 東京.

von Beit, H.(M. L. von Franz)(1981): *Symbolik des Märchens, 6. Aufl., Francke Verlag, Bern.*

von Franz, M. L.(1970): *Interpretation of Fairytales*, Spring Publication, New York.

von Beit, H.(M.-L. von Franz)(1977): *Gegensatz und Erneuerung im Märchen*, 4. Aufl., Francke Verlag, Bern.

von Franz, M. L.(1970): *The Problems of the Puer Aeternus*, Spring Publication, New York.

von Franz, M. L.(1972): *Problems of the Feminine in Fairytales*, Spring Publication, New York.

von Franz, M. L.(1972): *Patterns of Creativity Mirrored in Creation Myths*,

Spring Publication, Zürich.

von Franz, M. L.(1974): *Shadow and Evil in Fairytales*, Spring Publication, New York.

von Franz, M. L.(1977): *Individuation in Fairytales*, Spring Publication, Zürich.

von Franz, M. L.(1980): *The Psychological Meaning of Redemption Motifs in Fairytales*, Inner City Books, Toronto.

von Franz, M. L.(1961): Das Problem des Bösen im Märchen. In: *Das Böse, Studienaus dem, C. G. Jung Institute Zürich*, Bd. X III. Rascher, Zürich, pp. 91-126.

von Franz, M. L.(1970): *Zahl und Zeit*, Stuttgart, Klett.

von Franz, M. L.(1990): Individuation Process; In: Jung, C. G.(ed.), Man and His Symbol(이부영 외 역: 集文堂), pp. 164-238.

Walde Von A.(1938): *Lateinisches Etymologisches Wörterbuch*, Heidelberg, pp. 463-464.

Wilhelm, R.(übersezt)(1960) I Ging: *Das Buch deer Wandlungen*, Eugen Dicderichs Verlag, Düsseldorf-Köln.

The Depth Analysis of the Korean Folktales

—An approach from the viewpoint of analytical psychology of C.G. Jung—

Rhi, Bou-Yong, M. D., Ph. D.

Jipmoondang, Seoul
1995

Contents

찾아보기

ㄹ

ㅁ

ㅂ

ㅈ

저자: 이부영(李符永)

서울대학교 의과대학 졸업, 동 대학원 수료, 의학박사, 신경정신과 전문의
스위스 Zurich. C. G. Jung 연구소 수료(Jung 학파의 분석가)
국제분석심리학회 정회원. 스위스 Zurich. C. G. Jung 연구소 강사,
미국 하와이 East West Center 문화와 정신건강 연구계획 연구원 역임.
서울대학교 의과대학 정신과학교실 주임교수, 서울대학교병원 신경정신과장,
대한신경정신의학회 회장 및 이사장, 동아시아 문화정신의학회 창립회장,
한국분석심리학회창립회장 역임.
미국 뉴욕 유니온신학대학원(정신의학과 종교) 석좌교수 역임
현재 서울대학교 의과대학 명예교수, 한국 융 연구원장

학술지

『삼성연구』 발행인

저 서

『지중해의 회상』, 정우사, 1993 / 『이부영 에세이, 지중해의 회상』, 집문당, 2019
『의학개론』(편저) Ⅰ·Ⅱ·Ⅲ, 서울대출판부, 1994/1995
『이부영 박사의 정신건강 이야기』, 정우사, 1998 / 『개정증보판 정신건강 이야기』, 집문당, 2014
『분석심리학의 탐구 1 그림자』, 한길사, 1999
『분석심리학의 탐구 2 아니마와 아니무스』, 한길사, 2001
『분석심리학의 탐구 3 자기와 자기 실현』, 한길사, 2002
『분석심리학 - C. G. Jung의 인간심성론』, 제3판, 일조각, 2011
『한국의 샤머니즘과 분석심리학』, 한길사, 2012
『노자와 융-노자도덕경의 분석심리학적 해석』, 한길사, 2012
『분석심리학 이야기』, 집문당, 2014
『의학적 심리학, 잃어버린 그림자』, 집문당, 2019

역 서

C. G. 융: 『현대의 신화』, 삼성출판사, 1986
『인간과 무의식의 상징』(공역), 집문당, 1983/2000
『C. G. Jung의 회상, 꿈 그리고 사상』, 집문당, 1989/2000
『C. G. 융 기본저작집』(공역 및 감수), 제1권~제9권, 솔, 2001/2008

수 상

분쉬의학상(대한의학회)
Ernst Kris 금상(미국 표현정신병리학회)
Robert Volmat 상(국제 표현정신병리 및 예술치료학회) 외